Socialismo.info

Edizione originale 8-11-2018
Ampliata al gennaio 2020
Pubblicizza questo libro come credi, anche facendone oggetto di commercio, ma
se lo modifichi non attribuire a me cose che non ho mai detto, a meno che tu non
pensi di contribuire alla causa di un socialismo davvero democratico.

MIKOS TARSIS

IL GRANDE LENIN

per un socialismo democratico

L'ingiustizia in qualsiasi luogo è una minaccia alla giustizia ovunque.

Martin Luther King

Amazon

Nato a Milano nel 1954, laureatosi a Bologna in Filosofia nel 1977,
già docente di storia e filosofia, Mikos Tarsis (alias di Enrico Galavotti)
si è interessato per tutta la vita a due principali argomenti:
Umanesimo Laico e Socialismo Democratico, che ha trattato in homolai-
cus.com e che ora sta trattando in quartaricerca.it e in socialismo.info.
Per contattarlo:
info@homolaicus.com o info@quartaricerca.it o info@socialismo.info
Sue pubblicazioni su Amazon.it

Premessa

Devo sostanzialmente a Lenin le mie idee sull'*umanesimo laico* e sul *socialismo democratico*. Quando alla fine degli anni Settanta me ne andai da Comunione e Liberazione, avevo capito che il cristianesimo non aveva alcuna possibilità di modificare la società borghese, ovvero che i mutamenti nella coscienza personale non sono sufficienti per ribaltare il sistema. Non basta la coscienza della verità per essere liberi: questo è un mito idealista del quarto vangelo, oltre che di tutta la Sinistra hegeliana, contro cui Marx tuonò.

In quel decennio contestativo (1968-77), che, per molti versi, fu storico e sicuramente decisivo per la mia formazione culturale e politica, ci s'illudeva di poter realizzare il socialismo marxista dal punto di vista del cristianesimo politico. A quel tempo CL non era sicuramente quell'obbrobrio fanatico e corrotto che è poi diventata a partire dall'inizio degli anni Ottanta, cioè dopo che, ammazzato Aldo Moro, si decise di continuare ad avere un rapporto organico con la Dc che l'aveva fatto fuori, direttamente o indirettamente.

Io però all'età di 25 anni ero completamente distrutto, sull'orlo del suicidio. Mi salvò proprio la lettura del libro di Lenin, *Sulla religione*, in un'edizione tradotta in italiano della Progress (Mosca 1979), trovata casualmente chissà dove. Mi si aprirono gli occhi. Pur non militando in alcun partito di sinistra, cominciai ad approfondire l'opera rivoluzionaria di quest'uomo straordinario. Quindi praticamente dagli inizi degli anni Ottanta sino alla fine del 2019, a fasi molto alterne, non ho mai smesso di studiare i suoi testi e non è detto che non continuerò a farlo.

Lenin non ha la padronanza linguistica di Marx, né la vastità delle conoscenze di Engels, però ha due pregi fondamentali, che fa sempre piacere trovare in uno scrittore: è chiarissimo ed è molto concreto. È un politico purosangue, poiché alla sua teoria unisce continuamente la pratica, al punto che può risultare fastidioso se lo si esamina soltanto sul piano teorico. Lenin è uno che invita ad agire, quindi è molto diverso sia da Marx che da Engels. È il Marx dell'imperialismo: basta leggersi lui per avere delle idee sufficientemente precise su come bisogna regolarsi nei confronti di *Monsieur Le Capital*. Certo, dal giorno della sua morte è passato un secolo: sarebbe sciocco pensare che davvero basti leggere le sue opere per poter interpretare adeguatamente il nostro presente. Lui però può bastare nel caso in cui lo si voglia mettere a confronto con Marx, Engels e tanti altri teorici del socialismo.

In questo libro si è cercato di delineare quegli aspetti del suo pensiero che andrebbero meglio sviluppati, proprio alla luce delle nuove acquisizioni maturate nella cultura laica e democratica. Si pensi p.es. alla questione ambientale e a quella femminile, alla democrazia diretta, all'importanza del valore d'uso... Le parti relative alla perestrojka gorbacioviana sono state scritte prima dell'implosione del 1991, quando ancora si pensava che il socialismo autoritario avrebbe potuto trasformarsi in un socialismo democratico e non in una mimesi patetica del moderno capitalismo. Qui però sono state riscritte col senno del poi.

Lenin è stato il più grande politico di tutti i tempi, il più lungimirante, il più flessibile, il più perspicace: l'unico che abbia davvero fatto progredire il socialismo marxista sotto tutti i punti di vista. Non si può addebitare a lui l'involuzione del bolscevismo. Tra lui e lo Stalin che gli è succeduto, vi era un abisso, anche se le apparenze hanno potuto ingannare milioni di persone. E il fatto che oggi un personaggio del genere sia stato quasi completamente dimenticato, persino nella sua Russia, dovrebbe farci riflettere, anche se la storia, con tutte le sue contraddizioni irrisolte, può incaricarsi in qualunque momento di sorprenderci.

Lenin antipopulista

Uno dei primissimi testi di Lenin, *A proposito della cosiddetta questione dei mercati*, riguarda una critica rivolta alla relazione di G. B. Krasin, *La questione dei mercati*. Lo scrisse a San Pietroburgo nel 1893 ed è tutto contro i populisti. Lo troviamo incluso nel vol. I delle *Opere complete* pubblicate da Editori Riuniti (Roma 1955).

Egli appare come un marxista ortodosso e ripete alcuni luoghi comuni del *Capitale* di Marx, che abbiamo già commentato in testi specifici dedicati appunto al fondatore del socialismo scientifico. Qui ovviamente non ci interessa minimamente prendere le difese delle posizioni populistiche, oggettivamente errate sulla questione dell'analisi del capitalismo. Ci limiteremo a fissare alcuni punti controversi della critica leniniana.

Vediamo questa prima affermazione: "la prima trasformazione [dell'economia naturale dei produttori diretti in economia mercantile] si compie in virtù del fatto che compare la divisione sociale del lavoro, la specializzazione dei produttori isolati, singoli, i quali sono occupati in una sola branca dell'industria" (p. 87).

In realtà l'economia mercantile nasce quando un soggetto dell'economia naturale si reca all'estero, ove trova degli oggetti che non si producono nel suo luogo d'origine, per cui decide di acquistarli per rivenderli a prezzi molto più alti. Questa figura borghese[1] cerca presso le corti signorili gli acquirenti più facoltosi, i ceti aristocratici, laici ed ecclesiastici. Il borghese deve indurre l'aristocratico ad acquistare tali merci esotiche, facendolo sentire un privilegiato, oggetto d'invidia da parte dei colleghi del suo ceto sociale.

La specializzazione del lavoro subentra in un secondo momento, quando si rubano i segreti del mestiere e si è in grado di riprodurre quegli stessi oggetti esotici, quando cioè si ha la possibilità di allargare autonomamente il mercato, vendendo quelle merci a costi inferiori, più accessibili alla popolazione di medio livello, che dispone di monete, se non di

---

[1] Il borghese poteva emergere dalle città marinare dell'Italia meridionale o da Venezia, che commerciavano da sempre con Bisanzio, ma poteva anche provenire dal mondo ebraico. Gli ebrei erano sparsi in tutto il mondo da tempi immemorabili, conoscevano le lingue straniere, erano acculturati e nelle società cristiane venivano disprezzati a causa della loro religione e perché usurai, quindi tenuti ai margini. Loro potevano recarsi in oriente privatamente e quindi potevano speculare come volevano sul prezzo delle merci.

oro e d'argento, almeno di bronzo e di rame. Ed è solo a questo punto ch'entrano in gioco i rappresentanti della religione cristiana, i veri fondatori del passaggio del capitalismo da commerciale a manifatturiero e industriale.

Nell'economia naturale non esistono produttori diretti individuali (ecco un limite dell'analisi marxiana che Lenin riprende acriticamente). Soltanto quando si produce per un mercato nasce la divisione del lavoro e quindi la possibilità che un produttore (p.es. un fabbro, un ceramista...) sia una persona isolata. È dunque l'economia mercantile, quella relativa al commercio sulle lunghe distanze, che favorisce la specializzazione del lavoro, la quale, a sua volta, favorisce l'ampliamento del mercato interno, e questo, retroattivamente, renderà il lavoro sempre più perfezionato.

Il problema semmai è un altro: per quale motivo la trasformazione dell'economia mercantile in capitalistica è avvenuta anzitutto in Europa occidentale e non là dove i fattori dell'economia mercantile erano molto più sviluppati (come p.es. nel mondo bizantino o islamico o in Asia)? Per quale motivo il capitalismo vero e proprio non poteva nascere dalla cultura ebraica, che pur era autorizzata a praticare l'usura e ogni sorta d'inganno commerciale nei confronti dei cristiani? Qui entrano in gioco le *motivazioni culturali*, che Lenin però non prende in esame, né l'aveva fatto Marx, se non in misura ridottissima e comunque considerando sempre la religione una mera sovrastruttura dell'economia.

Scrive Lenin: "La seconda trasformazione [dall'economia mercantile al capitalismo] si compie in virtù del fatto che i singoli produttori, producendo merci per il mercato ciascuno separatamente dall'altro, entrano in un rapporto di concorrenza: ciascuno cerca di vendere al prezzo più alto, di acquistare al prezzo più basso, e il risultato necessario è il rafforzamento del forte[2] e la caduta del debole, l'arricchimento di una minoranza e la rovina della massa, che conduce alla trasformazione dei produttori indipendenti in operai salariati e dei numerosi piccoli stabilimenti in poche grandi aziende" (p. 87).

Senonché questo modo di presentare il passaggio dall'economia mercantile (meramente commerciale) al capitalismo industriale presuppone già uno stile di vita nettamente *individualistico*, una cultura di tipo occidentale (europea), che non può trovarsi là dove lo Stato (o un'istituzione sovrana) vuole controllare l'economia e quindi la stessa classe borghese (come appunto avveniva nel mondo bizantino, slavo, arabo, indo-buddista, mesoamericano, egizio, mesopotamico...). La concorrenza spietata tra produttori diretti fa già parte del mondo greco-romano, che è individualistico per eccellenza, in quanto le istituzioni si pongono al servi-

---

[2] Per "forte" Lenin intende un imprenditore "abile e intraprendente".

zio di interessi privati (dei proprietari di schiavi).

Semmai Lenin avrebbe dovuto spiegare il motivo per cui il capitalismo, con tutte le sue macchine, non sia nato in epoca greco-romana, ma solo dopo la crisi del feudalesimo, e precisamente nei primi Comuni italiani. Anche qui però la risposta è *culturale*, non economica.

Non ci può essere capitalismo in presenza di schiavismo fisico della persona. Lo schiavismo che si realizzò nel continente americano, in forza del colonialismo, dipese esclusivamente dal fatto che in Europa occidentale esisteva già un capitalismo basato sul lavoro salariato di soggetti giuridicamente liberi, un capitalismo (europeo e nordamericano) che non si faceva scrupolo ad acquistare dagli schiavisti alcune merci che in patria non poteva produrre (o non poteva farlo allo stesso prezzo).

Per realizzare il capitalismo avanzato, basato sul *macchinismo*, occorrono contratti firmati da salariati giuridicamente liberi. Questa schiavitù salariata è un prodotto di un certo modo "borghese" di vivere il *cristianesimo*. Il capitalismo è vincolato a una forma di ipocrisia sconosciuta nelle epoche precedenti, pur caratterizzate ugualmente dall'antagonismo sociale (quelle della schiavitù fisica o della dipendenza personale). Nel capitalismo il cristiano vede il cristiano (non solo l'ebreo, l'islamico, il pagano ecc.) come un soggetto che si può legalmente sfruttare o raggirare, senza ricadere nei limiti (oggettivi e soggettivi) del mondo greco-romano o feudale. Questa cosa inizia in area cattolico-romana (l'Italia comunale) e si sviluppa enormemente in quella protestantica, soprattutto calvinistica.

Quando Lenin scrive, sulla scia di Marx, che "il concetto di mercato è del tutto inscindibile dal concetto di divisione sociale del lavoro" (p. 94), non si rende ben conto che superare il capitalismo significa creare un tipo di società in cui non può esistere né il mercato (la compravendita delle merci) né la divisione del lavoro (meramente individuale o salariato che sia). Il che, in altre parole, vuol dire tornare all'economia naturale del *comunismo primitivo*, un sistema sociale fondato sull'*autoconsumo* e sul *baratto delle eccedenze*, in cui lo sviluppo della tecnologia non minacciava la creatività umana (quella che permette di produrre oggetti unici e non in serie), né comprometteva l'esigenza riproduttiva della natura. Pensare di creare un socialismo in cui la fatica del lavoro viene svolta interamente dalle macchine, in cui le ore dedicate al lavoro dalla manodopera si riducono a un nulla, in cui il livello del benessere materiale è così alto che ognuno può dedicarsi liberamente a tutti gli interessi che vuole, è pura fantascienza, almeno su questo pianeta.

L'errore di Marx, che il giovane Lenin non riesce a individuare, è che in economia non esistono processi spontanei privi di ragione. Lenin volle mettere in corsivo la seguente frase di Marx, tratta dal vol. I del

Capitale: "Un particolare atto lavorativo che ancora ieri era una funzione tra le molte funzioni di un medesimo produttore di merci, oggi forse si strappa via da questo nesso, si fa indipendente, e proprio per questo manda al mercato il proprio prodotto parziale come merce autonoma". Cose del genere, in realtà, non hanno alcun carattere di "spontaneità", proprio perché presumono "scelte culturali", cioè implicano valori di vita opposti a quelli tradizionali. Quando i marxisti parlano di "economia naturale" spesso intendono qualcosa che coesiste con le civiltà schiavistiche o feudali.

Il passaggio da un'economia naturale a una mercantile, in cui si producono merci a titolo individuale, per poterle vendere liberamente sul mercato, è un passaggio traumatico, non istintivo, tant'è che l'economia mercantile è tipica dei regimi schiavistici, anche se non ogni economia mercantile si è trasformata in capitalismo. La trasformazione infatti implica un'altra scelta culturale.

La nascita e soprattutto lo sviluppo della tecnologia implica un processo valoriale (assiologico) ben preciso. Lo sviluppo abnorme, incessante della tecnologia, così come è avvenuto in occidente, presupponeva la presenza di una cultura individualistica, strettamente connessa al cristianesimo, soprattutto nella sua variante calvinistica. Non solo, ma l'accettazione di tale sviluppo nei territori del pianeta in cui prevaleva l'economia naturale o lo schiavismo statale o una sorta di servaggio statale, è stata una forzatura sotto tutti i punti di vista. Il capitalismo è stato un prodotto d'importazione in tutti i paesi del mondo, esclusi ovviamente quelli euroccidentali.

Là dove non è stato imposto col colonialismo e l'imperialismo, il capitalismo è stato accettato condividendo le idee del socialismo scientifico, nell'illusione che con tale ideologia collettivistica si sarebbero potute evitare le tragedie sociali della borghesia, nonché le devastazioni ambientali causate dalla tecnologia industriale gestita privatamente. Non sono pochi i territori del mondo in cui lo sviluppo del capitalismo passa attraverso l'ideologia socialista, nella convinzione, dimostrata infondata, di poter salvaguardare la cultura collettivistica acquisita da tradizioni ancestrali.

Non è affatto da escludere che il capitalismo individualistico dell'occidente venga prima o poi superato da una sorta di capitalismo collettivistico o dal socialismo mercantile del continente asiatico o africano o sudamericano. Ma anche quando ciò avverrà, l'obiettivo del socialismo democratico, inteso come ritorno al comunismo primordiale, non sarà minimamente realizzato. Anzi, probabilmente in nome del socialismo mercantile lo sfruttamento del lavoro altrui sarà di molto superiore a quello verificatosi sotto il capitalismo privato, proprio perché vi sarà una coercizione delle menti, dovuta alla presenza dell'ideologia socialista.

Tale coercizione extra-economica è già stata molto presente nel socialismo statale di marca stalinistica (industrializzato) e di marca maoistica (ruralizzato), ma in quei tipi di socialismo non si era sviluppata la ricchezza dovuta al mercato, all'industria leggera, al commercio estero, all'intraprendenza privata, alla diffusione dei capitali... Ci voleva qualcosa di più raffinato: ecco perché in Russia si è imposto un capitalismo statale e in Cina un socialismo mercantile (la differenza sta nel fatto che la Russia non usa più una ideologia che si ricollega esplicitamente al marxismo-leninismo).

In Russia non si è sviluppato il socialismo mercantile alla cinese, perché nella sua parte europea le influenze provenienti dall'Europa occidentale sono sempre state piuttosto forti. La Russia europea è fondamentalmente individualistica, anche se deve tener conto della cultura e dei valori collettivistici provenienti dalla propria area asiatica. In Cina invece l'individualismo è sempre stato molto debole; anzi, essendo stato associato al colonialismo occidentale, lo si è combattuto con molta decisione. Solo quando si è visto che il socialismo statale produceva miseria e oppressione, si è passati, finito il maoismo, a sviluppare il capitalismo, conservando però, a livello istituzionale, la medesima ideologia socialista e il medesimo potere autoritario del partito unico.

Lenin ha praticamente condiviso la tesi marxiana secondo cui da un'economia mercantile, composta di produttori isolati, si può passare spontaneamente a una società capitalistica, in forza della divisione del lavoro e dello sviluppo della tecnologia borghese. In tale società la produzione viene "socializzata" nell'ambito delle aziende, il cui processo produttivo è infinitamente più efficiente di quello del produttore isolato. Ma, come Marx, non è arrivato a capire che nell'ambito di un *socialismo autogestito* la tecnologia ha un ruolo molto secondario, proprio perché il mercato è relativo allo *scambio delle eccedenze* e il *valore d'uso* di un qualunque prodotto comunitario prevale nettamente sul suo valore di scambio.

Il giovane Lenin si preoccupava di dimostrare, contro i populisti, che lo sviluppo del capitalismo in Russia (dopo la fine del servaggio) non sarebbe stato minimamente impedito dalla presenza dell'economia naturale, né dall'impoverimento dei contadini, proprio perché la tecnologia e i mercati avrebbero assicurato un benessere di molto superiore, pur trasformando tanti contadini in operai salariati. Per lui il problema consisteva soltanto nell'utilizzare la medesima tecnologia borghese dal punto di vista della socializzazione della proprietà. Considerava ingenui i populisti, quando questi pensavano d'impedire la penetrazione del capitalismo nelle campagne in virtù dell'*obščina*, ma anche la sua posizione era ingenua, in quanto lo sviluppo della tecnologia, avvenuto in Europa occidentale, era legato a una cultura specifica, che la Russia, essendo un Paese prevalentemente ortodosso, non conosceva in tutta la sua pienezza, quella individualistica del protestantesimo.

La Russia europea ha iniziato a vedere l'occidente europeo come un modello da imitare sin da quando fu costruita San Pietroburgo, ma ha sempre dovuto tener conto di un'anima slavofila, di tipo collettivistico, che la frenava sulla strada del capitalismo privato di tipo occidentale.

Lenin aveva mille volte ragione, contro i populisti, quando diceva che l'impoverimento del popolo non solo non avrebbe impedito lo sviluppo del capitalismo, ma sarebbe anzi stato l'espressione più eloquente che tale sviluppo era crescente. Infatti è una caratteristica del capitalismo trasformare il piccolo produttore privato (agricolo o artigianale) in un operaio salariato all'interno di una grande azienda.

Il successo del capitalismo non sta tanto nelle qualità soggettive di singoli imprenditori, ma nella superiorità indiscussa della tecnologia che viene usata. Sono processi oggettivi imprescindibili, inarrestabili, una volta che se ne è accettata la premessa *culturale*. Lenin guardava fiducioso allo sviluppo della tecnologia capitalistica, senza chiedersi quale impatto essa avrebbe potuto avere sull'ambiente. E se qualcuno gli avesse detto che tutta questa tecnologia riduce il lavoratore a un puro e semplice ingranaggio meccanico, avrebbe inevitabilmente risposto che sotto il socialismo sarebbe stato molto diverso, in quanto non ci sarebbe stato sfruttamento della forza-lavoro. Su questo non ha mai cambiato idea nel corso di tutta la sua vita.

Ora, paragonando il benessere generale del capitalismo al benessere generale del feudalesimo, cioè astraendo dalle situazioni particolari, è evidente che il capitalismo, grazie alla propria tecnologia e allo sviluppo del mercato, è in grado di garantire una qualità di vita superiore. Tuttavia i confronti non vanno fatti tra due sistemi economici basati sulla proprietà più o meno privata dei mezzi produttivi, in quanto è giocoforza pensare che risulti migliore quello che usa una tecnologia più avanzata. Il confronto andrebbe fatto fra un sistema di sfruttamento del lavoro salariato e un sistema basato sull'*autoconsumo*, privo di sfruttamento, a prescindere quindi dalla tecnologia impiegata. Infatti, è tutto da dimostrare che gli uomini siano facilmente predisposti a rinunciare alla propria libertà personale pur di avere in cambio un maggiore benessere materiale.

Peraltro, chi vive un'esperienza di economia naturale, in cui non esiste proprietà privata dei mezzi produttivi, ha tutto il diritto di chiedere se la ricchezza vissuta in un regime capitalistico sia davvero prodotta in maniera autonoma dalla tecnologia, senza che vi sia la necessità di dominare, senza scrupoli, la natura e le popolazioni che sono prive di quella

medesima tecnologia. È solo all'apparenza che l'impiego di un'alta tecnologia nella produzione fa aumentare in maniera spontanea il benessere
materiale. Al di sotto dell'apparenza vi è la tragica realtà del colonialismo
e dell'imperialismo; e ancora più sotto, là dove il socialismo realizzato
non pratica alcuna forma di colonialismo, vi è la devastazione, spesso irreversibile, dell'ambiente naturale.

1900: nasce l'Iskra

A cavallo tra il XIX e il XX secolo il capitalismo entrò nella sua fase estrema e conclusiva, quella imperialistica. I monopoli divennero il fattore decisivo nella vita economica delle maggiori potenze capitalistiche e nella politica mondiale. Appena portata a termine la suddivisione del mondo in sfere d'influenza tra le nazioni colonialistiche, cominciarono a scoppiare le guerre imperialistiche (ispano-americana, anglo-boera e russo-giapponese) per la redistribuzione delle colonie e la modificazione delle sfere d'influenza. Nel corso del primo decennio del Novecento si formarono i blocchi imperialistici che in seguito avrebbero scatenato la prima guerra mondiale.

In Russia il capitalismo, utilizzando l'esperienza tecnica e le ultime forme organizzative del progresso industriale degli altri paesi capitalistici, si sviluppava impetuosamente. Anzi, per i ritmi e la concentrazione della produzione la Russia già superava i paesi occidentali più avanzati, dei quali comunque continuava a restare l'anello più debole, poiché, accanto alle grandi fabbriche e officine, sopravvivevano imprese di dimensioni piccole e medie, dove i rapporti di lavoro erano caratterizzati da forme di sfruttamento pre- o paleo-capitalistiche. Inoltre nelle campagne predominavano le grandi aziende a conduzione di tipo semifeudale, che impoverivano enormemente i contadini (rappresentanti i 5/6 della popolazione attiva); e nell'eterogenea struttura economica russa conservava ancora una notevole importanza la produzione artigianale.

Allo sviluppo industriale degli anni Novanta fece seguito la grave crisi europea del triennio 1900-3, che coinvolse in breve tempo anche la Russia, dove si verificarono la rovina di un gran numero di piccoli e medi imprenditori, la conseguente formazione di grandi monopoli, una forte disoccupazione di massa, la carestia e la fame per milioni di persone. Questa situazione determinò la nascita del movimento rivoluzionario di emancipazione, di cui il proletariato urbano e industriale, di orientamento marxista, divenne l'elemento portante. La forza di quest'ultimo stava soprattutto nell'elevato livello della sua coscienza di classe, derivante dall'asprezza delle contraddizioni esistenti nel paese, e anche dai suoi stretti legami con gli strati proletari e semiproletari delle campagne.

"Liquidare il terzo periodo!"

Lenin cominciò a svolgere la propria attività propagandistica nella cintura industriale di Pietroburgo, dove già operavano una ventina di circoli marxisti, che nel 1895 si unificheranno nell'*Unione di lotta per l'emancipazione della classe operaia*, da lui stesso fondata.

L'Unione non si limitava a continuare l'indirizzo ideologico del gruppo plechanoviano *Emancipazione del lavoro*, del 1893, ma mirava anche a fondere il socialismo scientifico col movimento operaio, passando dalla propaganda del marxismo fra pochi operai d'avanguardia, all'agitazione politica sulle questioni di attualità fra le grandi masse della classe operaia.

In tal modo l'Unione preparava la formazione di un partito operaio rivoluzionario marxista. Sennonché, quand'essa riuscì a estendersi in tutti i principali centri industriali, organizzando gli operai che volevano scioperare, Lenin venne immediatamente arrestato e deportato in Siberia, dove resterà dal 1897 al 1900.

Nel 1898 si cercò ugualmente di costituire a Minsk il *Partito operaio socialdemocratico russo* (Posdr)[3], raccogliendo l'eredità dell'Unione, ma il *Manifesto*, lanciato a nome del Congresso, non parlava di rivoluzione socialista guidata dall'alleanza operaio-contadina. Inoltre mancavano il programma e lo statuto, e i membri del comitato centrale furono ben presto arrestati.

Lenin, intanto, nel suo esilio proseguiva l'opera demolitrice delle idee populiste, dimostrando con lo studio scientifico, *Lo sviluppo del capitalismo in Russia*, che il capitalismo andava sviluppandosi non solo nell'industria ma anche nell'agricoltura.

Purtroppo una serie di fattori e circostanze di tipo sociale, politico e ideologico provocarono in quegli anni un arretramento della socialdemocrazia russa verso posizioni opportunistiche. Probabilmente ciò dipese anche dal fatto che nella polemica con i populisti i marxisti fecero valere soprattutto le ragioni ideologiche, tralasciando di considerare le possibili alleanze politiche in funzione anticapitalistica e antifeudale.

Anche in questo senso si può affermare che tra i fattori, diretti e indiretti, che generarono l'opportunismo, si possono segnalare:

1. lo sfascio dell'Unione di lotta e la mancata realizzazione di un partito operaio rivoluzionario, unitamente alla disorganizzazione dei vari comitati marxisti, circoli e gruppi locali, slegati tra loro e persino divergenti a livello ideologico;

2. la definitiva vittoria ideologica sul populismo e il successo di certi scioperi, tumulti e manifestazioni del movimento operaio, che resero il marxismo un fenomeno di "moda" fra la gioventù rivoluzionaria,

---

[3] Il termine "socialdemocratico" va ovviamente considerato in un'accezione diversa da quella odierna.

spesso caratterizzata da idee confuse e inesperienza nelle questioni pratiche;

3. l'influenza negativa che sul piano teorico esercitava ancora la cosiddetta corrente del "marxismo legale" (cioè il marxismo di quegli intellettuali marxisti solo a parole che, scrivendo i loro articoli sulla stampa permessa dal regime, evitavano di riferirsi alla rivoluzione socialista);

4. l'imperversare delle feroci persecuzioni della zarismo, il quale sosteneva la moderna organizzazione della borghesia e la grande proprietà fondiaria.

Tutto ciò produsse tra le file della socialdemocrazia, disordine ideologico, oscillazioni politiche e confusione organizzativa, al punto che si decise di abbandonare l'agitazione politica a favore di una pura e semplice lotta per le rivendicazioni economiche (aumenti salariali, riduzione dell'orario di lavoro ecc.). Proprio mentre l'ascesa sempre più vigorosa del movimento operaio e l'evidente approssimarsi della rivoluzione esigevano, oggettivamente, la fondazione di un partito unico e centralizzato, capace di dirigere il movimento, s'imponeva invece, sul piano soggettivo, una tendenza radicalmente opposta, che dava al frazionamento organizzativo e allo sbandamento ideologico una giustificazione teorica.

La corrente che meglio incarnò questo atteggiamento opportunista – simile al revisionismo di Bernstein – fu quella del cosiddetto "economicismo" (l'economia agli operai e la politica alla borghesia liberale). Il suo "manifesto" venne scritto dalla E. D. Kuskova e S. N. Prokopovič, e le due riviste che meglio la rappresentavano erano in Russia "Rabociaia Mysl" ("Il pensiero operaio") e all'estero "Raboceie Dielo" ("La causa operaia").

Il primo documento contro l'opportunismo economicista, cioè la *Protesta dei socialdemocratici russi*, Lenin, con altri 17 deportati marxisti, lo scrisse in Siberia nel 1899. Qui appare netta l'esigenza di creare un partito operaio indipendente che agisca nella più rigorosa clandestinità e che – come Lenin dirà qualche anno dopo nel *Che fare?* – si ponga come compito la liquidazione del "terzo periodo" della storia della socialdemocrazia russa, quello che, iniziato nel 1898, procedeva contemporaneamente alla prigionia siberiana di Lenin.

"Bisogna sognare!"

Scontata la pena, Lenin cercò di riprendere i contatti con i circoli marxisti di Pietrogrado[4], ma le intenzioni "omicide" della polizia zarista

---

[4] La denominazione tedesca della città, San Pietroburgo (fondata nel 1703 dallo zar Pietro il Grande), venne mutata in Pietrogrado il 31 agosto 1914, appena ini-

lo costrinsero nuovamente all'esilio. Convinto che "nell'Europa moderna, senza un organo di stampa politico, è inconcepibile un movimento che meriti d'essere chiamato politico", cioè che è "assolutamente impossibile concentrare tutti gli elementi di malcontento e di protesta politica", egli pensò di realizzare questa idea[5] a fianco di Plechanov, che allora viveva in Svizzera.

Il problema, in effetti, non era solo quello di ricostruire il disciolto Posdr, ma anche e soprattutto quello di ripristinare l'unità ideologica che gli economicisti avevano spezzato. E per poter fare questo occorreva un giornale che contribuisse a evidenziare i contrasti presenti all'interno della socialdemocrazia russa e a sviluppare, mediante l'attività politica, la linea che si riteneva più aderente all'ortodossia marxista. Esso insomma avrebbe dovuto svolgere un compito di propaganda ideologica, di agitazione politica e di coordinamento delle forze del partito.

Consapevole che senza "teoria rivoluzionaria" non avrebbe potuto esserci alcun "movimento rivoluzionario" e che questa teoria andava fatta acquisire agli operai "dall'esterno", attraverso i "rivoluzionari di professione", portando la protesta spontanea degli operai a un livello di chiara consapevolezza politica e scientifica – Lenin era giunto ad affermare che anzitutto ci si doveva "delimitare" risolutamente e con precisione dagli opportunisti.

Non intendendo fare del giornale "un semplice ricettacolo di concezioni diverse", ma, al contrario, lo strumento direttivo di una "tendenza rigorosamente definita", Lenin pensava di non precludere affatto le colonne del giornale alla polemica fra compagni, anzi, sperava che proprio in virtù di questa polemica si sarebbe potuto mettere in chiaro "la portata delle divergenze esistenti", permettendo in tal modo alle organizzazioni locali di scegliere con cognizione di causa fra le due correnti dominanti: marxismo (o, se si vuole, leninismo) ed economicismo.

E così, dopo aver contattato numerose organizzazioni socialdemocratiche della Russia ed essersi accordato per un loro appoggio al giornale e aver designato i futuri collaboratori e corrispondenti, Lenin, con l'appoggio di Plechanov – il quale comunque si assicurò la maggioranza della propria linea nella redazione[6] – e con l'assistenza della sua in-

---

ziata la guerra fra Russia e Germania, e così rimase sino al 1924, allorché prese il nome di Leningrado, fino al 1991, dopodiché, finito il socialismo statale, tornò a chiamarsi San Pietroburgo.

[5] Già il I Congresso del Posdr l'aveva nominato caporedattore del futuro organo centrale del partito.

[6] Al suo fianco erano Martov, Axel'rod, Zasulič e Potresov. Plechanov tendeva a sopravvalutare il ruolo della borghesia liberale e a sottovalutare quelle delle masse contadine rivoluzionarie. Questi errori furono il germe delle sue future

faticabile moglie, fece dell'"Iskra" ("Scintilla") il centro illegale di unificazione delle forze del partito, di reclutamento e di formazione dei quadri.

Sperando di passare inosservati, essi scelsero come sede della redazione una città brulicante di studenti, Monaco, ma la corrispondenza passava per Praga, affinché le spie zariste non scoprissero il luogo dove veniva edito il giornale. Il primo numero apparve a Lipsia nel dicembre 1900; quelli successivi vennero pubblicati a Stoccarda, Monaco, Londra e Ginevra.

Dopo che Lenin e gli altri della redazione furono costretti a trasferirsi a Londra perché, riconosciuti dagli studenti che simpatizzavano per loro, temevano di essere espulsi dal paese, Plechanov[7] e Axelrod, tornati in Svizzera, si limitarono a collaborare in modo discontinuo, non avvertendo con l'urgenza dovuta il compito di legare il socialismo scientifico al movimento operaio. Un compito che l'"Iskra" bene assolveva pubblicando cronache, corrispondenze inviate da tutta la Russia, resoconti di scioperi, tumulti, dimostrazioni, battaglie polemiche sulle questioni teorico-pratiche più importanti.

Proprio in quegli anni infatti iniziarono le prime manifestazioni veramente di massa degli operai. Dal 1 maggio del 1900 fino allo sciopero politico generale dell'ottobre 1905, che bloccò la produzione industriale di tutta la Russia, inaugurando l'insurrezione armata degli operai di Mosca contro l'autocrazia, fu tutto un susseguirsi di manifestazioni operaie sempre più combattive e politicamente consapevoli.

A Rostov sul Don (1902) gli scioperi partirono direttamente dalla lotta rivendicativa degli operai, invece di svilupparsi per adesione all'iniziativa politica degli intellettuali e degli studenti, come quasi sempre era avvenuto in precedenza. Lo sciopero nella Russia meridionale del 1903 fu caratterizzato da un'intera catena di agitazioni operaie – come mai prima era accaduto – all'interno delle quali svolsero un ruolo organizzativo di primo piano le associazioni socialdemocratiche collegate all'"Iskra". La redazione infatti non si limitava a chiedere un'ampia diffusione del giornale in tutta la Russia, ovvero una collaborazione semplicemente "letteraria", ma pretendeva anche una collaborazione più propriamente "rivoluzionaria" (p.es. attuando il trasferimento da un punto all'altro del paese, nei momenti critici, delle forze aggregate mediante il giornale, onde costituire un legame effettivo fra tutte le città della Russia).

I corrispondenti dell'"Iskra" – o, come venivano chiamati, i suoi

----

concezioni mensceviche.

[7] Plechanov dirigeva anche la rivista scientifico-politica "Zarià" ("Aurora"), con la quale appoggiava il lavoro dell'"Iskra".

"agenti" – svolgevano in Russia un lavoro molto difficile e pericoloso. Soggetti a costanti repressioni poliziesche, i vari Babuškin, Bauman, Sverdlov, Kalinin, Zelikson, Petrovskij, Stasova e molti altri ancora diffondevano le copie del giornale, le ristampavano con tipografie in loco, inviavano alla redazione lettere, articoli, materiali, organizzavano le raccolte dei fondi.

Lenin non si stancava di ripetere che "la forza di un'organizzazione rivoluzionaria sta nel numero dei suoi collegamenti". È proprio in virtù di questi collegamenti che l'"Iskra" potrà percorrere clandestinamente le maggiori arterie europee: da Londra a Kiev per Vienna e Leopoli, da Londra a Varna (porto bulgaro sul Mar Nero) da dove raggiungeva Odessa, e poi ancora da Londra al Mar Nero via Alessandria d'Egitto, da Tabriz (estremo nord della Norvegia) ad Arcangelo, da Stoccolma a Riga e Pietroburgo e così via.

Nella primavera del 1903 Lenin è costretto a lasciare Londra per Ginevra, dove comincerà a elaborare, insieme alla redazione, un progetto di programma del partito. Resosi conto che la linea dell'"Iskra" aveva già conquistato la maggioranza fra i comitati marxisti russi, pensò fosse giunto il momento per preparare la convocazione del II Congresso del Posdr. Il compito più importante dell'"Iskra" era stato infatti questo: porsi come strumento capace di educare alla lotta politica cosciente le masse e soprattutto i dirigenti socialdemocratici (operai colti e intellettuali), attraverso i quali – coinvolti in forti organizzazioni politiche di base – si sarebbe poi dovuto costituire un partito di tipo nuovo. Ecco perché gli articoli del giornale erano scritti da quegli stessi militanti che, a livello locale e nazionale, stavano preparando concretamente la rivoluzione.

Il sogno di Lenin, espresso nel libro *Che fare?*, era appunto quello di far nascere un partito forte, omogeneo, centralizzato, marxista, rivoluzionario, prevalentemente operaio, reparto avanzato della classe operaia (al cui interno dovevano maturare i rivoluzionari di professione), dotato di una vasta rete di *organismi* locali, che lottasse per realizzare un programma minimo (l'instaurazione di una repubblica democratico-borghese) e un programma massimo (la rivoluzione socialista).

Il Congresso, che aprì i suoi lavori nell'estate del 1903 a Bruxelles e che li concluse a Londra, fu teatro di una grande lotta sulle questioni tattiche, programmatiche e soprattutto organizzative. Gli appartenenti al gruppo dell'"Iskra" si batterono efficacemente contro gli economicisti, i bundisti[8] e altri elementi opportunisti spalleggiati da Trotsky.

---

[8] L'Unione operaio-ebraica generale raggruppava in prevalenza gli elementi semiproletari degli artigiani ebraici della Russia occidentale. Essi erano di mentalità piccolo-borghese e politicamente nazionalisti.

Si approvò un programma coerentemente marxista, quale non possedeva a quell'epoca nessun altro partito operaio al mondo, un programma che i militanti dovevano accettare integralmente, impegnandosi di persona in una delle organizzazioni del partito. "Bisogna preparare uomini che consacrino alla rivoluzione non solo le sere libere, ma tutta la loro vita", aveva scritto Lenin nel n. 1 dell'"Iskra".

Purtroppo però la vittoria del giornale – divenuto organo centrale del "nuovo partito" – fu di breve durata. I profondi dissensi venuti alla luce nel corso del Congresso fra la maggioranza iskrista (bolscevichi) e la minoranza economicista (menscevichi) determinarono ben presto gravi conseguenze. Approfittando della posizione conciliante assunta da Plechanov, i menscevichi s'impadronirono dell'"Iskra" e, successivamente, anche del comitato centrale del partito. A capo di questa campagna anti-bolscevica si posero Martov, Axel'rod e Trotsky. Ciò poté avvenire anche perché il Congresso non era riuscito a smascherare sino in fondo l'opportunismo dei menscevichi nelle questioni organizzative.[9]

Il riflusso venne documentato da Lenin nello scritto *Un passo avanti e due indietro* (1904), nel quale sono delineati i princìpi fondamentali dell'organizzazione del partito, validi ancora oggi: stretta osservanza dello statuto; salda, unica e cosciente disciplina di partito; elettività di tutti gli organi dirigenti dal basso in alto; resoconto periodico di tali organi a quelli superiori; subordinazione della minoranza alla maggioranza; sviluppo della critica e dell'autocritica.

A partire dal n. 52 l'"Iskra", divenuta organo dei menscevichi, prese il nome di "Nuova Iskra": era il 1° novembre 1903. La svolta non colse alla sprovvista Lenin e i suoi seguaci. Da tempo essi avevano compreso che un'organizzazione combattiva può essere creata anche in una situazione di declino dello spirito rivoluzionario. Ed è con questa organizzazione ch'essi potevano affrontare, sicuri di vincere, la linea scissionista dei menscevichi.

Nell'agosto del 1904 già erano impegnati per la convocazione del

---

[9] Nel periodo della rivoluzione del 1905-1907 i menscevichi si dichiararono contro l'egemonia della classe operaia nella rivoluzione e anche contro l'alleanza tra la classe operaia e i contadini. Essi chiedevano un accordo con la borghesia liberale, che, secondo loro, avrebbe dovuto dirigere la rivoluzione. Negli anni della reazione successiva alla fallita rivoluzione del 1905, la gran parte di loro chiese la liquidazione del partito rivoluzionario clandestino della classe operaia. Dopo la rivoluzione borghese del febbraio 1917 fecero parte del governo provvisorio di Kerenskij, sostenendone la politica imperialistica e lottando contro la rivoluzione socialista in fase di preparazione. Dopo la rivoluzione d'Ottobre diventarono un partito apertamente controrivoluzionario, promotore di complotti e di rivolte contro il potere sovietico.

III Congresso del partito; e il 4 gennaio 1905 uscì il primo numero del loro nuovo giornale: "Vperiod!" ("Avanti!").

*

Cosa dice la Krupskaja sull'"Iskra" nella sua biografia di Lenin?

L'idea di pubblicare un giornale all'estero, per l'attività rivoluzionaria in Russia, a Lenin venne in mente a Pskov, poco prima di decidere di trasferirsi a Monaco con la moglie (che divenne segretaria del giornale), con Julij Martov e Aleksandr N. Potresov, che nel 1895 avevano fondato con lui l'"Unione di lotta per la liberazione della classe operaia". Ne discussero anche con Gleb M. Kržižanovskij, attivo nel movimento socialdemocratico russo sin dal 1893. Vi era anche il fratello minore di Lenin, Dmitri Ilyich Ulyanov, che divenne medico nel 1901. Leo Deutsch, che con Georgij Plechanov, Vera Zasulič e Pavel Aksel'rod, aveva fondato il movimento "Emancipazione del lavoro", era l'amministratore, ma non partecipava al lavoro editoriale.

A Monaco già vivevano la Zasulič, Plechanov e Axel'rod, gestendo la rivista "Zarja". Essi sottovalutavano alquanto la funzione organizzativa che poteva avere l'"Iskra", anche se non disdegnarono di collaborarvi a livello redazionale (la più convinta era la Zasulič). D'altra parte il loro gruppo non diventò mai un'organizzazione di massa, anzi nell'esilio persero i contatti con la realtà russa. Lenin invece voleva che il giornale restasse del tutto clandestino e indipendente dal centro degli emigrati russi, affinché avesse ampie possibilità di manovra in patria.

Le lettere, provenienti da tutte le parti della Russia, non arrivavano direttamente alla redazione, ma ad alcuni compagni sparsi in varie città tedesche, i quali poi le rispedivano a un certo dottor Lehmann, che le consegnava alla Krupskaja. Il giornale, il cui primo numero uscì a Lipsia il 1° dicembre 1900, veniva spedito in valigie a doppio fondo, per mezzo di vari viaggiatori, che recapitavano le copie in luoghi decisi di volta in volta a Pskov, Kiev e altre località. La redazione aveva collegamenti a Berlino, a Parigi, nella Svizzera e nel Belgio con fiduciari incaricati per la spedizione. Si trattava di trovare sempre nuove persone disposte a portar con sé le valigie. La rete delle relazioni doveva allargarsi il più possibile, anche per cercare fondi con cui pubblicare il giornale (una delle persone che finanziarono il giornale fu Savva T. Morozov[10]).

Il primo frutto maturo di tale attività fu il capolavoro scritto fra l'autunno del 1901 e il febbraio 1902: *Che fare?*, attaccato violentemente dai menscevichi. La Krupskaja scrive a chiare lettere che il libro "costituì

---

[10] La sua dimora divenne il quartier generale del "Proletkult" di Mosca.

in abbozzo il progetto di un lavoro rivoluzionario in grande stile e indicò concretamente i compiti da assolvere" (*La mia vita con Lenin*, ed. Red Starr Press, Milano 2019, p. 60).

Altre edizioni del giornale furono pubblicate a Monaco (1900-1902), ma qui, ad un certo punto, il proprietario della tipografia disse che non voleva rischiare oltre, per cui la redazione decise di trasferirsi a Londra, contro il parere di Plechanov e Aksel'rod, che avrebbero preferito Ginevra. Il lavoro continuava a essere molto cospirativo: nonostante ciò si poteva anche essere arrestati, come p.es. accadde a Iosif Blumenfeld, che curava gli aspetti tecnici della stampa e che per fortuna riuscì a fuggire dal carcere di Kiev. Si trovò una tipografia anche a Baku.

L'invio dei giornali passando per Stoccolma fu un totale fallimento. Più fortunata fu la spedizione attraverso Alessandria d'Egitto, la Persia, la via Kamenez-Podolsk-Leopoli. Secondo la Krupskaja giungeva in patria circa il 10% del materiale spedito, che non consisteva solo in copie del giornale, ma anche di varia letteratura sovversiva, sempre rilegata in copertine dai titoli legali. D'altra parte la richiesta era molto grande. Il gruppo dell'"Iskra" stava avendo un enorme successo: tra la stampa clandestina nessuno lo superava. A Londra conobbero Trotsky, evaso dalla Siberia, che voleva collaborare al giornale.

A Londra il lavoro più faticoso nella lettura della corrispondenza e nella scrittura degli articoli spettava a Lenin, che voleva un partito unito, non su base federativa (come p.es. chiedevano i bundisti), ma centralizzato. Quando il gruppo "Emancipazione del lavoro" propose di trasferire la redazione a Ginevra, Lenin si oppose, ma venne messo in minoranza. L'"Iskra", d'ora in poi, sarebbe stata stampata là, a partire dall'aprile 1903.

Lenin voleva inserire Trotsky nella redazione, poiché occorreva un settimo membro, ma Plechanov non lo permise. Si optò per Pyotr Krasikov.[11] Il lavoro dell'"Iskra" fu così imponente che il partito decise di convocare un II Congresso del Posdr, che si tenne tenne tra Bruxelles e Londra dal 30 luglio al 23 agosto 1903. Al primo Congresso, nel 1898, avevano partecipato solo nove persone: ora invece vi erano 43 delegati con voto deliberativo e altri 14 con voto consultivo. Il programma del partito fu elaborato dalla redazione dell'"Iskra", che venne considerato suo organo centrale, contro il parere dei bundisti e degli economicisti del

---

[11] Krasikov prese parte attiva alla rivoluzione del 1905-07. Dopo la rivoluzione d'Ottobre fu tra i principali ideatori del sistema legale sovietico, insieme ad A. Vyshinsky, soprattutto in riferimento al regime di separazione tra Stato e Chiesa. Partecipò attivamente alla Lega degli atei militanti, dalla sua fondazione nel 1925. Tra i leader fu uno dei pochissimi vecchi bolscevichi a morire per cause naturali.

"Raboceie Dielo".

Durante lo svolgimento del Congresso si registrò però la scissione tra la corrente bolscevica e quella menscevica. Lenin voleva ridurre la redazione dell'"Iskra" a tre persone (Plechanov, Martov e lui stesso), per evitare le perdite di tempo dovute alle continue polemiche, tanto più che l'apporto al giornale da parte di Potresov, Aksel'rod e la Zasulič era quasi nullo. Martov rifiutò di collaborare, spinto in questo da Trotsky, che gli era molto amico. A quel punto anche Lenin, stressato da infinite discussioni, decise di uscire dalla redazione (si dimise anche dal CC del partito). Sicché il giornale cadde sotto il controllo dei menscevichi e fu pubblicato da Plechanov fino al 1905. La diffusione media era di 8.000 copie.

Lenin, coi bolscevichi rimastigli fedeli, aveva già in mente di convocare un terzo Congresso. Prima però doveva far partire un nuovo giornale: fu così che nacque "Vperiod!" ("Avanti!"). Il settimanale clandestino fu pubblicato a Ginevra dal 22 dicembre 1904 al 5 maggio 1905. Furono chiamati alla redazione Michail S. Ol'minskij[12], Vatslav Vorovsky[13] e Anatolij V. Lunačarskij.

---

[12] Fu un critico letterario e non solo un attivista del Posdr. Nel 1917 entrò nella redazione della "Pravda" e dal 1920 al 1924 diresse la Commissione per lo studio della storia della Rivoluzione d'Ottobre e del partito bolscevico. Negli ultimi anni di vita si dedicò all'analisi delle opere di Saltykov-Ščedrin, di cui pubblicò l'opera omnia.

[13] Sarà vittima di un omicidio politico da parte di un esponente dell'Armata Bianca nel maggio 1923 a Losanna, in Svizzera, dove era rappresentante ufficiale del governo sovietico alla Conferenza di Losanna.

Comitato direttivo dell'Unione di lotta per l'emancipazione della classe operaia (Pietroburgo, febbraio 1897). Da sinistra, V. V. Starkov, G. M. Kržižanovskij, A. L. Mal'čenko, Lenin, al suo fianco J. Martov e in alto P. K. Zaporožec, e A. A. Vaneev.

Dalla *Protesta* a *Che fare?*

Alla fine del secolo scorso Lenin dovette sostenere, prima in Russia e poi all'estero, una dura lotta contro i "marxisti legali" e gli "economisti".

In quegli anni particolarmente difficili, carichi di contraddizioni sociali ed economiche, privi di una vera prospettiva rivoluzionaria, in quanto il movimento socialdemocratico era ancora troppo debole, soprattutto nei livelli direttivi, il marxismo legale era riuscito a emergere nella letteratura sottoposta a censura solo perché il governo zarista, vendendolo impegnato a combattere le idee populiste, pensava che fosse una corrente meno pericolosa. In realtà i marxisti legali contribuivano alla diffusione del marxismo rivoluzionario, benché tale teoria – osserva Lenin – venisse esposta in un "linguaggio esopico", cioè indiretto, mediato, non trasgressivo.

Il progressivo declino del populismo fece diventare il marxismo molto popolare in Russia. Lenin e la sua "Unione di lotta" non disdegnavano l'intesa con i marxisti legali in funzione antipopulistica, pur essendo consapevoli che tali pseudo-marxisti erano nati dalla fusione di "elementi estremisti con elementi molto moderati". Quando infatti – dopo che il governo s'accorse della loro pericolosità – ci si trovò di fronte all'alternativa di radicalizzare il taglio rivoluzionario degli interventi o di rinunciarvi definitivamente, la maggioranza dei marxisti legali non ebbe dubbi: scelse il revisionismo di Bernstein. A questo punto la rottura, fra marxismo rivoluzionario e legale, divenne inevitabile.

Gli "ex-marxisti" continuarono a scrivere su giornali e riviste autorizzati dal governo, rivendicando una piena "libertà di critica" nei confronti dello stesso marxismo, ma questa volta con lo scopo principale di subordinare il movimento operaio agli interessi della borghesia. Affermavano, da un lato, che lo sviluppo capitalistico in Russia era una necessità storica, ma, dall'altro, non ne chiedevano il superamento immediato. Il loro marxismo era "senza socialismo". Molti di questi "compagni di strada" – come li chiamava Lenin – diventeranno dei "cadetti" (il partito principale della borghesia russa) e persino delle "guardie bianche" durante la guerra civile.

Nel tentativo di superare gli evidenti limiti del marxismo legale, si sviluppò all'interno del movimento socialdemocratico una corrente più pratica e concreta, ma unicamente interessata a risolvere i problemi di natura sindacale: era la corrente che Lenin chiamava col nome di "economicismo". Non si trattava di una vera alternativa al marxismo legale ma di un suo complemento. Sul piano "legale" infatti si continuava a predicare, anche da parte degli economicisti, la fusione degli intellettuali marxisti coi liberali, mentre su quello "illegale" si chiedeva agli operai di lottare sindacalmente contro i padroni.

Gli economicisti – che, come dice Lenin, rifuggivano da qualsiasi "discussione teorica, dissenso di frazione, ogni vasta questione politica, ogni progetto di organizzare i rivoluzionari ecc." – avevano un loro manifesto: il *Credo* (redatto dalla Kuskova), che Lenin e altri 17 compagni sottoposero a dura critica scrivendo dalla prigione siberiana la *Protesta dei socialdemocratici russi* (1899).

Con la *Protesta*, pubblicata sul *Raboceie Dielo*, Lenin rivendicava l'unità della lotta economica della classe operaia con quella politica e condannava il revisionismo di Bernstein, che voleva trasformare il partito operaio da rivoluzionario a riformista. Lenin e gli altri autori della *Protesta* volevano integrare la battaglia contrattuale della classe operaia con una lotta politico-rivoluzionaria organizzata in un partito indipendente, che portasse, anche attraverso il consenso e l'appoggio degli elementi democratico-borghesi del Paese, all'emancipazione di tutti i lavoratori oppressi.

Nello stesso tempo Lenin scrisse, fra le altre cose, *Il nostro programma*, che però rimase inedito fino al 1925. In esso si costatava che l'opinione dominante in seno alla socialdemocrazia russa considerava il marxismo rivoluzionario "invecchiato e inadeguato". L'influenza del revisionismo si faceva sempre più sentire. Alla stregua di Bernstein ci si limitava – dice Lenin – ad elaborare "piani per riorganizzare la società", a proporre "ai capitalisti e ai loro reggicoda il modo di migliorare la situazione degli operai", a predicare agli operai "la teoria dell'arrendevolezza".

Lenin si rendeva conto che un'interpretazione dogmatica del marxismo poteva trasformare questa scienza in una fraseologia senza senso; però teneva a precisare che qualsiasi critica del marxismo non poteva andare oltre le "pietre angolari" da esso poste, "i principi direttivi generali". La teoria di Marx – diceva Lenin nel *Programma* – non è qualcosa di "definitivo e d'intangibile"; i socialisti devono anzi farla progredire "se non vogliono lasciarsi distanziare dalla vita"; ma con ciò – prosegue Lenin – resta vero che mai potrà esistere "un forte partito socialista se manca una teoria rivoluzionaria che unisca tutti i socialisti".

Queste idee Lenin, a causa delle persecuzioni zariste, dovette portarle avanti all'estero. Con l'aiuto di molti compagni pubblicò per tre anni il giornale "Iskra". Nell'importante articolo di fondo scritto nel primo numero: *I compiti urgenti del nostro movimento*, Lenin, rifiutando le teorie opportuniste dell'economicismo, rivendicava l'unità del socialismo col movimento operaio. Solo mediante questa unità si poteva – a suo giudizio – superare la mera attività propagandistica esercitata, a livello di circolo, dai socialdemocratici russi negli ultimi decenni e, nel contempo, evitare che il movimento operaio e il socialismo cadessero nell'ideologia borghese o degenerassero nello sterile terrorismo individuale (come quello dell'organizzazione clandestina "Volontà del popolo", che, dopo aver assassinato nel 1881 lo zar Alessandro II, venne immediatamente liquidata dal governo). L'unità, in sostanza, era indispensabile non solo per l'"ortodossia" del socialismo, ma anche per la "ortoprassi" del movimento operaio. "Nessuna classe della storia – dice Lenin nell'articolo suddetto – ha conquistato il potere senza esprimere dei propri capi politici, dei propri rappresentanti d'avanguardia capaci di organizzare e dirigere il movimento".

A contatto con le organizzazioni socialdemocratiche all'estero, Lenin poteva facilmente rendersi conto di come la tendenza economicistica avesse acquistato sempre più seguaci. Infatti, dopo il giornale "Rabociaia Mysl", stampato in Russia, anche la rivista "Raboceie Dielo", stampata a Ginevra, decideva, a partire dal n. 10, di compiere la svolta revisionista verso l'economicismo. Alle giustificazioni ch'essa ne dava, e cioè: 1) l'inesistenza delle condizioni "oggettive" per compiere una rivoluzione (donde l'inutilità di organizzare un partito politico); 2) il timore di vedere la propria attività equiparata a quella dei terroristi – Lenin ribatteva dicendo: 1) "si deve lavorare per creare un'organizzazione combattiva e condurre un'agitazione politica in qualsiasi situazione", anzi, proprio nei momenti di declino dello "spirito rivoluzionario" è particolarmente necessario tale lavoro, "poiché nei momenti degli scoppi e delle esplosioni non si farebbe in tempo a creare un'organizzazione"; 2) "oggi il terrorismo non viene affatto proposto come un'operazione dell'esercito operante, strettamente legata e adeguata a tutto il sistema di lotta, ma come mezzo di attacco singolo, autonomo e indipendente da ogni esercito" (così in due articoli pubblicati nei numeri 23 e 24 dell'"Iskra").

In altre parole, la situazione di quel momento storico non era "oggettiva" per la rivoluzione solo in questo senso, che non si doveva compiere un "assalto frontale" alle postazioni nemiche prima di aver organizzato debitamente un "regolare assedio". E, allo scopo – pensava Lenin –, nulla era più indispensabile di un giornale politico panrusso: ecco perché era nata l'"Iskra". "La maggiore o minore frequenza e regolarità dell'uscita (e diffusione) del giornale – diceva Lenin, con grande senso della concretezza – potrà essere l'indice più esatto della solidità con la quale saremo riusciti a organizzare [il settore della] propaganda e dell'agitazione multiformi e conseguenti".

La scelta di un giornale politico, comune a tutto il marxismo rivoluzionario, era stata imposta dalla situazione di frazionamento localistico del movimento operaio. Essendo "l'enorme maggioranza dei social-democratici quasi completamente assorbita dal lavoro puramente locale", l'instabilità e l'incertezza del movimento e dei suoi dirigenti diventavano un fatto inevitabile.

Ciò spiega il motivo per cui il giornale non era nato solo per svolgere un ruolo di propagandista e agitatore collettivo, penetrando, attraverso il proletariato, "nelle file della piccola borghesia urbana, degli artigiani rurali e dei contadini", che avrebbe conquistato alla rivoluzione: esso doveva pure svolgere la funzione di "organizzatore collettivo". Nel senso cioè che la rete di "fiduciari" del partito preposta alla redazione e diffusione del giornale, doveva mantenere strettissimi legami "con i comitati locali (gruppi, circoli) del partito", o almeno con quelli che desideravano la loro unificazione in un partito. Attraverso questo lavoro tutti i militanti avrebbero avuto la possibilità non solo di osservare gli avvenimenti da un punto di vista nazionale, ma, in virtù dell'organizzazione capillare, anche l'opportunità d'intervenire direttamente su tali avvenimenti. Gli stessi militanti insomma dovevano diventare i protagonisti dell'"Iskra".

Un altro importante articolo pubblicato sul n. 12 del giornale è il *Colloquio con i sostenitori dell'economicismo*. Qui Lenin risponde, approfondendo gli argomenti soprattutto nel capitolo II di *Che fare?*, a una lunga lettera che "un gruppo di compagni" aveva fatto pervenire alla redazione del giornale. In particolare Lenin rilevava il fatto che "i dirigenti coscienti sono in ritardo sullo sviluppo del movimento spontaneo della massa operaia e degli altri strati sociali". Ai dirigenti, di cui il movimento dispone, mancano le cose più necessarie: solida teoria, vasti orizzonti politici, energia rivoluzionaria, capacità organizzativa. Il grave però è che "dalla fine del 1897 e specialmente dall'autunno del 1898" – dice Lenin –, cioè proprio quando si è voluto costituire il partito operaio social-democratico, essi hanno fatto di questi difetti una "virtù", portando il "ritardo" della coscienza rivoluzionaria al livello di una "giustificazione teorica".

Tutte le questioni che in quel periodo più urgevano nel dibattito interno alla socialdemocrazia russa, saranno efficacemente sintetizzate e magistralmente risolte in *Che fare?* (1902), il libro più importante che Lenin scrisse prima della rivoluzione del 1905. Dopo la svolta del "Raboceie Dielo" verso l'economicismo, con la quale, fra l'altro, s'impedì d'unificare le organizzazioni socialdemocratiche all'estero in nome del marxismo rivoluzionario, Lenin fu costretto a radicalizzare, anche nello stile letterario, i termini dello scontro. Rendendosi d'altra parte conto che l'economicismo aveva molto più seguito di quel che non si credesse, egli non poteva agire diversamente. L'opposizione fra le due correnti di pensiero era per lui così netta da imporre una "chiarificazione sistematica" su tutti gli aspetti fondamentali del dissenso. Proprio nella drammaticità del confronto con il marxismo "ufficiale", "dominante", venivano alla luce le indicazioni più sicure da seguire.

La critica alla "libertà di critica"

La "libertà di critica" è il primo aspetto che Lenin esamina nella sua importante opera anti-opportunistica *Che fare?*. Trattasi di quella libertà che i marxisti legali e soprattutto gli economicisti, in Russia, si erano presi per indurre il neonato Posdr a trasformarsi da rivoluzionario a riformista.

Emulando i colleghi revisionisti di Germania e Francia, essi chiedevano di rinunciare alla pretesa di dare un fondamento scientifico al socialismo e di limitarsi ad accettarlo solo sul piano utopistico, in quanto l'opposizione di principio fra socialismo e liberalismo era per loro inesistente.

Essi inoltre negavano il fatto della crescente miseria sociale, cioè della proletarizzazione di ampi strati sociali e dell'inasprimento delle contraddizioni capitalistiche. Respingevano, in sostanza, la teoria della lotta di classe e l'idea della dittatura del proletariato. In un contesto del genere, la "libertà di critica" – pensava Lenin – altro non significava che "critica borghese di tutte le idee fondamentali del marxismo".

Naturalmente la novità non era piovuta dal cielo. "Già da tempo – scrive Lenin – si muoveva contro il marxismo questa critica dall'alto della tribuna e della cattedra universitaria, in innumerevoli opuscoli e in una serie di dotti trattati; da decine di anni tutta la nuova gioventù delle classi colte è stata educata a questa critica". In pratica, la linea opportunistica del marxismo era stato il risultato di un trasferimento di concezioni borghesi dalla letteratura liberale a quella socialista.

A livello europeo i migliori rappresentanti di questa nuova tendenza erano Bernstein, sul piano teorico, e Millerand su quello pratico. Avvalendosi della "libertà di critica" come di una rivendicazione politica, essi e gli economicisti in genere evitavano di confrontarsi con le tesi del marxismo rivoluzionario, tacciato preventivamente di "dogmatismo". Ma in tal modo – spiega bene Lenin – la tanto declamata parola d'ordine: libertà di critica anche nei confronti del marxismo, "si riduceva all'assenza di ogni critica", anzi, "all'assenza di ogni giudizio indipendente". Di nuovo, in realtà, c'era solo questo, che "l'urto delle diverse tendenze in seno al socialismo si era per la prima volta trasformato da nazionale in internazionale".

Storicamente parlando, gli economicisti rappresentarono una reazione all'intellettualismo parolaio dei marxisti legali. Là dove, nell'ultimo decennio dell'Ottocento, si lottò con successo contro il populismo, paventando però l'idea della rivoluzione proletaria, qui invece si pretendeva una maggiore concretezza, una più sollecita attenzione ai problemi di natura sindacale dei lavoratori, benché i tempi – a giudizio di Lenin – fossero maturi per ben altro che non per una semplice politica tradunionista.

Di fronte alle posizioni rinunciatarie e rigorosamente circoscritte, a livello sia teorico che pratico, degli economicisti, Lenin raccomandava anzitutto di "riprendere [sottoponendolo a critica] quel lavoro teorico appena cominciato all'epoca del marxismo legale"; dopodiché occorreva rimediare alla confusione e all'esitazione prodotte dagli economicisti nel movimento "pratico".

"Libertà di critica [per gli opportunisti] non significa – scriveva Lenin – la sostituzione di una teoria con un'altra, ma la libertà da ogni teoria coerente e ponderata, eclettismo e mancanza di principi". Quando una tendenza del genere diventa dominante nel movimento operaio o addirittura nel partito, non resta che separarsene – e Lenin operò appunto in questa direzione. "Ci hanno biasimato – disse – per aver costituito un gruppo a parte e preferito la vita della lotta alla via della conciliazione". Ma non si trattava di settarismo o di frazionismo fine a se stesso. Il fine era quello di realizzare l'unità della classe operaia con un'avanguardia rivoluzionaria. E perché questo potesse avvenire "occorreva anzitutto – dice Lenin – *definirsi* risolutamente e nettamente" (un'altra traduzione italiana usa il termine *delimitarsi*).

Quando l'unità di un partito o di un movimento è palesemente, irrimediabilmente nociva agli interessi della verità delle masse che aspirano a liberarsi dallo sfruttamento capitalistico, non resta che denunciarla, che rompere il suo formalismo e la sua ipocrisia, ricostituendola su fondamenta più solide, soprattutto più autentiche. Certo, sarà il consenso delle masse popolari a decidere dell'efficacia di una iniziativa del genere.

D'altra parte "senza teoria rivoluzionaria – ha detto Lenin – non ci può essere movimento rivoluzionario": "la predicazione opportunistica venuta di moda, viene accompagnata dall'esaltazione delle forme più anguste di azione pratica". Non deve dunque spaventare l'idea d'essere una piccola minoranza (cosa peraltro inevitabile agli inizi); è invece indispensabile avere le idee chiare, saper dove andare, lottare contemporaneamente sul fronte teorico, politico ed economico – questo l'insegnamento che si trae dalle prime pagine di *Che fare?*.

Spontaneità delle masse e coscienza rivoluzionaria

Nell'esordio dell'importante libro *Che fare?*, in particolare nel capitolo dedicato alla "libertà di critica" degli opportunisti, Lenin imposta e conduce la sua battaglia sul fronte "teorico", un fronte che nel cap. II viene approfondito a livello "filosofico" e "ideologico", per poi esplicitarsi compiutamente in modo "politico" nel capitolo successivo e "organizzativo" negli ultimi due (il primo dei quali di carattere generale, mentre l'altro – delineante il piano di un giornale politico panrusso – a titolo esemplificativo).

Il capitolo II porta come titolo significativo: *La spontaneità delle masse e la coscienza della socialdemocrazia*. Lo scopo che lo muove è quello di dimostrare la validità di una precisa tesi posta nella premessa: "La forza del movimento contemporaneo consiste nel risveglio delle masse (e principalmente del proletariato industriale) e la sua debolezza nella mancanza di coscienza e d'iniziativa dei dirigenti rivoluzionari".

Per "risveglio spontaneo delle masse" Lenin intende quelle manifestazioni popolari di protesta, tipo scioperi, tumulti, distruzioni di macchine ecc., che in Russia, a partire dal 1890, avvennero non con una coscienza esatta della natura dello sfruttamento, ma con l'istinto, giunto a maturazione, di ribellarvisi senza indugio. Il sentire la necessità di una resistenza collettiva, ovvero il bisogno di rompere risolutamente "con la sottomissione servile all'autorità", faceva parte appunto di quegli atteggiamenti "di disperazione e di vendetta" che, se solo fosse esistita una direzione cosciente e attiva degli intellettuali, avrebbero potuto aprire le porte alla lotta rivoluzionaria vera e propria. "L'elemento spontaneo infatti non è che una forma embrionale della coscienza".

Lenin non sta qui a discutere, in astratto, su quale debba essere il rapporto ideale tra spontaneità delle masse e coscienza dei dirigenti. Il problema, per lui, non stava neppure nel criticare quei dirigenti che non avevano saputo prevedere l'evolversi dei tempi. Certo, questo era un difetto che andava corretto. Ma il problema più grave da risolvere restava un altro, e precisamente quello di come valorizzare la spontaneità delle masse portandola a un livello di consapevolezza politica, tale per cui l'istintiva protesta fosse indotta a rifiutare una semplice opposizione "legale" o "settoriale" al sistema.

Per Lenin ciò che più contava era che il dirigente sapesse convincere le masse ad avvertire i loro interessi generali e quelli del sistema di sfruttamento come direttamente antitetici. In effetti, per cambiare qualitativamente la situazione non basta la coscienza di sentirsi sfruttati, né quella di voler reagire in qualche modo all'oppressione: occorre piuttosto – dice Lenin – avere coscienza che l'antagonismo fra gli interessi degli operai e di tutto l'ordinamento politico-sociale capitalistico è irrimediabilmente inconciliabile. Cioè l'antagonismo tra capitale e lavoro non è relativo ma assoluto.

Questo significa che se le masse si limitano a una protesta spontanea e locale, al massimo riusciranno ad ottenere una parziale vittoria sul terreno economico, potranno cioè sentirsi soddisfatte d'aver conseguito nell'immediato determinati obiettivi contrattuali, ma in nessun modo esse saranno riuscite a eliminare i motivi di fondo che le obbligano, con maggiore o minore frequenza e intensità, ad avanzare queste e altre rivendicazioni.

Ora, perché le masse si rendano conto della realtà di questo irriducibile antagonismo non basta – dice Lenin – che la loro situazione economica peggiori drammaticamente: occorre anche che vi siano dei dirigenti capaci d'iniziativa rivoluzionaria sulla base d'una teoria scientifica, oggettiva. Le masse cioè, in virtù dell'apporto di questi dirigenti, devono arrivare a trasformare la loro lotta sindacale in una lotta generale, rivoluzionaria, per la conquista del potere politico. E perché questo accada occorre ch'esse abbiano la coscienza esatta dei termini dell'antagonismo.

Una coscienza del genere può essere il frutto solo di uno studio approfondito, scientifico, uno studio che l'operaio normalmente non fa, sia perché non ne ha il tempo materiale, sia perché non rientra nei suoi immediati interessi. "La classe operaia, con le sole sue forze – dice Lenin –, è in grado di elaborare soltanto una coscienza tradunionistica, cioè la convinzione della necessità di unirsi in sindacati, di condurre la lotta contro i padroni ecc.". Ma in tal modo essa non giunge mai a considerarsi in "alternativa" a tutto il sistema: lotta sì contro il capitale ma sentendovisi legata. Il fatto stesso di dover lavorare alle sue totali dipendenze, subendone i ritmi e le condizioni di lavoro, le impedisce di assumere una posizione radicale, capace di trasformare la rivendicazione economica in una lotta politica di carattere generale.

Ecco perché la coscienza rivoluzionaria "può essere apportata alla classe operaia *solo dall'esterno*" (una tesi che Lenin aveva preso da Kautsky). Da chi precisamente? Da quell'intellettuale (od operaio colto) che, dopo aver compreso il carattere inconciliabile delle contraddizioni capitalistiche, si dedica a tempo pieno, sostenuto dal partito, alla lotta politico-rivoluzionaria, organizzando le forze di quelle classi sociali i cui interessi sono antagonistici agli interessi del capitale. Un operaio "cosciente", cioè un operaio che sa quanto l'emancipazione della sua classe corrisponda all'emancipazione di tutti i lavoratori, è un operaio che deve essere valorizzato più come "militante" del partito che non come "lavoratore" della fabbrica.

L'ideologia politica che aiuta meglio a comprendere la necessità di un rivolgimento totale della società è – come noto – il socialismo scientifico. "La dottrina del socialismo è sorta da quelle teorie filosofiche, storiche, economiche che furono elaborate – dice Lenin – dai rappresentanti colti delle classi possidenti, gli intellettuali". Anche in Russia il socialismo scientifico è sorto "come risultato naturale e inevitabile dello sviluppo del pensiero fra gli intellettuali socialisti rivoluzionari". Lo sviluppo della teoria, pur basandosi sulla prassi storico-sociale, procede indipendente da questa e può giungere a intravedere delle soluzioni finali ai problemi fondamentali delle classi sociali, mentre la coscienza di tali classi è ancora ferma a un tipo di lotta parziale, riduttiva, contro il capitale.

Ciò che il leader rivoluzionario deve assolutamente evitare è che lo sviluppo spontaneo delle masse arrivi a soffocare – anche senza volerlo – lo sviluppo della loro propria coscienza. Quando si è consapevoli dell'irriducibile antagonismo fra capitale e lavoro non si può mai giustificare lo spontaneismo delle masse, adducendo, come pretesto, la mancanza di condizioni oggettive per la rivoluzione. Se queste condizioni mancassero non vi sarebbe neppure la loro coscienza riflessa. "Se certi elementi spontanei dello sviluppo – dice Lenin – sono accessibili in generale alla coscienza umana, l'errata valutazione di essi equivarrà a una sottovalutazione dell'elemento cosciente. E se sono inaccessibili, noi non li conosciamo e non ne possiamo parlare". Il che vuol dire, in altre parole: se il dirigente non prende coscienza dello sviluppo spontanco della rivolta, quando questa c'è, non sottovaluta l'elemento spontaneo, ma la sua stessa coscienza.

Ora, sottovalutare la coscienza rivoluzionaria significa subordinare il movimento alla spontaneità e questo, nelle condizioni del capitalismo, significa, inevitabilmente – come dice Lenin – determinare "un rafforzamento dell'influenza dell'ideologia borghese sugli operai". Ciò in quanto: 1) "in una società dilaniata dagli antagonismi di classe non potrebbe mai esistere un'ideologia al di fuori o al di sopra delle classi"; 2) "l'ideologia borghese è ben più antica di quella socialista, è meglio elaborata in tutti i suoi aspetti e possiede una quantità incomparabilmente maggiore di mezzi di diffusione". Ecco perché "quanto più giovane è il movimento socialista di un determinato Paese, tanto più energica dev'essere la lotta contro tutti i tentativi di consolidare l'ideologia non socialista".

Né si deve pensare che il pericolo dell'"imborghesimento" degli operai sia infondato solo perché essi vanno "spontaneamente" verso il socialismo. Che essi ci vadano è dovuto al fatto che la teoria socialista sa meglio interpretare le cause di tutti i loro mali; cionondimeno, se l'adesione immediata, istintiva, non viene approfondita in sede scientifica e non trova nella prassi un adeguato impegno rivoluzionario, l'ideologia borghese, che è "la più diffusa e che resuscita costantemente nelle più svariate forme", non tarderà a imporsi nuovamente, spontaneamente, alla coscienza dell'operaio. Paradossalmente è proprio il movimento meramente spontaneo delle masse che conduce al rifiuto (inconsapevole) del socialismo.

In sintesi, la teoria riflette sempre una realtà che la precede, ma essa la riflette adeguatamente solo se sa portare la realtà stessa a un livello di autoconsapevolezza critica. Traendo insegnamento dagli errori interpretativi compiuti nel passato, il socialismo scientifico deve saper portare la spontaneità del movimento operaio a un livello cosciente e rivoluzionario. La spontaneità è la forma istintiva, immediata di lotta: "I primi mezzi di lotta che cadono sottomano saranno sempre nella società contemporanea [capitalistica] i mezzi tradunionistici".

Lenin tuttavia non ha alcuna intenzione di accusare lo spontaneismo in sé: la sua critica è rivolta a quegli intellettuali che lo giustificano per impedire agli operai di sviluppare una coscienza veramente rivoluzionaria. Egli infatti afferma che "quanto più è grande la spinta spontanea delle masse, quanto più il movimento si estende, tanto più aumenta, in modo incomparabilmente più rapido, il bisogno di coscienza nell'attività teorica, politica e organizzativa". L'intellettuale che non comprende questo fa, anche senza volerlo, gli interessi del capitale.

"Dal fatto che gli interessi economici esercitano una funzione decisiva non consegue affatto che la lotta economica (professionale) sia di sommo interesse, poiché gli interessi essenziali, 'decisivi', delle classi possono essere soddisfatti *solamente* con trasformazioni *politiche* radicali". È da questa e da altre analoghe affermazioni di Lenin, contenute in *Che fare?*, che si è compreso come nell'imperialismo si sia attuato, nell'ambito del marxismo, il passaggio dal primato dell'economia a quello della politica.

Che fare?

È impressionante la sicurezza con cui Lenin afferma, in *Che fare?*, che la coscienza politica di classe può essere portata all'operaio *solo dall'esterno*, cioè dall'esterno della lotta economica o della sfera dei rapporti contrattuali tra operai e imprenditori.

Perché questa necessità? Perché l'operaio che lotta sindacalmente contro l'imprenditore capitalistico non ha, solo per questo, la consapevolezza che la sua stessa lotta economica, se non si traduce in lotta politica, non serve che a perpetuare il suo sfruttamento. "La politica tradunionistica della classe operaia – dice Lenin – è precisamente la politica borghese della classe operaia".

Ora, un operaio che ha consapevolezza di questo non può continuare a fare l'operaio: deve lottare per un fine superiore, organizzando la propria attività in modo politico. "Le masse non impareranno mai a condurre la lotta politica fino a quando non contribuiremo a educare dei dirigenti per tale lotta, sia fra gli operai colti che fra gli intellettuali".

Ma come può un operaio passare dalla lotta economica a quella politica? Egli deve acquisire la consapevolezza che tutta la società borghese va superata e non solo il suo rapporto contingente coll'imprenditore. Se non ha consapevolezza di questa necessità di ordine generale, se non ha rinunciato a tutte le illusioni sulla possibilità di "riformare" la società borghese, egli continuerà per tutta la vita a chiedere aumenti salariali o migliori condizioni di lavoro, senza mai riuscire a superare l'idea in sé dello sfruttamento. Noi invece – dice Lenin – "dobbiamo occuparci di spingere coloro che sono insoddisfatti [di singoli aspetti sociali] a convincersi che quel che non va è l'intero regime politico".

Ma, di nuovo, come può l'operaio acquisire tale consapevolezza politica? È forse l'intellettuale che deve dargliela? Un intellettuale staccato dalle classi sociali non è in grado di fare alcunché. Lenin dice chiaramente che "per dare agli operai cognizioni politiche, i socialdemocratici devono andare fra tutte le classi della popolazione". Ciò in pratica significa che la coscienza politica della necessità di superare in maniera globale la società, può essere solo il frutto di una sensibilizzazione di tutte le classi popolari. Ovvero, quando la stragrande maggioranza è convinta che la società nel suo complesso va superata, ecco che allora si realizza il socialismo.

La consapevolezza politica deve maturare nelle masse in modo progressivo, ma chi già la possiede non deve aspettare ch'essa maturi da sola. Egli anzi deve "reagire – dice ancora Lenin – contro ogni manifestazione di arbitrio e di oppressione, ovunque essa si manifesti e qualunque sia la classe o la categoria sociale che ne soffre". L'operaio cioè di per sé, solo perché "operaio", non ha maggiore consapevolezza politica di chi non lo è.

La coscienza dall'esterno

Perché, secondo Lenin, gli operai non possono avere "la coscienza dell'irriducibile antagonismo fra i loro interessi e tutto l'ordinamento politico e sociale contemporaneo"? Risposta: perché tale coscienza non riesce a sorgere in loro spontaneamente, naturalmente, ma deve essere data "dall'esterno", dall'intellettuale consapevole.

Lenin arriva a porsi questa domanda guardando la storia del movimento operaio russo, euroccidentale e mondiale. Questa storia dimostra che "la classe operaia con le sole sue forze è in grado di elaborare soltanto una coscienza tradunionista", cioè sindacale.

Perché questo limite? Per due ragioni: 1) all'operaio manca il tempo di farsi una consapevolezza teorica dell'irriducibile antagonismo tra lavoro e capitale (non dispone cioè delle condizioni materiali favorevoli); 2) il capitalismo, stando al potere, è in grado di disporre d'ingenti mezzi per propagandare l'ideologia borghese, che è molto più antica di quella socialista.

Dunque al massimo l'operaio arriva a "sentire", a "percepire" il suddetto antagonismo, ma non arriva – proprio perché il lavoro da schiavo e il condizionamento dell'ideologia borghese glielo impediscono – a maturare la consapevolezza della necessità di un'alternativa organica, globale, al sistema dominante.

Questo è un compito che spetta ai rivoluzionari di professione. "La dottrina del socialismo – dice Lenin – è sorta da quelle teorie filosofiche, storiche, economiche che furono elaborate dai rappresentanti colti delle classi possidenti, gli intellettuali". Ciò significa ch'esiste un processo autonomo del pensiero, indipendente "dallo sviluppo spontaneo del movimento operaio", che porta alla consapevolezza della necessità del socialismo. Gli intellettuali progressisti arrivano a "comprendere" sul piano teoretico ciò che gli operai arrivano a "sentire" su quello pratico.

Cosa proponeva Lenin? Due cose: 1) permettere anzitutto agli operai dotati di capacità intellettuali, di dedicarsi esclusivamente all'attività politica del partito (le capacità ovviamente vanno dimostrate, cioè possono essere riconosciute solo a-posteriori); 2) far convergere la teoria rivoluzionaria degli intellettuali verso la protesta sindacale degli operai, al fine di creare un movimento di massa capace di prassi rivoluzionaria. Altrimenti la teoria resterà utopica e la prassi velleitaria.

Lo sviluppo coerente di queste due condizioni è in grado di evitare due pericoli: 1) quello di credere che la coscienza dell'irriducibile antagonismo sia un processo che possa maturare solo "dall'esterno" e non anche "dall'interno"; 2) quello di credere che senza "teoria rivoluzionaria" possa esserci una "prassi rivoluzionaria", ovvero che una "teoria rivoluzionaria", per funzionare praticamente, possa essere formulata una volta per tutte, e non continuamente riformulata.

L'elemento spontaneo e quello consapevole devono quindi integrarsi in un'unica esperienza. Lenin aveva così chiarito il motivo fondamentale per cui, a suo parere, erano falliti tutti i tentativi rivoluzionari condotti in Europa occidentale e in Russia. Ma mentre in Russia si arrivò ad accettare questo suo nuovo modo d'impostare la lotta politica, in Europa invece, in un modo o nell'altro, lo si è sempre rifiutato: sia perché l'*individualismo* non permetteva di accettare, da parte degli operai, l'idea di una consapevolezza trasmessa dall'esterno; sia perché l'*intellettualismo* non permetteva di accettare, da parte degli intellettuali, la responsabilità di dover organizzare lo sviluppo di tale consapevolezza in un'esperienza politico-rivoluzionaria.

Sull'inconscio

Nel cap. II di *Che fare?* sembra essere delineata, seppur all'interno di un'analisi di tipo politico, anche una critica alla psicanalisi freudiana e a certe idee irrazionalistiche di tipo borghese, che danno più perso all'inconscio che non alla coscienza.

"L'elemento spontaneo – dice Lenin – [cioè poco consapevole, istintivo, di cui non si ha ancora piena coscienza e che non permette di acquisirla] non è che la forma embrionale della coscienza". E ancora: "La coscienza dei propri errori [fatti coll'istinto e quindi solo parzialmente consapevoli] equivale già ad una mezza correzione [cioè a un aumento del lato conscio], ma il mezzo male [cioè la scarsa consapevolezza] diventa un male effettivo quando questa coscienza comincia a oscurarsi, cioè quando si tenta di giustificare teoricamente la propria sottomissione servile alla spontaneità [o all'inconscio]".

Lenin voleva dire che il "mezzo male" (o la mancanza di forte consapevolezza), viene utilizzato dagli intellettuali borghesi, regressivi, come pretesto per non prendere consapevolezza dei propri errori (il che porta a un "male intero"). Il "vero male", quello "totale", nasce quando si vuole imporre la logica dell'inconscio alla coscienza, cioè quando si vuole opporre all'esigenza di un'alternativa, di una transizione, la logica della rassegnazione, dell'opportunismo, del relativismo, sino all'irrazionalismo.

Tuttavia, il male peggiore di tutti – dice Lenin – è quello per cui "il soffocamento della coscienza da parte della spontaneità avviene in modo spontaneo, cioè senza lotta dichiarata fra due concezioni diametralmente opposte", ma attraverso una "lotta occulta", invisibile, difficilissima da combattere. Vi sono degli intellettuali, infatti, che, in piena coscienza, cercano di far passare alle masse, in un modo che dia l'impressione della naturalezza, l'esigenza di conservare inalterato il sistema.

Questa tattica porta gli individui a credere che il prevalere dell'inconscio sulla coscienza delle cose, sia un fatto normale, inevitabile, e non un fatto opinabile, su cui si può e si deve discutere. Lasciare che l'inconscio predomini significa affidarsi alla spontaneità degli eventi, alla casualità del vivere quotidiano, non avere un progetto di vita su di sé, credere ciecamente nel destino o nel potere di un "duce", ovvero lasciarsi dominare dai rapporti di forza.

In realtà è la discussione ad essere inevitabile: potrà essere poca o tanta, in rapporto alla coscienza che abbiamo dei nostri problemi, ma è sbagliato negarne la necessità. Una vita affidata alla spontaneità delle cose può far contento qualcuno, non la maggioranza delle persone o comunque non per un periodo illimitato. Finché queste persone istintive sono ignoranti e sottomesse, non vi sarà dibattito democratico, ma appena inizia ad aumentare la consapevolezza e la cultura, grazie alle quali possiamo capire gli inganni, i meccanismi dello sfruttamento, la protesta s'impone da sé, anche di fronte alla reazione più dura del sistema.

"Se certi elementi spontanei dello sviluppo [sociale] sono accessibili in generale alla coscienza umana – dice Lenin –, l'errata valutazione di essi equivarrà a una sottovalutazione dell'elemento cosciente. E se sono inaccessibili, noi non li conosciamo e non ne possiamo parlare". Dunque, ciò che condiziona negativamente non è tanto l'inconscio, quanto piuttosto il suo prevalere (specie quello teorizzato dagli intellettuali) sulla coscienza. Ecco perché la spontaneità delle masse esige da parte degli intellettuali progressisti un alto grado di coscienza politica.

Stato e rivoluzione

Premessa

Come noto, Lenin è stato il più grande interprete dei fondatori del marxismo, Marx ed Engels, anche se ai tempi in cui scriveva questa fama apparteneva a Plechanov in Russia e soprattutto a Kautsky in Germania, il più autorevole esponente della II Internazionale.

La vera importanza di Lenin emerse dopo la rottura con la suddetta Internazionale, seguita dalla rivoluzione d'Ottobre, per la cui realizzazione il libro-opuscolo *Stato e rivoluzione*, dell'agosto-settembre 1917, contribuì, dal punto di vista dei princìpi generali dell'organizzazione dello Stato e della società civile, in maniera decisiva.

Soltanto dopo la fine della guerra civile e dell'interventismo straniero, cioè con l'introduzione della Nep, poi negata dallo stalinismo, Lenin cominciò a rivedere la fondatezza di alcune sue tesi o almeno i tempi previsti per la loro attuazione.

Ebbene, se c'è però un libro dove la fama di Plechanov e soprattutto quella di Kautsky appaiono in tutta la loro limitatezza, è proprio *Stato e rivoluzione*, dove il genio interpretativo di Lenin fa emergere in ogni riga del testo l'esigenza di "realizzare" una rivoluzione sulla base dei princìpi di Marx ed Engels, allo scopo di eliminare, in un colpo solo, le ultime tracce del feudalesimo russo e quelle del capitalismo nascente.

È così forte questa esigenza che il libro rimase incompiuto dell'ultimo capitolo, quello sulle rivoluzioni russe del 1905 e del febbraio 1917, proprio perché si era nell'imminenza del fatidico "Ottobre", e Lenin, in un *Poscritto*, si diverte a dire che è stato ben contento d'averlo lasciato incompiuto, poiché "è più piacevole e più utile" fare la rivoluzione che parlarne.

Il commento che qui ne daremo non vuole ripercorrere il filo logico di tutti i ragionamenti di Lenin, che spesso s'intrecciano a tal punto con quelli di Marx ed Engels, che è difficile discernerli, ma semplicemente enucleare i passi chiave che possono aiutarci a capire, in maniera sintetica, fin dove è arrivato il marxismo-leninismo, cioè il marxismo più maturo, quello capace di elaborare lo schema per così dire "politico-istituzionale" alternativo al sistema capitalistico.

La grandezza di Lenin stava proprio nel tenere costantemente legate teoria e prassi, nel dimostrare, sulla base di tale legame, le manchevolezze nelle analisi dei teorici e dei politici del marxismo a lui contemporanei e soprattutto nel saper trarre dalle esperienze concrete (la più importante delle quali per lui fu la Comune di Parigi) quegli insegnamenti utili a far progredire la teoria rivoluzionaria. Gli aspetti che di quella rivoluzione gli interessavano erano i seguenti: 1) separazione della Chiesa dallo Stato e dalla scuola; 2) espropriazione delle proprietà ecclesiastiche; 3) abolizione delle sovvenzioni statali alla Chiesa (ivi inclusi gli stipendi statali al clero); 4) l'istruzione popolare gratuita; 5) la soppressione della burocrazia; 6) la sostituzione dell'esercito permanente di professionisti col popolo in armi; 7) il controllo operaio delle imprese; 8) elettività e revocabilità di tutti i funzionari pubblici; 9) stipendi limitati entro una certa soglia (salario di un operaio medio); 10) parità dei diritti degli stranieri; 10) concessione di una paga a ogni vedova; 11) blocco della vendita dei pegni nei Monti di pietà.

Lenin non ha mai rimandato a un futuro indefinito o imprecisato il superamento del capitalismo, ma ha sempre cercato, con grande determinazione, di risolvere nel presente gli antagonismi creati da questo sistema. E in tale ricerca dei mezzi e dei modi egli ha sempre evitato di cadere nei facili estremismi di chi vorrebbe (oggi come allora) "tutto e subito", preoccupandosi invece di stabilire delle tappe progressive.

In tal senso *Stato e rivoluzione* non è solo un'ampia critica delle posizioni opportunistiche in seno al marxismo della II Internazionale, ma anche una presa di distanza dalle posizioni anarchiche, ch'erano non meno risolute di quelle marxiste nel volere la fine irrevocabile dello Stato borghese.

Più sopra si è detto che lo stalinismo rimosse con violenza la Nuova Politica Economica voluta da Lenin; in realtà fece di peggio: diede di questo opuscolo di Lenin un'interpretazione riduttiva e per molti versi falsata.

In *Questioni del leninismo* (Editori Riuniti, Roma 1952), Stalin dà per scontato, peraltro giustamente, che i fondatori del marxismo non potevano assolutamente prevedere il tempo in cui, a rivoluzione compiuta, lo Stato avrebbe dovuto cominciare a estinguersi. Ma in nome di questa preoccupazione anti-dogmatica, Stalin aggiunse poi che le tesi marxiste sullo Stato dovevano in sostanza essere accantonate, risultando praticamente inutili per la situazione contingente della Russia rivoluzionaria, che in quel momento per di più si trovava circondata da paesi capitalistici aggressivi.

Questo lo disse nel 1939, per poter giustificare le repressioni di massa iniziate due anni prima, a loro volta frutto di una tesi, tutta staliniana, secondo cui la lotta di classe si acuisce proprio in rapporto all'edificazione del socialismo. Col che, in un certo senso, si ipostatizzava lo scontro permanente tra le classi, pur nell'ambito del socialismo, e in fondo si finiva col mascherare gli insuccessi che questo sistema registrava dopo la fine della Nep.

Liquidato Engels con molta disinvoltura, che con la sua "astratta" tesi sulla "estinzione dello Stato" non aiutava a interpretare il presente, a Stalin non restava che liquidare il continuatore di quella stessa tesi, e cioè il Lenin di *Stato e rivoluzione*. E lo fece con astuzia, proponendosi come realizzatore di quel capitolo che Lenin era stato costretto a lasciare incompiuto.

La presunta "eredità teorica" del leninismo da parte dello stalinismo si dipanò, in quell'occasione, nei termini seguenti: 1) dopo la Costituzione del 1936 sarebbe scomparsa ogni repressione statale interna (e invece accadde proprio il contrario); 2) nonostante l'accerchiamento capitalistico (e la vigilia del secondo conflitto mondiale) l'Urss sarebbe passata alla fase superiore del comunismo, grazie alla forza del proprio Stato (cosa che in realtà non avvenne mai, in quanto il "socialismo reale" fu in realtà un sistema repressivo e burocratizzato).

Ciononostante, dal giorno in cui è nato il socialismo scientifico, che è l'analisi dell'inevitabile crollo del capitalismo, da rendere il più possibile indolore con una rivoluzione che ne acceleri il momento, tutta la storia mondiale ruota, ne sia il genere umano consapevole o meno, attorno a questo evento, poiché il socialismo scientifico può in sostanza essere considerato come il primo tentativo di realizzare praticamente un'alternativa non solo al sistema capitalistico, ma anche a tutte le civiltà antagonistiche della storia.

Essendo il primo tentativo, non potevano non essere fatti degli errori, anche gravissimi, da parte dei suoi protagonisti. Questi errori tuttavia non dimostrano la superiorità economica o la giustezza politica del capitalismo, che continua a porsi come sistema di vita le cui contraddizioni vengono pagate soprattutto dai paesi del Terzo Mondo, i quali garantiscono all'occidente la possibilità di vivere un benessere di molto superiore non solo alle sue possibilità ma anche alle sue stesse necessità. Dimostrano soltanto, questi errori, che la strada per arrivare a un socialismo autenticamente democratico è lunga e difficile, per ogni singolo individuo.

Antecedenti

Stato e rivoluzione è stato interrotto da Lenin nel settembre 1917 e stampato a Mosca in novembre, un mese dopo la rivoluzione. In tutta Europa (cioè escludendo i territori coloniali), dopo uno sviluppo relativamente tranquillo, sul piano militare, dal 1871 al 1914, stava imperversando la Grande Guerra e in Russia la rivoluzione del febbraio 1917 aveva deluso enormemente le aspettative di chi voleva la pace e la terra. Lenin aveva già scritto *L'imperialismo fase suprema del capitalismo*, in cui aveva dimostrato che la guerra mondiale altro non era che una guerra imperialistica tra Stati protagonisti della trasformazione del capitalismo dalla fase concorrenziale a quella monopolistica, e aveva scritto anche le *Tesi di Aprile*, in cui diceva che tutto il potere politico doveva essere trasferito ai Soviet, la guerra mondiale andava trasformata in guerra civile e la terra confiscata ai latifondisti e redistribuita ai contadini.

L'idea di *Stato e rivoluzione* era quella di ovviare alla mancanza totale d'aiuto che la sinistra (la socialdemocrazia) occidentale stava dando non solo alla fine immediata della guerra mondiale, ma anche alla trasformazione della guerra imperialistica in guerra civile all'interno di ogni singolo paese belligerante. Entrambe le condizioni avrebbero aiutato moltissimo lo svolgimento della rivoluzione in Russia.

Alla socialdemocrazia euroccidentale era sfuggito del tutto il fatto che il capitalismo, trasformandosi da sistema concorrenziale a sistema monopolistico, avrebbe acutizzato i conflitti di classe e soprattutto i conflitti tra paesi capitalisti con differenti gradi di sviluppo, portando la tensione a guerre internazionali per la ripartizione del mondo. Viceversa, il miglioramento delle condizioni della classe operaia, anche in seguito allo sfruttamento coloniale, aveva fatto credere in uno sviluppo progressivo, inevitabile, della società capitalistica.

Kautsky, il più grande teorico della II Internazionale (1889-1914), era addirittura convinto che l'imperialismo altro non era che una semplice conquista di territori agricoli extraeuropei, compiuta per di più da un cartello di aziende internazionali che avrebbe non acuito ma attenuato i contrasti nazionali.

A fronte di una situazione del genere Lenin s'era sempre più convinto che la Russia avrebbe potuto realizzare da sola la rivoluzione socialista, senza l'aiuto di alcun movimento progressista europeo, in quel momento guidato da leader opportunisti. Semmai dopo averla fatta si poteva sperare che altri Paesi europei avrebbe potuto seguire l'esempio. Il libro doveva servire proprio per dimostrare che non si poteva sperare in questo aiuto, contrariamente a quanto pensava la maggioranza dei bolscevichi, fermi sulle posizioni classiche del marxismo, secondo cui senza una preventiva o almeno contestuale rivoluzione socialista in Europa occidentale sarebbe stato impossibile per la Russia, il paese più feudale d'Europa, poter realizzare una transizione al socialismo saltando la fase del capitalismo. Il socialismo realizzato sarebbe stato debolissimo nel momento del contrattacco dei paesi capitalisti, che sicuramente avrebbero appoggiato (come poi in effetti avverrà) un'interna controrivoluzione. In fondo l'esperienza della Comune parigina, abbattuta dall'esercito di Thiers, con l'appoggio di Bismarck, era stata molto eloquente.[14]

D'altra parte le condizioni di un paese travagliato come la Russia, appena uscito dal servaggio, in guerra col Giappone agli inizi del Novecento, privo di una vita politicamente democratica, sconvolto da due rivoluzioni: del 1905 e del febbraio 1917, in mezzo alle quali vi sarà la guerra contro Austria e Germania, stremato da una situazione socio-economica disastrosa, lasciavano poche speranze sulla possibilità di un'evoluzione pacifica dal capitalismo al socialismo.

Già nel primo capitolo di *Stato e rivoluzione* Lenin si lamenta che la sinistra europea è "marxista" o "socialista" solo sul piano teorico, mentre resta "borghese" o "sciovinista" su quello pratico. È una sinistra che in nome della difesa della propria nazione, ha tradito se stessa, i propri ideali e non ha saputo impedire lo scoppio della guerra.

Detto questo, egli cerca di capire le ragioni di fondo di questo tradimento e del fallimento della II Internazionale e pensa di averle individuate nella diversa concezione che dello Stato hanno i marxisti a lui contemporanei, rispetto a quella che avevano i due fondatori del marxismo. E di tutti i teorici marxisti europei, Kautsky è, secondo Lenin, il più pericoloso, poiché egli, pur avendo capito la vera natura dello Stato, si sarebbe rifiutato di trarne la conseguenza pratica più logica, e cioè che uno Stato del genere non può che essere abbattuto con la forza.

La concezione dello Stato

Il testo marxista da cui Lenin prende le mosse è quello di Engels, *L'origine della famiglia, della proprietà privata e dello Stato* (1894), la cui tesi fondamentale per Lenin è la seguente: lo Stato nasce quando lo rende necessario l'inconciliabilità strutturale delle classi antagonistiche. Esso è il modo principale di reprimere o di contenere con la forza le esigenze delle classi subalterne, ponendosi però in maniera illusoria, al di sopra delle parti in lotta, e quindi come una forma di conciliazione interclassista. In tal modo l'oppressione economica viene per così dire istituzionalizzata sotto la parvenza di una legalizzazione giuspolitica.

Se lo Stato non è in grado di reprimere con sicurezza le classi subalterne, significa che queste dispongono di un certo potere politico, praticano una sorta di attiva resistenza allo sfruttamento, sicché in taluni momenti si può anche avere l'impressione che lo Stato eserciti un effettivo ruolo mediatore. A tale proposito Lenin cita il governo di Kerenskij (Engels aveva citato Bismarck, il bonapartismo ecc.) e arriva a dire che

---

[14] Lenin voleva evitare accuratamente i due principali difetti della Comune: non aver preso la Banca centrale; non aver attaccato il governo a Versailles.

queste sono situazioni transitorie, che in genere accadono quando i dirigenti degli operai o dei contadini non sono abbastanza risoluti per porre fine allo sfruttamento e lo Stato non è abbastanza forte per reprimerli.

Stante le cose in questi termini, alla classe oppressa non resta che fare una rivoluzione violenta contro quella che, da posizioni minoritarie, la opprime, impadronendosi dell'apparato statale per volgerlo contro la resistenza degli sfruttatori e distruggere progressivamente tutta la macchina statale, che va sostituita con l'*autogoverno* delle masse popolari.

La mancata chiarezza su questo punto ha portato – secondo Lenin – al fallimento di tutte le rivoluzioni contadine e operaie, europee e russe, sino all'ultima compiuta dai menscevichi e dai socialisti-rivoluzionari nel febbraio 1917.

Le caratteristiche dello Stato borghese sono elencate a partire dal secondo capitolo, ma non vengono mai approfondite, poiché l'opuscolo voleva essere un pamphlet teorico-politico contro l'opportunismo e il social-sciovinismo dei partiti socialdemocratici della II Internazionale, non un trattato giuridico o storico-politico.

Le caratteristiche principali dello Stato borghese (e dello Stato in generale) sono comunque le seguenti:

1. l'esistenza di confini che delimitano le popolazioni;

2. l'istituzione di un'organizzazione armata (esercito permanente e polizia), separata dalla popolazione, preposta all'ordine pubblico e quindi a gestire la repressione e gli strumenti repressivi: prigioni, istituti di pena ecc. Le forze armate servono anche per conquistare il mondo e spartirselo tra le potenze imperialiste;

3. l'istituzione di una burocrazia separata anch'essa dalla popolazione, ove domina il carrierismo e la possibilità di ottenere privilegi, quindi un ceto corrotto per definizione;

4. allo Stato sono necessarie delle imposte e un debito pubblico, con cui poter corrompere i propri funzionari;

5. la democrazia come miglior involucro politico del capitalismo, quindi suffragio universale come forma principale di illusione con cui il capitale cerca di far credere che per cambiare le cose sia sufficiente cambiare coalizione governativa. In realtà i veri poteri, sotto il capitalismo, non sono quelli politici ma quelli economici, e comunque la corruzione è tale che la politica e gli stessi partiti hanno un ruolo del tutto marginale.

La concezione interclassista, neutrale, che in occidente si coltiva per lo Stato politico, specie nella forma avanzata della repubblica democratica (parlamentare o presidenziale, centrale o federale è irrilevante), fa da pendant alla scarsa determinazione che ha sempre contraddistinto le forze progressiste occidentali nel voler compiere una rivoluzione armata. Questa considerazione non viene fatta da Lenin, ma la si può dedurre dal

44

suo testo e dalle vicende storiche dei secoli XIX e XX dell'Europa occidentale.

Esiste come una sorta d'illusione secondo cui è possibile realizzare un socialismo democratico semplicemente impadronendosi delle leve dello Stato, in forme e modi pacifici, parlamentari. E questo nella convinzione che, una volta ottenuto il comando delle leve statali, sia poi possibile dirigere l'economia, governando democraticamente la società. Si vuol fare questo senza rivoluzione, semplicemente conquistando l'opinione pubblica attraverso la cultura, il parlamentarismo, l'azione sindacale...

L'ingenuità della sinistra si manifesta anche nella convinzione che sia sufficiente l'evidenza delle contraddizioni per persuadere l'opinione pubblica a non votare i partiti di destra, ovvero che la propaganda attiva, capillare, non sia un aspetto così importante ai fini del consenso o per prendere decisioni risolute.

La concezione dello Stato come "super partes" viene in occidente dalla religione, cattolica e soprattutto protestante, o comunque da una sua laicizzazione. Qui infatti si è maturata l'idea che lo Stato sia una sorta di personificazione dell'idea assoluta, una divinità secolarizzata, e che il suo cattivo funzionamento non dipenda dalla struttura in sé ma da chi la governa, soprattutto dai politici, più che dagli amministratori. Con una differenza: che mentre il credente cattolico ha sempre visto nel papato un contraltare alla potenza dello Stato, quello protestante invece, avendo privatizzato del tutto l'atteggiamento nei confronti della religione, ha deciso di riporre unicamente nello Stato la tutela dei propri interessi di cittadino, al punto che lo Stato borghese non si fa scrupolo di assumere le vesti di un "papa laico", specie quando si tratta di compiere guerre contro paesi di religione opposta o che hanno soltanto interessi economici o politici opposti ai suoi.

Si è dunque passati da una forma di culto della personalità concreta (quella che il cattolico ha per il papa) al culto di un'entità astratta (quella che il protestante ha per lo Stato) in cui, in entrambi i casi, si è convinti che la gestione della propria libertà personale sia più garantita in maniera eterodiretta.

L'alternativa della Comune

Per Lenin la Comune di Parigi del 1871 fu l'esperienza più significativa per un'alternativa allo Stato borghese, al punto ch'egli considerava le rivoluzioni russe del 1905 e la prima del 1917 una diretta continuazione di quella esperienza (il testo cui egli fa riferimento è quello di Marx, *La guerra civile in Francia*). Solo dopo il fallimento di questo tentativo insurrezionale, Marx – dice Lenin – si rese conto che lo Stato borghese non andava semplicemente conquistato dal proletariato, ma addirittura distrutto. La Comune fallì perché non seppe organizzarsi attorno a precisi partiti politici, e perché in sostanza fu un moto spontaneo di plebi urbane e non seppe difendersi con la necessaria risolutezza. Inoltre non riuscì mai a coinvolgere i contadini, che allora erano la grande maggioranza dei lavoratori francesi, anche perché gli operai venivano considerati come "naturali tutori" dei loro interessi.

Tuttavia da quell'esperienza si ricavò la validità dei seguenti princìpi:

1. l'esercito permanente (come ambito di professionisti separato dalla popolazione) va sostituito col proletariato armato;

2. i consiglieri municipali vanno eletti a suffragio universale, sono responsabili del proprio mandato (cioè devono renderne conto ai loro elettori, i quali controllano personalmente l'esecuzione delle leggi: di qui il superamento del regime di divisione dei poteri legislativo ed esecutivo) e sono revocabili in qualunque momento; anche tutti i funzionari amministrativi, i magistrati, la polizia, gli insegnanti ecc. devono sottostare a medesime regole elettive (quindi fine del carrierismo, dei privilegi, delle gerarchie);

3. lo stipendio di un funzionario amministrativo o di un parlamentare deve basarsi, come criterio, sui salari operai;

4. le mansioni del servizio pubblico devono essere operazioni di controllo e di registrazione talmente semplici da essere alla portata della maggioranza della popolazione;

5. la religione va considerata come fatto privato di coscienza, quindi entra in vigore il regime di separazione tra Stato e chiesa (Lenin qui ha sempre precisato che la religione non può essere un affare privato anche nei confronti del partito, poiché questo ha il dovere di combattere l'oscurantismo e il clericalismo);

6. l'organizzazione dell'unità nazionale va garantita da funzionari comunali, in quanto al governo centrale devono rimanere poche importanti funzioni. Le varie Comuni avrebbero eletto la delegazione nazionale di Parigi.

Quest'ultimo punto restò praticamente solo sulla carta nella breve esperienza della Comune, ma anche nell'analisi di Marx e di Lenin non viene trattato più di tanto. Eppure non è di secondaria importanza. Lenin ribadisce che la Comune era contraria al fatto che la nazione fosse rappresentata dal potere statale centrale, ch'era di fatto indipendente e persino superiore alla nazione stessa.

Tuttavia Lenin era contrario al federalismo, perché Proudhon e Bakunin usavano questa ideologia come forma di alternativa allo Stato centralista, senza rendersi conto che di fronte al capitale "centralismo" e "federalismo" sono concetti del tutto relativi. Inoltre nella fase iniziale del socialismo sarebbe stata necessaria una forza centralizzata per reprimere i tentativi controrivoluzionari.

Anche Marx ed Engels erano contrari all'idea di ricreare qualcosa di analogo ai Comuni medievali o di istituire una sorta di federazione di piccoli Stati. La repubblica federale era considerata come una forma di transizione dalla monarchia alla repubblica centralizzata. La repubblica doveva essere unitaria, democratica e centralizzata, poiché questa è la forma di governo borghese che più si avvicina a quella socialista. Storicamente anzi è stata la repubblica centralizzata e non quella federale a dare maggiore libertà alle autonomie locali. E comunque nessun sistema democratico, neppure quello federale, darà mai il socialismo, senza una rivoluzione politica che ponga la minoranza degli sfruttatori alla mercé della maggioranza degli sfruttati.

Lenin non riusciva a capire il motivo per cui andasse salvaguardata la libera municipalità locale come contrappeso a uno Stato centralista che non avrebbe avuto più ragione di sussistere, una volta assicurato il successo della rivoluzione. Se gli operai e i contadini si sanno organizzare nelle Comuni, che sono locali (in Russia erano i Soviet[15]), la proprietà diventa automaticamente di tutta la nazione: si tratta quindi di una "unione volontaria delle Comuni in nazione". È quindi sufficiente che il centralismo preveda una larga autonomia amministrativa locale, previa la soppressione della burocrazia e dello Stato politico che comanda dall'alto.

Inutile dire che su questo tema le analisi del marxismo-leninismo sono ancora lontane dall'essere esaurienti, anche perché se c'è stata una cosa che la rivoluzione d'Ottobre, dopo la morte di Lenin, non è riuscita a garantire è stata propria la prosecuzione dell'esperienza dei Soviet.

L'estinzione dello Stato

Chiosando Engels, Lenin è convinto che lo Stato vada sì conquistato per servirsi degli strumenti a sua disposizione contro la resistenza dei capitalisti e degli agrari, i quali devono rinunciare definitivamente all'idea di poter campare di rendita sfruttando il lavoro altrui, ma è necessario far questo avendo come obiettivo finale la progressiva "estinzione"

---

[15] Le prime forme di organizzazione operaia (comitati di sciopero) si formarono nel 1896-97 nelle fabbriche. Alla vigilia della rivoluzione d'Ottobre vi erano oltre 1400 soviet. Dopo la dissoluzione dell'Unione Sovietica il sistema dei Soviet sopravvisse nella Federazione Russa fino al 1993.

dello Stato.

Cioè il problema non è quello di come sostituire lo Stato borghese con quello proletario, ma quello di porre le condizioni affinché venga meno la necessità di avere un'organizzazione statale. Infatti se la società coincide con lo Stato, questo diventa superfluo: la società si *autogoverna*. Una volta statalizzata la proprietà dei mezzi produttivi, lo Stato subisce un processo di inevitabile esautoramento di funzioni.

L'estinzione è progressiva e non immediata (come vorrebbero gli anarchici), in quanto la società deve imparare ad autogestirsi, cioè a rinunciare progressivamente alle indicazioni che possono venirle dall'alto, anche perché, prima di abolire lo Stato politico, bisogna abolire le condizioni sociali e culturali che l'hanno generato: l'effetto scomparirà quando scompariranno le cause.

Con la scomparsa progressiva dello Stato, scompare la democrazia formale che lo rappresenta, quella tipicamente parlamentare. Qualunque Stato infatti non può mai essere libero o popolare: sarebbe una contraddizione in termini.[16] L'organizzazione dello Stato va sostituita con quella dei Soviet (che sono organizzazioni di lavoratori). Le funzioni politiche dello Stato dovranno trasformarsi, all'inizio, in semplici funzioni amministrative, per poi scomparire anche queste, in quanto l'autogoverno dei Soviet dovrà includere ogni funzione.

Lenin chiarisce bene, contro i riformisti e gli opportunisti, che se si parlasse solo di "estinzione dello Stato", la rivoluzione (che va compiuta con la forza, in quanto nessuno rinuncia spontaneamente ai propri privilegi, benché non sia esclusa a priori la via pacifica), non si farebbe mai.

Inutile qui ricordare che proprio su questo tema s'è giocato il destino dell'ex "socialismo reale" nell'Europa dell'est. L'identità di Stato e Società non è affatto così sicura o inevitabile dopo la socializzazione dei mezzi produttivi. Esiste sempre il rischio che una classe politica si sostituisca ai capitalisti e che usi lo Stato in luogo delle aziende private.

Sotto lo stalinismo lo Stato sovietico si trasformò in un immenso apparato burocratico-poliziesco, una sorta di unico capitalista nazionale, il cui plusvalore andava direttamente nelle casse del partito comunista, che usava lo Stato come un proprio strumento di controllo e di potere. In cambio di questo sfruttamento di massa, in cui la coercizione extra-economica, cioè il ruolo dell'ideologia e il primato assoluto della politica su tutto erano fondamentali, lo Stato garantiva il minimo vitale quanto a ser-

---

[16] Da notare che ai tempi di Brežnev, Černenko, Andropov... si parlava ancora di "Stato di tutto il popolo". Non a caso Gorbačëv volle sostituire questa definizione con quella di "Stato di diritto".

vizi sociali, sanitari, scolastici ecc.

S'è continuato a dire, nell'ambito dello stalinismo, che lo Stato era necessario e anzi andava rafforzato anche dopo la fine della controrivoluzione interna e dell'interventismo straniero; sotto il pretesto che il "socialismo reale" veniva costantemente minacciato da un accerchiamento dei paesi capitalisti, si sono ristrette, anche nel periodo della stagnazione, le fondamentali libertà umane e civili, dando il via a un'escalation militare nucleare priva di sbocchi.

A questo punto ci si può chiedere: esistevano già in Lenin alcune premesse fondamentali che avrebbero potuto portare a un'involuzione staliniana, oppure questa s'è sviluppata in maniera autonoma, tradendo il leninismo? La domanda è importante, perché noi dobbiamo chiederci se le idee di Lenin possono essere continuate in maniera creativa, adeguando il suo pensiero alle mutate condizioni storiche, oppure se le basi teoriche del futuro socialismo democratico debbono essere poste in maniera indipendente dal suo pensiero.

Ebbene, anzitutto qui va detto che gran parte delle tesi di Lenin erano già state elaborate da Marx ed Engels, e che Lenin non fece altro che precisare la corretta interpretazione da darne, per cui, nell'eventualità che si volesse fare a meno di lui, bisognerebbe rinunciare anche all'apporto teorico degli altri due.

In secondo luogo sarebbe assurdo sostenere che un'alternativa alle tesi originali di Lenin debba essere ricercata nei teorici della II Internazionale, poiché in Europa occidentale il socialismo non s'è mai realizzato, non vi è mai stata alcuna rivoluzione che abbia portato alla socializzazione dei mezzi produttivi, della terra ecc. La II Internazionale è fallita nell'imminenza della prima guerra mondiale, non avendo saputo far nulla per impedirla, né, una volta scoppiata, per trasformarla in guerra civile, come chiesero i bolscevichi alla Conferenza socialista di Zimmerwald nel 1915.

Dunque non resta che vedere in quali punti le tesi di Lenin potevano avere uno svolgimento stalinista o se questo svolgimento è avvenuto in maniera del tutto autonoma, poiché è indubbio che Lenin temeva che l'arretratezza socioculturale, tecnico-scientifica del suo paese avrebbe potuto pregiudicare gli esiti di una rivoluzione, la quale, per fronteggiare la concorrenza, la propaganda, il boicottaggio e persino l'intervento armato straniero, avrebbe avuto bisogno di ben altre risorse.

La democrazia

Quali sono i criteri per impedire che una dittatura *del* proletariato non si trasformi in una dittatura *sul* proletariato, da parte degli organismi politici che il partito s'è dato per compiere la rivoluzione?

Visto che che lo Stato borghese si è storicamente staccato dalla società civile, opprimendone la parte più debole, pur essendo stato generato da questa stessa società, per quale motivo non dovrebbe essere altrettanto possibile che il partito comunista si stacchi dalla classe operaia che l'ha generato e finisca per dominarla? Quali sono le condizioni perché ciò non avvenga?

L'unica condizione possibile, a rivoluzione attuata, è – a nostro parere – una *delimitazione territoriale* della democrazia e del socialismo, una sorta di circoscrizione fisica o geografica non eccessivamente ampia, tale da impedire che l'esercizio del potere sfugga a un controllo periodico da parte dei cittadini, i quali devono poter esercitare una democrazia anzitutto *diretta* e limitativamente delegata (in quest'ultimo caso i delegati devono rendere conto del loro operato e devono poter essere rimossi, in casi previsti dalle leggi, dagli stessi cittadini che li hanno eletti). Se, posta questa condizione, il partito finisce col prevalere sulla classe, allora la responsabilità ricade sulla classe (o meglio, sulla *popolazione locale*, visto che le classi dovrebbero essere superate).

Se si prescinde da questa condizione, chi potrà mai stabilire il momento in cui è necessario passare dalla dittatura del proletariato al socialismo senza classi?

La conseguenza di questa condizione è che tutte le forme di centralizzazione che fanno capo a organismi concentrati in un unico luogo (p.es. la capitale di una nazione) vanno progressivamente eliminate. Non si può rischiare di abolire lo Stato borghese riproponendolo in forma socialista.

"Stato" vuol dire centralizzazione dei poteri nella capitale della nazione, che coincide, nel capitalismo, con la sede del parlamento, dei ministeri, degli organi di governo e di tutti i partiti politici dell'arco parlamentare: questo non può accadere anche sotto il socialismo.

"Stato" vuol dire "uso strumentale del territorio", in cui gli organi locali altro non sono che una mera propaggine delle funzioni centrali, in cui ogni realtà locale, anche quella storicamente precedente all'istituzione dello Stato, viene trasformata in un tentacolo funzionale agli interessi dello Stato-piovra. P.es. in Italia i Comuni sono controllati dalle Province e queste dalle Regioni e queste dallo Stato. Si ripete a livello di Enti Locali Territoriali lo stesso meccanismo gerarchico esistente a livello nazionale, in cui lo Stato, peraltro, si serve anche di propri organi periferici, come p.es. le prefetture, le preture ecc. per controllare le realtà locali. Ogni autorità locale, nominata dallo Stato, va dunque sostituita con altre elette dai cittadini in loco, soltanto i quali sono titolati a sostituirla.

Si badi, non è sbagliato il concetto di "centralizzazione", è sbagliato non limitarsi a una semplice *centralizzazione locale-territoriale*, in cui i controllori siano costantemente o periodicamente controllati dagli stessi cittadini che eseguono le loro disposizioni, per la cui decisione o formulazione essi hanno attivamente partecipato.

Una democrazia centralizzata a livello nazionale è un non-senso, poiché il limite della democrazia è proprio la possibilità concreta di controllare i controllori e quindi la possibilità di revocarli in tempo reale, in casi di corruzione, inadempienza, incapacità...

L'elezione di un parlamentare infatti è facile ma, in presenza di uno Stato centralista, la sua rimozione è quasi impossibile, non solo perché essa può avvenire solo in occasione di nuove elezioni, ma anche perché la scelta della rosa dei candidati al seggio parlamentare viene fatta esclusivamente dal partito di appartenenza, il quale, se si escludono i momenti della campagna elettorale, si pone in maniera separata dal resto della società. Tant'è che il parlamentare assai raramente rende conto del proprio operato ai cittadini che l'hanno eletto; può essere persino eletto in una circoscrizione scelta dal partito, dove il candidato si presenta per fare una breve campagna elettorale e dove, una volta eletto, non viene mai a rendicontare il proprio operato.

I partiti, gli unici autorizzati a essere presenti in parlamento, non sono un'espressione della volontà dei cittadini, ma solo di loro stessi. Storicamente possono essere nati come frutto di una volontà cittadina, ma nel corso del loro sviluppo questa volontà è stata tanto più negata quanto meno i partiti riuscivano ad essere coerenti coi loro ideali.

Quindi è impensabile che possa esistere un parlamento nazionale che faccia leggi per tutta la nazione. È impensabile che possano esistere dei parlamentari nazionali, il cui mandato non possa essere tenuto sotto controllo: i motivi logistici o geografici non vanno considerati di secondaria importanza.

Un parlamento ha senso solo a livello *locale* (dai quartieri e rioni fino al consiglio comunale che gestisce la città) e man mano che si sale di livello: provinciale, interprovinciale, regionale, interregionale e nazionale, deve diminuire il potere decisionale e aumentare quello consultivo, oppure quello decisionale deve riguardare soltanto i diretti interessati che fanno proposte e s'impegnano ad applicarle.

La partecipazione diretta alle risoluzioni che devono essere applicate dalle comunità locali, serve perché queste stesse risoluzioni devono poter essere facilmente modificate nel caso in cui mutino le condizioni che le avevano generate. È questo è possibile farlo con tempestività solo a livello *locale* e solo se questo livello è *autonomo*.

Il livello nazionale infatti serve soprattutto per raccordare situazioni che richiedono impegni comuni, che oltrepassano le competenze locali-territoriali (si pensi p.es. all'uso di risorse come mari, laghi, fiumi, sottosuolo, strade ecc.), o per sanare situazioni distorte, incapaci di risolvere da sole i propri problemi.

Il livello nazionale è quello spontaneo in cui ci si confronta liberamente sui risultati ottenuti, in cui si registrano i successi e i limiti delle esperienze altrui, in cui si analizzano i bisogni comuni che attendono soddisfazione. Questo livello non può mai imporre direttive ai livelli locali o regionali. Le direttive devono darsele gli stessi cittadini preposti ad applicarle, in un dibattito interno, libero da interferenze esterne.

Questo in tempo di pace. In tempo di guerra il livello nazionale può servire per prendere decisioni comuni contro il nemico esterno. Questo aspetto, che è decisivo, è p.es. mancato alle tribù indiane di tutto il continente americano, nel momento in cui sono state sopraffatte dagli europei.

Il socialismo

La prima fase, quella del socialismo, o fase inferiore del comunismo, che Lenin chiama anche "democrazia primitiva", prevede uno sviluppo progressivo a tappe, anche sulla base di quanto Marx scrisse nella sua *Critica del programma di Gotha*:

1. dal prodotto sociale complessivo di tutta la società bisogna detrarre, prima di definire il salario dell'operaio, un fondo di riserva, un fondo per l'allargamento della produzione, un fondo per reintegrare il macchinario consumato ecc., e anche un fondo sociale per le spese di amministrazione, per le scuole, gli ospedali, gli ospizi per i vecchi ecc. In sostanza un fondo per la riproduzione dell'economia e per i servizi sociali, cui oggi vanno aggiunti anche tutti gli aspetti della tutela ambientale (a quei tempi praticamente sconosciuti).

2. Ogni cittadino esegue una certa parte del lavoro socialmente necessario e in cambio ottiene una specie di scontrino con cui può ritirare dai magazzini pubblici degli oggetti di consumo una corrispondente quantità di prodotti, secondo il principio "a uguale quantità di lavoro, uguale quantità di prodotti". In questa prima fase occorre il più rigoroso controllo della misura del lavoro e del consumo: quindi niente sprechi, inefficienze, lassismi...

3. Nella prima fase del socialismo vale ancora il diritto borghese: la ripartizione dei beni secondo il lavoro, con la differenza che si tratta di una ripartizione "effettiva", in quanto è finito lo sfruttamento del lavoro altrui.

In realtà la ripartizione andrebbe fatta secondo il "bisogno", non secondo il "lavoro", ma questo presuppone un fase superiore del socialismo, in cui si lavori senza la presenza del diritto. Ci vuol tempo perché i cittadini si abituino a non rivendicare un diritto personale, ma a lavorare semplicemente per soddisfare bisogni collettivi.

Il lavoro andrebbe concepito come "primo bisogno vitale", cioè come una forma di realizzazione di sé e non come una forzatura imposta dalle circostanze, e ognuno dovrebbe poter lavorare secondo le proprie capacità. In realtà dopo la rivoluzione Lenin fu costretto a istituire, nell'ambito lavorativo, il cosiddetto "sistema dei premi".

4. Deve essere superata la divisione tra lavoro fisico (o manuale) e lavoro intellettuale, e garantita a tutti un'elevata istruzione generale. La realizzazione dei Soviet in sostituzione dello Stato non era – a giudizio di Lenin – cosa semplice, poiché la popolazione russa aveva un livello di conoscenze scientifiche molto basso. Subito dopo la rivoluzione egli infatti si rese conto che nei confronti degli specialisti non era possibile istituire una piena uguaglianza dei salari.

Fin qui *Stato e rivoluzione*, che, si badi, non è l'unico testo in cui Lenin parla dello Stato.

Superare qualunque forma di divisione

1. Oltre al superamento della divisione tra lavoro intellettuale e manuale, andrebbe posto anche il superamento della divisione tra città e campagna, tra agricoltura e industria, tra artigianato e allevamento, cose che però non appaiono in *Stato e rivoluzione*, dove l'interesse si concentra sull'industria e la città.

Finché permangono le suddette divisioni è impossibile abolire il denaro, come forma di pagamento e di scambio delle merci. Non possiamo abolire il denaro se prima non vengono superate le differenze di gestione nei rami produttivi. La gestione del territorio va affidata alla *comunità locale*, all'interno della quale i singoli componenti non possono specializzarsi in alcuna attività, dovendo saper fare di tutto, al fine di poter sostituire chiunque in tempo reale.

La specializzazione in qualche attività può essere conseguita solo nel tempo libero, cioè nel tempo non necessario alla riproduzione della comunità. L'industria, in tal senso, è una forma di specializzazione dell'artigianato, finalizzata a realizzare profitti individuali, di molto superiori alle esigenze vitali e riproduttive del singolo imprenditore e del singolo acquirente. Nell'antichità era lo stesso contadino che svolgeva funzioni artigianali. E quando l'artigiano s'è specializzato, trasferendosi nelle città, la comunità rurale ha subìto un contraccolpo negativo. Una prevalenza della città sulla campagna comporta sempre la sostituzione del baratto con la moneta. E l'uso della moneta porta, prima o poi, alla trasformazione di questa in una fonte d'arricchimento personale.

2. Andrebbe inoltre chiarita bene la differenza tra "proprietà *statale*" e "proprietà *sociale*" dei fondamentali mezzi produttivi, poiché nel testo, in sostanza, si equivalgono, benché Lenin sappia bene che lo Stato deve estinguersi, per cui l'equivalenza sembra che valga solo nella fase iniziale della costruzione del socialismo (cosa che poi venne negata – come noto – dallo stalinismo, che statalizzò praticamente tutto).

Dopo aver superato le resistenze degli sfruttatori, la proprietà *statale* deve tendere progressivamente verso quella *sociale*, fino a scomparire del tutto. La proprietà *sociale* non può essere mediata dallo Stato, se non appunto in una primissima fase di realizzazione del socialismo, in una prospettiva di redistribuzione sociale dei mezzi produttivi.

Nell'ambito locale-territoriale va piuttosto affermata l'esigenza della *cooperazione* tra singoli produttori o tra comunità di produttori, in cui si decide autonomamente come utilizzare una comune strumentazione o comuni risorse. "Socializzare" la proprietà significa che la sua gestione non può essere decisa a livello nazionale, in maniera centralistica, nell'ambito degli organi dirigenziali della capitale (siano essi dello Stato, del governo o del partito). Il livello nazionale altro non è che l'istanza in cui si confrontano periodicamente le realtà locali, per decidere di riequilibrare situazioni che soffrono di disparità dovute a ragioni storico-culturali o economico-ambientali.

3. Gli antichi Romani, non avendo il senso del collettivo, assegnavano determinati lotti di terra ai cosiddetti veterani di guerra. Avevano cioè saputo stabilire il rapporto di sopravvivenza tra il numero dei componenti della famiglia del veterano e la relativa area coltivabile. La centuriazione fu la conseguenza di questa parcellizzazione geometrica della terra. Si può tentare questa strada, una volta nazionalizzata la terra, ma può non essere sufficiente per una vera riforma agraria.

Forse è meglio (ma su questo dovrebbero decidere gli stessi interessati) che i singoli appezzamenti vengano gestiti da un collettivo, almeno in determinate mansioni. Il collettivo infatti fa risparmiare sul costo delle attrezzature, sul tempo per le irrigazioni, le potature, la manutenzione dei fossati, la raccolta dei frutti ecc. Il collettivo permette di superare i limiti produttivi che può avere una singola famiglia, anche rispetto a un'altra famiglia, allargata quanto si voglia, oppure qiei limiti che può avere un pezzo di terra rispetto a un altro (si pensi solo alle diverse composizioni chimico-organiche che determinano la scelta di questa o quella coltura). Non si deve optare per il collettivo solo nei casi di povertà economica, ma anche nei casi di relativa agiatezza.

4. La regola fondamentale di un socialismo democratico, a rivoluzione avvenuta, non può essere soltanto quella secondo cui "a uguale

lavoro, uguale prodotto del lavoro", per cui "chi non lavora non mangia", né può bastare quella secondo cui "da ciascuno secondo le sue capacità, a ciascuno secondo il suo bisogno", ma a queste regole occorre aggiungerne un'altra, non meno importante: "si consuma ciò che si produce e si scambia solo il superfluo". Tale principio ha una funzione pedagogica, poiché aiuta a capire meglio la fatica che occorre per produrre ciò che ci dà da vivere.

Per evitare che questo principio si trasformi in una condanna a morte nei confronti di chi non ha sufficienti risorse umane o materiali, occorre affermare il principio della responsabilità collettiva o della cooperazione. Se uno non può produrre una determinata cosa perché non ne ha le capacità o le risorse naturali, può comunque fruirne all'interno di un collettivo, ma proprio perché all'interno di questa struttura egli può rendersi conto di persona del tempo che occorre per produrla, del dispendio di energia fisica e intellettuale, del quantitativo di materiali necessari alla sua realizzazione ecc.

In ogni caso un collettivo dovrebbe poter mettere chiunque, su richiesta, in grado di accedere alle conoscenze, alle risorse, ai materiali occorrenti per produrre una determinata cosa. In un collettivo non solo esiste la proprietà comune dei mezzi produttivi, ma anche la proprietà comune delle conoscenze, delle abilità, che si tramandano ovviamente in maniera orale o scritta, osservando l'esperienza. Si noti che proprio la necessità di una osservazione diretta o personale delle cose rende la trasmissione orale di gran lunga superiore a quella scritta.

5. L'alternativa al capitalismo non è semplicemente un socialismo senza capitalisti né latifondisti. Un socialismo ove permanga il primato della città sulla campagna, del valore di scambio su quello d'uso, del mercato sull'autoconsumo, dell'industria sull'agricoltura ecc., è un socialismo che, quanto alla propria interna democraticità, non offre alcuna garanzia di sviluppo.

Noi non ci rendiamo sufficientemente conto che qualunque progresso realizzato in direzione del risparmio di tempo, di energia, di forza fisica o intellettuale, al fine di ottenere maggiori comodità o certezze sul futuro o maggiori assicurazioni sul benessere materiale, è in realtà un regresso verso la conservazione dei valori umani fondamentali.

Le difficoltà della vita vengono accettate meglio se persistono i valori umani e questi valori resistono meglio se permangono le difficoltà della vita. Non è che si debba vivere necessariamente nelle ristrettezze; semplicemente si deve vivere in maniera conforme alle esigenze della natura, e tutto quanto va oltre è artificioso e quindi nocivo all'identità umana.

La natura e non la storia è l'unica maestra di vita che abbiamo.

Le sue incertezze, i suoi imprevisti, la sua indocilità vanno considerati come aspetti "normali" del vivere quotidiano. In fondo è ampiamente dimostrato che i problemi sociali delle civiltà antagonistiche sono infinitamente superiori a quelli che s'incontrano in un ambiente naturale.

Tutte le rivoluzioni sociali hanno sempre cercato di dare una risposta agli antagonismi di tipo antropico, senza mai rivolgersi a soluzioni di tipo naturale, quelle che si trovano in un rapporto *diretto* con le risorse della natura. (Rapporto "diretto", cioè non mediato dal macchinismo, da quella sorta di strumentazione tecnica il cui riciclo naturale supera di molto l'esistenza delle generazioni che la usano).

Prospettive

La spinta propulsiva alla rivoluzione socialista in occidente s'è esaurita con la fine degli anni Settanta. La rassegnazione a vivere sotto il capitalismo ha trovato ulteriore conferma col crollo del "socialismo reale", che è come imploso, riscoprendo improvvisamente il valore della libertà, della democrazia, della responsabilità personale e mettendo in discussione l'equazione di "proprietà statale" e "proprietà sociale", l'identità di "Stato" e "società civile" (o "nazione"), il primato indiscusso della politica sull'etica, dell'ideologia sulla scienza e via dicendo.

Con la fine del socialismo amministrato, burocratico e autoritario non si è però arrivati a una vera alternativa al capitalismo, che infatti sembra dominare incontrastato in quasi tutto il mondo, facendosi largo anche negli ex paesi del "socialismo reale".

Oggi il capitalismo tiene ancora in stato di soggezione l'intero Terzo Mondo, che rappresenta l'80% dell'umanità. Al momento solo la Cina è in grado di contrastare lo strapotere economico dell'occidente, ma solo perché, pur dichiarandosi "comunista" sul piano *politico*, usa gli stessi strumenti del capitalismo sul piano *sociale*, con uno sfruttamento tale della propria manodopera che in occidente si poteva riscontrare dagli albori del capitalismo sino alla fine dell'Ottocento, e che ora si ritrova più che altro nelle aree degradate del Terzo Mondo.

In questo momento l'occidente è compatto contro non solo il proprio proletariato, ma anche contro il proletariato di tutto il mondo, e la sinistra progressista occidentale non è in grado di ostacolare efficacemente la forza delle multinazionali, anche perché non riesce a muoversi su scala internazionale, che è appunto quella del capitalismo contemporaneo.

Il baricentro della resistenza proletaria si va spostando verso il Terzo Mondo, dove più forti sono le contraddizioni e dove ogni forma di crisi, di dissesto finanziario e di reazione popolare a questi disastri può avere ripercussioni fortemente negative anche sull'occidente, che investe capitali finanziari in quei paesi per sfruttarne le risorse umane e materiali.

Tuttavia è assai improbabile che risulti efficace una qualunque rivendicazione proletaria che non tenga conto della lezione dei tre classici del marxismo: Marx, Engels e Lenin. Cioè non è possibile immaginare una qualunque alternativa al capitalismo che non si ponga sulla linea di quei protagonisti e non ne prosegua la direzione adeguando i principi teorici alle mutate vicende storiche.

È assurdo sostenere che la rivoluzione bolscevica non andava fatta perché i tempi non erano ancora sufficientemente "maturi", o perché non si era ancora sviluppato adeguatamente il capitalismo. Il fatto che il cosiddetto "socialismo reale" sia fallito non dimostra che avesse torto Lenin, ma che il socialismo va continuamente reinventato. Lo stalinismo ne fece invece un dogma.

Certamente Lenin sperava che l'esempio russo venisse prontamente imitato dal proletariato dell'Europa occidentale. Ma non si può sostenere che siccome questa "emulazione" non si verificò, l'esperienza bolscevica andava smantellata, in quanto sarebbe stato impossibile reggere il confronto con le più potenti nazioni capitalistiche del mondo. Né si può sostenere che Lenin avesse subordinato il successo della propria rivoluzione all'atteggiamento che avrebbero potuto o dovuto avere i leader dei partiti socialisti europei.

Lenin capì una cosa che sfuggì non solo a tutti i leader della II Internazionale ma anche a molti compagni di partito, rimasti fermi agli schemi politici elaborati nella prima rivoluzione russa: la borghesia russa poteva essere facilmente rovesciata proprio perché debolissima, collusa con lo zarismo e per nulla rivoluzionaria. Se non si fosse approfittato di quel momento, il capitalismo sarebbe durato dei secoli.

La questione operaia

Il proletariato come soggetto rivoluzionario venne scelto sin dall'inizio dal marxismo per tre ragioni:

1. *sociale*: l'operaio era assolutamente nullatenente, quindi più disposto di altri lavoratori ad agire in maniera risoluta, nella convinzione di non aver nulla da perdere;

2. *culturale*: a causa di questa condizione priva di speranza, esso era molto meno disposto a credere nelle illusioni della religione;

3. *logistica*: la classe operaia, essendo concentrata nelle aziende, si organizza più facilmente delle altre classi disperse sul territorio o che lavorano in maniera individuale.

D'altra parte le rivoluzioni contadine o non avevano mai portato a una vera riforma agraria che spezzasse il latifondo e ponesse fine una volta per tutte al servaggio e al clericalismo, oppure erano state tradite da quella classe, la borghesia, alla cui rivoluzione antifeudale i contadini avevano partecipato.

La scelta del proletariato da parte del marxismo fu una scelta conseguente ai tanti fallimenti del mondo rurale. Lenin eredita questa scelta, ma, avendo a che fare con un paese i cui lavoratori, nella stragrande maggioranza, erano contadini, chiese a quest'ultimi di collaborare alla rivoluzione, alla gestione dei Soviet, alla difesa della patria, concedendo loro, col *Decreto sulla terra*, quanto nessuna rivoluzione borghese era mai riuscita a fare. E l'enorme massa rurale della Russia, nella fase iniziale della rivoluzione, s'impegnò attivamente nella guerra civile, per eliminare i grandi proprietari fondiari, e nella guerra contro le potenze occidentali che cercarono di occupare il nuovo Stato socialista.

Nel periodo del comunismo di guerra (controrivoluzione interna e interventismo straniero) i contadini accettarono, in nome della difesa della patria e della rivoluzione, di sottostare agli espropri forzosi dei raccolti per sfamare i soldati e gli operai, ma, cessato il pericolo, cominciarono a rivendicare maggiore autonomia. Ciò che soprattutto non sopportavano era l'obbligo di cedere allo Stato, a prezzi politici, la maggior parte dei loro raccolti.

Nel 1921 Lenin elaborò delle tesi che prevedevano la transizione dalla politica del "comunismo di guerra" alla Nuova Politica Economica (Nep). I punti fondamentali erano i seguenti:

1. soddisfare le esigenze dei contadini, sostituendo le requisizioni (il prelievo delle eccedenze) con un'imposta in natura (cioè in grano), che poi diventerà in denaro, pagato il quale, il contadino poteva liberamente vendere i suoi prodotti sul mercato locale;

2. approvare il principio secondo cui il tasso d'imposta doveva essere fissato secondo l'impegno dell'agricoltore, ovvero doveva diminuire se l'impegno aumentava;

3. estendere la libertà per l'agricoltore di utilizzare le eccedenze rimanenti nel circuito economico locale, a condizione che l'imposta fosse versata rapidamente e completamente.

Lenin morì nel 1924 e la Nep nella seconda metà degli anni Venti era già entrata in crisi, poiché i 100 milioni di contadini davano molto di più di quanto ricevevano e soprattutto non riuscivano ad ottenere dall'industria alcun vantaggio tecnologico, essendo questa ancora molto arretrata: i contadini, a differenza degli operai che, pur essendo, attraverso lo Stato, proprietari delle loro fabbriche, dovevano accontentarsi del minimo, sapevano bene che un'estensione delle libertà della Nep avrebbe permesso loro di vivere un maggior benessere, se solo il governo in carica li avesse ascoltati.

La decisione che invece prese lo stalinismo (ma il trotskysmo non avrebbe saputo fare di meglio) fu quella di puntare tutto sull'industria, per non veder compromessi gli esiti della rivoluzione e per sostenere l'idea che il socialismo avrebbe potuto svilupparsi anche senza l'appoggio delle forze occidentali, praticamente "in un solo paese". Conseguenza di ciò fu la "collettivizzazione forzata", cioè l'obbligo per i contadini di sacrificarsi per far decollare definitivamente la rivoluzione industriale. Il prezzo di questa decisione fu per le loro sorti assolutamente tragico, non solo per i milioni di morti e di deportati, ma anche perché essi diventarono in sostanza dei salariati agricoli alle dipendenze dello Stato. Ancora una volta i contadini si sentirono traditi, ma questa volta dalla classe rivoluzionaria per eccellenza: il proletariato industriale.

Questa, grosso modo, la storia dei rapporti tra operai e contadini nella Russia bolscevica, entrambi traditi, se vogliamo, dal partito che li aveva portati a governare.

Stando le cose in questi termini ha ancora senso parlare del proletariato industriale come di una classe rivoluzionaria? In *Che fare?* Lenin aveva detto che gli operai in sé non sono rivoluzionari, ma *tradunionisti*, in quanto si limitano alle rivendicazioni salariali, e la coscienza rivoluzionaria può maturare in loro solo se "dall'esterno" interviene chi sa guardarc lc cosc nclla loro complcssità e globalità, quindi un intellettuale, ovviamente organico a un partito. Tant'è che tutta l'esperienza del marxismo occidentale (a partire da Marx ed Engels sino al crollo della II Internazionale) fu il fallimento dell'idea che una rivoluzione potesse compiersi spontaneamente da parte del proletariato industriale, senza l'aiuto di un vero partito d'avanguardia, capace di tattica, strategia, agitazione, propaganda e soprattutto capace di analisi critica sulla necessità della transizione al socialismo. Si era talmente convinti del valore di questo spontaneismo che non si ritenne neppure indispensabile un'alleanza col mondo rurale.

Tuttavia lo stesso Lenin ha sempre ribadito che il proletariato industriale andava considerato come la guida della rivoluzione, in cui i contadini altro non erano che degli alleati.

Lo stesso Lenin aveva inoltre già notato che nei paesi più avanzati d'Europa una parte della classe operaia, quella delle industrie strategiche per il capitale, beneficiando di trattamenti di favore, rispetto ad altri settori operai, si stava lentamente imborghesendo, favorita in questo dall'azione dei sindacati e dei partiti riformisti. Gli imprenditori, grazie soprattutto allo sfruttamento coloniale, si stavano creando nei loro paesi una sorta di "aristocrazia operaia".

Che senso aveva, in questi termini, parlare ancora di transizione inevitabile dal capitalismo al socialismo? Che senso aveva sostenere che un'evoluzione pacifica verso il socialismo avrebbe potuto essere concepita solo nei paesi che godevano già di ampie libertà? Il marxismo occidentale stava sottovalutando l'apporto decisivo delle risorse coloniali ai fini della scelta "riformista" di tutte le forze progressiste del mondo occidentale.

Queste risorse, umane e materiali, erano ormai diventate parte integrante del livello di benessere dei paesi occidentali, per cui ad esse non si sarebbe mai rinunciato, a costo di passare dalla democrazia alla dittatura e dalla dittatura alla guerra mondiale.

Ecco perché non è più possibile parlare di un "ruolo guida" del proletariato industriale, ai fini della rivoluzione socialista, rispetto ad altre tipologie di lavoratori, che vanno individuate anche nei paesi soggetti a sfruttamento coloniale e neocoloniale. Anche il leninismo, in tal senso, va emendato.

Tutti i lavoratori, siano essi coltivatori della terra, artigiani, allevatori, pescatori, montanari, operai, intellettuali, impiegati, piccolo-borghesi, di ogni parte del mondo, devono sentirsi alla pari. Non si può ipostatizzare in modo aprioristico la prevalenza di una categoria specifica di lavoratori. Anzi, in questo momento la situazione più grave è vissuta proprio dal proletariato e sottoproletariato del Terzo Mondo, allo sfruttamento del quale resta legato persino il benessere di tutti i lavoratori dei paesi capitalisti mondiali.

Occorre semplicemente che il partito indichi con precisione gli obiettivi che vuole conseguire, rinunciando all'idea di dichiararsi a favore di una categoria di lavoratori piuttosto che di un'altra: i lavoratori si selezioneranno da soli di fronte alla capacità che il partito avrà di mantener fede ai propri impegni, cioè si selezioneranno da soli nel momento in cui dovranno dimostrare le qualità necessarie a compiere una rivoluzione.

In fondo un partito comunista, quando parla di socializzazione dei mezzi produttivi, a nient'altro si riferisce che a quelli che assicurano la sopravvivenza della popolazione, cioè a quei mezzi che, a causa della loro progressiva concentrazione e monopolizzazione, la minacciano gravemente. Questa idea può essere facilmente compresa anche da chi non lavora in un'azienda capitalistica. Va socializzata quella proprietà che permette di realizzare ingenti profitti solo a pochi dirigenti e manager, lasciando a livello di sussistenza proprio i lavoratori che producono ricchezza.

L'importante è che i lavoratori siano consapevoli dell'impossibilità di poter creare "isole di socialismo" all'interno di una società capitalistica, rinunciando cioè a compiere la premessa politica fondamentale per una qualunque esperienza di socialismo: la rivoluzione armata contro la ristretta minoranza che sfrutta la grande maggioranza. Su questo il socialismo "scientifico" o "rivoluzionario" avrà sempre mille ragioni su quello "utopistico" o "riformistico".

Oggi inoltre è impensabile che una qualunque rivoluzione socialista non metta all'ordine del giorno la regolazione dei rapporti di dipendenza che l'occidente ha creato nei confronti del Terzo Mondo. Le economie di molti paesi neocoloniali sono strettamente vincolate alle esigenze dei paesi capitalisti. Questo senza considerare che il capitalismo come fenomeno mondiale (il cosiddetto "globalismo") oggi ha ben poche scrupoli quando si tratta di risparmiare sui costi di gestione, a delocalizzare le proprie attività economiche nei paesi del Terzo Mondo. Nei confronti di un fenomeno del genere, che si va progressivamente generalizzando, la sinistra s'è trovata del tutto impreparata, incapace com'è di affrontare in maniera internazionale le disfunzioni di questo sistema economico.

La questione ambientale

Democrazia e socialismo devono essere compatibili con l'ambientalismo, poiché le esigenze di giustizia e di libertà degli uomini non sempre coincidono con quelle riproduttive della natura. Questo aspetto è del tutto assente in *Stato e rivoluzione*, come lo è nei classici del marxismo.

Occorre rivedere profondamente l'idea di poter utilizzare, *sic et simpliciter*, le conquiste tecno-scientifiche dell'occidente in un contesto di socialismo democratico. La stessa idea di comunismo non necessariamente si deve sposare con quella del macchinismo, dell'automazione e della robotica.

Un'autentica democrazia non può ereditare le conseguenze della rivoluzione industriale e delle scoperte tecnico-scientifiche realizzate in occidente, come se si trattassero di cose neutrali, la cui ricaduta sulle condizioni umane e naturali dipende dall'uso che se ne fa.

L'idea di voler competere col capitalismo sul piano tecnico-scientifico e quindi produttivo, cercando di realizzare un'industrializzazione a tappe inevitabilmente forzate, che fosse analoga e anzi superiore a quella occidentale, non ha prodotto che guasti nell'ambito dell'ex-"socialismo reale". Non solo perché si è devastata la natura, non meno d'altra parte che in occidente, salvo che qui gli imprenditori possono utilizzare anche i lontani paesi del Terzo Mondo per le loro industrie più nocive e pericolose; ma anche perché un'industria meramente statalizzata non ha fatto che produrre inefficienze a non finire.

Non ci si è voluti rendere conto che la rivoluzione industriale dell'occidente e la stessa rivoluzione tecnico-scientifica sono state il risultato di un percorso culturale molto individualistico, fortemente antagonistico nei confronti delle risorse umane e naturali, che non può essere ereditato così com'è, semplicemente socializzando la produzione e la proprietà dei mezzi produttivi.

L'industrializzazione ha fatto progressivamente scomparire l'artigianato e la piccola azienda contadina, ha persino mandato in rovina o ridotto di molto l'autonomia delle piccole e medie aziende capitalistiche (soprattutto nella fase monopolistica), ha ridotto di tantissimo il lavoro disponibile, facendo arricchire un numero infimo di persone sulle spalle di una grande maggioranza. È stato un errore voler collegare il concetto di "forze produttive" al primato dell'industria.

Il lavoro come "prima esigenza vitale" vuol semplicemente dire che occorre lavorare spontaneamente per una gratificazione personale, valorizzando le proprie abilità, attitudini, interessi, inclinazioni..., nella convinzione di compiere una mansione (e in fondo anche una "missione") per il bene comune, ma ciò lascia impregiudicati i mezzi e i modi con cui e in cui lo si può fare. Solo il tempo potrà deciderli, anche se sin da adesso noi sappiamo che tali mezzi e modi devono essere compatibili con le *esigenze riproduttive della natura*, le quali sono non meno vitali della nostra esigenza di lavorare spontaneamente, senza una costrizione imposta dall'esterno, che non sia appunto quella della nostra riproducibilità.

È molto probabile che in questa riscoperta delle priorità della natura, le antiche culture di origine africana, asiatica o americana abbiano da insegnarci qualcosa di più significativo che non la cultura scientista e tecnopratica dei paesi capitalisti avanzati.

L'economia che deve vivere la società deve essere la più naturale possibile, non solo per agevolare i processi riproduttivi della natura, ma anche perché la società deve assicurare a se stessa che l'intervento dell'uomo sulla natura e sullo stesso uomo non si trasformi in qualcosa di artificiale, che pregiudichi appunto la naturalezza dei rapporti umani.

Il progresso di un collettivo non può essere misurato sulla base del livello tecnologico e questo livello non raggiunge il massimo quando i processi lavorativi sono del tutto automatizzati. Una meccanizzazione integrale del lavoro e della vita in generale comporterebbe rischi colossali anche in una società socialista, poiché si formerebbe uno strato di professionisti, nei campi più avanzati della scienza, che, a fronte di ingenti stipendi, potrebbe permettere alle leve del potere politico un controllo pressoché totale sulla popolazione.

Un perfezionamento eccessivo degli strumenti di lavoro porta l'uomo comune a non saperli padroneggiare minimamente. Più la tecnica si perfeziona (per esigenze che in fondo sono estranee alla riproduzione naturale) e più dipendente diventa l'uomo da cose artificiali.

Ridurre al minimo il lavoro fisico, concentrandosi su quello intellettuale e creativo, è un errore madornale, che già oggi si cerca di compensare con molto tempo da dedicare all'attività ginnica.

Ipotizzare una società futura in cui si ha molto tempo libero da dedicare ai propri interessi, affinché i lavori più pesanti, più nocivi o pericolosi vengano fatti da robot del tutto automatizzati, in un contesto di benessere assicurato per tutti, superiore alle normali esigenze, significa immaginarsi uno scenario da film di fantascienza.

Capitalismo e socialismo, sotto questo aspetto, si sono comportati in maniera analoga, anche se in forme diverse: nel capitalismo l'economia domina la politica, nel socialismo si vorrebbe fare il contrario.

Desiderare un progresso che liberi dai limiti imposti dalle risorse naturali, creando addirittura nuovi materiali, inesistenti in natura (si pensi solo alle materie plastiche e alle resine sintetiche, che sono le più comuni) è cosa contraria a ogni forma di progresso che sia veramente "umano" e "naturale". E il futuro non promette niente di buono, perché con le biotecnologie e l'ingegneria genetica si creeranno problemi tali per la cui soluzione occorreranno tempi astronomici, come già ne occorrono adesso con le conseguenze relative al nucleare.

La questione femminile

In *Stato e rivoluzione* non appare la questione femminile, anche se Lenin, citando il passo di Marx relativo alla necessità di elaborare un diritto disuguale, che tenga conto delle diversità reali dell'esistenza, delle condizioni di vita ecc., ha in un certo senso posto le basi per l'affronto di una questione del genere.

La famiglia borghese, che ha sostituito quella patriarcale, oggi è al capolinea. Per almeno due ragioni:

1. è troppo debole nel confronto con le contraddizioni della società;

2. non è in grado di garantire la riproduzione fisica della società.

I valori dominanti oggi sono quelli veicolati dai mass-media, non più quelli trasmessi dalla famiglia. Famiglia e scuola hanno interagito sul piano dei valori sino agli anni della contestazione, poi è maturata una generazione (quella degli anni 1968-76) i cui valori erano distanti sia da quelli della famiglia che da quelli della scuola.

Questi valori hanno prodotto leggi come quelle sul divorzio, sull'aborto ecc., hanno garantito maggiore uguaglianza dei sessi, ma non hanno cambiato le regole fondamentali del sistema, il quale, infatti, agli inizi degli anni Ottanta ha ripreso a imporsi, considerando come un dato acquisito l'aumento del tasso di laicizzazione e di emancipazione sessuale conseguente a quelle battaglie.

Il risultato finale è stato che, mentre prima del '68 scuola e famiglia vivevano su valori ereditati dal fascismo e da un certo cattolicesimo conservatore, oggi vivono prevalentemente su valori dettati dal consumismo. Tra gli anni della contestazione e quelli del riflusso c'è stata un'esperienza che ha illuso un'intera generazione, la quale aveva creduto possibile una società più democratica, più socialista.

Oggi la società borghese tende sempre più a rapportarsi a individui singoli, isolati, inoffensivi, incapaci di reagire alle contraddizioni del sistema, disposti a interagire solo con le sollecitazioni del consumismo. E questo isolamento viene sbandierato come una forma più avanzata di libertà individuale, il cui presupposto per esercitarla è, ovviamente, il possesso di un certo livello di benessere.

In tale situazione l'identità e il ruolo della donna risultano essere i più penalizzati. In una società dominata dai rapporti di forza, la donna, per sopravvivere, deve negarsi come tale e cercare di essere il più possibile simile all'uomo.

La maternità è diventata un peso insopportabile; la scelta del partner e la stessa fedeltà coniugale sono ormai strettamente dipendenti dalla realizzazione sociale e professionale. La sicurezza economica è il presupposto per stabilire una qualunque relazione d'amore.

Come può una donna sentirsi libera quando non lo è neppure l'uomo che essa vorrebbe imitare? La libertà di divorziare, di abortire, di controllare artificialmente la procreazione... non sono forse tutte libertà al negativo?

È possibile ipotizzare la creazione di "unità collettive" di famiglie, in cui sia praticabile una gestione condivisa dei beni comuni: dagli strumenti di lavoro alle forme di proprietà, sino all'educazione dei figli...? È possibile recuperare il concetto di "famiglia allargata" senza dover sottostare alle superate forme di gerarchia, di paternalismo, di clericalismo, salvaguardando la monogamia e la libera scelta del partner?

La guerra civile per evitare quella mondiale

Nel suo *Progetto di Programma del partito bolscevico russo*, pubblicato il 25 febbraio 1919 sulla "Pravda", Lenin era convinto che la rivoluzione d'Ottobre avrebbe potuto dare il via a una rivoluzione mondiale del proletariato, e di ciò – a suo giudizio – dava conferma il fatto che nell'impero austro-ungarico e in Germania si stava approfittando della sconfitta di questi Stati, avvenuta nel corso della prima guerra mondiale, per compiere un rivolgimento simile a quello russo.

Nel suo linguaggio marxista, la rivoluzione comunista era opera del proletariato industriale, appoggiato dai contadini più poveri e dal semi-proletariato, ovvero dagli agricoltori salariati, privi di proprietà terriera, e dagli operai avventizi, precari, non stabilmente inquadrati. La rivoluzione non poteva essere fatta che dai lavoratori privi di qualunque proprietà, che non fossero le proprie braccia e la propria mente (anche chi fa un lavoro impiegatizio, campando del proprio stipendio, non è che un salariato intellettuale).

Lenin riteneva inevitabile la transizione dal capitalismo al socialismo, a motivo del fatto che l'ulteriore sviluppo del capitalismo in imperialismo sfocia inevitabilmente nelle guerre mondiali. Quindi il passaggio è necessario proprio perché il capitalismo, quando giunge a un certo livello di sviluppo non è più in grado di autogestirsi, in quanto le immani distruzioni, compiute quotidianamente, arrivano a minacciare il suo stesso ciclo riproduttivo.

Il capitalismo funziona finché c'è qualcosa da rapinare, da accaparrare con ogni forma e mezzo (lo sfruttamento indiscriminato delle risorse umane e naturali). Nella fase iniziale questo processo avviene all'interno dello stesso paese che ha visto decollare il sistema industriale; successivamente il processo tende a trasferirsi verso i paesi sottoposti a colonizzazione, riducendo l'impatto devastante nel paese d'origine. Quanto più le colonie si oppongono a questo trend, tanto più il capitalismo mondiale deve ricorrere a sofisticati mezzi di sfruttamento (economico-finanziari, tecno-scientifici, ideologico-propagandistici...), utilizzando quelli esplicitamente militari solo in casi estremi, come nella prima e nella seconda guerra mondiale, ivi incluse tutte le guerre locali-regionali.

I classici del marxismo avevano già individuato che lo sviluppo incessante delle forze e dei mezzi produttivi comportava una progressiva concentrazione delle industrie nelle mani di pochi centri di potere (trust monopolistici, sostenuti dallo Stato), nonché una forte centralizzazione dei capitali in virtù del nesso industrie/banche. Processi del genere finiscono col mandare in rovina i piccoli produttori, aumentando le fila del proletariato e dei disoccupati, i quali, così, vengono sempre meno assorbiti dalle aziende, anche perché queste tendono a risparmiare sul costo del lavoro, preferendo fare investimenti sui macchinari o delocalizzando la propria attività verso aree geografiche dove il costo del lavoro può essere meno oneroso, senza essere dequalificato. Un qualunque ulteriore sviluppo delle forze produttive non fa che provocare l'inevitabile sovrapproduzione delle merci invendute o la loro vendita sottocosto.

È difficile che in condizioni del genere non scoppino conflitti bellici. Ecco perché Lenin diceva che le guerre sono il momento ideale per mostrare che la transizione al socialismo è necessaria. Come riteneva inevitabile il superamento del feudalesimo da parte del capitalismo, così la pensava per i rapporti di questo col socialismo. La storia – secondo lui – si muove secondo la categoria hegeliana della necessità. Anche Marx la pensava così. La differenza tra i due stava soltanto nel fatto che per Lenin il fattore soggettivo era estremamente importante per agevolare al meglio il processo storico.

Marx, Engels e Lenin non hanno mai messo in discussione il fatto che il socialismo dovesse ereditare il meglio dello sviluppo tecnico-scientifico della società borghese. Il socialismo doveva unicamente socializzare la proprietà privata dei principali mezzi produttivi. In questo sta il loro limite.

In particolare Lenin auspicava una rivoluzione mondiale socialista anche per evitare nuove guerre mondiali. I partiti socialcomunisti avrebbero dovuto approfittare delle indicibili sofferenze causate dalla guerra mondiale per sferrare un colpo demolitore contro i governi borghesi dei loro rispettivi paesi. Su questo aspetto durissima era la sua critica ai partiti di sinistra che si erano lasciati corrompere dalla propaganda borghese a favore della guerra.

Lenin era ottimista quando esaminava oggettivamente le condizioni della transizione al socialismo, ma diventava pessimista quando osservava il comportamento soggettivo dei partiti che si richiamavano alle idee di Marx. In Europa occidentale la rivoluzione non si riusciva a fare proprio a causa dell'opportunismo e socialsciovinismo dei leader socialisti.

Egli aveva perfettamente chiaro il nesso tra sfruttamento coloniale (operato dall'occidente) e opportunismo dei dirigenti socialisti. Scriveva: "i paesi capitalisti avanzati depredando i popoli coloniali e deboli, hanno dato alla borghesia la possibilità di corrompere lo strato superiore del proletariato con le briciole dei sovrapprofitti ottenuti con tale rapina, di assicurare loro in tempo di pace un'esistenza piccolo-borghese sopportabile e di mettere al proprio servizio i capi di questo strato".

Questa corruzione dei dirigenti socialisti aveva poi portato ad appoggiare, in varie forme e modi, da parte dei medesimi dirigenti, la scelta dei governi borghesi nazionali di scatenare la guerra mondiale di rapina. Ecco perché Lenin chiedeva di trasformare la guerra tra nazioni in *guerra civile* all'interno di ogni singola nazione. Per lui era semplicemente vergognoso far combattere il proletariato di una nazione contro quello di un'altra, al fine di fare gli interessi delle rispettive borghesie.

La sinistra euro-occidentale, nel suo complesso, non riuscì a comprendere questo appello, e ciò favorirà enormemente l'ascesa, finita la prima guerra mondiale, del nazifascismo. Ancora oggi l'analisi degli storici occidentali, su questo tema, è del tutto inadeguata. È rarissimo vedere uno storico ammettere l'idea che per evitare una guerra mondiale è preferibile scatenare una guerra civile all'interno di un paese i cui dirigenti politici sono favorevoli all'interventismo.

La periodizzazione del socialismo

Se gli storici guardassero il modo che Lenin aveva di scansionare il tempo, dovrebbero riscrivere tutti i manuali scolastici, i quali infatti, nella periodizzazione degli eventi storici europei, relativi ai secoli XIX e XX, partono sempre dall'evoluzione non del *socialismo* ma del *capitalismo*.

Il punto di vista privilegiato degli storiografi occidentali, a qualunque corrente culturale essi appartengano, il loro cosiddetto "angolo visuale" è quello dello sviluppo dell'economia produttiva della grande proprietà privata, strettamente connesso allo sviluppo della rivoluzione tecnico-scientifica.

Relativamente ai tempi in cui visse Lenin (1870-1924), le informazioni che si ricavano dai manuali scolastici si focalizzano sulla seconda rivoluzione industriale, sul colonialismo-imperialismo europeo e sulla prima guerra mondiale.

Le vicende riguardanti la formazione e lo sviluppo del movimento operaio (organizzazioni sindacali, scioperi, movimento cooperativo ecc.), dei partiti socialisti (socialdemocratici e comunisti, riformisti e rivoluzionari), della seconda e terza Internazionale, delle rivoluzioni comuniste (vittoriose o sconfitte) rappresentano soltanto un corollario, l'appendice di una più ampia trattazione riguardante l'affermazione del capitalismo su scala mondiale.

L'importanza di una periodizzazione rispetto a un'altra è indice del modo con cui si guardano i processi storici. Se si accetta quella del capitalismo si è necessariamente dei "conservatori", anche se politicamente si è orientati a sinistra (come in genere sono gli autori dei manuali scolastici di storia), poiché oggi il capitalismo non può più essere considerato "progressivo" rispetto al tardo-feudalesimo (caratterizzato com'era da rendite, privilegi e clericalismi). Oggi è il capitalismo stesso che si pone a favore della "rendita", ancorché finanziaria.

Se si accetta la prospettiva interpretativa del socialismo, non si è ovviamente "rivoluzionari" *ipso facto*, poiché bisogna comunque intendersi sul significato da dare alla parola "socialismo". Ma sarebbe comunque un passo avanti partire da una visione delle cose proiettata verso il futuro.

Oggi purtroppo la cultura dominante, p.es. quella che produce i manuali scolastici è così arretrata che l'oggetto del contendere non è tanto il futuro di un socialismo davvero "democratico", cioè in sostanza la discussione sul *modello* da scegliere, ma è l'apologia di un sistema la cui unica preoccupazione è quella di conservare il presente *così com'è*. Di qui i continui riferimenti dei manuali scolastici al socialismo come "sistema fallimentare", incapace di produrre alternative reali (cosa che si riscontra non solo nei manuali di storia, ma anche in quelli di filosofia, geografia, economia politica ecc.).

*

Ne *I destini storici della dottrina di Karl Marx* (1913), Lenin suddivide in tre principali periodi storici nientedimeno che la stessa "storia universale", a testimonianza del particolare valore ch'egli attribuiva alle idee del socialismo scientifico:

1. dalla rivoluzione del 1848 alla Comune di Parigi (1871). Qui Lenin si riferisce ovviamente alle rivoluzioni democratico-borghesi europee, con partecipazione operaio-contadina, svoltesi in Italia, Francia, Germania, Austria e Ungheria nel biennio 1848-49. Quanto alla Comune, essa fu la prima esperienza di dittatura del proletariato nella storia e durò 73 giorni, dal 18 marzo al 28 maggio del 1871.

In particolare Lenin distingue in questa prima fase quattro sotto-periodi:

a) nella prima metà del decennio (1840-50) Marx ed Engels sottopongono a critica la Sinistra hegeliana;

b) verso la fine di questo decennio la critica è indirizzata al proudhonismo, spostandosi così dalla filosofia all'economia politica. Proudhon è il teorico del socialismo piccolo-borghese, a sfondo anarchico;

c) negli anni 1850-60 vengono sottoposti a critica i partiti socialisti che avevano fallito il tentativo di trasformare la rivoluzione del 1848 da borghese a proletaria;

d) dal 1860 al 1870 l'impegno di Marx ed Engels si concentra sulla cacciata del bakunismo (altra corrente anarchica e avventuristica) dalla I Internazionale, cosa che avverrà nel 1872.

In questo primo periodo prevale in tutta Europa il socialismo utopistico, che Lenin paragona al populismo. Lo spartiacque tra le correnti utopistico-riformiste e quelle scientifico-rivoluzionarie (in primis il marxismo) è costituito appunto dal 1848, anno in cui la borghesia si rivela per quello che è: una classe che si serve del proletariato per combattere il clero e l'aristocrazia, e che combatte lo stesso proletariato una volta ch'essa ha ottenuto il potere politico. Il biennio 1848-49 è caratterizzato dal tradimento della borghesia nei confronti del proletariato. Finiscono le illusioni sulla natura democratica della borghesia. In questo tradimento la borghesia trova un alleato indiretto nei contadini, che si accontentano della fine del tardo-feudalesimo e che, condizionati dal clero, non voglio-no abbracciare teorie materialistiche e rivoluzionarie come quelle del so-cialismo.

Il proletariato reagisce per conto proprio al tradimento della bor-ghesia, dando vita alla Comune di Parigi, in cui si compiono errori fon-damentali di tattica e di strategia politico-militare.

Alla fine del primo periodo muore il socialismo pre-marxista e nascono i partiti proletari indipendenti, che si riconoscono nella I Inter-nazionale (1864-72). Di tutti i partiti operai (socialdemocratici) il più im-portante è quello tedesco.

2. Dalla Comune di Parigi alla rivoluzione russa del 1905 (sem-pre di tipo democratico-borghese). In questo secondo periodo (1872-1904) non vi sono rivoluzioni in Europa, ma solo conquiste coloniali e imperiali nei grandi paesi africani, asiatici e americani.

All'inizio del decennio 1870-80 in Germania cercano di farsi strada il proudhonismo di Mühlberger e il positivismo di Dühring, ma in sostanza dominano le teorie del marxismo (il proudhonismo ha miglior fortuna nei paesi latini).

Viceversa, dal 1890 la lotta viene compiuta contro una corrente interna al marxismo stesso: il revisionismo di Bernstein, che si pone come un "ritorno a Kant", in antitesi palese al materialismo storico-dia-lettico.

Il difensore principale dell'ortodossia marxista è stato – secondo Lenin – Plechanov. Anche Kautsky critica Bernstein, ma la sua critica viene giudicata "debole" da Lenin e dallo stesso Plechanov, soprattutto agli inizi del 1900. Kautsky infatti arriverà a difendere il socialsciovini-smo (socialismo a parole, difesa della borghesia nazionale di fatto) du-rante la crisi del 1914-15, preludio alla prima guerra mondiale.

Plechanov tradirà il marxismo – secondo Lenin – nel periodo 1905-17, subito dopo la prima rivoluzione russa del 1905.

Il revisionismo di Bernstein si pone anche sul terreno più stretta-mente economico, con le teorie di Böhm-Bawerk, che idealizzavano la piccola produzione mercantile, specie quella contadina, nonché la funzio-ne interclassista dello Stato e della democrazia parlamentare, ecc.

In Russia il populismo divenne chiaramente anti-marxista negli anni 1880-90, dopo aver riscontrato il mancato appoggio da parte della maggioranza dei contadini. Il populismo diventa espressione degli inte-ressi dei kulaki (contadini ricchi). In questo periodo l'Europa orientale re-sta sostanzialmente feudale, anche se il capitalismo comincia a penetrare nelle campagne e a mettere in piedi le prime industrie a ritmi forzati.

Il socialismo teorico-politico si diffonde su vasta scala, con le proprie forme di organizzazione sociale, culturale e politica. Tuttavia, durante il periodo pacifico il socialismo tende anche a imborghesirsi, assumendo atteggiamenti opportunistici, mediante i quali si tende a escludere la possibilità di nuove dure battaglie rivoluzionarie contro la borghesia.

L'opportunismo nega che la lotta di classe debba portare a uno scontro armato e si limita a fare semplici rivendicazioni salariali. Contro l'opportunismo lotta il bolscevismo, che negli anni 1903-5, caratterizzati da grandi scontri ideologici, tattici e programmatici tra borghesia liberale, democrazia piccolo-borghese (socialdemocratici, socialisti-rivoluzionari) e democrazia proletaria, si prepara alla rivoluzione.

3. Dalla rivoluzione del 1905 al tempo in cui Lenin scrive l'articolo di cui sopra, del 1913, il fuoco della battaglia si sposta sempre più verso l'Europa orientale. Scoppia la rivoluzione russa del 1905-7, che resta democratico-borghese, ma con ampia partecipazione di strati operai e contadini. Gli scioperi economici si trasformano in scioperi politici e questi in insurrezione. Si genera la forma organizzativa dei Soviet (governo popolare locale). Si sviluppano forme legali e illegali di lotta, parlamentari e non.

Tale rivoluzione influenza il movimento turco, che nel 1908 compie anch'esso una rivoluzione borghese-parlamentare. Stessa cosa avviene nel 1906 in Iran, dove però Inghilterra e Russia riescono a soffocare la rivoluzione, dividendosi il paese in zone d'influenza.

Nella Cina del 1906-11 la borghesia conduce una lotta per l'adozione di una nuova Costituzione, per l'autonomia delle province e contro l'imperialismo delle potenze europee. Nel 1911 viene proclamata la repubblica, ma il democratico Sun Yat-Sen è costretto a cedere il passo al dittatore Yuan Shin-K'ai.

4. Anni di reazione (1907-10), successivi alla sconfitta della prima rivoluzione russa. Lo zarismo vittorioso accelera la distruzione delle ultima vestigia tardo-feudali e si schiera apertamente dalla parte della borghesia. Il capitalismo russo si sviluppa impetuosamente. I bolscevichi sono gli unici a ritirarsi con maggior ordine e disciplina, senza subire forti defezioni e iniziano a lavorare anche nelle organizzazioni più reazionarie, pur di essere presenti nella vita politica.

5. Anni di ripresa (1910-14). È molto forte la lotta dei bolscevichi contro i menscevichi, che si sono schierati apertamente dalla parte della borghesia, dopo la disfatta del 1905. Ormai tutti gli operai sono bolscevichi, benché la maggioranza dei contadini resti menscevica.

6. Il resto lo possiamo aggiungere noi. Guerra mondiale imperialistica (1914-18). I deputati bolscevichi vengono deportati in Siberia. Dura critica alla II Internazionale, che s'è schierata dalla parte delle borghesie nazionali, tradendo il proletariato, mandato a combattere in trin-

cea.

7. Scoppia la seconda rivoluzione russa, dal febbraio all'ottobre del 1917. La Russia diventa un paese democratico-borghese. Lo zarismo è finito. La direzione del governo è in mano ai menscevichi, che non vogliono la classe operaia e contadina povera al potere. S'impadroniscono dei Soviet e li fanno fallire. Non pongono fine alla guerra.

8. Scoppia la rivoluzione d'ottobre del 1917. I bolscevichi vanno al potere e vi resteranno sino al 1991, allorché ha termine l'esperienza del cosiddetto "socialismo reale", cioè completamente statalizzato. Dopodiché si afferma una sorta di capitalismo privato e poi statale.

La peculiarità del leninismo

Qui si può aggiungere questa affermazione di Lenin, tratta da *Tre fonti e tre parti integranti del marxismo* (1913): "Le idee di Marx ed Engels sono esposte nel modo più chiaro e circostanziato nelle opere di Engels, *Ludovico Feuerbach* e *Anti-Dühring*, che – al pari del *Manifesto del partito comunista* – sono libri indispensabili a ogni operaio cosciente".

Si noti però che dice questa cosa in riferimento alla "filosofia" o "ideologia politica" del marxismo (se vogliamo anche in riferimento alla "economia politica"), non alla "pratica politica" in senso stretto. Riconosce al marxismo d'essere infinitamente superiore alle teorie della Sinistra hegeliana, del socialismo utopistico e riformistico e alle teorie anarchiche di Bakunin, ma non riconosce né a Marx né a Engels una particolare capacità organizzativa in senso tattico e strategico.

Anzi, anche dal punto di vista ideologico si prende la libertà di dire le seguenti parole: "Noi non consideriamo affatto la teoria di Marx come qualcosa di definitivo e di intangibile; al contrario, siamo convinti ch'essa ha posto soltanto le pietre angolari della scienza che i socialisti *devono* far progredire in tutte le direzioni, se non vogliono lasciarsi distanziare dalla vita. Noi pensiamo che per i socialisti russi sia particolarmente necessaria un'elaborazione indipendente della teoria di Marx, poiché questa teoria ci dà soltanto i princìpi *direttivi* generali, che si applicano *in particolare* all'Inghilterra in modo diverso che alla Francia, alla Francia in modo diverso che alla Germania, alla Germania in modo diverso che alla Russia" (*Il nostro programma*, 1899).

In sostanza Lenin stava dicendo che voleva sentirsi *libero* d'interpretare il marxismo come gli pareva, fatta salva ovviamente l'idea di compiere una rivoluzione politica che mandasse il proletariato al potere; e questo obiettivo va realizzato senza "organizzazioni di congiure", senza "prediche ai capitalisti", senza "piani per riorganizzare la società borghese". "La prassi è il criterio della verità": questa l'idea di fondo di Lenin. Cioè si può discutere quanto si vuole attorno alle idee di Marx ed Engels, ma lo scopo ultimo di tutte le discussioni deve sempre essere quello di porre le basi per una rivoluzione politica. I suoi stessi scritti non pretendevano di possedere alcunché di dogmatico.

In *Marxismo e revisionismo* (1908) aveva scritto: "l'unico marxista che, nella socialdemocrazia internazionale, abbia criticato le incredibili banalità spacciate dai revisionisti, mettendosi sulle posizioni del materialismo dialettico conseguente, è stato Plechanov". Eppure anche Plechanov, nel momento decisivo della rivoluzione bolscevica, si metterà dalla parte dei menscevichi. Praticamente Lenin, dalla morte di Engels in poi, non aveva visto nessuno in Europa occidentale capace di "coerenza ideologica". Salvò qualcosa soltanto di Kautsky (i testi sulla questione agraria, sul cristianesimo primitivo e poco altro).

Anche in *Materialismo ed empiriocriticismo* non risparmia critiche ad alcun teorico orientato a favore del socialismo. Quando prende le difese delle fazioni di sinistra che, in seno ai partiti socialisti o al di fuori di essi, lottavano contro il riformismo o il revisionismo, non spende mai molte parole per dire dove queste fazioni erano davvero significative, cioè quali erano i loro pensieri originali.

Lenin si sentiva enormemente più avanti di qualunque marxista occidentale, anche perché i leader della II Internazionale finirono col favorire lo scatenamento della I guerra mondiale e del bolscevismo non capirono nulla.

Per Lenin un vero marxista è colui che si mette dalla parte del proletariato industriale più povero, quello col salario più basso. Chiunque possegga qualcosa in proprietà privata, anche minima, è destinato a rientrare nella categoria della "piccola borghesia". Persino gli operai industriali specializzati, che prendono alti salari, vengono definiti, sprezzantemente, col termine di "aristocrazia operaia". L'altra categoria con cui è disposto a cercare un'alleanza è quella del "proletariato agricolo" (i braccianti privi di qualunque proprietà). La rivoluzione poteva essere fatta dall'avanguardia operaia, in alleanza coi salariati agricoli, e considerando la piccola borghesia come un apporto esterno. Per lui andava considerato "un grave errore pensare che per compiere una rivoluzione proletaria fosse necessaria la proletarizzazione 'completa' della maggioranza della popolazione" (in *Marxismo e revisionismo*).

Il leninismo fu così risoluto probabilmente perché in Russia la situazione era altamente drammatica sul piano sociale, e vergognosamente autoritaria su quello istituzionale, favorevole soltanto ai grandi proprietari terrieri e ai capitalisti.

La sua risolutezza, la sua categoricità si esprime soprattutto nei testi dedicati alla *dittatura del proletariato*, che era una strategia di transizione con cui eliminare la controrivoluzione interna e l'interventismo straniero in patria. Egli dava per scontato che in quella situazione eccezionale la dittatura avrebbe potuto essere esercitata con qualunque mezzo e in qualunque modo. Ad autorizzare ciò era, per Lenin, il fatto stesso che la volontà della stragrande maggioranza della popolazione ha sempre *ragione*. D'altra parte quando si è sicuri d'avere ragione – e Lenin ne aveva da vendere –, non ci si può fare molti scrupoli nei confronti di chi fa di tutto per metterla in discussione. Lenin tornava sui suoi passi, accettando soluzioni di compromesso, soltanto quando si accorgeva che il non farlo avrebbe causato problemi maggiori.

Un politico del genere non ha eguali nella storia. Forse potrà essere superato soltanto quando nascerà un leader che, pur sapendo di avere tutte le ragioni di questo mondo, pur avendo ottenuto un consenso enorme, lascerà decidere liberamente alle masse popolari le condizioni in cui vivere il proprio destino.

Se sono le masse popolari a fare la rivoluzione socialista, il potere politico va lasciato immediatamente a loro, cioè non può essere trasferito a organi statali o istituzionali, più o meno centralizzati. Ogniqualvolta si vuole impedire al popolo di esercitare, in autonomia, il proprio diritto di scelta, si finisce con l'assumere un atteggiamento paternalistico, se non autoritario. E questo autoritarismo sarà inevitabile se si tengono in piedi gli organi dello Stato, sotto il pretesto ch'essi servono per combattere i nemici interni ed esterni. È il popolo stesso, in autonomia, che deve combattere i propri nemici, cioè farsi giustizia da sé, e anche nel caso in cui non voglia farlo, va comunque lasciato libero. Gli organi dello Stato devono essere progressivamente smantellati subito dopo la rivoluzione, a tutto vantaggio di un *socialismo localmente autogestito*.

In un socialismo del genere scompare non solo l'organizzazione statale, ma anche la figura del leader politico carismatico, che, in nome delle idee di giustizia e libertà, "guida" le masse popolari. Il popolo locale va messo in grado di autogestirsi: in caso contrario resterà sempre forte, nei leader intellettuali, la tentazione di volersi imporre.

La dittatura del proletariato

Introduzione

I testi di Lenin, pur essendo scritti in una forma linguistica molto più semplice di quella di Marx o di Hegel, con evidenti preoccupazioni "pedagogiche", che è poi, se vogliamo, una caratteristica di tutta la letteratura russa, risultano incredibilmente complessi alla mente di chi si preoccupa di cercare delle coerenze logiche nell'interpretazione ch'egli diede dei fatti storici o delle vicende politiche.

La grande flessibilità che si riscontra nel suo modo di vedere le cose e di agire nel concreto può far pensare, di primo acchito, a una qualche forma di cinismo, di spregiudicatezza intellettuale. Se Lenin fosse stato un militare, sarebbe stato un grande generale, ma sarebbe stato anche un grande scacchista, se si fosse dedicato sistematicamente a questo gioco.

Questo perché il suo interesse principale era quello di trovare un'adeguata tattica e strategia per realizzare un determinato obiettivo, che per lui era eminentemente *politico*.

Lenin non è mai stato un filosofo, neppure quando ha scritto testi molto importanti di filosofia (uno per tutti quello sull'*Empiriocriticismo*), semplicemente perché vedeva nelle questioni filosofiche i riflessi ch'esse potevano avere sulle questioni ideologiche e pratiche di natura politica. Peraltro, proprio grazie a lui il termine "ideologia" perde la caratteristica negativa attribuitagli da Marx ed Engels, quale sovrastruttura teorica che legittima determinati rapporti di classe, per assumerne una positiva, quale sostrato di idee politiche volte a scardinare quegli stessi rapporti di classe.

Ogni suo scritto, dal più piccolo al più grande, nasce per rispondere a un problema concreto, contingente, di organizzazione o delle idee o dell'agire. Qui sta una delle caratteristiche più importanti di tutti i suoi scritti: l'estrema concretezza degli argomenti trattati, la loro precisa contestualizzazione nello spazio e nel tempo.

E le risposte ch'egli ogni volta dà ai singoli problemi non sono mai le stesse o non sono mai formulate allo stesso modo, spesso anzi risultano in contraddizione tra loro, al punto che si ha l'impressione che Lenin non scrivesse tanto per dimostrare la fondatezza delle proprie tesi, quanto, al contrario, per dimostrare la necessità di una loro continua rettifica.

Lo scrivere veniva mosso da esigenze che si sviluppavano nella concretezza dei rapporti sociali e politici, i cui risvolti contradditori, conflittuali, venivano percepiti con estrema lucidità e profondità e se vogliamo anche drammaticità di pensiero.

In particolare bisogna dire che in tutte le sue teorie gli aspetti *economici* non vengono mai trattati come fine a se stessi, ma come parte di aspetti *sociali* più generali, nei cui confronti bisogna porre delle soluzioni di tipo *politico*. Lui stesso dirà che il politico è una sintesi dell'economico e alla fine della sua vita, nella critica a Sukhanov, dirà che gli aspetti *culturali* sarebbero stati più facilmente sviluppati dopo la rivoluzione, in quanto la politica doveva anzitutto porre le basi, le condizioni esteriori di tale sviluppo.

Sono così pregnanti queste riflessioni che a volte si ha l'impressione che se Lenin non avesse scritto nulla e si fosse limitato a parlare (sempre che gliene avessero dato l'opportunità), sarebbe stato comunque un grandissimo personaggio. A tutt'oggi infatti è impossibile metterlo a confronto con un teorico della politica al suo livello. Anche Trotsky e Stalin sono stati dei teorici della politica, scrivendo decine di volumi, ma dov'è l'originalità del loro pensiero?

Se dovessimo limitarci a guardare la pura e semplice "originalità del pensiero politico", dovremmo dire che Machiavelli è il più grande di tutti, avendo egli fondato una "scienza della politica" che fa testo ancora oggi nelle economie occidentali. Ma non si tratta soltanto di stabilire la grandezza di una teoria politica senza precedenti, anche in riferimento alla sua durata nel tempo. Qualcuno forse è in grado di sostenere che il Machiavelli sia stato più grande di Lenin sul piano più propriamente *etico-politico*?

Detto altrimenti, anche quando noi trovassimo un teorico della politica equivalente o persino superiore al genio di Lenin, resterebbe sempre da dimostrare l'effettiva consistenza *pratica* del suo pensiero, il suo valore *normativo* o, per dirla con altre parole "di sinistra", la sua "ricaduta positiva sulle masse".

Machiavelli infatti fu il teorico di una politica classista, per i pochi ceti forti, soprattutto borghesi o dell'aristocrazia illuminata. Lenin invece fu il teorico del proletariato, cioè l'organizzatore di una rivoluzione a favore dei ceti più deboli, ch'erano operai e contadini, di enorme consistenza numerica nella Russia post-feudale: una rivoluzione, peraltro, che uscì immediatamente dai confini nazionali per essere sentita come "propria" dal proletariato di tutto il mondo.

Lenin su questa scelta di campo era serissimo e ha sempre avuto in mente situazioni concrete di disagio da dover risolvere. Se fosse nato in uno Stato socialista avrebbe probabilmente esercitato la professione dell'avvocato, quella per cui si era laureato.

Viceversa il *Principe* del Machiavelli non corrisponde ad alcuna situazione reale, essendo soltanto un messaggio simbolico, metaforico, non molto diverso da quello dell'*Utopia* di Thomas More, con la differenza che quest'ultimo aveva capito sin dall'inizio la pericolosità sociale dello sviluppo capitalistico.

Machiavelli pensava che con un principe di "tipo nuovo" si sarebbe potuta superare la frammentazione di un paese diviso in tanti staterelli tra loro ostili, e formare una nazione che stesse alla pari di Spagna, Francia e Inghilterra, ma il fatto che vedesse nel corrotto e spregiudicato Valentino la possibile incarnazione dei suoi ideali, la dice lunga sull'effettivo valore *etico-politico* delle sue teorie.

Il concorso delle masse alla realizzazione del suo principale obiettivo politico-nazionale veniva visto da Machiavelli in maniera del tutto strumentale, e in questo il fiorentino può davvero essere considerato come il capostipite del fare politica nei moderni paesi borghesi dell'Europa occidentale.

Per Lenin invece le masse non sono uno strumento della politica, ma è la politica che deve porsi come strumento di liberazione delle masse. Lenin vuole agire come interprete e realizzatore di esigenze che sono anzitutto "vitali" e che riguardano milioni di persone (atteggiamento, questo, che poi Gramsci tradurrà col concetto di "intellettuale organico"). L'unica vera coerenza che si può trovare nel suo pensiero è proprio questo attaccamento costante, irriducibile, alle istanze emancipative degli oppressi, di qualunque nazionalità essi fossero.

Non dobbiamo infatti dimenticare che Lenin pagò caro questo suo atteggiamento "etico", sia con gli anni del carcere in Siberia, sia coi molti anni di esilio e di clandestinità, per non parlare dell'attentato di cui fu oggetto e che lo portò a morte prematura, e non si dimentichi che il fratello maggiore fu impiccato per aver partecipato a un attentato contro lo zar Alessandro III. E questo senza considerare l'immediato tradimento dello stalinismo subito dopo la sua morte.

Se fosse stato un politico interessato soltanto alla "politica", non avrebbe fatto la rivoluzione di "ottobre", ma si sarebbe accontentato di quella di "febbraio" e nessuno avrebbe avuto nulla da rimproverargli, poiché, umanamente parlando, egli aveva già dato moltissimo alla causa rivoluzionaria.

Questo per dire che Lenin resta un personaggio molto particolare, talmente *sui generis* nella storia del pensiero politico mondiale che per poterlo capire bisogna prima sgombrare la mente da ogni pregiudizio proveniente dalla letteratura borghese, calandosi profondamente nelle vicende storiche che hanno caratterizzato la sua epoca e la sua vita, contestualizzando la sua teoria e rinunciando soprattutto a interpretarla col senno del poi, che è appunto quello della rivoluzione vittoriosa nei confronti dei nemici interni ed esterni alla nazione russa.

In effetti è una tentazione molto grande quella di interpretare le vicende di Lenin alla luce di quanto avvenne a partire dall'ottobre 1917. Sarebbe molto facile presentare le cose, mostrando quanto egli avesse ragione e quanto torto avessero i suoi avversari. In realtà le idee di Lenin riuscirono a farsi strada con incredibile fatica, e persino quando finalmente ebbero modo di essere messe alla prova con la realizzazione della rivoluzione, ci fu chi, ad un certo punto, preferì travisarle, pregiudicando in maniera gravissima (al momento apparentemente irreparabile) i risultati di immani fatiche.

Questioni generali

Lenin arrivò a pensare come necessario il concetto di "dittatura del proletariato" quando si rese conto che con la democrazia borghese gli operai e i contadini avrebbero al massimo ottenuto le libertà *politiche*, certamente non quelle *socio-economiche*. Queste ultime infatti, per poter essere garantite, avrebbero avuto bisogno che la Russia diventasse come i principali Stati europei o come gli Stati Uniti, cioè un paese imperialista, facendo pagare alle colonie il prezzo del proprio benessere.

Ad un certo punto Lenin si chiese se si poteva evitare una soluzione del genere, dal momento che la Russia non aveva ancora raggiunto i livelli delle maggiori potenze industrializzate, e quali mezzi politici si sarebbero potuti usare.

In effetti l'impero zarista era stato sconfitto tardi dalla rivoluzione democratico-borghese. La Russia era ancora un paese debole dal punto di vista del capitalismo, ma, considerando la sua enorme estensione geografica e quindi le sue imponenti risorse naturali, aveva tutte le carte in regola per mettersi alla pari, potendo peraltro avvalersi delle conquiste tecnico-scientifiche più recenti dei paesi europei, senza doverne ripercorrere il loro faticoso cammino.

Lenin, che quasi tutta la sua vita da rivoluzionario l'aveva vissuta all'estero, proprio nei paesi europei più avanzati, sapeva bene che il modello di democrazia borghese delle economie occidentali non avrebbe potuto garantire alcun futuro alla classe operaia e a quella contadina del suo paese.

La Russia, se il capitalismo avesse definitivamente trionfato sul tardo feudalesimo, senza alcuna transizione al socialismo, sarebbe stata consegnata agli affaristi, agli speculatori, agli usurai, che avrebbero approfittato enormemente della miseria e dell'analfabetismo imperanti. Che cosa si poteva fare affinché un paese così grande e complesso non finisse nella trappola della democrazia borghese, capace solo d'illudere i lavoratori di trovarsi a vivere nella migliore democrazia di tutti i tempi?

Da tutti i rivoluzionari russi l'ex-impero zarista, che pur era stato il baluardo più forte della reazione feudale, veniva considerato come l'anello più debole del capitalismo mondiale, non ancora capace d'impedire al capitale straniero di entrare nel suo territorio e di devastarlo. Solo che mentre i riformisti, i socialisti rivoluzionari[17], i menscevichi ritenevano che, proprio perché "debole", l'anello non avrebbe potuto resistere al fiume in piena del capitalismo mondiale, per cui il massimo che si poteva fare, in quel momento, era di organizzare un sistema borghese più "democratico" di quelli occidentali, viceversa i bolscevichi, per la stessa ragione, pensavano che sarebbe stata più facile una rivoluzione comunista, con la quale, successivamente, si sarebbe potuta contrastare efficacemente la diffusione nazionale del capitalismo.

Due analisi identiche sulla questione dell'"anello debole", che però portavano a due conclusioni radicalmente opposte. Lenin arrivò all'idea della necessità di una "dittatura proletaria" anche quando si rese conto che non sarebbe venuto nulla di positivo, ai fini della rivoluzione bolscevica, neppure dalla tradizione socialista e socialdemocratica maturata in Europa occidentale e che si riconosceva nella II Internazionale.

Ciò che lo fece disperare dal credere possibile ottenere aiuti da parte del socialismo europeo (quegli aiuti che nelle fasi iniziali di una qualunque rivoluzione sono sempre molto utili), fu proprio il fatto che nessun partito socialista era stato capace di opporsi allo scatenamento della prima guerra mondiale, nessuno aveva saputo bloccare la volontà imperialistica della borghesia del proprio paese e nessun partito, a guerra scoppiata, aveva accettato l'idea di trasformare la guerra imperialistica in guerra civile.

Lenin cominciò a parlare di "dittatura del proletariato" quando si rese conto che la rivoluzione russa avrebbe dovuto contare solo sulle proprie forze e che anzi avrebbe dovuto affrontare minacce controrivoluzio-

---

[17] I socialisti-rivoluzionari furono un partito democratico piccolo-borghese sorto in Russia a cavallo tra il 1901 e il 1902, sulla scia di quelli che a fine Ottocento si chiamavano ancora "populisti". Rivendicavano l'abolizione della grande proprietà fondiaria, ma nella lotta contro l'autocrazia zarista ricorrevano al terrorismo individuale. Dopo la sconfitta della rivoluzione del 1905-1907 la direzione del partito passò su posizioni liberal-borghesi. Dopo la rivoluzione borghese del febbraio 1917 alcuni leader fecero parte del governo provvisorio, attuando una politica di repressione del movimento contadino e sostenendo la borghesia nella lotta contro la classe operaia che stava preparando la rivoluzione comunista. Dopo l'Ottobre bolscevico condussero la lotta armata contro il popolo sovietico.

narie non solo al proprio interno ma anche da parte dell'interventismo straniero (come poi puntualmente si verificò).

Con la sua definizione di "dittatura" egli poteva facilmente porre una netta linea di demarcazione tra il socialismo bolscevico (poi definito "comunista" o "sovietico") e tutte quelle altre forme di socialismo che nel migliore dei casi potevano essere definite "riformiste".

Il concetto di "dittatura del proletariato" doveva servire per sgombrare il campo da un equivoco fondamentale relativo alla gestione del potere politico. Si trattava cioè di opporsi alla falsa democrazia borghese, che nei fatti era una vera e propria dittatura da parte di un'esigua minoranza di sfruttatori, ma anche al falso socialismo riformista, che a parole si diceva "marxista" e nei fatti era "anticomunista". La "dittatura del proletariato" avrebbe dovuto essere il governo di una larga maggioranza su una piccola minoranza di parassiti, dotati di grandi poteri economici.

Col concetto di "proletariato" Lenin, sulla scia del marxismo classico, intendeva anzitutto la classe operaia, nullatenente per definizione, ma anche i braccianti rurali e altre categorie di lavoratori agricoli che di fatto non erano proprietari di nulla. Naturalmente anche l'intellettuale che rinunciava alla propria professione e si dedicava interamente alla causa della rivoluzione, veniva considerato un "proletario".

Lenin aveva sempre sostenuto che i rivoluzionari dovevano essere dei "professionisti della politica", cioè degli esperti organizzatori di movimenti di massa, e per tale ragione riteneva che dovessero esercitare le loro mansioni (agitazione, propaganda, attività culturale, politica, sindacale ecc.) a tempo pieno, stipendiati in un certo senso dalle stesse masse che, grazie a questa leadership competente, sarebbero dovute andare al potere.

Per Lenin l'intellettuale politicizzato non poteva porsi semplicemente il compito di migliorare le condizioni salariali o di vita dei lavoratori, ma doveva scardinare i meccanismi che obbligavano la maggioranza dei cittadini a vendere la loro forza-lavoro ai detentori della proprietà privata dei mezzi produttivi e dei capitali.

Nei suoi testi il concetto di "rivoluzione" va sempre di pari passo con quello di "conquista del potere politico", di "socializzazione della produzione", di "dittatura del proletariato" (contro la reazione della borghesia e degli agrari anzitutto) e di "progressiva estinzione dello Stato", onde evitare la burocratizzazione della stessa rivoluzione.

Nel corso della sua breve ma intensa vita (a 52 anni era già gravemente malato), Lenin rispettò gli impegni che s'era dato, eccetto l'ultimo, per il quale non ebbe il tempo materiale per dedicarvisi, ma per la soluzione del quale offrì importanti indicazioni di metodo, che lo stalinismo – come sappiamo – non volle tenere in considerazione. Infatti, Stalin, con la sua idea secondo cui all'aumentare della forza del socialismo, aumenta anche la volontà del capitalismo di distruggerlo, non fece che trasformare lo Stato in un organo di forte repressione.

Anche Lenin spesso ebbe atteggiamenti intransigenti nei confronti dei coltivatori diretti (piccoli proprietari), legati com'erano agli ambienti clericali e ai partiti riformisti; egli sapeva bene che, anche se piccolo-borghesi, essi, di fronte alle prime difficoltà della rivoluzione, avrebbero inevitabilmente fatto in modo di reintrodurre in Russia il capitalismo. Però non volle mai espropriarli, come invece fece coi grandi latifondisti; si limitò a obbligarli a vendere allo Stato a prezzi politici o di favore i loro prodotti nel periodo del cosiddetto "comunismo di guerra" (segnato dalla controrivoluzione interna e dall'interventismo straniero), ma poi si rese conto che, se non avesse introdotto la Nep, la gran massa dei contadini gli si sarebbe rivoltata contro.

Era tuttavia convinto che con un paziente lavoro di educazione i contadini, ad un certo punto, avrebbero preferito l'idea di un "socialismo proletario" a quella di un "capitalismo democratico", che da tempo aveva dimostrato di voler scardinare tutte le migliori tradizioni rurali del paese. I grandi esodi dalla campagna alla città e alle industrie erano sotto gli occhi di tutti.

Lenin si fidava soltanto di chi non possedeva nulla e, tra questi, solo di chi voleva impegnarsi contro lo sfruttamento del lavoro altrui. Ma non per questo amava applicare metodi "amministrativi" contro chi la pensava diversamente.

Dittatura personale e popolare

Lenin era convinto che una dittatura del popolo sugli sfruttatori non avesse bisogno di fare riferimento ad alcuna legge o norma morale e che dovesse basarsi esclusivamente sulla forza del popolo. Ne parla nel 1920 in *Per la storia della questione della dittatura*.

Indubbiamente non gli si può dar torto quando spiega la differenza tra "dittatura personale" e "dittatura popolare", tra "dittatura di una classe di sfruttatori" e "dittatura di una classe di sfruttati", cioè tra "dittatura di un'infima minoranza" e "dittatura di una grande maggioranza".

Tuttavia bisogna stare attenti a non fare del "popolo oppresso" uno strumento per abusare della propria libertà o della propria verità. Una volta compiuta la rivoluzione si dovrebbe dimostrare non che la legge è inutile, ma che finalmente le leggi possono davvero essere applicate per gli interessi del popolo (ammesso e non concesso che il popolo abbia davvero bisogno di "leggi scritte", non ritenendo sufficienti le consuetudini).

In tempo di pace la borghesia esercita la propria dittatura economica dietro il paravento della democrazia parlamentare e costituzionale. La borghesia è una classe necessariamente contraddittoria, in quanto non riesce ad essere coerente con gli ideali o i princìpi che professa in sede giuridica, politica, etica. Però, andando al potere, il proletariato non può negare qualunque valore a questi princìpi. Deve anzi dimostrare ch'esso è in grado di applicarli con maggiore coerenza. Altrimenti si rischia che, fatta la rivoluzione, gli intellettuali strumentalizzino il proletariato proprio sulla concezione della dittatura e della violenza rivoluzionaria. Cioè alla fine rischia di diventare un "nemico del popolo" chiunque si opponga a una determinata concezione di dittatura rivoluzionaria. Non era forse lo stalinismo che considerava "agenti della borghesia" o "nemici del popolo" quanti avevano fatto la rivoluzione comunista?

Viceversa, nessuno può pretendere di avere il monopolio interpretativo del concetto di "violenza rivoluzionaria". Lo "Stato rivoluzionario" non può sostituirsi allo "Stato di diritto", anche perché il socialismo deve portare lo Stato a estinguersi e ciò non può certo avvenire in nome di una dittatura o di una violenza rivoluzionaria.

Il proletariato non deve soltanto capire che la borghesia va sottomessa con la forza, ma deve anche capire che nell'uso di questa forza esso non può perdere la propria *umanità*. Cioè non si può venir meno a dei princìpi umani solo perché si ha politicamente ragione. La reazione del popolo all'oppressione, allo sfruttamento non può essere considerata sempre giusta, a prescindere dalle forme e dai modi, solo perché fatta dal "popolo". La categoria di "popolo oppresso" non rende di per sé meno importante il rispetto dei *valori umani universali*, anche se questi valori vengono recepiti come formali, in quanto gestiti in maniera contraddittoria da una classe sfruttatrice.

La storia dell'umanità "democratica" non inizia nel momento in cui si eliminano le classi sfruttatrici, ma nel momento in cui si dimostra d'essere in grado di vivere meglio i loro stessi ideali democratici.

Dittatura del proletariato e democrazia operaia

Perché Lenin parla così di frequente e senza mezzi termini di "dittatura del proletariato"? Perché ha così tante riserve a usare una formula come "democrazia proletaria od operaia", che pur verrà usata molto di frequente nel dibattito interno al Pcus negli anni 1923-24? Le ragioni sono più di una e non riguardano soltanto i rapporti tra il sistema politico socialista e quello capitalista, ma anche i rapporti tra le correnti politiche all'interno dello stesso socialismo.

Lenin ha sempre contrapposto la "dittatura proletaria" alla "democrazia borghese" come avrebbe contrapposto qualcosa di "vero" a qualcosa di "falso", qualcosa di "coerente" a qualcosa di "ambiguo" o di "ipocrita", come appunto era (ed è) ipocrita la società borghese, che predica sul piano teorico la democrazia, mentre su quello pratico fa esattamente il contrario, con la sua dittatura "sul" proletariato nazionale, sui lavoratori delle colonie e con la guerra alle potenze rivali e la guerra al socialismo.

La parola "democrazia" appariva a Lenin in tutta la sua "falsità" proprio per gli abusi ch'essa astutamente celava. Egli la considerava troppo screditata perché la si potesse usare per qualificare, politicamente, una società, quella socialista, che si voleva superiore a quella borghese, una società *economicamente giusta* e non soltanto *politicamente democratica*.

In nome della "democrazia" l'occidente aveva distrutto non solo le tradizioni *pre-borghesi*, ma stava distruggendo anche quelle *post-borghesi*, quelle socialiste, stava inoltre saccheggiando il mondo intero e aveva fatto scoppiare la prima guerra mondiale, cui avrebbe potuto essercene una seconda – diceva Lenin – se nuovi competitori capitalistici si fossero affacciati sulla scena internazionale.

Peraltro la democrazia borghese era "parlamentare" e Lenin non amava che gli interessi della borghesia e dei latifondisti o ricchi agricoltori fossero rappresentati dai rispettivi partiti politici in un parlamento. Una rappresentanza del genere avrebbe inevitabilmente rallentato i tempi della costruzione del socialismo. Ecco perché riteneva, sotto questo aspetto, del tutto inutile anche il parlamento.

Egli non aveva paura di negare rappresentanza politica a delle classi che in Russia erano già molto osteggiate, anche se numericamente ancora consistenti. La stragrande maggioranza della popolazione russa era contadina, la quale aveva appoggiato la rivoluzione guidata dagli operai delle grandi città.

Lo Stato da costruire (o meglio la "società", in quanto lo Stato avrebbe dovuto progressivamente "estinguersi") doveva realizzare praticamente una sorta di transizione dal feudalesimo al socialismo, saltando la fase del capitalismo, che pur si stava velocemente imponendo nella Russia europea del primo decennio del Novecento e che gli stessi bolscevichi saranno costretti a favorire con la Nuova Politica Economica, per far fronte alla crisi del comunismo di guerra.

L'Ottobre bolscevico voleva essere una "rivoluzione proletaria", come mai in Europa (se si esclude la breve parentesi della Comune parigina) s'era riuscito a fare; voleva porsi come un tentativo politico, sociale, economico infinitamente superiore a qualunque "rivoluzione borghese", ognuna delle quali non aveva mai messo in discussione *il diritto alla proprietà privata come diritto naturale*. Nessuna rivoluzione borghese aveva mai riconosciuto legittimità universale ai *diritti economici*, che non fossero quelli già acquisiti (dalla stessa borghesia).

Ma c'è un'altra ragione che spiega in Lenin l'uso della parola "dittatura" al posto di quella di "democrazia". La dittatura permetteva un governo centralizzato, una ferrea disciplina di partito, che in effetti tornarono molto utili nel momento della controrivoluzione interna e dell'interventismo straniero.

Più volte Lenin aveva detto di non volersi legare le mani col rispetto dei princìpi teorici della democrazia, meno che mai nel momento in cui la stessa democrazia borghese avrebbe fatto di tutto per liquidare la rivoluzione bolscevica. Egli faceva capire a chiare lettere alle potenze occidentali che avrebbe usato ogni mezzo per impedire che i loro eserciti conquistassero l'ex-impero zarista. Essendo vissuto per molto tempo, come esule politico, in vari paesi europei, Lenin sapeva bene che i capitalisti avrebbero fatto di tutto per impedire in qualunque parte del mondo la realizzazione del socialismo.

L'ex-impero andava trasformato in uno *Stato confederato di nazionalità autonome*, in cui la preoccupazione fondamentale doveva essere l'edificazione del socialismo. Al di fuori di questo obiettivo vi era soltanto quello delle potenze europee e degli Stati Uniti di fare della Russia una terra di conquista da spartirsi in zone d'influenza, come si cercò appunto di fare con l'interventismo militare in appoggio alla reazione dei bianchi.

Lenin era convinto che il concetto di "dittatura proletaria" includesse tutti i migliori valori politici della democrazia borghese e molto di più. Il fatto che fosse appunto "proletaria" garantiva di per sé alla dittatura il suo carattere "democratico".

Bisogna tuttavia rendersi conto che per Lenin il concetto di "democrazia" aveva scarso significato, poiché in tutta la storia della civiltà occidentale (da quella schiavistica a quella borghese) la "democrazia politica" era servita soltanto a garantire il dominio della classe proprietaria dei mezzi produttivi e quindi lo sfruttamento dei lavoratori. Pertanto egli era più che convinto che i lavoratori russi non avrebbero fatto obiezione a che il partito bolscevico usasse la parola "dittatura" al posto di "democrazia".

La domanda che a questo punto sorge spontaneo porsi è la seguente: con la suddetta impostazione del problema della transizione politica al socialismo, Lenin aveva posto le premesse per la successiva degenerazione burocratica e autoritaria staliniana, in cui praticamente un governo di intellettuali si sostituì a quello dei proletari, oppure vi erano in essa dei margini sufficienti per impedire una tale degenerazione? In altre parole: Lenin era riuscito a porre le basi "sistemiche" per un uso "proletario" della democrazia, oppure aveva confidato troppo nelle proprie indubbie capacità soggettive (flessibilità, concretezza, lungimiranza, realismo politico...) per ovviare alle possibili involuzioni autoritarie o amministrative nell'edificazione del socialismo?[18]

Soggettivamente Lenin sapeva scorgere in tempo reale i limiti di un'edificazione del socialismo non sufficientemente "democratica", ma oggettivamente seppe davvero porre le basi perché, anche dopo la sua morte, si potesse proseguire sulla medesima strada? O forse più in generale ci si potrebbe chiedere: è possibile porre "oggettivamente" delle basi del genere? È davvero possibile offrire garanzie sicure per una coerenza tra pratica e ideali? Certo, noi possiamo chiederci perché gli ultimi scritti di Lenin siano sostanzialmente rimasti lettera morta, ma la democrazia avrebbe forse potuto essere "garantita" senza per questo ledere ciò che unicamente la rende legittima, e cioè la *libertà*? Il concetto di "democrazia" non sfugge forse, in ultima istanza, a qualunque astratta definizione?

Quando nel 1923 egli chiese, poco prima di morire, che Stalin fosse sostituito alla guida del partito (alla carica di segretario generale), in quanto lo riteneva troppo rozzo e intollerante, per quale ragione la sua richiesta non venne presa in considerazione? Forse il motivo va individuato nel fatto che Lenin era troppo abituato a comandare e che nella sua condizione di "malato grave", la sua volontà non poteva apparire così stringente, così persuasiva come un tempo?

Negli ultimi anni della sua vita egli era giunto alla conclusione che il raddoppio dei membri del CC avrebbe aiutato il partito a vivere più democraticamente il proprio sviluppo, a sentirsi più unito nell'affrontare i problemi dell'edificazione del socialismo. Non era forse tardiva una proposta del genere?

Lenin era un uomo dall'intelligenza assolutamente straordinaria e si rendeva perfettamente conto di aver avuto poco tempo per costruire dei rapporti "umani" coerenti con gli ideali del socialismo. Egli aveva speso tutta la sua vita per una battaglia *politica*, altamente conflittuale, come neppure Marx ed Engels messi insieme erano mai riusciti a fare. Sapeva bene che un'edificazione del socialismo in tempo di pace avrebbe comportato interventi di natura più "democratica" e "umanistica" in campo politico, ma il destino non gli diede modo di misurarsi in questa dire-

---

[18] Lo Stato sovietico nel 1921 aveva due milioni di funzionari, contro i 600.000 dell'apparato statale zarista. Il partito bolscevico nel 1920 aveva 150 funzionari, ma nel 1922 ne aveva già 15.000. Nel 1921 il numero complessivo degli iscritti al partito era composto per il 95% da gente entrata dopo la rivoluzione!

zione, che purtroppo non venne presa in sufficiente considerazione dai suoi seguaci.

Centralismo e democrazia

La questione del centralismo in Lenin è la più complessa, anche perché è stata affrontata in un periodo di alta tensione politica e militare (guerra mondiale, controrivoluzione interna, interventismo straniero).

Lenin sapeva bene che la rinascita del capitalismo è sempre possibile là dove esiste la piccola produzione mercantile, cioè egli sapeva che anche dopo aver eliminato il potere della grande borghesia imprenditrice, non è possibile eliminare con la forza anche quello della piccola borghesia (ivi incluso quello degli agricoltori proprietari di terre che utilizzano per vendere prodotti sul mercato).

Nei confronti di questo potere, piccolo potere commerciale, che nella Russia di allora era enormemente più diffuso dell'altro, e che condiziona sempre il proletariato, occorreva adottare – secondo la linea di Lenin – una strategia più duttile, di lunga durata, una strategia che doveva basarsi sul centralismo politico e statale più rigoroso.

È sulla natura di questo centralismo che possono essere colti i limiti più significativi del "leninismo in tempo di pace". "Per parte nostra, temiamo un eccessivo allargamento del partito, perché in un partito di governo tentano, inevitabilmente, di insinuarsi arrivisti e avventurieri, che meritano soltanto di essere fucilati", scrisse nell'*Estremismo*. Il partito era così centralizzato che il CC si aprì a nuovi iscritti (operai e contadini) solo quando la guerra civile minacciava di far fallire la rivoluzione. Solo nel periodo della malattia, quando ormai si rese conto che non avrebbe più potuto far nulla per le sorti del partito, si decise a chiedere un allargamento dei componenti del CC, onde evitare che i dissidi tra Stalin e Trotsky degenerassero al punto da distruggere lo stesso partito.

Successivamente però lo stalinismo avrà buon gioco nell'affermare che l'ambiente piccolo-borghese, che spinge il proletariato russo verso l'individualismo, poteva essere tenuto sotto controllo solo dal centralismo organizzativo del partito al potere, cui le amministrazioni statali avrebbero fatto da mero supporto.

Faremmo però un torto all'intelligenza di Lenin se sostenessimo che questa soluzione era la "sola" possibile. Egli sapeva bene che il socialismo avrebbe avuto bisogno di trasformarsi in un'esigenza *sociale* di tutta la nazione. E tuttavia in lui non prevalevano le idee relative alla necessità che il proletariato ha di *autogovernarsi* contro le tendenze borghesi sempre presenti nella società, cioè di *autogestirsi* anche a prescindere dalle direttive centralizzate del partito al governo, il quale non può certo aver la pretesa di dirsi democratico solo perché nel suo statuto si pone a favore dei nullatenenti.

Nell'ideologia "centralista democratica" del bolscevismo ha purtroppo avuto un peso maggiore l'aspetto del *centralismo* e si è rifiutata l'idea che il comunismo deve sempre essere messo nelle condizioni di rischiare una sconfitta, se questa sconfitta è il risultato di un processo democratico di autoconsapevolezza. La "coscienza dall'esterno", di cui Lenin iniziò a parlare in *Che fare?*, non può essere data *ad libitum*.

Critica dei fondamenti ontologici della civiltà borghese

Cos'è che differenziava Lenin dagli altri grandi marxisti occidentali? Il fatto che lui non si faceva illusioni sulla natura della democrazia borghese.

Ma perché i grandi teorici del marxismo occidentale, seguaci di Marx ed Engels, erano così condizionati dai successi della democrazia borghese?

Anzitutto perché non si riusciva a mettere in stretta relazione il benessere delle società europee con lo sfruttamento coloniale. Cioè si riteneva che quel livello di benessere sarebbe avvenuto anche senza quello sfruttamento, essendo principalmente dipendente dalla rivoluzione tecnico-scientifica.

In secondo luogo va detto che nel periodo cosiddetto "pacifico" del capitalismo europeo (che fu peraltro "pacifico" solo in Europa, certamente non nelle colonie d'oltreoceano), la sinistra acquisì un relativo riconoscimento istituzionale da parte della borghesia imprenditoriale, e questo permise la formazione da un lato della cosiddetta "aristocrazia operaia", dall'altro dei partiti riformisti favorevoli a tale aristocrazia.

In terzo luogo, ma questo limite caratterizzò anche tutta l'ideologia bolscevica, nessun marxista mise mai in discussione la legittimità della rivoluzione tecnico-scientifica e la sua applicazione indiscriminata all'industria, cosa che procurò danni irreversibili all'ambiente naturale.

In Europa occidentale la democrazia borghese, nel periodo che va dalla Comune di Parigi alla prima guerra mondiale, s'era dimostrata relativamente tollerante nei confronti della classe lavoratrice che rivendicava migliori condizioni di vita e di lavoro, proprio perché il peggio di sé lo stava dando nei territori soggetti a conquista coloniale.

Nei confronti di questa pratica imperialistica, la sinistra europea non ha mai espresso in modo chiaro, inequivocabile, il suo netto dissenso. Spesso anzi si vedevano le colonie come un'opportunità per i disoccupati delle società industriali, per gli emarginati, i contadini senza terra...

Inoltre la sinistra europea non ha mai messo in discussione la superiorità della civiltà europea *in senso lato*, rispetto a tutte le altre civiltà mondiali. Ciò che affascinava era proprio la rivoluzione tecnico-scientifica, l'alto livello culturale, la grande capacità di produzione economica...

Il marxismo criticava il capitalismo come un difetto strutturale dell'economia, che la borghesia, avendo la proprietà privata dei mezzi produttivi, non avrebbe mai potuto risolvere, né per capacità né per interesse. Per tutto il resto il marxismo non aveva difficoltà ad accettare le conquiste scientifiche, tecnologiche e produttive, nonché commerciali, della stessa borghesia. Il marxismo non ha mai messo in discussione che il valore di scambio dovesse avere un primato su quello d'uso, o che l'esigenza del mercato dovesse prevalere su quella dell'autoconsumo.

Il marxismo oggi va considerato un'ideologia superata semplicemente perché non è riuscito a fare un discorso generale, complessivo, sull'alternativa a *un'intera forma di civiltà*, ma si è limitato a fare un discorso parziale, riguardante la soluzione a un difetto strutturale dell'economia borghese, quello riguardante il rapporto tra capitale e lavoro.

Il marxismo (e il leninismo lo ha anche dimostrato) ha capito che per risolvere questo problema occorreva con la rivoluzione togliere il potere alla borghesia, ma, non avendo fatto un discorso più complessivo sui *fondamenti ontologici della civiltà borghese* (*e del concetto più generale di civiltà*), ha poi finito con l'ereditare, di questa civiltà, altri difetti strutturali, relativi a valori, comportamenti ecc. (che poi, in gran parte, sono i difetti di tutte le civiltà basate sugli antagonismi sociali).

La civiltà borghese va distrutta completamente, non solo nelle sue forme economiche e politiche, ma proprio nel modo di porsi nei confronti della *natura*. Essa non è in grado di garantire alcun futuro non solo a chi non dispone di proprietà privata, ma neppure all'essere umano in generale.

Dittatura proletaria e democrazia borghese

Il testo di riferimento sono le *Tesi sulla democrazia borghese e la dittatura del proletariato*, presentate il 4 marzo 1919 al I Congresso dell'Internazionale comunista (contenute nel libro antologico *Sulla dittatura del proletariato*, ed. Progress, Mosca 1980). Scopo del testo è quello di dimostrare che la dittatura proletaria, per quanto imposta da cause di forza maggiore, resta sempre più *democratica* della democrazia borghese, in quanto quest'ultima non è che la maschera della dittatura di un'infima minoranza di capitalisti industriali e agrari.

La III Internazionale comunista ambiva a porsi in alternativa alla II Internazionale dei partiti socialdemocratici dell'Europa occidentale, clamorosamente fallita nel corso della I guerra mondiale, e che tali partiti avevano tentato di far rinascere alla Conferenza di Berna nel febbraio 1919, chiamata dai comunisti col nome spregiativo di "gialla" o di "due e mezzo".

L'obiettivo principale di questa "Internazionale gialla", sostenuta dai partiti centristi della socialdemocratica, i cui leader più significativi erano Kautsky e Hilferding, è quello di recuperare credibilità agli occhi del proletariato industriale, soprattutto dopo la riuscita rivoluzione bolscevica e dopo l'assassinio dei dirigenti del partito comunista tedesco, Rosa Luxemburg, Liebknecht e Jogiches. Lenin ne riassume i punti fondamentali alla fine delle sue *Tesi*: 1) il governo socialdemocratico di Scheidemann è borghese perché vuole abolire i "soviet" che si sono formati in Germania; 2) i soviet invece – secondo i "centristi" – vanno legalizzati, anche se non come organizzazioni statali, con funzioni politiche, ma solo come organizzazioni economiche; 3) i soviet devono dipendere politicamente dall'Assemblea Costituente o Nazionale (che darà vita alla Costituzione del Reich tedesco nell'agosto 1919, detta "Costituzione di Weimar"); 4) il bolscevismo è antidemocratico perché ha rifiutato la Costituente e perseguita le opposizioni politiche; 5) la guerra civile va rifiutata come mezzo politico del proletariato per giungere al potere.

In opposizione a tali punti salienti Lenin fa capire chiaramente che i soviet rappresentano la *democrazia diretta* contro quella delegata del parlamento e della Costituente[19]: sono due forme di democrazia inconciliabili. Ovviamente i soviet dovevano diffondersi anche nelle campagne, tra i contadini, soprattutto tra il proletariato agricolo, altrimenti la rivoluzione non sarebbe riuscita a mettere radici. Infatti essa era avvenuta permettendo a tutti i contadini di avere in proprietà la terra, al fine di eliminare il lavoro salariato nelle campagne, ma il vero obiettivo del socialismo era la *socializzazione di tutta la proprietà*, per una gestione comune delle risorse. Avere un lotto in proprietà privata è una rivendicazione di tipo borghese. I contadini non possono però essere obbligati a capire che una collettivizzazione della terra è una soluzione migliore. Lo possono capire solo attraverso l'esempio. L'Internazionale "gialla", che non capisce queste cose, va considerata decisamente anti-comunista; quindi è

---

[19] Della convocazione dell'Assemblea Costituente il governo provvisorio di Kerenskij cominciò a parlare nella dichiarazione del 2 (o 15, secondo il calendario gregoriano) marzo del 1917. Le elezioni però si svolsero il 12 (25) novembre, sulla base di liste composte prima della rivoluzione d'Ottobre, sicché la maggioranza dei seggi andò ai socialisti-rivoluzionari di destra e ai menscevichi. L'Assemblea cominciò i suoi lavori nel gennaio 1918, ma, dopo che la maggioranza si rifiutò di approvare la "Dichiarazione dei diritti dei lavoratori e del popolo sfruttato", nonché i Decreti sulla terra e sulla pace, essa fu sciolta con decreto del Comitato Esecutivo Centrale di tutta la Russia.

peggiore della II Internazionale, il cui principale difetto era il riformismo, che si concluderà col tradimento del proletariato nell'agosto del 1914, quando i socialisti si dichiararono a favore della guerra.

Ecco dunque riassunta la parte finale delle *Tesi*. Ma come era arrivato Lenin a tali conclusioni? La sua preoccupazione principale era quella di dimostrare che la "democrazia in generale" (detta anche "pura"), considerata in astratto, è soltanto una finzione della borghesia, che evita accuratamente di collegarla a una classe particolare. I socialisti riformisti non capivano nulla di "comunismo", in quanto ritenevano il parlamentarismo la quintessenza della democrazia in generale.

Alla fine della I guerra mondiale la spaccatura tra comunisti e socialisti era nettissima. I vecchi partiti socialisti o socialdemocratici, di ispirazione marxista, avevano evitato di fare una profonda *autocritica* del loro atteggiamento tenuto qualche anno prima in tutti i parlamenti europei. Mancando un ripensamento critico delle loro assurde posizioni politiche, questi partiti non avevano dubbi nell'opporsi all'unica esperienza rivoluzionaria, davvero socialista, compiuta con successo in Russia. Di conseguenza ostacolavano in tutti i modi i tentativi che in Europa occidentale venivano fatti per imitare quell'esperienza.

L'Internazionale "gialla" rappresentava un tradimento perfettamente in linea con quello compiuto dalla Seconda, di cui aveva radicalizzato l'orientamento borghese. Infatti quest'ultima, votando a favore dei crediti di guerra, nella convinzione di favorire la fine dell'autocrazia russa e del sultanato ottomano, aveva fatto finta di non sapere che la guerra aveva una finalità imperialistica di ampio respiro per il capitalismo europeo, in quanto si aveva intenzione di stabilire definitivamente il ruolo delle potenze europee nella ripartizione dell'intero pianeta in tante colonie da sfruttare. Inoltre l'Internazionale si era guardata bene dall'approfittare della guerra per rovesciare i governi borghesi al potere. Era il trionfo assoluto delle idee borghesi in ambito socialista, dopo che quelle idee avevano portato a morire circa 10 milioni di soldati, per non parlare dei feriti e dei mutilati e delle devastazioni ambientali.

Come si spiega un atteggiamento del genere da parte dei dirigenti che professavano idee socialiste? La fine della guerra, che fu in Europa un disastro assoluto, tanto che a partire da quel momento l'egemonia del continente nel mondo verrà seriamente messa in discussione dagli Stati Uniti, poteva tranquillamente essere usata per mettere la borghesia alle corde, estromettendola da tutti i suoi poteri e sostituendola con una democrazia proletaria. Invece furono proprio i socialisti a permettere alla democrazia borghese di risorgere, e per di più in funzione nettamente anti-comunista. Cosa aveva di "socialista" una posizione del genere? Come si spiega una tale miopia politica? un tradimento così ostinato e generalizzato?

L'unica spiegazione possibile risiede nella grande capacità che ha la borghesia, in forza degli alti livelli di benessere (almeno rispetto al periodo feudale) che assicura, di influenzare lo stile di vita e la mentalità anche di quelle classi sociali che patiscono lo sfruttamento economico della stessa borghesia e da cui, in teoria, dovrebbero liberarsi. I rappresentanti politici di tali classi oppresse si limitano ad essere dei semplici riformisti, ritenendo impossibile o prematura una qualunque rivoluzione proletaria.

Questi politici non sono minimamente interessati a porre in relazione il benessere dei Paesi capitalisti con lo sfruttamento delle colonie, proprio perché si accontentano di garantire, grazie appunto alle progressive riforme sociali, alle battaglie sindacali, all'istituzione delle cooperative, degli enti assistenziali e previdenziali, ecc., ciò di cui i lavoratori hanno bisogno per un'esistenza relativamente tranquilla. Ritengono che lo sfruttamento economico dei salariati, in rapporto a tali garanzie sociali, non sia così "eticamente riprovevole", benché esso permetta alla borghesia di ottenere un plusvalore enorme. Essere opportunisti significa vendere la primogenitura per un piatto di lenticchie, e trovare tutti i motivi possibili per criticare chi non accetta queste forme di accomodamento.

Poste le cose in questi termini, vien da pensare che il socialismo autenticamente proletario sia impossibile da realizzare nei Paesi del capitalismo avanzato, almeno finché in questi Paesi il benessere rimane a certi livelli, ovvero almeno finché le colonie non si emancipano da tutti i punti di vista. La chiave di volta per capire il motivo per cui non si rinuncerà mai spontaneamente al benessere materiale o economico sta nella parola "comodità". Tutta la rivoluzione tecnico-scientifica è stata fatta per permettere una vita più facile, agevole, appunto più "comoda", senza preoccuparsi minimamente che tale comodità venisse pagata, oltre che dalla natura, anche dai territori colonizzati (i primi dei quali sono stati gli ambienti rurali delle stesse metropoli occidentali).

Il proletariato dei Paesi capitalisti potrà prendere coscienza dell'assurdità di uno stile di vita basato anzitutto sulla "comodità" quando la natura comincerà a desertificarsi, a impoverirsi sempre di più o quando inizierà a reagire con improvvisi cataclismi alla violenza che subisce. Sarà interessante vedere se la sinistra continuerà ad opporre il diritto al lavoro al diritto alla salute, a un'esistenza sana ed equilibrata. Ancor più interessante sarà vedere questa sinistra, posta di fronte ai movimenti di liberazione terzomondiali, se avrà la faccia tosta di chiedere al proletariato dei Paesi capitalisti di appoggiare la borghesia per riaffermare i princìpi del colonialismo. Avrà il coraggio questo proletariato, che, nell'ambito dell'imperialismo, fruisce di privilegi di non poco conto, di muovere guerra contro la propria borghesia nazionale, o preferirà scendere a patti per assicurarsi che non venga meno il relativo e consueto benessere?

I

Perché consideriamo la democrazia borghese superiore all'aristocrazia feudale? Il feudalesimo in Europa venne creato dai cosiddetti "barbari". Ebbene, non erano forse queste tribù provenienti dall'Asia più democratiche degli schiavisti romani? Lo erano certamente. E queste tribù non avevano forse i loro organi collegiali, in cui prendevano decisioni dopo ampio dibattito? Certamente le avevano. Non erano forse loro che eleggevano un sovrano solo in tempo di guerra e che in tempo di pace vivevano la democrazia diretta e praticavano l'autoconsumo? Dunque, perché diciamo che il feudalesimo non aveva nulla di democratico? Sappiamo che la borghesia accusava i feudatari di aver occupato le terre degli schiavisti romani con l'uso della forza militare, ma come avrebbero potuto farlo senza l'uso di tale forza? Dove stava l'antidemocraticità della società feudale? La nascita della pratica "borghese", cioè il formarsi degli scambi commerciali non controllati dai poteri costituiti, non nacque forse all'interno della società feudale dell'Europa occidentale?

Indubbiamente tutto questo è vero, ma lo è anche il fatto che ad un certo punto i poteri costituiti del mondo feudale volevano vivere di rendita, sia in economia che in politica, cioè essi non volevano lavorare, in quanto preferivano affidarsi unicamente allo sfruttamento del lavoro dei contadini, in forza della proprietà *privata* della terra. Tutte le classi superiori volevano la terra in eredità. Anche i poteri politici, esattamente come la proprietà terriera, si voleva che venissero trasmessi per via *ereditaria*. E tutto era giustificato dall'ideologia religiosa di una Chiesa di potere, che non amava stare sottomessa agli imperatori e che aveva fatto dell'obbedienza gerarchica, del rapporto di dipendenza personale uno stile di vita.

Il sistema feudale, per quanto non conoscesse l'egemonia del mercato e quindi del denaro, per quanto fosse estraneo alla burocrazia asfissiante dei moderni Stati capitalistici, per quanto non avesse strumenti adeguati per praticare lo sfruttamento selvaggio della natura, era un sistema orribile, che andava assolutamente superato, e proprio nei suoi valori aristocratici di ereditarietà della terra e del potere politico in virtù delle differenze di ceto, di casta, di sangue, di stirpe o di lignaggio.

Riuscirono a farlo i contadini, realizzando una sorta di "socialismo agrario"? Per quanto lunghe e cruente siano state le loro battaglie, non vi riuscirono. In compenso vi riuscì la borghesia, anche con l'aiuto dei contadini e degli operai urbani. Dopo essersi arricchita economicamente, essa riuscì a compiere delle rivoluzioni che mutarono completamente il sistema sociale, politico e culturale. Non ci furono solo le rivoluzione culturali, con cui si pose fine al dominio ideologico della Chiesa romana, né soltanto le rivoluzioni politiche, con cui si pose fine all'idea di "impero feudale", al dominio incontrastato e plurisecolare degli aristocratici, delle monarchie assolute ed ereditarie; ci fu anche la rivoluzione tecnico-scientifica, con cui si modificò completamente il rapporto dell'uomo con la natura.

Si fecero rivoluzioni di portata storica e mondiale, sul piano ideologico, giuridico, culturale e scientifico, con cui si pose fine al dominio assoluto della teologia, del diritto canonico, trasformando la religione, nel migliore dei casi, in uno strumento totalmente al servizio della borghesia, la quale, una volta affermatasi come classe, avrebbe anche potuto, in teoria, farne a meno, in quanto era in grado di sostituirla con una nuova forma di misticismo ad oltranza, assai più laica e prosaica: il culto per il dio denaro, per il mercato, per il capitale che si autovalorizza. La filosofia, il diritto civile e penale, amministrativo e commerciale e costituzionale, l'economia politica e tante altre "scienze" subentrarono a ciò che veniva considerato "pseudo-scientifico", superstizioso, obsoleto. L'esperienza prevalse sull'autorità, sul dogma, sulla "verità rivelata".

Soprattutto un aspetto mutò radicalmente: nell'epoca borghese l'unica cosa che davvero conta sono i *capitali*. La borghesia non poteva arricchirsi attraverso le terre, poiché non le possedeva: riuscì a farlo attraverso i commerci, poi passò alle manifatture, all'industria e alla finanza, trasformando altresì l'uso delle stesse terre. Attraverso i commerci poteva mentire sul valore degli oggetti da vendere, acquistati in luoghi remoti del pianeta, che pochissimi conoscevano. Poi arrivò a capire che ci si poteva arricchire ancora di più, infinitamente di più, sfruttando il lavoro altrui, esattamente come facevano i nobili con le loro terre e i loro contadini.

Non avendo però la terra, né la possibilità di un rapporto di "dipendenza personale" con cui sottomettere i servi della gleba, la borghesia fu come costretta a inventarsi due cose: la *macchina* e il *contratto di lavoro*. Inizialmente la macchina fu il telaio, che usavano le donne per produrre tutto il tessile di cui le loro famiglie avevano bisogno. Con la nascita della borghesia, le donne iniziano a produrre beni per un mercato. Ottengono materia prima dal mercante-imprenditore, riconsegnandola come prodotto finito. Il borghese si arricchisce col tessile, soprattutto quando i telai vengono trasferiti in città, posti in un unico opificio e perfezionati sempre di più. Dal tessile si passò a tanti altri generi merceologici.

Perché la vita borghese dava l'impressione d'essere più "libera" di quella feudale? Perché si svolgeva in città, non in campagna. In città non vi era la proprietà della terra, ma quella dei capitali. Ci si poteva emancipare più facilmente. In città si lavorava sotto "contratto", non perché si era costretti a farlo. In città si era giuridicamente o formalmente "liberi", anche nel caso in cui socialmente si viveva di stenti e si era costretti ad accettare qualunque tipo di lavoro.

Riuscì la nobiltà ad opporsi a questo nuovo stile di vita? Assolutamente no. D'altra parte come avrebbe potuto? La rendita non era forse qualcosa di moralmente ignobile? La corruzione morale della nobiltà non era forse cosa nota a tutti? Nel mondo medievale tutti gli uomini di potere erano "titolati": conti, visconti, duchi, marchesi... Eppure nessuno era "titolato" a impedire alla borghesia di creare un sistema sociale basato sull'egemonia del mercato, del denaro, dello sfruttamento del lavoro altrui per mezzo di un contratto giuridico.

La borghesia riuscì a creare un sistema sociale che poi legalizzò sul piano giuspolitico, chiamandolo con un termine che, prima di allora, nel feudalesimo non era mai stato usato: *democrazia*. E non si trattava di una democrazia come quella che si esercitava nelle poleis greche o nel senato romano, poiché non era connessa alla schiavitù "fisica", ma a un nuovo tipo di schiavitù, che prima non era mai esistita: *la schiavitù salariata di soggetti giuridicamente liberi che lavorano usando macchine*. Ecco su quale ossimoro si basa tutta la civiltà borghese.

Questa cosa venne capita sin dagli esordi del capitalismo ("Le pecore si mangiano gli uomini", diceva Thomas More per indicare la trasformazione capitalistica degli arativi in prativi, che comportava espulsioni di massa dei contadini dalle terre). Tuttavia, per quanti sforzi si siano fatti per por fine a questo assurdo sistema di vita, a tutt'oggi esso risulta dominante. Come al tempo dello schiavismo romano (il peggiore nella storia dello schiavismo), il tentativo più significativo di realizzare la democrazia sociale fu compiuto da Gesù Cristo; così al tempo dell'imperialismo capitalistico (il peggiore nella storia del capitalismo) il tentativo più significativo di realizzare il socialismo scientifico fu compiuto da Lenin. Entrambi i casi risultarono fallimentari a seguito del tradimento dei loro seguaci. Due tentativi compiuti in quasi duemila anni di storia. Si può dire, senza ombra di dubbio, che fino ad oggi il "male" ha nettamente trionfato. Che lo schiavismo sia stato pubblico o privato, fisico o personale o contrattuale, la storia dell'umanità ha dimostrato, negli ultimi 6000 anni di storia, di non essere più capace di ritornare a quel *comunismo primitivo* che aveva irresponsabilmente abbandonato.

Detto questo, quali sono i motivi per cui in Europa occidentale il socialismo, pur avendo contezza dei limiti strutturali del capitalismo, che la borghesia non è assolutamente in grado di superare, non è mai riuscito ad affrontare in maniera risoluta il problema dell'abbattimento definitivo di questo sistema, procedendo a realizzarne uno completamente diverso? I motivi sembrano essere i seguenti: 1) i socialisti sono sempre stati affascinati dai progressi della rivoluzione tecnico-scientifica della borghesia e non vorrebbero rinunciarvi per tutto l'oro del mondo; 2) essendo la loro ideologia nata in un contesto urbano, non hanno mai avuto un rapporto privilegiato col mondo contadino, giudicato ideologicamente e culturalmente arretrato (anche perché troppo legato alla religione), tecnologicamente dipendente dalla classe operaia e sostanzialmente piccolo-borghese, a causa del desiderio di possedere un lotto di terra in proprietà privata.

Tutti gli esperimenti industriali dei socialisti utopistici sono falliti perché ambivano a realizzare "isole di socialismo" all'interno del sistema borghese, senza preoccuparsi di abbatterlo politicamente. Viceversa, il socialismo scientifico è nato pensando che la classe operaia, essendo priva di tutto, sarebbe stata la più disposta a compiere la rivoluzione politica. Tuttavia in Europa occidentale, a parte qualche tentativo (p.es., tra i più noti, la Comune di Parigi), ciò non è mai avvenuto, e il motivo, probabilmente, è dovuto al fatto che, a partire dalla nascita dell'imperialismo, i capitalisti industriali, tenendo alti i salari, erano in grado di dissuadere i propri operai dal compiere la rivoluzione. Inoltre i dirigenti sindacali e politici della classe operaia tendevano a "imborghesirsi" nei periodi di pace sociale, di assenza di guerre o di acuti conflitti di classe. Si accontentavano di limitate o settoriali riforme sociali, rivendicate in parlamento o, al massimo, attraverso lo strumento dello sciopero. Addirittura questi socialisti non sono mai stati capaci di opporsi allo sfruttamento delle colonie, e quando iniziò a scoppiare la I guerra mondiale si misero dalla parte delle rispettive borghesie nazionali, dietro il pretesto della "difesa della patria".

Il socialismo europeo, salvo eccezioni (di cui la più significativa è stata quella bolscevica), si è preoccupato soltanto di "migliorare" il sistema dominante, cioè di renderlo più *umano* (ultimamente si preoccupa di renderlo anche più *ecologico*). Ma i risultati sono sempre stati molto deludenti, sia perché la borghesia minaccia lo spettro della disoccupazione, quando le richieste di riforme le paiono troppo onerose; sia perché gli svantaggi di queste riforme vengono fatti pagare ai popoli del Terzo mondo.

L'unico dirigente socialista di spicco che non si è mai fatto alcuna illusione sulla capacità di "miglioramento" del sistema borghese, restando all'interno di questo sistema, è stato Lenin. Lui non ha mai creduto al valore "risolutivo" del parlamento. Anzi, ha sempre pensato che un vero partito rivoluzionario si costruisce soprattutto in maniera clandestina, in quanto uno dei compiti che ha da realizzare è proprio quello di abbattere il parlamento borghese e tutte le altre caratteristiche fondamentali dello Stato capitalistico: la burocrazia, l'esercito permanente (staccato dal popolo), i servizi segreti, la democrazia meramente rappresentativa o delegata, senza alcuna esperienza di quella diretta (che in Russia si realizzò attraverso i soviet di operai, contadini e soldati). Qualunque tentativo si voglia fare di abbattere il sistema dominante non può in alcun modo prescindere da ciò che Lenin ha detto e ha fatto. Semmai, partendo da lui, si può pensare di realizzare qualcosa che renda il socialismo ancora più democratico.

II

Quando Lenin scrive che "in nessun paese civile capitalistico esiste la 'democrazia in generale', ma soltanto la democrazia borghese..." (punto 2), bisognerebbe riscrivere, sulla base di tale affermazione, tutti i manuali scolastici, a partire da quelli di storia. Se c'è una cosa, infatti, che la borghesia è riuscita a far passare nelle menti di tutti i cittadini, inclusi i socialisti, è proprio l'idea che la forma borghese di democrazia rappresentativa costituisca la quintessenza della democrazia in generale, superiore alla stessa democrazia greco-romana, poiché oggi non si è in presenza dello schiavismo "fisico" o "diretto".

Oggi nessun autore di alcun testo scolastico avrebbe il coraggio di qualificare la democrazia borghese come una "schiavitù salariata". Infatti l'idea di "schiavitù" è antitetica a quella di "libertà", e non a caso viene associata al mondo antico. Nella democrazia borghese tutti i cittadini sono, per definizione, "liberi". Il rapporto contrattuale viene accettato da persone giuridicamente "libere". Sul piano formale la differenza dalla schiavitù antica è abissale. Peccato che sul piano sociale la schiavitù non sia molto diversa. Oggi chi non è proprietario di terre o di capitali è soltanto "libero" di morire di fame.

È singolare il fatto che Lenin dovesse convincere di queste verità elementari del marxismo i teorici e i leader della II Internazionale e di tutti i partiti socialisti europei. Com'era possibile nutrire delle illusioni in una questione così evidente nella sua falsità? Qualunque socialista dotato di raziocinio e con un minimo di onestà intellettuale avrebbe dovuto evitare di contrapporre la democrazia borghese alla dittatura proletaria. Non è minimamente paragonabile la dittatura di una classe oppressa con la democrazia di una classe oppressiva. Sono due piani completamente diversi. Semmai si possono confrontare le due democrazie, borghese e proletaria, o le due dittature, borghese e proletaria, per cercare di capire le profonde differenze che le contraddistinguono.

Se si vuole confrontare la democrazia borghese con la dittatura proletaria, si è già partiti col piede sbagliato, poiché è evidente che chi è abituato a vivere nel sistema capitalistico considererà la dittatura proletaria un qualcosa da abbattere con la forza o quanto meno da evitare come la peste. La democrazia borghese non è altro che una dittatura mascherata, una finzione giuridica. *Sul piano sociale non ha nulla di democratico, e su quello etico nulla di umano.*

D'altra parte tra la fine dello schiavismo antico e l'inizio di quello moderno sono trascorsi ben mille anni di storia, in cui l'ideologia dominante è sempre stato il *cristianesimo*, che ha proposto un concetto di "persona", dotata di coscienza, di libero arbitrio, di capacità decisionale, che di sicuro all'epoca dello schiavismo antico non poteva riguardare la classe schiavile. Su questo concetto di "persona" si è fondato quello di "libertà personale", che nel mondo borghese però non è mai stato disgiunto dal principio della "proprietà privata". La libertà personale viene usata per accaparrare una proprietà altrui o per difenderla da chi vorrebbe impadronirsene. Senza proprietà la libertà non vale nulla.

La differenza tra capitalismo e feudalesimo sta nel fatto che la proprietà borghese non è necessariamente terriera: può essere anche soltanto monetaria. Nel Medioevo la terra veniva trasmessa per via ereditaria o in forma di lascito o donazione (la Chiesa si era arricchita così), oppure veniva concessa provvisoriamente in feudo, a titolo di riconoscimento per un servizio prestato (anche se poi chi la riceveva in questa maniera cercava sempre di legittimarla come proprietà privata). La disponibilità monetaria, invece, può essere acquisita, virtualmente, da chiunque: la trasmissione ereditaria non è un imperativo categorico. Ecco perché la democrazia borghese appare più "libera" dell'aristocrazia feudale; ecco perché, per poter sfruttare il lavoro altrui e vivere di rendita, la borghesia ha avuto bisogno d'inventare il fenomeno del *macchinismo*. Se una persona non può essere fisicamente comprata sul mercato degli schiavi, può essere però comprata la sua *forza-lavoro* (manuale e/o intellettuale), sempre sul mercato del lavoro, tramite una contrattazione legale (che prevede uno stipendio o un salario, che la borghesia, ovviamente, pattuisce prima, onde permetterle di estorcere il massimo plusvalore possibile, un contratto ch'essa vorrebbe sempre a tempo determinato, in maniera da poterlo rinnovare alle proprie condizioni). Considerare la democrazia borghese, visti tali presupposti, come la democrazia per antonomasia, è da ipocriti. Chiunque, un minimo onesto, è in grado di vedere che si tratta di un raggiro. Non c'è bisogno d'essere "socialisti".

Ora, se al tempo di Gesù Cristo non si è riusciti a sopprimere la schiavitù fisica, al fine di riportare l'umanità al comunismo primitivo, le cui ultime tracce si facevano ancora sentire, figuriamoci quanto maggiori devono essere le difficoltà odierne, in cui nessuno ha più sentore dell'esistenza di un comunismo primitivo. Oggi, chi pensa di dover realizzare il socialismo democratico, può basarsi unicamente su una certa *istanza di liberazione*. Non può rifarsi ad alcuna *memoria storica*, poiché questa è andata irrimediabilmente perduta. Di qui gli errori colossali nei tentativi che si compiono per superare la schiavitù salariata. A volte si possono creare delle alternative che, per molti aspetti, sono anche peggiori, come p.es. quella stalinista o quella maoista.

L'unica speranza che abbiamo, per il futuro, è quella di non ripetere gli errori del passato. Ma è solo una speranza, non una certezza. Bisogna dire che, in questi ultimi 2000 anni di storia, la persona che ha fatto meno errori è stato Lenin, anche se questo non ha impedito ai suoi seguaci di tradirlo. Il tradimento sembra essere connaturato a qualunque esperienza di liberazione dalla schiavitù. Forse l'unico vantaggio che oggi possiamo avere è relativo alla capacità distruttiva delle nostre armi. Sono così potenti che il loro uso potrebbe riportarci di colpo all'età della pietra, naturalmente con la differenza che gran parte del pianeta sarà del tutto invivibile.

Si pensi sempre, a titolo puramente esemplificativo, a come è ridotta oggi l'area intorno a Chernobyl, dopo lo scoppio accidentale nel 1986 di uno dei quattro reattori di una centrale nucleare a scopo civile. Il deserto regna sovrano; il combustibile continua a emanare radiazioni e non si sa per quanto tempo potrà farlo; il sarcofago di copertura va periodicamente rifatto; non si ha la più pallida idea di dove mettere le scorie radioattive (e non solo di quella centrale ma anche di tutte quelle dismesse nel mondo); le mutazioni genetiche nel mondo animale, vegetale e umano sono ancora all'ordine del giorno; e si pensa che tale situazione sia destinata a durare per molti e molti "secoli". In una guerra nucleare mondiale i primi luoghi da colpire sarebbero le città, le aree militari e gli obiettivi "sensibili" (come p.es. le dighe, i mezzi di comunicazione e di transito, ecc.). I sopravvissuti dovrebbero per forza rifugiarsi nelle grotte o nelle caverne, come gli uomini primitivi, oppure nelle ultime foreste rimaste, o rinchiudersi in qualche bunker per dei mesi, o rintanarsi nel sottosuolo o nelle miniere, o navigare nei sottomarini o nelle navicelle spaziali, fino all'esaurimento del carburante e dei viveri.

Quante persone riuscirebbero a sopravvivere e in quali condizioni riuscirebbero a farlo? Con quali capacità autonome? Gli abitanti delle città, disabituati a produrre da soli il cibo di cui si nutrono, sarebbero i primi a morire. Tutta la loro tecnologia sarebbe completamente inutile. Quanto tempo può resistere una persona civilizzata in un luogo dove deve procurarsi il cibo come un primitivo? Una settimana? Un mese? Sei mesi? Difficilmente arriverebbe all'anno.

III

È piuttosto naturale che la democrazia borghese giudichi negativamente, in assenza di conflitti di classe, la parola "dittatura". La borghesia ama la democrazia perché vuol far credere che la pratica dello sfruttamento del lavoro viene accettata liberamente, paventando l'idea che un giorno lo sfruttato potrà emanciparsi senza avvertire il bisogno di uscire dal sistema. Si deve far credere che lo sfruttamento sia una condizione sociale provvisoria, da cui individualmente ci si può anche liberare, passando dall'altra parte della barricata: è solo questione di "volontà" o di capacità a saper cogliere le occasioni propizie (a meno che uno non si accontenti di uscire dal mercato del lavoro per raggiunti limiti di età).

Sul piano storico la borghesia ha accettato la dittatura quando ha dovuto lottare contro l'aristocrazia (e anche contro la monarchia, se questa stava esplicitamente dalla parte dei nobili). Oggi vi ricorre soltanto quando deve reprimere il proletariato in rivolta, sia esso agricolo o industriale, o quando le colonie vogliono togliersi dal collo il cappio che le strangola da mezzo millennio. P.es. nel corso della formazione degli Stati nazionali la borghesia era addirittura favorevole alla monarchia assoluta, se questa era intenzionata a ridimensionare di molto lo strapotere dei nobili, che si esprimeva soprattutto nel possesso di regni separati e in concorrenza tra loro. La borghesia, infatti, voleva un unico mercato nazionale, che facilitasse enormemente gli scambi commerciali (il che implicava un'unica moneta, misurazioni standard nei pesi, nelle misure, ecc., e soprattutto l'abolizione dei dazi interni, che gravavano sui prezzi delle merci e che garantivano entrate supplementari alla nobiltà).

La borghesia chiese anche alle monarchie di requisire i beni immobili del clero regolare, per potersi fare un patrimonio agrario da sfruttare in maniera capitalistica. Ma prima di poterlo chiedere, dovette laicizzare notevolmente la mentalità, le idee, gli usi e i costumi della popolazione urbana.

La borghesia aveva bisogno di una nazione sufficientemente omogenea all'interno, libera da influenze esterne, con una legislazione valida per tutti, dotata di un esercito regolare (non mercenario), di una burocrazia efficiente, di una lingua ufficiale, obbligatoria nelle scuole statali, e soprattutto aveva bisogno di una nazione che fosse capace di occupare delle colonie per poter allargare il più possibile il proprio mercato.

Infatti, una caratteristica fondamentale della borghesia è che non si accontenta mai di ciò che ha. Essa è convinta che in un regime di forte competizione, se i capitali che si possiedono non aumentano di continuo, si rischia di uscire dal mercato, di essere schiacciati dai rivali più forti.

La nobiltà, invece, avendo a che fare con servi della gleba, non poteva sfruttarli oltre un certo limite, anche perché non avrebbe avuto senso ottenere più derrate alimentati di quel che si potevano consumare. La nobiltà si incattiviva quando vedeva che altri nobili volevano allargare, per motivi di prestigio, i propri possedimenti. Generalmente però si trovavano degli accordi in virtù della politica matrimoniale.

La nobiltà cominciò a diventare molto più esigente nei confronti dei contadini solo quando in città si affermò la pratica borghese. Siccome sui mercati le merci si potevano acquistare solo con monete pregiate (almeno nella fase iniziale del capitalismo), la nobiltà fu indotta a trasformare la rendita da naturale a monetaria. La nobiltà amava acquistare le merci della borghesia per motivi di vanità personale, poiché era una classe abituata a vivere nel lusso, a ostentare la propria ricchezza, il proprio lignaggio altolocato. La nobiltà era "razzista" per definizione, non in senso biologico ma culturale: "nobili si nasce, non si diventa", si diceva. Era il cosiddetto "sangue blu" che indicava l'origine aristocratica di una persona: di qui l'importanza attribuita agli alberi genealogici. Solo quando la nobiltà cominciò a trovarsi in serie difficoltà economiche, a seguito dello sviluppo del capitalismo, si convinse che i titoli nobiliari potevano essere venduti dietro congruo compenso.

La borghesia cominciò a pretendere un potere politico effettivo soltanto *dopo* aver acquisito un sicuro successo economico. Le rivoluzioni borghesi, scoppiate sotto la bandiera di una confessione protestantica o sotto quella di una filosofia politica laicistica, avvengono per togliere definitivamente alla nobiltà il potere di decidere o anche soltanto condizionare la vita di una nazione. Nel migliore dei casi (per la borghesia ovviamente) si riduce a zero il potere della nobiltà (come p.es. negli Stati Uniti); in altri casi (quelli ove esiste una monarchia ereditaria soggetta alle disposizioni della Costituzione) si permette alla nobiltà di avere una certa rappresentanza, più che altro formale in verità, in un ramo del parlamento (il Senato o la Camera dei Lords).

Il potere effettivo viene sempre esercitato in parlamento, sulla base di diverse tipologie istituzionali, a seconda degli avvenimenti storici che l'hanno generato. P.es. negli Stati Uniti, che sono un Paese federato, il Senato rappresenta la volontà dei singoli Stati "associati" che lo compongono, mentre la Camera dei Rappresentanti è quella dei deputati eletti, ed è questa che conta di più; in altri Paesi il Senato può essere composto da senatori scelti dal sovrano o da senatori eletti con un sistema elettorale diverso da quello della Camera. Tutte queste differenze contano poco, poiché di fatto è la borghesia che comanda: la nobiltà, se ancora esiste, deve adeguarsi, e lo fa ben volentieri se ha interessi di tipo borghese. I governi in carica rappresentano un esecutivo che, se beneficia di un forte premio di maggioranza, non tiene in alcuna considerazione la volontà delle minoranze. Le leggi vanno tenute sotto controllo dalla magistratura, per assicurarsi che non violino la Costituzione, che è la Carta fondamentale di qualunque Stato politico-democratico. Ma la magistratura fa gli interessi della borghesia, esattamente come la Costituzione. Sotto il capitalismo non esistono governi, parlamenti, costituzioni, magistrature, forze armate o di polizia che facciano gli interessi del proletariato. Ecco perché Lenin ha sempre sostenuto che "tutto" il parlamentarismo borghese andava eliminato dalla democrazia diretta dei soviet. Non si poteva conservare neppure la separazione dei tre poteri: esecutivo, legislativo e giudiziario.

La rappresentanza della nobiltà manca là dove sono presenti le repubbliche democratiche, le quali si sono imposte quasi sempre perché la monarchia aveva assunto atteggiamenti del tutto antidemocratici. In questi casi le Costituzioni tendono ad abolire persino i titoli nobiliari.

Le repubbliche possono essere di due tipi: parlamentari e presidenziali. Generalmente quelle presidenziali si sono affermate come forma di contrappeso a uno Stato federalista (ma p.es. nella Svizzera, da sempre favorevole al federalismo, non è mai esistita una repubblica presidenziale).

Diciamo che nel modo di esercitare la politica parlamentare, nel modo di governare non esiste per la borghesia una regola precisa. Ad essa interessano poche cose sul piano politico, essendo prevalentemente una classe di tipo "economico": 1) la legislatura deve sempre essere favorevole al commercio, il più libero e il meno tassato possibile, cioè il meno tenuto sotto controllo, ma anche il più protetto dalla concorrenza straniera; 2) lo Stato deve reprimere chi usa la forza per opporsi allo sfruttamento del lavoro altrui (p.es. occupando le fabbriche, vietando la proprietà privata dei mezzi produttivi, proclamando scioperi che paralizzano la nazione, ecc.); 3) lo Stato deve aiutare la borghesia a estendere il più possibile i propri affari, anche a costo di occupare territori altrui, di scatenare delle guerre o di creare "paradisi fiscali" di qualsivoglia natura.

Poste queste tre condizioni, il cittadino può fare ciò che vuole. La borghesia è interessata a educare al rispetto del bene privato, non tanto a quello del bene comune. La borghesia chiederà sempre, oltre a pagare poche tasse e ad avere leggi a proprio favore, di ridurre il più possibile il peso dello Stato sociale e di poter fare della natura ciò che vuole. E potrà ottenere tutte queste cose se avrà a che fare con un proletariato, nazionale e internazionale, "buono, calmo e tranquillo".

Solo quando queste condizioni vengono meno la borghesia assume atteggiamenti dittatoriali. Essa infatti ha usato la dittatura quando ha avuto bisogno di affermarsi come classe politica, ma di nuovo la usa quando vede che il suo potere economico viene seriamente minacciato dal proletariato. Il suo volto "democratico" è apparso solo in due casi: nella fase iniziale della sua ascesa economica, quando doveva farsi largo in un sistema politico gestito completamente dalla nobiltà; e poi quando, una volta conquistato il potere politico, non ha avuto a che fare con un proletariato industriale in grado di minacciare il suo potere economico.

È evidente, infatti, che se gli operai cominciano a chiedere la fine della proprietà privata dei principali mezzi produttivi, ovvero la realizzazione del socialismo davvero democratico, la borghesia non può che reagire molto negativamente. La faccia bonaria e paciosa la perde subito a favore di uno sguardo truce e torvo.

Tutte queste cose – diceva Lenin – il socialismo le ha dette milioni di volte: com'è stato possibile che in occasione di una guerra mondiale, scatenata dalla borghesia per motivi imperialistici, si sia fatto finta di non averle mai sentite? Per quale ragione il socialismo ha preferito tradire se stesso, mettendosi dalla parte della borghesia? Per quale motivo non ha approfittato del momento favorevole per rovesciarla, trasformando la guerra imperialistica in guerra civile? E soprattutto per quale motivo ha deciso di opporsi alla dittatura del proletariato, cui il partito bolscevico ha dovuto ricorrere in Russia per reprimere la furiosa resistenza della borghesia e della nobiltà? Come è stato possibile che nel momento più favorevole allo scoppio di una rivoluzione, il socialismo europeo abbia tradito così profondamente, così impunemente, i propri ideali?

Guardando il comportamento del socialismo riformistico europeo, Lenin aveva dovuto constatare un duplice tradimento: uno nei confronti della classe sociale rappresentata politicamente, sia nella società civile che in parlamento; un altro, ancora più grave, nei confronti dell'unica esperienza socialista rivoluzionaria risultata vittoriosa, quella bolscevica. Il primo tradimento poteva essere interpretato come frutto inevitabile di un eccessivo riformismo come prassi politica, in contrasto con le idee rivoluzionarie professate sul piano teorico.[20] Ma il secondo tradimento come andava interpretato? Opponendosi radicalmente all'Ottobre, i socialismi riformisti finivano col negare gli stessi princìpi, gli stessi ideali di vita in cui credevano dai tempi della nascita del socialismo scientifico.

Tra socialismo e comunismo il divario diventerà sempre più netto, e riuscirà a ricomporsi solo dopo il crollo del muro di Berlino e il fal-

---

[20] La storia ha comunque dimostrato che, nell'ambito del socialismo, quando si pratica per molto tempo il riformismo, anche le idee smettono d'essere rivoluzionarie, com'è naturale che sia (in tal senso il revisionismo di Bernstein, tanto per fare un esempio, non poteva certo essere considerato un fulmine a ciel sereno).

limento della svolta gorbacioviana. Si ricomporrà nel senso che in tutta Europa non esisterà più alcun partito comunista; e anche tutti i partiti socialisti verranno risucchiati dalle posizioni democratico-borghesi del centro-sinistra.

IV

Nel testo di Lenin vi è una frase che sembra necessitare di una spiegazione; è la seguente: "lo sviluppo della democrazia non attenua ma acuisce la lotta di classe".

Ci chiediamo: lo diceva come una constatazione di fatto, guardando quello che accadeva in tutta Europa subito dopo la fine della guerra mondiale, quando gli animi erano esasperati contro le rispettive borghesie nazionali, che avevano provocato immani tragedie e devastazioni, e quando i governi in carica, vedendo la rivoluzione russa, temevano che la cosa potesse ripetersi nei loro Stati?[21] Oppure dobbiamo considerarlo un principio teorico-politico valido per la democrazia borghese in generale, soprattutto quando questa non è più in grado di garantire un benessere generalizzato o quando non è in grado di affrontare una crescente protesta di massa causata dalla miseria? O forse lo diceva per giustificare il fatto che, pur avendo sempre detto che la democrazia proletaria è infinitamente superiore a quella borghese, si era visto costretto a ricorrere alla dittatura più rigida per far fronte alla controrivoluzione?

Quella era un'affermazione che, considerata astrattamente, era obiettivamente esagerata. Poteva avere un senso solo se *contestualizzata*. È vero, "la borghesia, quand'era rivoluzionaria, sia in Inghilterra nel 1649 che in Francia nel 1793, non ha mai concesso 'libertà di riunione' ai monarchici e ai nobili, che avevano chiamato gli eserciti stranieri e che si 'radunavano' per organizzare un tentativo di restaurazione". Così Lenin.

A ciò però si sarebbe potuto obiettare: "La borghesia non concedeva nulla proprio perché era nella fase della dittatura. Se avesse definitivamente vinto i tentativi reazionari, avrebbe anche aumentato le libertà democratiche". Al che forse Lenin avrebbe risposto: "La storia ha dimostrato che proprio nel momento in cui la borghesia si è radicalizzata nelle proprie idee democratiche, è stata altresì costretta a ricorrere alla dittatura, a fronte del deciso rifiuto di tali idee da parte dei ceti aristocratici, e oggi fa lo stesso nei confronti del proletariato, quando vede unire il massimo della democrazia possibile alla volontà di realizzare praticamente il

---

[21] Negli Stati Uniti o in Svizzera – i Paesi che lui cita – l'odio per i comunisti appariva non meno forte che in altri Paesi europei, anche se quelli non avevano subìto dalla guerra danni rilevanti.

socialismo".

È quindi difficile commentare quella frase, che in astratto ricorda quella stalinista secondo cui quanto più aumenta il socialismo, tanto più forte diventa l'opposizione del capitalismo (col che giustificava la necessità di conservare uno Stato dittatoriale). Negli anni del suo esilio Lenin aveva potuto vivere un'esistenza relativamente tranquilla in vari Paesi europei. Lo stesso Marx nel 1850 aveva scelto di trasferirsi a Londra, in un Paese che appariva il più democratico di tutti. Forse questi Paesi erano democratici perché il vero volto dittatoriale lo mostravano solo nelle loro colonie?

Quando cerca un'emancipazione meramente economica la borghesia è democratica, soprattutto se ha a che fare con un potere politico oppressivo, di tipo clerico-feudale. La borghesia inizia a combattere politicamente un potere del genere soltanto quando si sente economicamente abbastanza forte. E quando lo combatte diventa aggressiva. Poi, una volta ottenuto il potere politico, inizia a manifestare la propria aggressività nei confronti del proletariato, poiché vuole sfruttare la forza-lavoro in grande stile, a livello nazionale, confidando nella protezione dei governi in carica e delle loro leggi. L'aggressività diminuisce in patria se si riesce a decentrarla verso la conquista delle colonie, cosa che diventa tanto più urgente quanto più i mercati nazionali si saturano e quanto più i lavoratori tendono a ribellarsi. In tal caso si può garantire al proletariato metropolitano un'esistenza più tranquilla e quindi alzare il livello della democrazia politica.

Generalmente la borghesia al potere diventa molto aggressiva quando la concorrenza di altre nazioni borghesi le vuole sottrarre le colonie, oppure quando il proletariato (sia quello metropolitano che quello coloniale) non è più disposto a farsi sfruttare. Ma tutto ciò non giustifica, in astratto, la frase secondo cui "lo sviluppo della democrazia acuisce la lotta di classe".

Forse quella frase ha un senso, sempre in astratto, se si considera che in una democrazia altamente sviluppata, dove il benessere è piuttosto elevato, la borghesia potrebbe assumere un atteggiamento improvvisamente aggressivo se si accorgesse di non poter più garantire i consueti standard vitali (sempre che, beninteso, vi sia un proletariato che glielo faccia notare).

Quando esiste una concorrenza borghese internazionale, quando le colonie vogliono emanciparsi, quando si devono affrontare dissesti finanziari, crac borsistici, devastazioni ambientali, crescenti forme di criminalità, folli spese militari, quando una buona fetta della popolazione comincia a mostrare tutta la propria insoddisfazione per il tenore di vita che conduce – ecco, in questi casi la borghesia al potere deve chiedersi se usare il pugno di ferro, cioè se trasformare la finta democrazia in un'aperta dittatura (aumentando p.es. di molto i poteri del Presidente del Consiglio o della Repubblica), oppure se allargare le prerogative dello Stato sociale e assistenziale, riducendo i profitti privati.

È difficile però dire in anticipo come la borghesia si comporterà. P.es. in Europa occidentale, dove sono già state vissute due disastrose guerre mondiali, la borghesia si è ammorbidita; se ne scoppiasse una terza, avrebbe timore di essere scalzata dal "trono". Invece la borghesia americana, che non ha mai sperimentato all'interno del proprio Paese le conseguenze di una guerra mondiale, è sicuramente più aggressiva di quella europea. È abituata a comandare mezzo mondo sin dalla fine della II guerra mondiale, e ad assicurarsi alti livelli di benessere, che le hanno permesso di avere un proletariato docile. Se qualcosa potesse mettere in discussione questo trend consolidato, facilmente essa potrebbe diventare molto violenta.

Le idee del socialismo (per non parlare di quelle del comunismo) sono sempre state aspramente combattute: la borghesia nordamericana non vuol neanche sentirne parlare nel proprio territorio. Questo tipo di borghesia può essere definita politicamente "matura" soltanto perché economicamente è molto forte. Ma quando gli standard economici elevati iniziano a calare vistosamente, la borghesia nordamericana diventa molto aggressiva, soprattutto in politica estera, fomentando continue guerre regionali, imponendo embarghi commerciali alle nazioni considerate "nemiche", e via dicendo.

Gli Stati Uniti, acquisita l'indipendenza dagli inglesi e dai francesi, realizzata l'unificazione nazionale a spese delle tribù indigene, eliminata la schiavitù dei negri attraverso la guerra civile, hanno avuto una borghesia in continua ascesa, che ha vissuto pochi traumi (forse i più sentiti dalla popolazione sono stati i crac borsistici, più che le due guerre mondiali; la stessa guerra perduta in Vietnam causò meno di 60.000 morti). L'ascesa ininterrotta dipese non soltanto dalla conquista (più che altro economica) dell'America latina e del Medio oriente (ricco di petrolio), ma anche dalla vittoria indiscussa nelle guerre mondiali, per non parlare dell'enorme vastità del territorio nazionale, che per la prima volta poteva essere sfruttato in maniera capitalistica.

Certo è che, vedendo l'assenza di una esplicita dittatura politica, sarebbe ostico affermare che negli Stati Uniti la borghesia è stata tanto più aggressiva quanto più aumentava il suo livello di democrazia politica. A differenza delle dittature politiche dei Paesi sudamericani e per buona parte europei, la dittatura americana è stata piuttosto di tipo economico (la "dittatura del dollaro").

D'altra parte gli Stati Uniti sono un Paese fortemente "individualistico": non riuscirebbero a tollerare una dittatura politica esplicita. L'individualismo è ben visibile nella Costituzione, che è di tipo chiaramente federalista, in cui ognuno dei 50 Stati ha prerogative impensabili in molti Stati europei altrettanto federalisti. Inoltre vi sono articoli costituzionali che prevedono per chiunque il libero uso del possesso di armi, il diritto alla "felicità personale", il diritto alla scarcerazione dietro il pagamento di una cauzione in attesa del processo, il diritto a mantenere i propri beni se, quando vengono espropriati per uso pubblico, non sono adeguatamente indennizzati, ecc. Il bello è che molti di questi articoli individualistici, pur essendo costituzionali, sono spesso soggetti all'interpretazione soggettiva dei giudici, i quali naturalmente sono condizionati da pregiudizi dovuti alla classe sociale d'appartenenza.

Insomma la suddetta frase di Lenin, scritta nel marzo 1919, può essere considerata giusta se la si *contestualizza*. Era appena terminata la guerra mondiale, che aveva provocato milioni di morti, feriti e mutilati, per non parlare delle distruzioni materiali. La borghesia dei Paesi sconfitti rischiava d'essere rovesciata dal proletariato in rivolta (e in alcuni Paesi era anche successo: Ungheria, Finlandia...). La resistenza dei capitalisti era furiosa. Anche quelli dei Paesi vittoriosi non se la passavano meglio, poiché il salasso della guerra era stato enorme. La borghesia di tutto il mondo, vedendo quel che era successo in Russia, effettivamente ebbe paura che la cosa potesse ripetersi all'interno delle loro rispettive nazioni. Questo spiega il motivo per cui negli Stati Uniti, che in quel momento rappresentavano la quintessenza della democrazia mondiale, la repressione nei confronti dei comunisti fu durissima. Quel paese appariva più democratico soltanto perché, pur avendo vinto la guerra, non dava l'impressione, come invece la Francia e il Regno Unito, di volersene approfittare per spartirsi il mondo intero; anzi i governi americani erano disposti a finanziare i Paesi europei per risollevare la loro economia semidistrutta.

È stata proprio questa tattica apparentemente magnanima che ha permesso agli statunitensi di poter invadere economicamente l'America latina e il Medio oriente: passavano come più "democratici" rispetto agli europei colonialisti e imperialisti, nonostante che al loro interno reprimessero i comunisti molto di più di quanto stava avvenendo in Europa occidentale.

Questo dimostra che mentre la borghesia ha potuto svilupparsi economicamente all'interno del sistema feudale, il proletariato non può pensare di costruire il socialismo restando all'interno del sistema borghese: tutti gli esperimenti del socialismo utopistici sono falliti (fanno parte del "romanticismo economico"); tutte le rivendicazioni del socialismo riformistico non hanno risolto alcun problema strutturale del capitalismo: sono servite soltanto a illudere il proletariato che sia possibile un'esistenza degna d'essere vissuta nell'ambito del sistema.

V

La cosa che non si è mai capita della rivoluzione comunista compiuta in Russia è forse stata una sola, quella che ha maggiormente tradito tutto l'operato di Lenin e dei bolscevichi della prima generazione: lo smantellamento progressivo del potere effettivo dei soviet, cioè il loro svuotamento come organi dirigenziali in ambito locale.

Lo stalinismo ha costruito un Paese che aveva le stesse caratteristiche di uno Stato dittatoriale dell'occidente, con alcune differenze sostanziali: 1) bisognava impedire alla borghesia di rinascere, cioè di dare una propria autonomia ai mercati (e questo è stato possibile statalizzando tutta la proprietà dei mezzi produttivi, sicché anche lo scambio monetario venne ridotto a un nulla); 2) bisognava far sì che l'ideologizzazione dello Stato fosse una conseguenza del fatto che la direzione generale della nazione, in tutti i suoi aspetti, era stata assunta da un unico partito (il che comportava che la classe degli intellettuali, sia politici che funzionari amministrativi, dominava nettamente tutte le altre). Da un lato l'ideale politico sembrava essere più importante dell'interesse economico della borghesia occidentale; dall'altro veniva vissuto col massimo della costrizione possibile.

Si tradì proprio ciò che Lenin avrebbe voluto realizzare dopo la fine della controrivoluzione e dell'interventismo straniero, cioè la progressiva estinzione dello Stato tramite la democrazia diretta dei soviet. Si legga questa sua importante affermazione: "la dittatura del proletariato deve inevitabilmente portare con sé non solo un mutamento delle forme e degli istituti democratici in generale, ma un mutamento tale che implichi un'estensione senza precedenti dell'effettiva utilizzazione della democrazia da parte di coloro che sono oppressi dal capitalismo". E qui cita, oltre ai soviet russi, il Sistema dei Consigli tedesco e i Comitati dei delegati di fabbrica inglesi, cioè esperienze di *democrazia diretta*.

In pratica la dittatura del proletariato avrebbe dovuto favorire la democrazia diretta, non quella delegata di tipo parlamentare. Lenin non stava dicendo che i soviet dovevano essere interpretati soltanto come strumento per compiere la rivoluzione; né stava dicendo che sull'esempio dei soviet si sarebbe dovuto semplicemente riformulare la configurazione delle vecchie istituzioni borghesi. Ma stava dicendo che l'esperienza dei soviet avrebbe dovuto "sostituire" le vecchie istituzioni borghesi. Parla di un "mutamento" nella direzione politica della società, che avrebbe dovuto comportare, grazie all'esperienza dei soviet, una "estensione della democrazia senza precedenti". Questo significava che del passato politico borghese non si poteva conservare nulla.

Stava dicendo che i lavoratori avrebbero dovuto imparare ad *autogovernarsi*. I soviet costituivano l'esempio da imitare per tutte le vecchie istituzioni, un'esperienza politica e sociale da approfondire e da allargare il più possibile all'intera nazione. Quando Lenin parla della Comune di Parigi (punto 6) il suo pensiero è esplicito a riguardo: la Comune tentò di "distruggere dalle fondamenta l'apparato statale borghese, burocratico, giudiziario, militare, poliziesco, sostituendolo con l'organizzazione autonoma delle masse operaie, che non conosceva distinzioni tra il potere legislativo e il potere esecutivo". Ha usato l'espressione "dalle fondamenta".

Democrazia diretta per lui voleva dire "organizzazione autonoma delle masse operaie", cioè dei lavoratori (inclusi quelli agricoli), tale per cui persino la separazione borghese dei tradizionali poteri dello Stato non avrebbe avuto più alcun senso. Era impossibile equivocare su questa fondamentale finalità della rivoluzione russa. Sarebbe stata una contraddizione in termini che tale democrazia diretta venisse garantita dalle istituzioni statali del nuovo potere proletario.

Purtroppo le cose, sotto lo stalinismo, andarono in maniera opposta: invece di considerare permanenti gli organi della democrazia diretta e provvisori quelli delle istituzioni statali, si fece esattamente il contrario. Il compito di non permettere la rinascita della proprietà privata non è stato riconosciuto alla volontà della democrazia diretta, ma è stato assunto direttamente dalla dittatura permanente di uno Stato burocratico e poliziesco. I cittadini non si sono garantiti da soli l'uguaglianza sociale, economica, culturale, "indipendentemente dal sesso, dalla religione, dalla nazionalità" – come scrive Lenin –, ma hanno dovuto demandarla alla volontà di un ente esterno, a loro superiore.

In questa forma di democrazia eterodiretta qual era la fondamentale differenza tra società borghese e quella proletaria? Nelle democrazie borghesi sono i *mercati* (da cui anche gli Stati, in ultima istanza, dipendono) che decidono la soggezione dei cittadini-lavoratori, e possono farlo solo se garantiscono un certo benessere materiale. Nella democrazia proletaria è il *partito-stato* che la decide, il quale ha, necessariamente, un alto tasso di ideologizzazione. Nel socialismo statale i capitalisti vengono semplicemente sostituiti dai funzionari di partito e dello Stato. Tutti hanno bisogno di controllare le masse, ma mentre per i capitalisti la finalità è l'organizzazione del consumo, per gli stalinisti (e i maoisti) è stata quella di controllare l'aderenza a una ideologia statalizzata (di qui i processi contro i "nemici del popolo", in cui la sentenza era stabilita a priori, come al tempo dell'Inquisizione cattolica). Alla lotta di classe che il proletariato vive in occidente si sostituisce la burocrazia con cui si eseguono direttive calate dall'alto.

Sarebbe assurdo pensare che quanto Lenin diceva al I Congresso dell'Internazionale comunista fosse solo una tattica per giustificare gli inevitabili abusi compiuti durante la dittatura proletaria. Stava parlando di *obiettivi generali* della rivoluzione: "La soppressione del potere dello Stato è il *fine* che tutti i socialisti, e Marx per primo, si sono posti". Sono parole molto chiare. Lenin voleva "la sostituzione delle circoscrizioni elettorali territoriali con le unità elettorali fondate sui luoghi di produzione: fabbrica, officina, ecc.". Stava dicendo che la democrazia proletaria, "facendo partecipare in modo permanente e necessario le organizzazioni di massa dei lavoratori alla gestione dello Stato, comincia a preparare immediatamente la completa estinzione di ogni Stato". Il proletariato doveva persino "fondersi" con l'esercito. Lenin voleva, contro la borghesia, "l'effettivo armamento del proletariato".

Il problema principale che doveva risolvere lo stalinismo, dopo la morte di Lenin, era soltanto quello di come porre le condizioni per realizzare una progressiva estinzione dello Stato. Invece pose soltanto quelle che servirono per rafforzarlo.

Proprietà privata o pubblica?

Se fosse chiaro a tutti che nessuno può essere o sentirsi obbligato a "vendersi", cioè a vendere la propria capacità lavorativa, fisica o intellettuale, per poter vivere, indipendentemente dalla forma o entità del corrispettivo che si ottiene; se a tutti fosse chiaro che questa forma di "prostituzione" è indegna per qualunque persona, è immorale sotto ogni punto di vista (anche se ovviamente non per quello economico della borghesia) e che, per il bene complessivo della società, andrebbe aspramente combattuta, anzi, assolutamente vietata, nulla potrebbe impedire l'esistenza della proprietà privata dei mezzi produttivi.

Infatti non è la proprietà "in sé" (pubblica o privata) che fa nascere o che impedisce l'antagonismo sociale, proprio perché tale antagonismo sorge quando uno si serve dei propri mezzi produttivi per sfruttare il lavoro altrui. Non serve a niente costruire una comunità in cui, pur essendo vietata la proprietà privata dei singoli suoi componenti, la comunità, nel suo insieme, può assumere un personale lavorativo privo di proprietà, che viene pagato, in qualsivoglia forma, per il lavoro che svolge, e che può essere licenziato quando tale lavoro è ultimato. Non ha senso vietare la "prostituzione lavorativa" all'interno di una comunità, e legalizzarla nei rapporti col mondo esterno (come facevano i monasteri cattolici).

Non solo quindi *tutti* dovrebbero avere la proprietà dei mezzi lavorativi, ma *nessuno* dovrebbe impiegarli per sfruttare il lavoro di chi non ha proprietà, cioè il lavoro di chi ha perduto, per qualche motivo, tale proprietà o non è in grado di metterla a frutto in maniera sufficiente per la propria esistenza. Questo vuol dire che, in presenza di una proprietà privata, tutti dovrebbero accontentarsi di ciò che serve per riprodursi, per avere quanto è necessario per vivere.

In presenza di proprietà privata ci si dovrebbe accontentare di una società basata sull'*autoconsumo* e sul *baratto delle eccedenze* (compiuto solo tra persone ugualmente proprietarie e quindi libere). Parlare di "libertà" senza "proprietà" è un controsenso, ma anche parlare di "proprietà" e di "libertà giuridica", cioè quella libertà formale, inventata dalla borghesia, che non implica, di necessità, il possesso di una proprietà. Non ha senso che una libertà giuridica implichi il libero possesso del proprio corpo, per poi essere costretti a venderlo, subito dopo, rendendolo schiavo per mancanza di proprietà. Non conta niente, quindi, ai fini della libertà personale, che una proprietà sia sociale o privata: conta che non venga usata per sfruttare il lavoro altrui o per togliere agli altri la legittima proprietà.

Semmai è un'altra cosa che ci si deve chiedere: in presenza di proprietà privata, equamente distribuita in base alle necessità dei soggetti che la lavorano, quali sono le garanzie che permettono a un sistema del genere di funzionare nel tempo? Purtroppo non esistono garanzie "assolute". La storia ha dimostrato che laddove si afferma la proprietà privata, pur in assenza di sfruttamento del lavoro altrui, possono sempre accadere eventi imprevedibili, come p.es. la morte per malattia di un componente (animale o umano) della comunità, oppure un disastro ambientale. In casi del genere, se la comunità è piccola e quindi debole, facilmente si finisce nella tragedia. Un evento fortuito può portare qualunque persona, che fino a un momento prima stava bene, ad essere costretta a chiedere un lavoro dietro compenso.

Questo spiega il motivo per cui la concessione dei mezzi produttivi in proprietà privata a nuclei troppo ristretti di persone, non è conveniente. Il concetto di "famiglia" è un'astrazione priva di senso. Quanto meno si deve parlare di una comunità composta almeno da 50-100 elementi. Molte famiglie, poste di fronte ai principali mezzi produttivi, gestiti collettivamente, possono garantire a tutti la sopravvivenza, previa rinuncia a qualunque proprietà privata (al massimo è possibile tollerare una proprietà "personale", relativa a mezzi che non sono di uso comune o che comunque non incidono ai fini della sopravvivenza dell'intera comunità).

Cerchiamo ora di spiegare bene questo punto, poiché la differenza tra questa forma di *socialismo autogestito* e quella del socialismo industriale o mercantile o statale o "scientifico", è netta.

L'assenza totale di proprietà privata nell'ambito di una vasta comunità di famiglie, in relazione esclusiva ai mezzi produttivi che garantiscono la sussistenza, va vista come una questione *interna* a tale collettivo, che solo quest'ultimo è titolato ad affrontare. Non possono esserci direttive piovute dall'alto, siano esse politiche o economiche. La coordinazione degli interessi *trasversali* alle varie comunità va affrontata autonomamente dalle stesse comunità, che si terranno in rapporto tra loro. Quindi lo Stato va eliminato, come pure tutte le istituzioni che lo rappresentano, per non parlare dei Mercati, che ci condizionano sin nei più piccoli particolari.

Non solo, ma le comunità rurali non possono sentirsi vincolate al mantenimento delle comunità urbane, neppure se queste offrissero in cambio mezzi tecnici sofisticati con cui sfruttare la natura. L'idea di avere mezzi e strumenti tecnici del genere, da usare nel nostro rapporto di dominio con la natura, è completamente sbagliata: è nata nell'ambito delle civiltà antagonistiche e, come tale, va rimossa. L'esigenza riproduttiva della natura va considerata superiore a quella produttiva degli esseri umani, proprio perché noi siamo "enti di natura" e non è la natura che appartiene a noi, ma il contrario.

Un altro aspetto di fondamentale importanza è che la vita urbana, priva di riferimenti alla natura, va considerata come una forma di "alienazione". Bisogna pertanto pensare a come chiudere le città, a come trasferire i suoi abitanti nelle campagne, a come far di nuovo crescere i boschi e le foreste, a come proteggere da qualunque forma d'inquinamento l'aria e l'acqua. L'industria va ridotta al minimo indispensabile, anzi, possibilmente va ricondotta ai limiti dell'artigianato. Dobbiamo recuperare tutte le aree agricole abbandonate da uno sviluppo scriteriato dell'industrializzazione. Dobbiamo smantellare progressivamente il macchinismo applicato all'industria, poiché esso è la fonte principale dell'inquinamento del pianeta, ed è illusorio pensare che si possa risolvere un problema tecnologico con una nuova tecnologia, ancora più sofisticata della precedente. Il vero problema è come ripensare completamente le categorie tipiche della nostra attuale forma mentis: "benessere", "comodità", "agio", "sviluppo", "crescita", "sicurezza materiale"...

Ci vorrà un tempo lunghissimo per tornare a un tipo di esistenza simile a quella del "comunismo primitivo", ma se non facciamo partire la transizione, se non cominciamo a pensarci da adesso, ci vorrà un tempo molto più breve per arrivare a un'apocalisse di immani proporzioni. Ed è evidente che per realizzare una transizione del genere, occorrerà rovesciare con decisione qualunque forma di potere che rende schiavi gli esseri umani.

Programma del Pc russo

Nel libro antologico curato dalla Progress di Mosca nel 1980, *Sulla dittatura del proletariato*, vi sono due testi che dovrebbero essere messi a confronto, stando ai loro titoli, *Abbozzo del progetto di programma del Pc russo* e *Progetto di programma del Pc russo*. Il primo (molto dettagliato) fu distribuito ai delegati del VII Congresso del partito il 23 febbraio 1918; il secondo invece fu approvato dall'VIII Congresso il 18-23 marzo 1919 ed è molto meno significativo dell'altro, nonostante sia stato suddiviso in 18 punti. L'ultimo programma del partito era stato approvato dal II Congresso del Posdr nel 1903. In realtà un confronto è quasi impossibile, in quanto i due testi sono molto diversi tra loro, benché gli obiettivi fondamentali restino quelli della dittatura proletaria.

Entrambi i testi sono stati scritti mentre infuriavano la controrivoluzione interna e l'interventismo straniero, quindi in un momento di grave difficoltà.

*

L'*Abbozzo* non ha un respiro internazionalista come il *Progetto*, poiché ha come preoccupazione fondamentale quella di inquadrare i principali problemi da risolvere.

Nella Premessa si ribadisce l'idea di espropriare "i grandi proprietari fondiari e la borghesia", intendendo, con quest'ultima, l'intera classe proprietaria dei mezzi produttivi e di scambio: "fabbriche, officine, ferrovie, banche, flotta...". Il tutto era stato preso in carico dalla "repubblica sovietica", in quanto si trattava di un esproprio "statale", cioè una nazionalizzazione.

Si faccia però attenzione: chi dovrebbe gestire tale imponente esproprio proletario? Non viene detto esplicitamente lo *Stato sovietico*. Lenin non può dirlo, almeno non senza precisare che lo Stato è destinato a estinguersi, così come aveva già scritto, estesamente, in *Stato e rivoluzione*. Parla di "repubblica sovietica" e, subito dopo, di "unione degli operai urbani e dei contadini poveri". Un'unione del genere in quel momento era costituita dai soviet. Lenin stava forse dando per scontato che il nuovo gestore di quell'immensa proprietà requisita ai capitali e ai proprietari fondiari sarebbero stati gli organismi fautori della *democrazia diretta*? Non pare neanche questo, almeno non in maniera così esplicita.

Lenin si rende conto che se questa democrazia diretta è relativamente facile nelle città, tra gli operai concentrati nelle industrie, non è così facile nelle campagne, dove esiste la dispersione nel lavoro e una notevole borghesia agraria. In questa premessa ha appena detto che l'alleanza che gli operai devono fare è coi "contadini poveri", inoltre che i "grandi proprietari fondiari" vanno completamente espropriati, infine che la "piccola azienda contadina" deve passare, in modo "graduale ma inflessibile, verso la coltivazione collettiva della terra e verso la grande azienda socialista in agricoltura".

Facciamo attenzione alle parole, senza trascurare il fatto che, mentre venivano scritte, infuriava la controrivoluzione in tutta la Russia. Il passaggio dall'individualismo nella gestione della terra al collettivismo deve essere "graduale", oltre che "inflessibile": graduale perché bisogna convincere i piccoli coltivatori (si presume con l'esempio) che una gestione "sociale" della terra è più efficiente, più conveniente. Ma non devono esserci forzature di sorta: cosa che lo stalinismo non capirà. Inoltre ha usato l'aggettivo "inflessibile", poiché teme che il capitalismo rinasca proprio tra i contadini "proprietari privati" della terra. Gli operai sono alleati (naturali) dei contadini poveri (gli stessi operai sono ex contadini), ma devono convincere quelli ricchi o benestanti o comunque non poveri, che la socializzazione della terra è un obiettivo del partito comunista, della repubblica sovietica.

Questo è un argomento decisivo. Ora dobbiamo vedere come lo svolge, in maniera più approfondita, nel resto dell'*Abbozzo* e nel *Progetto* (naturalmente si rimanda anche al commento delle sue *Tesi agrarie*).

È indubbio, per Lenin, che fino a quando permane la proprietà privata della terra, è impossibile eliminare il "commercio privato" delle derrate agricole. Finché esiste commercio privato, resta la possibilità che il capitalismo rinasca. Cioè dopo la rivoluzione d'Ottobre il rischio maggiore di tale rinascita non può più provenire dalle città, ma solo dalle campagne, che i bolscevichi ancora non controllano adeguatamente. Il bolscevismo è stato un fenomeno essenzialmente *urbano*.

I bolscevichi avevano cercato un'alleanza coi socialisti-rivoluzionari, ma questi rappresentavano la borghesia rurale. Un'alleanza invece fu possibile coi socialisti-rivoluzionari di sinistra, più interessati al destino dei contadini poveri. La rivoluzione fu fatta insieme a loro. L'alleanza si ruppe soltanto quando quel partito cominciò a compiere atti di terrorismo contro eminenti personalità del governo prussiano presenti in Russia, in quanto non aveva accettato per nulla la pace di Brest-Litovsk, con cui i bolscevichi permettevano alla Germania d'impadronirsi di molti territori dell'ex impero zarista. Non tenendo conto dei pericoli della controrivoluzione interna e dell'interventismo straniero, volevano, in maniera assolutamente irresponsabile, indurre il governo sovietico a riprendere la guerra contro i tedeschi. Questo partito agrario scomparve dalla scena politica intorno al 1922.

Dunque, al posto del commercio privato Lenin voleva "uno scambio regolare e pianificato di prodotti fra le comuni di produzione e quelle di consumo". In pratica stava dicendo che la distribuzione delle merci andava tenuta sotto controllo, nel senso che andava regolamentata. "Pianificare" significa che si deve sapere *prima* cosa e quanto produrre in maniera regolare.

Lenin qui sta parlando di "comuni di produzione" distinte da quelle di "consumo". Tra queste comuni deve esserci uno "scambio regolare e pianificato di prodotti". Sta dicendo che il valore di scambio va sottratto alla logica del mercato, alla dinamica della compravendita, quella per cui un bene ha tanto più valore quanto più è scarso sul piano quantitativo, pur essendo molto richiesto. Sta dicendo che nel socialismo il valore di scambio deve essere sottomesso al *valore d'uso* e che i beni di uso comune, quelli fondamentali alla sopravvivenza della popolazione, vanno scambiati in maniera equa tra le comuni di produzione e quelle di consumo. Sta introducendo il tema del *baratto*, pur non avendo ancora detto che, in prospettiva, non dovrà esserci differenza tra produzione e consumo, in quanto ogni comunità dovrà essere una cosa e l'altra.

Si faccia bene attenzione a quanto dice, poiché qui si sta parlando di collaborazione o di interazione tra le varie comuni. Lenin sta chiedendo di organizzare lo scambio dei beni in maniera razionale, cioè preventivata. Lo scambio deve avvenire conoscendo *in anticipo* i bisogni. In un certo senso il mercato capitalistico non esiste più, o comunque è destinato a perdere progressivamente la sua importanza. Di conseguenza deve ridimensionarsi di molto l'uso del *denaro* come mezzo per lo scambio dei beni. Non solo diventa impossibile arricchirsi a spese altrui, ma viene eliminato anche il *mezzo* per diventarlo alla maniera borghese.

Su questi aspetti si può essere "graduali" quanto si vuole, ma bisogna anche essere "inflessibili". Lenin usa questi aggettivi in coppia due volte in poche righe, in quanto è ben consapevole che l'origine del capitalismo sta nella proprietà privata dei mezzi produttivi e nel commercio privato sul mercato, al fine di accumulare capitali.

Qui si chiude la Premessa, apparentemente favorevole non solo alla *democrazia diretta* ma anche a una sorta di *socialismo autogestito*, in cui il valore d'uso ha nettamente più importanza sul valore di scambio. Poi vi sono altri tre capitoli, dedicati alla politica, all'economia e alla questione agraria. Ce n'è abbastanza per capire cosa Lenin pensa del *socialismo democratico*.

Che egli consideri più importanti (politicamente e culturalmente) gli operai delle fabbriche, che non i contadini, è pacifico. Gli operai rappresentavano, per lui, l'"avanguardia" di tutta la società, a condizione naturalmente che fossero consapevoli del loro ruolo strategico nell'ambito della produzione. Essi sono più "concentrati, uniti, istruiti e temprati nella lotta", e questo grazie allo stesso capitalismo industriale, che pur cerca di dividerli, favorendo l'aristocrazia operaia e gruppi in concorrenza tra loro. Viceversa, i contadini sono "arretrati [culturalmente] e dispersi [socialmente]": sono "influenzati" dalla borghesia rurale.

Prima però di parlare di economia, vediamo la *questione agraria*, seguendo il percorso inverso da lui delineato, ch'era partito dalla politica. Questo perché, secondo noi, tutta la democrazia politica ed economica dipende da come si imposta la questione agraria.

Lenin qui fa differenza tra obiettivo massimo e provvedimenti transitori. Il primo, per lui, è racchiuso nella priorità che va concessa alle "grandi aziende collettive". La terra va socializzata, ma non tanto nel senso che *ogni contadino* deve avere in proprietà un lotto che permetta alla sua famiglia di sopravvivere. Un'economia basata sull'unità familiare non andrebbe oltre il livello di autosussistenza. Le campagne non sarebbero di nessun aiuto per le città e per gli operai. Lenin vuole "grandi aziende collettive" per permettere alle città di esistere. Infatti queste grandi aziende useranno i macchinari provenienti dalle fabbriche urbane. Vuole superare il "contrasto tra città e campagna", che presentava "gravi difficoltà", ma è convinto che ciò non sia possibile "senza prima elevare notevolmente la produttività del lavoro", in virtù della quale è possibile il "passaggio definitivo" dal socialismo al comunismo.

Ebbene, questa ideologia "produttivista ad oltranza", pur sviluppandosi nell'ambito del socialismo, oggi va superata, alla luce dei disastri ambientali provocati dalla tecnologia. Ma restiamo fermi alla questione agraria, poiché è proprio qui che Lenin contraddice le proprie premesse. Quel che lui teme è la rinascita del capitalismo nelle campagne. Cioè da un lato ritiene che l'esproprio dei grandi latifondisti vada fatto nel più breve tempo possibile; dall'altro però vuol venire incontro alle esigenze dei contadini medi, anch'essi proprietari, poiché sa che il proletariato urbano non avrebbe le forze sufficienti per indurli ad accettare la gestione collettiva della terra, né sarebbe giusto farlo, in quanto vi sono, negli stili di vita, delle abitudini che solo col tempo, sulla base del buon esempio, potranno essere superate.

Paradossalmente abitudini del genere, in campagna, si riscontrano persino nei contadini privi di tutto, i quali infatti aspirano ad avere un pezzo di terra in proprietà privata. Infatti dice, parlando di questi contadini proletari: "Bisogna prima di tutto organizzarli in una forza autonoma, avvicinarli al proletariato urbano e strapparli all'influenza della borghesia rurale e degli interessi inerenti alla piccola proprietà". Poi elenca tutta una serie di misure che sono già state prese.

Per quanto riguarda il mondo rurale Lenin ha fiducia solo negli "elementi proletari e semiproletari". Tutti gli altri li vede come potenziali nemici, poiché, ora che l'industria è stata nazionalizzata, il capitalismo può rinascere solo dagli agricoltori abituati a commerciare.

Chiediamoci, tuttavia: se anche questo pericolo fosse stato reale, quale capitalismo sarebbe potuto rinascere? Quale forza avrebbe potuto avere un capitalismo semplicemente "rurale"? Quando mai è esistito un capitalismo rurale che non fosse anche urbano? Il processo storico che ha portato alla nascita del capitalismo non è forse nato prima di tutto nelle città? Come potrebbe accadere il percorso inverso quando al commercio e al denaro si preferisce il baratto? Come potrebbero gli agricoltori speculare sui loro prodotti in un regime di pianificazione dei bisogni?

Forse Lenin teme che gli operai vadano (o meglio, tornino) a vivere in campagna, chiedendo un lotto di terra in proprietà? Ma se le città si svuotassero di lavoratori produttivi (industriali o meno), a chi venderebbero gli agricoltori le loro derrate alimentari? Non sarebbero forse anch'essi costretti a tornare all'autoconsumo e a barattare le eccedenze? Di che cosa aveva paura Lenin? Che si formasse un "socialismo della miseria" solo perché *post-industriale*? Solo perché del tutto agrario? Facevano così paura i contadini ricchi (kulaki)? anche dopo aver nazionalizzato le industrie, le banche, i trasporti, il commercio estero, le miniere e tutte le risorse energetiche?

Dov'è che l'ideologia leninista va superata? Solo in un punto: il "monopolio statale" di tutta la produzione. Lenin non voleva affrettare i tempi, ma se anche avesse avuto più tempo, la sua idea di statalizzare la produzione era sbagliata, non foss'altro che per una ragione: lui stesso aveva accettato la tesi dei fondatori del socialismo scientifico secondo cui lo Stato andava superato.

Ora, è questo il modo migliore per porre le basi del superamento dello Stato? Statalizzare tutta la produzione affinché non si possa più parlare di proprietà privata? La necessità dello Stato andava forse giustificata proprio perché era presente ancora la proprietà privata nel mondo rurale? Avrebbe dovuto essere lo Stato a garantire che da quella proprietà privata non sarebbe più risorto il capitalismo? Lo Stato avrebbe dovuto concepirsi in antitesi alle "piccole aziende contadine"? Ovvero avrebbe dovuto limitarsi a fare delle concessioni parziali, in attesa che fossero vinte le inveterate abitudini al commercio? La realizzazione del socialismo democratico avrebbe dovuto essere garantita dallo Stato e non dalla *società*? Per impedire il commercio lo Stato avrebbe avuto il diritto di esigere "la consegna di tutti i prodotti eccedenti"? Non dimentichiamo che la statalizzazione della proprietà, da gestirsi tramite appositi ministeri, andava di pari passo con la centralizzazione dei poteri, fatti passare per indispensabili contro la resistenza antirivoluzionarie. Lo stalinismo

116

aumenterà tanto più la propria dittatura quanto più la sua politica economica si rivelerà del tutto fallimentare. I successi industriali di cui vantava erano stati pagati con lo sterminio dei dissidenti, economici e politici.

*

Per rispondere a queste domande proviamo a leggere il capitolo dedicato all'*economia*. Per Lenin tutte le direttive della produzione dovevano essere date dall'alto, cioè da organi statali. La mediazione tra Stato e società doveva essere svolta dai *sindacati*. L'idea che egli ha di sindacato è quello di una "cinghia di trasmissione" dello Stato, una specie di "longa manus" nell'ambito della società civile. Sono "organismi di educazione professionale e socialista", oltre che di "direzione di tutta l'economia nazionale". A questi organismi affida il compito della transizione. Per il resto sa benissimo che nella fase iniziale ci vorrà molta pazienza, bisognerà fare molte concessioni.

L'idea di fondo che ha Lenin è quella di un socialismo urbano e industrializzato, che considera le forze rurali come alleati di seconda categoria, almeno finché non si saranno imposte le "grandi aziende rurali" (collettivizzate). In quel frangente (storico) per lui la parola "collettivizzazione rurale" voleva dire "statalizzazione", ma è impossibile interpretare ciò come qualcosa di definitivo, proprio perché lo Stato doveva estinguersi e non rafforzarsi sotto il socialismo maturo.

Che quella fosse una fase transitoria lo si comprende anche dal fatto che Lenin prevedeva di fare "concessioni" anche agli "specialisti della scienza e della tecnica", i quali avrebbero addirittura potuto pretendere dei "premi per il lavoro migliore e soprattutto per il lavoro organizzativo".

Vediamo ora il punto 4. Anzitutto è compito dei sindacati fare in modo che tutti lavorino. Sotto il socialismo il lavoro non è semplicemente un *diritto* che si può rivendicare, ma piuttosto un *dovere* per tutti. Lenin esige "la più grande e la più rigida centralizzazione del lavoro su scala statale", ovvero "il superamento della dispersione e del frazionamento dei lavoratori sul piano professionale e locale".

Che cos'ha in mente? Di costruire uno Stato-caserma? È possibile burocratizzare il lavoro? Non bastava dire alla società che lavorare è un obbligo per tutti? E poi lasciare alla stessa società il compito di definire i limiti, le caratteristiche di tale dovere?

L'immagine che Lenin ha dello Stato rischia d'essere paternalistica. Voleva forse che la transizione venisse realizzata da uno Stato padre e padrone? Non vuole, ovviamente, che si formino le corporazioni di arti e mestieri, ma è contrario anche ai sindacati di categoria e alle associazioni di professionisti. In questa maniera lo Stato finisce col sovrapporsi alla società civile, e proprio perché il fine del socialismo è quello di sviluppare l'industrializzazione. Ma che tipo di sviluppo industriale può esserci se tutti i lavoratori vengono irreggimentati nella loro professione?

Supponendo anche che l'obiettivo dell'industrializzazione sia primario per il socialismo, come si sarebbe potuta sviluppare l'*industria leggera* (che dipende molto dalla creatività di persone ingegnose, di talenti individuali) in una transizione così fortemente statalistica? Lenin voleva forse solo un socialismo della *grande industria*, alimentato dalla campagna? Come avrebbe potuto svilupparsi la ricchezza, il benessere generalizzato senza industria leggera? I prezzi delle merci della grande industria sarebbero stati improponibili per gli agricoltori. Per evitare il rischio di una "forbice" del genere (tra prezzi industriali e prezzi agricoli), Lenin pensava di "sostituire il commercio con una distribuzione dei prodotti pianificata e organizzata su scala statale".

Tuttavia, che senso avrebbe avuto per un agricoltore proprietario privato, abituato a vendere le proprie derrate sul mercato, "scambiare" i suoi prodotti con quelli industriali quando poi non avrebbe potuto vendere nulla sul mercato o comunque non a condizioni per lui vantaggiose? Introdurre le macchine in agricoltura significa avere rese maggiori. Le macchine, peraltro, durano parecchio: non avrebbe avuto senso sostituirle molto velocemente. A che pro industrializzare l'agricoltura, quando poi gran parte delle eccedenze non potevano essere vendute, ma dovevano essere consegnate allo Stato? È vero, nel mondo rurale della Russia vi era ancora molta proprietà privata e quindi sfruttamento del lavoro. Ma come avrebbe potuto non apparire una forma di ingiustificato paternalismo il fatto d'impedire lo sviluppo di tali condizioni borghesi favorevoli a un ritorno del capitalismo, servendosi dell'autoritarismo degli organi statali? Che fine avevano fatto i soviet? Erano diventati anch'essi, come i sindacati, uno strumento nelle mani dello Stato?

Al punto 6 parla dell'armamento di tutti gli operai e dei contadini proletari, senza specificare che tale situazione andava considerata provvisoria. È giusto far capire agli sfruttatori che devono aver paura del popolo armato, ma ancora meglio è far capire che la maggiore sicurezza si ottiene quando *tutti* sono disarmati. Né ha senso sostenere che, siccome la nazione potrebbe essere attaccata in qualunque momento dalle nazioni borghesi, il popolo deve restare perennemente armato, o che lo Stato deve impiegare gran parte delle proprie risorse a perfezionare continuamente i propri armamenti, trasformandoli da puramente difensivi a offensivi.

Al punto 7 ribadisce uno dei princìpi fondamentali della Comune di Parigi: *l'unità dei poteri legislativo ed esecutivo*. Nel socialismo chi si fa carico di questa cosa devono essere i soviet. Tuttavia come si possa conciliare questa importante attività con quella del parlamento (o con quella degli organi centrali dello Stato) non viene detto. In effetti, se si riconosce ai soviet, che sono organi locali, un potere del genere, che è della massima importanza, non si capisce fino a che punto siano indispensabili gli organi statali. Qual è la loro funzione? Di indirizzo generale e di coordinamento delle istanze locali o di gestione diretta di tutte le risorse?

La democrazia diretta è incompatibile con quella delegata, meno che mai quando questa si pone in maniera permanente. È notorio che la democrazia diretta può essere esercitata solo a livello *locale-territoriale*, in comunità ristrette. Non ha senso una democrazia diretta a livello nazionale. Quanto più ci si allontana dalla comunità locale, tanto meno forti devono essere i poteri che si esercitano in maniera delegata; oppure, se questi poteri vengono esercitati in tutta la loro pienezza, il mandato ricevuto deve avere una durata molto limitata. Se il socialismo, nella sua fase transitoria, vuol tenere in piedi delle istituzioni parlamentari nazionali, queste devono concepirsi come temporanee, provvisorie, aventi poteri decisionali piuttosto circoscritti (i poteri dovrebbero essere più che altro consultivi). Il mandato del deputato deve avere un peso inversamente proporzionale alla distanza dalla comunità che lo delega, cioè quanto maggiore questa tanto minore quello; non solo, ma il mandato dovrebbe sempre essere specifico, per una questione particolare, trasversale a varie comunità. Ciò in quanto i veri poteri sono soltanto quelli *locali*. Non è possibile che una struttura o ente nazionale o statale, che di per sé è qualcosa di astratto, di burocratico, dica alle comunità locali, radicate da tempo in territori specifici, come bisogna comportarsi là dove esse esistono.

Lenin affronta esplicitamente la questione della democrazia diretta al punto 8. E subito si mette a spiegare d'aver timore che la burocrazia statale possa approfittare del fatto che il proletariato è in guerra contro le forze reazionarie del Paese. Mostra d'essere ben consapevole che la burocrazia è un'arma fondamentale che la borghesia utilizza per tenere i lavoratori sottomessi sul piano amministrativo. E sa anche che in quel momento così drammatico per l'intera nazione non è possibile smantellare lo Stato.

Poiché si rende conto che il problema della burocrazia statale è non meno gravoso di quello della proprietà privata dei mezzi produttivi (non a caso sono strettamente intrecciati), si sente in dovere di affermare, al punto 9, che "ogni membro di un soviet deve compiere assolutamente un determinato lavoro nell'amministrazione dello Stato", un lavoro che "deve variare, in modo da abbracciare tutto il ciclo degli affari relativi all'amministrazione dello Stato, tutte le sue branche"; anzi, "si deve invitare tutta la popolazione lavoratrice a partecipare in modo autonomo all'amministrazione dello Stato".

Questo punto è poco chiaro, anche perché sembra essere affetto dal solito paternalismo moralistico di chi vuol scongiurare i difetti di una democrazia, forzatamente immatura, con mezzi inadeguati. Oltre al lavoro in fabbrica, un operaio avrebbe dovuto compiere un lavoro amministrativo? Supponendo che i lavori amministrativi vengano fatti da lavoratori non impegnati in fabbrica, è possibile (è realistico) passare da un'amministrazione all'altra con relativa disinvoltura? Non ci vuole forse un certo tempo per acquisire delle competenze? E che senso ha, una volta che sono state acquisite, essere trasferiti in altra amministrazione?

Lenin teme fortemente il potere della burocrazia, ma siccome non vuole, in quel momento così drammatico, smantellare lo Stato, non sa bene come fare. Propone una cosa (la rotazione degli incarichi e l'assegnazione di tali incarichi a un personale non specializzato) che ha il sapore di una mezza misura, una toppa nuova su un vestito vecchio. Sembra, stranamente, non capire che nell'ambito della democrazia diretta e dell'autogestione della comunità locale, la burocrazia è ridotta al minimo, non avendo alcuna rilevanza nazionale. È semplicemente la burocrazia che riguarda l'amministrazione delle cose locali. L'amministrazione delle persone dovrebbe essere simile a quella che un tempo esercitavano le parrocchie: nascite, morti, matrimoni. A ciò si possono aggiungere i contratti, le eredità, i confini territoriali, le sanzioni, i titoli di studio e cose del genere, validi sul piano giuridico o amministrativo o statistico.

Il punto 10, nella sua prima parte, vuole essere riassuntivo delle cose dette in precedenza, ribadendo che lo Stato va considerato al servizio della popolazione nazionale (e non il contrario, come nelle democrazie liberali, dove una classe, quella borghese, usa lo Stato come un proprio strumento di dominio).

Poi prosegue in ulteriori tre parti, diverse tra loro: la questione nazionale, la politica religiosa e quella scolastica. La **questione nazionale**, in un Paese plurinazionale come l'ex impero zarista, era ovviamente molto importante, in quanto i cosiddetti "grandi russi" volevano esercitare una certa egemonia su tutte le altre nazionalità. Lenin esige che la Russia socialista sia un Paese federato, in cui tutte le nazionalità, tutte le etnie dovranno considerarsi pariteticamente.

Inutile però ricordare che là dove esiste uno Stato centralizzato e un'unica capitale della nazione, è impossibile garantire l'uguaglianza delle nazionalità. Infatti sotto lo stalinismo non si riuscì mai a farlo. L'uguaglianza può esistere solo se si elimina qualunque "segno distintivo" che possa essere utilizzato per indicare la maggiore importanza di una nazionalità (o etnia) rispetto a un'altra. È illusorio pensare di poter risolvere l'ineguaglianza limitandosi ad "aiutare" le nazionalità (o etnie) più arretrate culturalmente o più svantaggiate economicamente. I concetti di "arretratezza" o di "svantaggio" vanno totalmente ripensati, soprattutto in considerazione del fatto che i termini di paragone non possono essere l'urbanizzazione e l'industrializzazione. Una nazionalità deve decidere per suo conto come vivere la propria esistenza. Non può sentirsi obbligata a ricevere dall'esterno i criteri relativi al proprio sviluppo. Lo stesso concetto di "sviluppo" va profondamente rivisto. Parlare di "nazioni arretrate e deboli", dando per scontato che il modello da seguire sia l'industrializzazione urbana, significa negare, *ipso facto*, sul piano dei princìpi l'uguaglianza federativa che si vorrebbe realizzare.

Riguardo alla **politica religiosa** Lenin ribadisce che non ci si può limitare alla separazione giuridico-istituzionale tra Stato e Chiesa (o meglio Stato e "Chiese", in quanto la Russia era già sotto lo zarismo un impero pluriconfessionale), la quale comunque implica anche quella tra Chiesa e scuola. Lo dice in via preliminare, poiché sa benissimo che anche la democrazia borghese avrebbe voluto realizzare queste cose, senza però riuscirvi a causa dei limiti strutturali della proprietà privata dei mezzi produttivi, che è una realtà impopolare per definizione.

Altrove Lenin aveva detto che compito del partito comunista, non dello Stato, è quello di educare la popolazione all'ateismo scientifico, per cui è sbagliato sostenere che il partito deve restare indifferente alle questioni religiose, al pari dello Stato, che mette tutte le religioni sullo stesso piano giuridico e le subordina alle istanze della laicità (come comportamento generale del cittadino). I pregiudizi vanno combattuti, non ci si può limitare a sopportarli, in attesa che scompaiano da soli quando il socialismo economico sarà pienamente realizzato.

L'importante – prosegue Lenin con tatto pedagogico – è che, nel fare propaganda dell'ateismo, il partito eviti di "offendere i sentimenti dei credenti", per non crearsi dei nemici in più. A ciò si può aggiungere che il partito non deve utilizzare lo Stato per fare propaganda dell'ateismo. Uno Stato ateo è necessariamente ideologico, e questa caratterizzazione paradossalmente "confessionale", considerando che è un organismo burocratico-amministrativo, destinato a estinguersi nel socialismo maturo, non ha davvero alcun senso. È sufficiente che lo Stato si ponga in maniera "laica", che è una forma di ateismo implicito, indiretto, non dichiarato. Un credente può sentirsi tale nei confronti della propria confessione, ma deve comportarsi come "laico" nei confronti dello Stato, proprio perché lo Stato socialista non può essere confessionale.

L'insegnamento della religione può essere presente nella scuola statale? Evidentemente no. Al massimo si può tollerare un insegnamento "sulla" religione, come fenomeno storico-culturale da spiegarsi in maniera laico-razionale.

Ma la vera domanda è un'altra: in presenza di una democrazia diretta ha ancora senso parlare di una "scuola statale"? La scuola dovrebbe essere "pubblica" (pagata con le tasse di tutti i cittadini, essendo un servizio collettivo), cioè non privata (quella per chi se la può permettere), né statale (altrimenti si rischia di trasformare lo Stato in una nuova "chiesa"). Una scuola pubblica, nell'ambito del socialismo, dovrebbe essere gestita dalla *comunità locale*. Solo questa comunità può decidere che tipo di insegnamento impartire nelle proprie scuole.

Lenin voleva statalizzare l'insegnamento, sottraendolo all'influenza della Chiesa e delle classi sfruttatrici del lavoro altrui, ma è evidente che questa soluzione era in contrasto con l'idea di eliminare progressivamente le funzioni dello Stato a vantaggio dell'autonomia della società civile. Trasformare una soluzione temporanea in una permanente di questo tipo significa fare del paternalismo autoritario, un difetto che rende incapaci di avere fiducia nella popolazione (cosa che lo stalinismo erigerà a "sistema").

Il terzo aspetto riguarda appunto la *scuola statale*, globalmente intesa. Al primo punto Lenin mette "l'istruzione generale e politecnica, che fornisca i fondamenti teorici e pratici delle principali branche della produzione". Lenin voleva una scuola funzionale alle esigenze produttive della nazione, cioè voleva la fine della separazione tra teoria e pratica, tra scuola e mondo del lavoro. Voleva uno "stretto legame tra l'insegnamento e il lavoro socialmente produttivo". Oggi avremmo detto, in riferimento alla situazione italiana, che voleva una grande diffusione degli istituti tecnici e professionali a scapito di quelli liceali. Come dargli torto? Un Paese da ricostruire completamente, su basi del tutto diverse, avrebbe considerato i licei un lusso che non poteva permettersi.

Forse per questo Lenin chiedeva che alla formazione educativa e scolastica dei giovani partecipasse l'intera cittadinanza, non solo il corpo docente. Una grande idea, questa, che farebbe uscire la scuola dal suo storico isolamento. In nome della "formazione permanente" tutti, nessuno escluso, avrebbero dovuto sentirsi, in momenti diversi, docenti e discenti.

Lenin aveva forse una concezione troppo strumentale dell'istruzione pubblica? Oppure aveva capito come combattere il nozionismo astratto? Di sicuro non era affatto avverso alla formazione di una cultura superiore.

*

Vediamo ora il **Progetto di Programma del Pcr**, del 25 febbraio 1919.

Il *Progetto* ha un respiro più internazionalista dell'*Abbozzo*, forse perché si parla di inizi rivoluzionari anche in Austria-Ungheria e in Germania. In tal modo Lenin può giustificare meglio l'idea di rendere possibile il socialismo in un Paese economicamente arretrato come la Russia, contraddicendo la tesi marxista dominante, secondo cui il socialismo si sarebbe potuto sviluppare solo *dopo* l'esaurimento della spinta propulsiva del capitalismo, cioè solo quando le contraddizioni fossero venute a piena maturazione. Tutti infatti si chiedevano come fosse possibile realizzare un socialismo basato sull'industria e quindi su una vasta presenza della classe operaia, quando questa in Russia era un'esigua minoranza rispetto all'insieme dei lavoratori.

Lenin invece voleva saltare, in virtù della coscienza soggettiva dell'avanguardia dei lavoratori, le tappe dell'evoluzione oggettiva. E aveva ragione. Non c'era bisogno di aspettare una sviluppo delle "sofferenze" dovuto allo sfruttamento del lavoro, quando la stessa rivoluzione industriale si sarebbe potuta fare in assenza di proprietà privata. La sua parola d'ordine era "socialismo + elettrificazione".

Strano che qui non dica nulla del fatto che l'impetuoso sviluppo della tecnologia era strettamente correlato a quello della proprietà privata dei mezzi produttivi, dei mercati, del denaro, e ovviamente di una nuova classe sociale, la borghesia, che si serviva dello strumento del contratto per sfruttare il lavoro di persone giuridicamente libere.

Nell'ambito di una statalizzazione del socialismo non può esserci sviluppo dell'industria leggera, ma solo di quella pesante, imposta a tutta la società. Nell'attuale Cina è potuto avvenire lo sviluppo dell'industria leggera semplicemente perché il partito-stato ha permesso, bonariamente, il formarsi del capitalismo nell'ambito della società civile, riservandosi la gestione esclusiva di tutti i poteri politici e amministrativi.

Lenin si sente in dovere di spiegare che nella Russia arretrata gli operai han potuto fare la rivoluzione politica grazie "all'aiuto dei contadini più poveri e del semiproletariato". Ma non arriverà mai a dire che la vita rurale, una volta socializzata la proprietà, avrebbe dovuto avere un'importanza maggiore delle città industrializzate. Non arriverà mai a capire che per il ritorno al *comunismo primitivo* l'industria sviluppatasi sotto il capitalismo, preposta a saccheggiare le risorse naturali e a inquinare l'ambiente, è tutto meno che utile, anzi va considerata molto pericolosa, da ridursi al minimo.

I punti 2 e 3 sembrano essere scritti da un sognatore, sia perché non si può parlare con sicurezza di una transizione "inevitabile" dal capitalismo al socialismo; sia perché è una forzatura affermare che "l'imperialismo accelera il crollo del capitalismo". Che senso aveva dire cose del genere quando prima della guerra tutti i partiti socialisti avevano votato a favore dei crediti imperialistici delle loro rispettive nazioni colonialistiche e persino i crediti militari per permettere lo scoppio della guerra mondiale? E che dire del fatto che durante la guerra nessuno di loro aveva accettato la sua proposta di trasformare la guerra imperialistica in guerra civile per abbattere i rispettivi governi nazionali? Proprio la rivoluzione bolscevica aveva dimostrato che, pur in presenza in tutta Europa delle condizioni oggettive per ribaltare il sistema, solo in Russia ciò era potuto avvenire con successo. Il fattore soggettivo era stato determinante in ultima istanza.

A partire dal punto 4 sino al numero 11 Lenin non fa che riportare il precedente Programma del suo partito, cercando di mostrare una evidente coerenza nell'analisi delle dinamiche del capitalismo. In questi punti si condanna l'idea di vivere sfruttando il lavoro altrui, cioè il fatto di potersi avvalere di una proprietà privata per obbligare la stragrande maggioranza delle persone a vendere la propria forza-lavoro.

Si constata inoltre che la grande produzione (i monopoli) tende a eliminare i piccoli produttori indipendenti. E che lo sviluppo della tecnologia è così impetuoso che gli imprenditori non si fanno scrupoli a utilizzare le donne e i bambini. Tale sviluppo porta ad aumentare enormemente la quantità di merci sui mercati, che però restano per gran parte invendute, generando crisi di sovrapproduzione. I salari, infatti, per acquistarle sono troppo esigui. Sicché la rivalità delle nazioni borghesi per la conquista delle colonie è molto forte.

È proprio lo sviluppo incontrollato della tecnologia che acuisce il divario tra produzione e consumo, che è la fondamentale antinomia tra capitale e lavoro. D'altra parte è la stessa industria che crea un proletariato in grado di svolgere qualunque tipo di lavoro e quindi di sostituirsi alla borghesia. Socialismo altro non vuol dire che rimuovere l'anarchia produttiva, lo sfruttamento del lavoro, la presenza della proprietà privata, la differenza tra i ceti o tra le classi sociali, al fine di organizzare la produzione in maniera razionale, pianificata, in modo da soddisfare le esigenze di tutti. Per ottenere ciò occorre che il proletariato, una volta conquistato il potere politico, se ne serva per reprimere gli sfruttatori.

Difficile qui non vedere che una certa idea di *evoluzionismo sociale* dominava anche nell'ideologia leninista, benché questa non avesse i limiti del socialismo riformistico. Sembra che lo sviluppo tecnico-scientifico dell'Europa occidentale (trasmesso agli Stati Uniti e al Giappone) sia stato, a quel tempo, un motivo sufficiente per considerare il socialismo una diretta prosecuzione del capitalismo, fatta salva, ovviamente, la questione della proprietà privata. Oggi diremmo che i disastri ambientali della seconda metà del Novecento si sono preoccupati di mettere in discussione questa ingenua interpretazione dei processi storici, per non parlare del fatto che qualunque esperienza "statalistica" del socialismo è destinata a un sicuro fallimento.

I punti che vanno dal 12 al 18 sono una breve caratterizzazione dell'imperialismo e una denuncia della politica riformistica dei partiti socialisti europei. D'altra parte cosa avrebbe dovuto fare il socialismo europeo? Là dove esiste un diffuso benessere, per quale motivo desiderare di compiere una rivoluzione politica? Chiunque avrebbe potuto dire che tale rivoluzione si era resa necessaria in un Paese come la Russia, proprio a motivo della sua arretratezza. Oppure chiunque avrebbe potuto dire che in un Paese arretrato come quello sarebbe stata sufficiente la rivoluzione borghese del febbraio 1917: che bisogno c'era di compierne un'altra di tipo socialista? In entrambi i casi il socialismo europeo si rifiutava ostinatamente di mettere in relazione il benessere dei Paesi occidentali con lo sfruttamento coloniale dei Paesi tecnologicamente arretrati.

In sintesi, il *Progetto di programma del Pcr* si riduce a poche indicazioni di massima, cioè a enunciati di principio, che di programmatico non hanno quasi nulla. In pratica, mentre nella parte iniziale dello scritto Lenin sostiene l'inevitabilità del passaggio dal capitalismo al socialismo, oltre alla tesi che l'imperialismo è la fase suprema del capitalismo, l'anticamera del suo definitivo crollo, alla fine è costretto ad ammettere che il socialismo europeo non è assolutamente preparato ad abbattere il sistema. E questo perché, proprio in forza dell'imperialismo, i capitalisti occidentali sono stati in grado di corrompere, con alti salari e stipendi, buona parte del proletariato industriale e dei politici e dei sindacalisti che lo rappresentano in parlamento e nelle aziende.

Dunque, finché esiste sfruttamento delle colonie, la realizzazione del socialismo sembra essere diventata molto difficile, quasi impossibile. In Russia era stata possibile forse perché non esisteva un elevato sfruttamento delle colonie interne all'ex impero zarista, quando la Russia europea sfruttava la sua area asiatica (siberiana).

Tuttavia Lenin non arriva a dire che, visto che la rivoluzione bolscevica è stata compiuta in un Paese molto arretrato, la stessa cosa potrebbe accadere anche nelle colonie. In quel momento vedeva le colonie ancora troppo arretrate (culturalmente e materialmente) per compiere una rivoluzione comunista. Eppure molte di queste colonie erano più vicine al comunismo primitivo della stessa Russia: avevano una memoria storica da salvaguardare. Tant'è che nel Novecento tutte le rivoluzioni comuniste sono avvenute al di fuori dei territori dei tre poli dell'imperialismo mondiale: Stati Uniti, Europa occidentale e Giappone. Quindi l'unica speranza che possiamo avere di veder realizzato il socialismo, dobbiamo rivolgerla ai Paesi colonizzati. Il socialismo occidentale è troppo colluso con la borghesia: è opportunistico, revisionistico, sciovinistico... È tutto meno che vero socialismo.

La rivolta di Kronstadt

Il 28 febbraio 1921 scoppiò in Russia la rivolta controrivoluzionaria di Kronštadt, preparata dagli sforzi congiunti della controrivoluzione interna e degli imperialisti stranieri. A metà maggio del 1919 la flotta inglese del Baltico aveva già iniziato ad appoggiare l'avanzata di uno dei principali leader della controrivoluzione nella Russia nord-occidentale, il generale Nikolaj Judenič, che, dopo aver rotto il fronte della VII Armata Rossa, puntava su Pietrogrado.

La squadra dell'ammiraglio inglese Cohen, formata da 12 incrociatori, 20 torpediniere, 12 sommergibili e da altre navi da guerra e ausiliarie, era penetrata nelle acque territoriali sovietiche. Nei reparti della VII Armata, sulle navi della flotta del Baltico, a Kronstadt e nella stessa Pietrogrado vi erano molte spie straniere e cospiratori.

Mentre infuriavano le battaglie, gli agenti degli imperialisti provocarono rivolte nei forti "Krasnaja gorka" e "Seraja lošad". Nei quartieri borghesi di Pietrogrado gli ex-possidenti, i capitalisti, migliaia di ufficiali "bianchi" aspettavano soltanto il segnale per scatenare l'insurrezione armata.

Si era in piena guerra civile e, nonostante le vittorie dell'Armata Rossa contro i Bianchi e le truppe di Stati Uniti, Francia e Inghilterra, ancora molto restava da fare, soprattutto nella Russia asiatica. La disfatta delle armate di Aleksandr V. Kolčak e lo svilupparsi di un forte movimento partigiano, avevano obbligato gli imperialisti stranieri, nell'aprile 1920, a spostarsi verso la Siberia e l'Estremo oriente, dove erano penetrati in Russia anche gli aggressori nipponici.

Alla fine del 1920 le guardie bianche sembravano irrimediabilmente sconfitte, ma con l'aiuto dei giapponesi si riorganizzarono in Mongolia, dove con un'armata di 10.000 soldati al comando del barone Roman N. von Ungern-Sternberg speravano d'invadere il territorio del Bajkal, separando la Repubblica dell'Estremo oriente (uno Stato cuscinetto creato dai bolscevichi per evitare la guerra contro il Giappone) dalla Russia sovietica. Ma l'Armata Rossa e l'Esercito popolare mongolo ebbero la meglio nell'estate del 1921, sicché l'armata bianca del generale Viktorin M. Molchanov, sostenuto dai giapponesi, tentò l'ultima sortita, nel novembre successivo, contro la Repubblica dell'Estremo oriente. In due grandi battaglie, nel febbraio del 1922 (a Volociaevsk) e nell'ottobre successivo (a Spassk), non solo vennero fatti fuori i Bianchi ma anche i giapponesi che li aiutavano, sicché i bolscevichi poterono definitivamente liberare i territori litoranei, concludendo la guerra civile.

Nel bel mezzo di questa guerra civile scoppiò l'insurrezione dei marinai a Kronstadt. I giornali francesi, precedendo gli avvenimenti, avevano dato notizia dell'insurrezione contro il potere sovietico a Kronstadt ben due settimane prima ch'essa iniziasse. Un ruolo attivo nella preparazione della rivolta l'avevano avuto gli emigrati controrivoluzionari. Infatti nel gennaio 1921 si era tenuta a Parigi una riunione di ex-membri dell'Assemblea Costituente con la partecipazione di irriducibili nemici del potere sovietico, come Miljukov, Konovalov, Rodičev, Kerenskij e altri. Nel corso di questa riunione venne creato un "blocco di senza partito" per preparare l'insurrezione controrivoluzionaria e venne elaborata la tattica del prossimo attacco. Agli inizi della rivolta giunsero in Estonia e in Finlandia folti gruppi di Guardie Bianche, assieme al capo dei controrivoluzionari, Černov.

La situazione economica della Russia era in sfacelo. All'inizio del 1921 la produzione della grande industria era cinque volte inferiore rispetto all'inizio della guerra: il numero degli operai era sceso da 2.555.000 nel 1913 a 1.400.000. L'inattività dei grandi stabilimenti e la fame spingevano gli operai nelle campagne. Erano stati distrutti i settori industriali dei combustibili, della metallurgia, della meccanica. La produzione dei tessuti di cotone era diminuita di 20 volte, di 12 volte quella dello zucchero, di 3,5 volte l'estrazione del sale... La produzione agricola non raggiungeva il 60% di quella anteguerra. I contadini rappresentavano ancora l'80% dei lavoratori del paese, ma erano liberi e proprietari delle loro terre grazie alla rivoluzione. Il numero delle aziende dei kulak (contadini ricchi) era diminuito di tre volte. Circa 2.000.000 di latifondisti e capitalisti agrari erano emigrati all'estero. Tuttavia i contadini rimasti in patria mal sopportavano i prelevamenti delle eccedenze alimentari a causa della guerra civile: volevano disporre del surplus per scambiarlo con prodotti industriali, anche perché nel 1920 c'era stata una forte carestia.

Di questo malcontento generale approfittarono subito i menscevichi, il partito dei cadetti, i socialisti-rivoluzionari di destra, i capi delle guardie bianche rifugiatisi all'estero. E cominciarono a organizzare delle rivolte in varie parti del Paese, tra cui appunto Kronstadt, la fortezza della marina da guerra vicino a Pietrogrado. Gli anarchici giocarono un ruolo decisivo nel promuovere la rivolta e nel disegnare i tratti del programma dei rivoltosi, ma nel Soviet di Kronstadt essi erano minoritari, poiché la maggioranza era nelle mani dei socialisti rivoluzionari massimalisti e dei menscevichi internazionalisti.

Il carattere non pienamente anarchico della rivolta si legge nei 15 punti del proclama dei rivoltosi, secondo i quali s'intendeva realizzare una forma di governo che, sia pur improntata al trasferimento del potere verso il basso, alla democrazia diretta e al federalismo, non conteneva alcun riferimento esplicito a forme di socializzazione della produzione e della vita civile, che è invece un tratto caratteristico di una costruzione pienamente anarchica.

I rivoltosi di Kronstadt, aiutati dalla borghesia russa e straniera, dai menscevichi e dai socialisti-rivoluzionari di destra, non osarono chiedere apertamente l'abbattimento del potere sovietico: essi comprendevano che le masse lavoratrici consideravano i soviet organi veramente popolari e non sarebbero andati contro di loro. Miravano invece a destabilizzare il potere sovietico dall'interno, rivolgendo l'attacco contro la forza dirigente dello Stato sovietico, il partito comunista. La loro parola d'ordine "Il potere ai soviet e non ai partiti!" era stata formulata anch'essa nella riunione di Parigi.

Che Kronštadt fosse nel mirino dei Bianchi è testimoniato anche da un segretissimo *Memorandum sulla organizzazione di una rivolta a Kronštadt*, frutto dell'attività del Centro Nazionale dell'emigrazione russa con sede a Parigi. È in questo *Memorandum* che la borghesia, scalzata dal potere, riponeva, intorno alla primavera del 1921, le speranza di un'imminente rivolta dei marinai da sostenere con tutti i mezzi, affinché si estendesse a Pietrogrado e a tutta la Russia, ponendo fine al potere bolscevico.

Sembra che i marinai di Kronštadt non fossero in collegamento con l'emigrazione russa e tanto meno con i Bianchi, almeno non prima della rivolta, ma è certo che il maggior esponente del Comitato Rivoluzionario Provvisorio, il sottufficiale S. M. Petrichenko, ucraino, oltre a fuggire in Finlandia all'ultimo minuto, lasciando soli gli insorti, in seguito pensò che un rivoluzionario vero come lui era perfetto per arruolarsi come volontario tra le Armate Bianche del Generale Wrangel.[22]

Quest'ultimo, dopo la sconfitta in Crimea nel novembre 1920, era fuggito in Turchia con svariate migliaia di combattenti bianchi, esperti veterani della guerra civile, e da lì a poco avrebbe fondato l'Unione Militare di tutte le Russie, un'organizzazione finanziata da Francia e Gran Bretagna, che aveva l'obiettivo esplicito di infiltrarsi in Unione Sovietica per riavviare la guerra civile. In effetti, se, approfittando della confusione susseguente alla rivolta dei marinai, un corpo di spedizione bianco fosse riuscito a creare una testa di ponte a Kronštadt, collegandosi con le sacche di resistenza bianche ancora in piedi, allora la guerra civile sarebbe potuta durare molto a lungo, con ulteriori grandi sofferenze per la popo-

---

[22] Successivamente verrà assunto dalla GPU di Stalin e sarà uno dei suoi agenti fino al 1944, quando fu arrestato dalle autorità della Finlandia. L'anno dopo morì in un campo di concentramento finlandese.

lazione civile in tutto il Paese.

L'ex primo ministro zarista e ministro delle finanze e, una volta emigrato, direttore della Banca di Russia a Parigi, Kokovzev, trasferì 225.000 franchi ai ribelli di Kronštadt. La banca russoasiatica trasferì loro 200.000 franchi. Il primo ministro francese Briand, durante l'incontro con l'ex ambasciatore del governo Kerenskij, Malachov, promise qualunque aiuto necessario. I controrivoluzionari miravano ad attirare dalla loro parte molti marinai di Kronštadt, compresi gli equipaggi delle navi "Petropavlovsk" e "Sebastopoli". La flotta del Baltico contava allora oltre 100 mila uomini di equipaggio e 690 navi da combattimento e ausiliarie.

In questo periodo la composizione sociale della flotta del Baltico era mutata. La massa principale degli operai era formata da ex-contadini e in molti di essi si rifletteva il malcontento per la politica del comunismo di guerra. Numerosi marinai di Kronštadt raccontarono di essersi uniti alla rivolta perché scandalizzati dalle condizioni di miseria assoluta in cui versavano le loro famiglie e le loro città, quando tornavano a casa per periodi di licenza.

L'organizzazione bolscevica di Kronštadt era comunque debole, le sue forze migliori erano cadute nelle battaglie della rivoluzione: non dimentichiamo che il soviet di Kronštadt era stato rappresentato da I. P. Flerovskij presso il Comitato Centrale che preparò l'insurrezione armata dei bolscevichi contro il Palazzo d'Inverno nell'Ottobre 1917. La maggioranza dei marinai era stata pronta a sostenere decisamente gli operai della capitale. Ora invece fra i marinai vi erano molti socialrivoluzionari e menscevichi, che svolgevano attività sovversiva.

Appena iniziata la ribellione, i rivoltosi elessero un "Comitato rivoluzionario" presieduto dal socialrivoluzionario di sinistra Petričenko, ma chi comandava di fatto a Kronštadt era il responsabile dell'artiglieria, l'ex-generale zarista Kozlovskij. Kronštadt chiedeva liberi soviet, libertà di parola e di stampa per i rivoluzionari di tutti i colori, libertà per i contadini sulle loro terre come per gli artigiani senza salariati, rilascio dei prigionieri politici socialisti, riduzione drastica del potere della Čeka, fine degli sbarramenti, delle razioni per gli operai e fine del "terribile" taylorismo. Senza concedere nulla ai liberi Soviet senza partiti, i bolscevichi tolsero gli sbarramenti a Pietrogrado e aumentarono le razioni per gli operai, ma Kronštadt le prese per elemosina e dichiarò guerra al governo.

Se si leggono le loro "Izvestija", quello che colpisce non sono le loro modestissime richieste, lamentele e proteste, ma la pressoché assoluta mancanza di comprensione per le attenuanti che avrebbero dovuto riconoscere ai bolscevichi. Tutto il male della Russia viene scaricato sul partito bolscevico, praticamente senza alcun accenno alle Armate Bianche e agli eserciti dell'Intesa che l'avevano invasa per schiacciare la rivoluzione.

La rivolta di Kronstadt e altre azioni controrivoluzionarie generarono titubanze tra gli elementi instabili del partito. Trotzky, ad es., profetizzò la fine del potere sovietico, dichiarando che "il cuculo ha già cantato", anche se poi ammise, in forma autocritica, che se la NEP fosse stata introdotta qualche mese prima e le requisizioni alimentari fossero terminate prima, forse la rivolta di Kronštadt non vi sarebbe stata.

Il governo sovietico voleva evitare uno spargimento di sangue e invitò a Kronštadt il presidente del Comitato Esecutivo Centrale, Kalinin. Il 1° marzo egli parlò a un comizio convocato sulla piazza della nave Ancora e cercò di spiegare ai marinai ch'erano stati ingannati. Ma i marinai, fuorviati dalla propaganda ostile, non ascoltarono l'appello del governo.

A dir il vero all'interno di Kronštadt dominavano scontri tra i vecchi marinai rivoluzionari e le nuove reclute che venivano dalla campagna e dalle famiglie piccolo borghesi: lo conferma il fatto che alcune navi dichiararono la loro neutralità, mentre altre si mossero contro i ribelli. Non solo, ma parecchi marinai ribelli e soldati, che volevano passare dalla parte dei bolscevichi, non lo fecero per paura dei loro comandanti.

Da notare che il vero comando dei ribelli era concentrato non nel sovict di Kronštadt, ma nel cosiddetto "Consiglio per la difesa della fortezza di Kronštadt". Uno dei suoi leader era l'ammiraglio S. H. Dmitriev (che fu ucciso per esecuzione dopo la caduta della fortezza); l'altro era il generale A. H. Koslowsky, che fuggì poi in Finlandia. Entrambi questi alti ufficiali erano molto lontani dall'avere una qualunque simpatia per il socialismo, con o senza bolscevichi.

Ad un certo punto il governo sovietico ordinò all'Armata Rossa di liquidare il movimento controrivoluzionario di Kronštadt. All'assalto della fortezza parteciparono i reparti dell'Armata Rossa al comando di M. Tukhacevskij e 300 delegati del X Congresso del partito, diretti da Kliment E. Vorošilov.

Ben presto fu evidente che gli organizzatori della rivolta non avevano una solida base: i marinai a poco a poco capirono che erano stati ingannati dai controrivoluzionari e cominciarono a passare dalla parte del potere sovietico. Durante l'attacco i lavoratori della città si mossero contro i ribelli e liberarono la città anche prima che le forze principali dell'Armata Rossa arrivassero. Quindi in realtà quel che successe non fu una ribellione dei lavoratori e dei marinai contro il bolscevismo, ma un'insurrezione dei lavoratori e dei marinai contro i "ribelli"!

Il 16-18 marzo l'Armata Rossa s'impossessò dell'intera fortezza e della città. Per domare Kronštadt i bolscevichi furono costretti a muoversi sul ghiaccio del golfo di Finlandia, tra bombe e spari che lo aprivano inghiottendosene parecchi. Per conquistarla, tra morti e feriti, caddero circa 10.000 rossi, compresi una quindicina di delegati del X Congresso. Dalla parte degli insorti morirono 600 persone, oltre un migliaio furono i feriti, e circa 2.500 i prigionieri massacrati poi in massa, tre mesi dopo, a tragedia finita, nelle prigioni di Pietrogrado (compresi quelli che fin da subito si arresero all'Armata Rossa).

La rivolta comunque affrettò la decisione di passare a una Nuova Politica Economica, di cui Lenin fu il principale artefice.

Il trattato di Brest-Litovsk

Le trattative per realizzare un armistizio tra la Russia e gli Imperi centrali (Germania, Austria-Ungheria, Bulgaria e Impero Ottomano) iniziarono alla fine del novembre 1917, quindi circa un mese dopo aver compiuto la rivoluzione. Tutti i tentativi per intavolare trattative di pace con Inghilterra, Francia, Italia e Stati Uniti e altri paesi ancora erano falliti. L'Intesa aveva un'unica intenzione: isolare la Russia bolscevica e restaurare il vecchio regime, finanziando le truppe dei generali Kaledin, Kornilov e Krasnov. Le navi da guerra inglesi erano già nei pressi di Arcangelo e di Murmansk; quelle americane e giapponesi facevano rotta su Vladivostok.

L'armistizio, inizialmente, comprendeva due clausole alquanto singolari, che difficilmente i prussiani, in quel momento ancora in guerra, avrebbero potuto accettare: la prima prevedeva il permesso alla fraternizzazione tra gli eserciti nelle trincee opposte e la circolazione della propaganda bolscevica; la seconda impegnava i generali tedeschi e austriaci a non spostare truppe dal fronte russo al fronte francese. La seconda clausola serviva a combattere le menzogne che venivano propagandate fra gli operai e i soldati francesi e inglesi, secondo cui i bolscevichi, andati al potere "con l'oro del Kaiser", stavano contraccambiando e aiutavano la Germania, permettendole di concentrare tutte le armate sul fronte occidentale. Viceversa, con quella clausola sarebbe stato chiaro a tutti che i bolscevichi non stavano aiutando la Germania in nessun modo, né diretto né indiretto.

Nel primo giro di consultazioni amichevoli i tedeschi accettarono formalmente la pace senza annessioni né riparazioni, ma pretendevano che la Polonia e la Lituania fossero sotto tutela tedesca, cioè chiedevano l'annessione alla Germania di 18 provincie dello Stato russo.

Nel secondo giro di trattative, Trotsky impose la fine delle relazioni amichevoli fra le due delegazioni, allo scopo di prendere tempo, usando le consultazioni per propagandare al mondo le idee del bolscevismo, nella convinzione che la rivoluzione stesse per scoppiare anche in Germania e in Austria. In effetti il malcontento delle masse tedesche e austriache esplose: il 14 gennaio iniziò lo sciopero generale a Vienna, che si allargherà presto a tutta l'Austria; poco dopo seguì il gigantesco ammutinamento dei marinai della flotta austriaca a Cattaro (nell'attuale Montenegro), nonché lo sciopero generale in Germania, che a fine mese contava 4 milioni di scioperanti.

Per questa ragione e anche per poter ottenere dalla Russia quanto più grano possibile gli Imperi centrali volevano firmare subito la pace (in Austria-Ungheria si sapeva che le provviste sarebbero bastate solo fino a marzo). Alla fine, stanchi delle trattative, i tedeschi posero un ultimatum: accettare le condizioni tedesche o continuare la guerra.

Durante il dibattito nel comitato centrale del partito bolscevico si delinearono tre posizioni. I cosiddetti "comunisti di sinistra", guidati da Bucharin, proponevano di respingere il diktat tedesco e di iniziare una guerra rivoluzionaria contro la Germania. Contrari alla pace separata erano anche. Fuori dal partito, i menscevichi e i socialisti-rivoluzionari, che speravano in una *débâcle* del governo.

Lenin invece era ben consapevole che in quel momento, con un esercito zarista del tutto disgregato e senza un nuovo esercito sovietico formato a dovere, la rivoluzione russa sarebbe stata schiacciata dalle baionette tedesche, per cui, secondo lui, bisognava accettare tutte le loro condizioni.

Trotsky, pur condividendo la contrarietà di Lenin sulla guerra rivoluzionaria, non ritenne opportuno cedere di fronte a un ultimatum verbale e avanzò la proposta di dichiarare la fine della guerra senza però firmare la pace. Ciò al fine di dimostrare, nei confronti del proletariato europeo, che non esisteva alcun accordo segreto tra l'imperialismo tedesco e i bolscevichi: era convinto che se i tedeschi non fossero stati in grado di attaccare, a causa delle lotte operaie sul fronte interno, sarebbe stato uno straordinario successo propagandistico per la rivoluzione russa. Non teneva però conto che se i tedeschi avessero attaccato e i sovietici non fossero stati capaci di difendersi, non necessariamente la classe operaia europea sarebbe venuta in loro soccorso. Quando si passò ai voti Bucharin ne ottenne 32, Lenin 15 e Trotsky 16.

La discussione proseguì il giorno dopo. Le sezioni comuniste di Pietrogrado fecero capire ch'erano pronte alla guerra. Dzeržinskij dichiarò che firmare la pace equivaleva a capitolare. Trotsky bollò come irrealistica la possibilità di cominciare in quelle condizioni la guerra rivoluzionaria, per cui chiedeva di rifiutare la pace, ma, nel contempo, di smobilitare l'esercito, per far vedere al proletariato europeo ch'erano i tedeschi ad attaccare. Tuttavia, Zinoviev, Kamenev e Stalin dissero che non c'era alcun movimento rivoluzionario in occidente e che bisognava firmare la pace.

Dal canto suo Lenin continuava a vedere la firma della pace come una semplice esigenza momentanea per difendere una rivoluzione ancora fragile, alle prese con la controrivoluzione, nell'attesa dello sviluppo della rivoluzione in Germania.

Alla fine ebbe la meglio la proposta di Trotsky: "finire la guerra, senza firmare la pace", sicché egli riprese le trattative a Brest-Litovsk. Dichiarò di rifiutare le dure condizioni tedesche e che la Russia considerava finito lo stato di guerra con gli Imperi centrali. Dopodiché abbandonò le trattative. Nel frattempo in Austria e Germania gli scioperi erano finiti, soprattutto grazie al ruolo della socialdemocrazia. Sentendosi nuovamente in una posizione di forza, lo Stato Maggiore tedesco lanciò un ultimatum e annunciò che avrebbe ripreso immediatamente le ostilità.

Al riunione del CC Trotsky chiese di aspettare a richiedere nuove trattative, almeno finché l'offensiva tedesca non si fosse manifestata. Secondo lui c'era assolutamente bisogno che gli operai tedeschi, francesi e inglesi vedessero che l'esercito tedesco attaccava per davvero, entrando in territorio sovietico. A fine riunione Lenin riformulò la sua proposta e la mise ai voti: "Se ci troveremo di fronte a un'offensiva tedesca e non si manifesterà un movimento rivoluzionario in Germania e in Austria, firmeremo la pace?". Su questa mozione votarono a favore quasi tutti.

Contrariamente a quanto pensava Trotsky, secondo cui i tedeschi non avrebbero avuto il "coraggio morale" di attaccare la Russia dopo aver visto smobilitare l'esercito, le truppe tedesche cominciarono a entrare in Ucraina, senza incontrare resistenza e senza che si verificassero nuovi scioperi in Austria e Germania. Questa volta il CC, seppure con una differenza di un solo voto, accettò di firmare la pace: restarono contrari Bucharin, Uritskij, Joffe, Lomov, Krestinskij e Dzeržinskij.

Tuttavia la base comunista non ne voleva sapere. Il CC si dovette riunire di nuovo (Lenin era assente) per discutere la proposta che francesi e inglesi avevano fatto di aiutare la Russia contro i tedeschi. Bucharin e la Sinistra si opposero duramente, dichiarando inammissibile l'aiuto di qualsiasi imperialismo. Trotsky, che durante la riunione annunciò anche le sue dimissioni da commissario del popolo per gli Affari Esteri, fece chiaramente capire che lo Stato sovietico avrebbe dovuto accettare tutti i mezzi possibili per poter armare il proprio esercito rivoluzionario, anche se provenienti dai capitalisti; dal canto loro i bolscevichi non avrebbero rinunciato alla piena indipendenza politica, né avrebbero preso alcun impegno politico verso i governi capitalisti. Questa proposta viene accettata con 6 voti contro 5. Anche Lenin la sostenne mandando un telegramma.

Il trattato di pace di Brest-Litovsk venne comunque firmato il 3 marzo 1918 (Trotsky fu sostituito da Cicerin). Il trattato non solo segnò il ritiro definitivo della Russia dalla prima guerra mondiale, ma previde anche delle condizioni durissime da rispettare: oltre a dover pagare una cospicua indennità di guerra (circa sei miliardi di marchi), la Russia perdeva la Polonia Orientale, la Lituania, la Curlandia, la Livonia, l'Estonia, la Finlandia, l'Ucraina e la Transcaucasia (complessivamente 56 milioni di abitanti, pari al 32% della sua popolazione). Le venivano sottratte anche

1/3 delle sue strade ferrate, il 73% dei minerali ferrosi, l'89% della produzione di carbone e 5.000 fabbriche. Quasi tutti questi territori vennero ceduti alla Germania, che intendeva trasformarli in sue dipendenze economiche e politiche.

Si crearono anche due nuove monarchie: in Lituania e nel Ducato Baltico Unito, dirette da aristocratici tedeschi. In Ucraina, occupata dall'esercito tedesco, si formò un governo fantoccio con la funzione di coprire il prelievo di materie prime e grano necessari per lo sforzo bellico nell'Europa occidentale. In Finlandia, che aveva ottenuto l'indipendenza nell'ottobre 1917, i tedeschi inviarono varie truppe per sostenere una controrivoluzione con cui si riuscì a rovesciare il governo socialdemocratico appoggiato dai bolscevichi. La Bessarabia venne annessa alla Romania, mentre l'Impero Ottomano occupò porzioni di territorio nella regione transcaucasica.

In compenso la Russia, riuscendo a venir fuori dalla guerra, mostrò a tutti i popoli che la pace era possibile. Dopodiché ebbe modo di eliminare la controrivoluzione interna e di prepararsi ad affrontare l'interventismo straniero a partire dal 1918. Sconfitti gli Imperi centrali e rimosso il kaiser Guglielmo II (9 novembre 1918), il trattato fu annullato.

Il rapporto di Lenin con Bogdanov

Aleksandr A. Bogdanov, il cui vero cognome era Malinovskij (1873-1928), fu un politico e un intellettuale bolscevico influente, il primo (aiutato da V. Bazarov e I. Skvortsov-Stepanov) a tradurre in russo *Il Capitale* di Marx, ristampato per decenni nell'Unione Sovietica, sebbene per motivi politici sia stata evitata qualsiasi menzione della partecipazione di Bazarov e Bogdanov alla traduzione (Skvortsov-Stepanov non fu ostracizzato perché stalinista).

Egli fu anche il più importante scrittore di fantascienza russo prima della rivoluzione del 1917. I due romanzi, *La stella rossa* (1908), che ebbe un grande successo editoriale, e *L'ingegner Menni* (1912), furono ambientati sul pianeta Marte, dove fu immaginata una rivoluzione socialista già compiuta da tempo. Vi vengono descritte le varie fasi della vita dell'uomo: educazione, famiglia, alimentazione, vecchiaia, malattia e morte. L'organizzazione armoniosa della società collettivistica è dovuta a una pianificazione efficiente che fonda le proprie decisioni su di un apparato statistico capillare, che registra, mediante segnali elettrici, tutti i dati economici, in entrata e in uscita, e, dopo averli elaborati, indica alle fabbriche le quantità da produrre, ai disoccupati in che fabbrica trovare lavoro, ecc., lasciando comunque ognuno libero di scegliere. Vi sono anche vari accenni alle tecnologie per realizzare trasfusioni di sangue.

Tuttavia la rigida società superindustrializzata sta portando a esaurimento le risorse del pianeta e compromettendo la qualità dell'ambiente, al punto che parte della popolazione vive in città sotterranee. Di qui lo scontro tra due figure che incarnano opposte visioni del socialismo. L'ideologo che impersona una visione rigida e autoritaria, progetta di sterminare la popolazione del vicino e più arretrato pianeta Terra, in cui la rivoluzione non ha ancora vinto, per appropriarsi delle sue risorse, con cui assicurare il futuro del socialismo su Marte. Viceversa, il suo antagonista pensa sia più giusto difendere la diversità delle forme di vita e quindi la possibilità dei terrestri di trovare una propria formula di socialismo.

Il suo *Breve compendio di scienza economica*, del 1897, fu elogiato da Lenin, pur non senza evidenziare le numerose lacune e imprecisioni: era il primo manuale di economia politica specificamente destinato agli operai socialisti. Fu ristampato varie volte sino alla fine degli anni Venti, essendo stato adottato nelle scuole del Posdr. Nel 1899 pubblicò l'opera *Elementi fondamentali di una concezione storica della natura*, di ispirazione nietzschiana.

Nel 1903 aderì al partito bolscevico e rifiutò di parteggiare per i menscevichi quando il Posdr tenne il suo II Congresso in clandestinità tra Bruxelles e Londra, spaccandosi in due correnti. L'anno successivo fece un viaggio in Svizzera dove pubblicò, in collaborazione con gli esuli Lunačarskij e Bazarov, un *Saggio di una concezione realista del mondo*. A Ginevra Bogdanov conobbe Lenin, di cui divenne alleato contro i menscevichi. In quella città Lenin e Bogdanov fondarono nel 1905 la prima rivista bolscevica, "Vperëd" ("Avanti"). Egli invitò a parteciparvi anche Lunačarskij e Bazarov, che Lenin ancora non conosceva. Il primo numero di "Vperëd" fu pubblicato a Genova, grazie all'aiuto economico di M. Gor'kij, contattato da Bogdanov su richiesta di Lenin. Bogdanov era anche membro del Comitato centrale del partito.

Durante la rivoluzione del 1905 Bogdanov rientrò in Russia, dove rappresentò il C.C. nel primo soviet di Pietroburgo. Qui organizzò il III Congresso del Posdr, che si tenne a Londra dal 25 aprile al 10 maggio 1905.[23] In ottobre fondò il primo quotidiano bolscevico, la "Novaja Žizn'" ("Vita nuova"), insieme a Krasin, Rumjancev, Gor'kij, Bazarov, Lunačarskij e Ljadov. In quegli anni Bogdanov, potendo rientrare in Russia, conosceva il paese meglio di Lenin; non solo, ma essendo molto apprezzato dagli operai, era considerato il capo dei bolscevichi.

Nel 1905 la polizia zarista indicava Bogdanov e Lenin come i due rivoluzionari russi "più pericolosi in assoluto". Insieme, uno dalla Russia e l'altro dalla Svizzera, guidarono la neonata frazione dei bolscevichi durante la rivoluzione di quell'anno. Bogdanov divenne rappresentante del primo Soviet dei deputati e degli operai a San Pietroburgo e, con Leonid B. Krasin, organizzò i primi gruppi tecnico-militari del partito.

Quando nel dicembre 1905 fu sciolto il soviet di Pietroburgo,

---

[23] Il C.C. del partito era composto da Lenin, Bogdanov, Leonid Krasin, Dmitrij Postolovskij e Aleksej Rykov. Nel Congresso si decise di emendare il primo articolo dello Statuto del partito, portandolo alla formulazione proposta da Lenin, che richiedeva ai membri del partito la partecipazione attiva a una delle sue organizzazioni, a differenza della formulazione voluta da Julij Martov e approvata nel 1903, che accettava la presenza nel partito di tutti coloro che collaboravano a una delle sue organizzazioni, anche senza farne parte direttamente. Lenin infatti sosteneva la necessità di un partito d'avanguardia, snello e composto di rivoluzionari di professione, prima ancora di avere un'organizzazione vasta e disomogenea. Venne sancita inoltre la nascita di una nuova pubblicazione ufficiale, "Proletarij" ("Il proletario"), alla cui direzione, che coincideva con l'"Ufficio dei comitati della maggioranza", un organo parallelo al C.C., partecipava anche Bogdanov.

Bogdanov fu arrestato. Mentre era in prigione, fu eletto al C.C. dal IV Congresso del Posdr. Liberato nel maggio 1906, raggiunse Lenin in Finlandia, e abitò nella stessa casa del leader bolscevico a Kuokkala presso il confine russo, collaborando con lui a diverse pubblicazioni. In questo periodo Bogdanov faceva da tramite fra il C.C. e i deputati bolscevichi alla II Duma.

La prima opera filosofica, pubblicata fra il 1904 e il 1906, è stata *Empiriomonismo*, in tre volumi. Partendo dalle teorie degli empiriocriticisti Mach e Avenarius, dello studioso del linguaggio Philippe Noirè, eglì tentò una sintesi tra i metodi delle scienze naturali e filosofiche, sviluppatesi dopo Marx ed Engels, e la stessa filosofia ed economia di Marx. Si trattava di una teoria generale della società collettivistica, come sistema proprio dell'età industriale, avendo come obiettivi polemici sia l'individualismo che l'autoritarismo. Attribuiva all'industria il potere d'aver trasformato gli operai da meri esecutori a controllori delle macchine, benché nel capitalismo le decisioni vengano prese solo dagli imprenditori. La costruzione di macchine autoregolantisi costituirà lo stadio finale dell'industrializzazione, che permetterà di minimizzare la differenza fra ingegneri e operai, portando a una società davvero egualitaria. L'esito del collettivismo e dell'uguaglianza sarà la fine della lotta di classe. I temi furono ripresi nella *Scienza della coscienza sociale*, pubblicata nel 1914 e ristampata più volte perché utilizzata come testo nelle scuole di partito.

Il fallimento della rivoluzione del 1905, cui Bogdanov partecipò attivamente, aveva scompaginato le fila del Posdr e di altri partiti eversivi. Negli anni 1907-9 erano state emesse 5.086 condanne a morte, di cui 2.073 eseguite: il numero totale dei condannati politici ai lavori forzati si aggirava sui 10-11.000. Appoggiato dalla maggioranza del partito, fra cui Lunačarskij e Aleksinskij, Bogdanov sosteneva una strategia di forte opposizione alle istituzioni repressive, che consisteva, in particolare, nel boicottare le elezioni per la III Duma, rinunciando al gruppo parlamentare del Posdr e staccandosi completamente dai menscevichi, che cercavano sempre dei compromessi col governo in carica. Ciò ovviamente voleva dire combattere il potere zarista tramite un'organizzazione clandestina che organizzasse una nuova insurrezione. Fu così ch'egli diede vita a un'ala estremista con la quale, alla domanda su che posizione prendere durante la III Duma: entrare in Parlamento attraverso le elezioni per agire dall'interno o continuare così la lotta restando fuori dai confini legali e istituzionali, aveva scelto la seconda opzione.

Lenin invece proponeva di utilizzare non solo le forme clandestine o illegali del partito (rifiutate sempre dai menscevichi), ma anche tutti gli spazi legali rimasti, fra cui appunto i banchi della Duma. Le fazioni radicali di Bogdanov e di altri leader (Lunačarskij, Aleksinskij, Ljadov,

Bazarov ecc.) furono chiamate con vari nomi: "otzovisti", "ultimatisti", "vperiodisti", "liquidatori di sinistra".[24] Esse ebbero inizialmente un certo consenso da parte degli operai, consentendo a Bogdanov di trovarsi di fatto, seppur per un breve periodo, a capo del movimento bolscevico. Tuttavia i tempi per una nuova insurrezione non erano ancora maturi: Lenin aveva visto giusto.

Lo scontro fra la sinistra bolscevica e il resto del Posdr ebbe per oggetto anche la *filosofia della scienza*. Infatti Bogdanov e altri intellettuali a lui vicini pensavano d'integrare la nuova epistemologia empiriocriticista di Ernst Mach e Richard Avenarius nel marxismo, tentando di superare lo schematismo positivistico engelsiano. Contro questo esplicito allontanamento dal marxismo ortodosso Plechanov attaccò Bogdanov ne *La critica dei nostri critici*, accusandolo d'essere un seguace di Mach anziché di Marx. Bogdanov si difese osservando che lui non era più seguace di Mach di quanto lo stesso Plechanov non lo fosse di D'Holbach, con riferimento al testo principale di Plechanov, *La concezione materialistica della storia*.

Quanto a Lenin, al fine di evitare l'equiparazione portata avanti dai menscevichi fra bogdanovismo e bolscevismo, pubblicò nel 1908 il famoso libello *Materialismo ed empiriocriticismo*. Bogdanov rispose con il pamphlet, *Fede e Scienza*, in cui anzitutto contestava la scorrettezza di Lenin che attribuiva a lui e a Mach idee diverse da quelle effettivamente sostenute. Accusava inoltre Lenin di deviazioni para-religiose (il vero oggetto del contendere era la ''teoria del riflesso", che Bogdanov e altri filosofi consideravano una deformazione del marxismo da parte di Plechanov e Lenin). Vedeva in Lenin il rappresentante di un pensiero autoritario, antiscientifico e antidialettico, basato sul dogma e su un attaccamento fideistico alla "verità assoluta", in maniera non diversa dal mistico Berdjaev. Nel 1908-10 Lenin lo fece gradualmente espellere dal partito: dapprima lo allontanò dal Comitato di redazione del "Proletarij", poi dalla Commissione finanziaria del centro bolscevico.

Alla fine del 1909 Bogdanov aveva fondato anche il gruppo Vperëd, che continuò a operare nel Posdr fino all'estate 1917, nonostante la sua definitiva fuoriuscita dal partito nel 1911. Dopo la rivoluzione d'Ottobre molti membri di quel gruppo si troveranno alla guida dell'intera politica culturale sovietica. In esso vi era tutto il pensiero politico di Bogdanov. Dopo il *Che fare?* di Lenin non c'era stato altro dirigente di sinistra che avesse potuto spiegare bene come coordinare l'agitazione e la propa-

---

[24] Gor'kij e Lunačarskij diedero vita anche al gruppo "costruttori di Dio", che vedeva nel socialismo una sorta di religione laica, cosa che Bogdanov non condivideva affatto e tanto meno Lenin.

ganda di un partito rivoluzionario, avanguardia consapevole e organizzata del proletariato.

Dopo il fallimento della rivoluzione del 1905 Bogdanov era arrivato alla conclusione che il proletariato industriale dovesse imparare a dirigere per conto proprio il movimento. Di qui la necessità di formare i quadri del partito, preparare gli operai attivisti, istruire le masse proletarie. E così, nell'agosto 1909, Bogdanov, dopo che con l'aiuto di Gor'kij si era rifugiato in Italia, nell'isola di Capri, decise di fondare con Lunačarskij, Aleksinskij, Pokrovskij, Bazarov, Krasin, Desnickij-Stroev, Vol'skij e Ljadov un sodalizio politico-filosofico, con cui gestire una Scuola superiore socialdemocratica di agitazione, allo scopo di creare quadri permanenti russi di estrazione operaia. I finanziamenti arrivarono da Gor'kij, F. Šaljapin, A. Amfiteatrov e V. Kamenskij, imprenditore russo. Alle lezioni presero parte 15 studenti, 13 provenienti dalla Russia e 2 esiliati, già residenti a Capri, più 13 uditori esterni, ammessi alla sola frequenza. Durerà sino al dicembre 1909: Lenin era riuscito a convincere una parte degli studenti a frequentare la scuola marxista aperta a Parigi. Successivamente (novembre 1910-marzo 1911) il gruppo di Bogdanov aprì una scuola di formazione politica a Bologna, dove insegnò anche Trockji, la Kollontaj e P. Maslov. Lunačarskij prese il posto di Gor'kij nell'insegnamento della Storia della letteratura russa e assunse la direzione della scuola.

In queste scuole veniva richiesto agli operai di scrivere relazioni, articoli di giornale, volantini e di preparare discorsi. Le lezioni pratiche addestravano gli studenti a sviluppare le tecniche della persuasione e i metodi propagandistici per influenzare le masse. Si poneva l'accento sull'impostazione della voce e sulle tecniche di polemica politica. A questo scopo si simulavano vere e proprie campagne elettorali. Gli insegnanti assumevano le posizioni dei diversi partiti politici russi, mentre gli operai recitavano il ruolo dei bolscevichi. L'alto livello intellettuale del corpo docente e il programma ambizioso che si erano proposti di sviluppare creava non poche difficoltà agli allievi.

A Capri Gor'kij aveva cercato di riconciliare Lenin coi "bolscevichi di sinistra", ma le posizioni dei due gruppi si mostrarono così inconciliabili che il terreno di scontro politico-tattico aveva invaso anche il campo filosofico-teorico. In effetti per Lenin Bogdanov, diventando un seguace di Mach e Avenarius, aveva tradito il marxismo. Il machismo o empiriocriticismo non gli sembrava altro che una forma di agnosticismo kantiano, di idealismo soggettivistico. Bogdanov negava la "verità assoluta" e anche nei confronti di quella "oggettiva" si mostrava relativista; la sua scienza non era in grado di rispecchiare in maniera oggettiva la natura delle cose. D'altra parte per Bogdanov la scienza poteva al massimo essere considerata uno strumento critico nei confronti dell'esperienza concreta, andando al di là della contrapposizione tra materialismo e idealismo. Per lui la verità era solo una forma organizzativa dell'esperienza umana, quindi assolutamente relativa (cioè relativa all'epoca storica in cui viene formulata).

Al che Lenin obiettava che anche il cattolicesimo, essendo una forma di organizzazione dell'esperienza umana, poteva pretendere d'essere veritiero. Per il materialismo invece l'indipendenza del mondo esterno dalla coscienza e quindi l'esistenza di una verità assoluta indipendente dal soggetto, che pur si avvicina ad essa progressivamente, andava considerato un postulato. Non ci si può basare unicamente sulle sensazioni e neppure sulla prassi. È vero: il criterio della verità è la prassi e la verità può essere decisa (o scoperta) di volta in volta, ma ciò avviene all'interno di un progressivo avvicinamento alla verità assoluta, per cui occorre sempre cercare quella verità oggettiva che meglio s'attaglia alle determinazioni dialettiche della realtà. Tale adeguamento della coscienza alla realtà va fatto a partire dalle leggi necessarie e universali della natura, che danno oggettività alla coscienza umana: occorre affermare una corrispondenza sempre più sicura tra la natura riflessa dalla coscienza e la coscienza che riflette la natura. La verità assoluta sarà la risultante finale di tante verità oggettive, che sono relative solo all'interno di un processo storico, ma politicamente vincolanti nel momento in cui vengono assunte. I bolscevichi di sinistra, se fosse sfumato un nuovo tentativo rivoluzionario, avrebbero sempre potuto dire che gli operai non erano sufficientemente autoconsapevoli. Invece per Lenin la responsabilità sarebbe stata del partito, e solo in nome di una maggiore consapevolezza e capacità organizzativa dei dirigenti si sarebbe sentito in dovere di dire agli operai che dovevano adeguarsi con maggiore solerzia alle direttive del Comitato centrale.

In altre parole, Bogdanov non veniva criticato perché aveva sostenuto che la verità è una relazione sociale tra noi e il mondo che ci circonda, ovvero che la verità è "una forma organizzata dell'esperienza sociale", ma perché faceva dipendere da tale formula il concetto stesso di "verità". Dal punto di vista del materialismo dialettico il concetto di verità non può riguardare solo la sua "relatività" (se fosse così, Bogdanov avrebbe ragione), ma implica anche quello della sua "assolutezza" (di cui Bogdanov nega l'esistenza). Se non si comprende la differenza tra le due forme di verità (ben presente già in Hegel), non si è poi in grado di capire perché non da ogni organizzazione della vita sociale può derivare una verità "oggettiva", che si approssima a quella "assoluta". La verità assoluta non è altro che la *libertà assoluta*, di cui ogni essere umano deve poter fruire. Lenin non voleva affatto sostenere la "prova ontologica" dell'esistenza della realtà oggettiva indipendente dal soggetto (in tal senso avrebbe fatto della metafisica in una forma non meno evidente della famosa prova ontologica dell'esistenza di Dio), ma voleva sostenere che l'esistenza di una verità assoluta non può dipendere dalla volontà umana, in quanto fa parte della natura della materia, di cui noi siamo l'elemento cosciente.

Bogdanov fu comunque un influente teorico della cultura proletaria, anche se fu espulso dal partito nel 1909. Nel 1910 scrisse il manifesto programmatico *Compiti culturali del nostro tempo*, in cui auspicava la nascita di una nuova *intelligencija* uscita dalle file del proletariato, e proponeva la creazione di una *Enciclopedia proletaria*, che doveva assolvere al compito di unificazione culturale così come aveva fatto l'*Enciclopedia* degli Illuministi nel preparare la rivoluzione francese.

Il suo obiettivo non era solo quello di formare dei quadri di partito efficaci, ma soprattutto quello di educare dei socialisti consapevoli, in quanto la rivoluzione, secondo lui, sarebbe stata possibile solo se i lavoratori fossero stati formati ideologicamente, quindi l'egemonia politica doveva essere preceduta da quella culturale. Queste idee si ritroveranno in Italia nei *Quaderni* di Gramsci.[25] Come noto per Lenin, su questo aspetto, non esisteva un "prima" e un "dopo": la rivoluzione poteva essere preceduta da una formazione culturale, ma sarebbe stato impossibile farla soltanto con tale formazione.

Bogdanov non accettava l'idea marxista secondo cui la cultura sarebbe una mera "sovrastruttura" rispetto all'economia. La cultura, l'ideologia, doveva avere il compito di organizzare le classi sociali e la produzione. Perciò la cultura è sì determinata dal tipo di organizzazione economica della società, ma è anche vero che retroagisce su di essa, poiché sono la scienza e la tecnica a determinare le tecniche di produzione, che a loro volta creano le classi sociali. La cultura è perciò altrettanto necessaria quanto la vita economica e una società senza cultura non potrebbe vi-

---

[25] È impossibile che Gramsci non sapesse nulla delle due scuole del Posdr organizzate da Bogdanov nel 1909-11 a Bologna e Capri. Uno specifico punto di contatto si ebbe nel 1920, quando una delegazione italiana prese parte a un incontro, a Mosca, subito dopo il II congresso del Comintern, per stabilire un ufficio internazionale del Proletkul't. Inoltre Gramsci, che visse a Mosca tra la metà del 1922 e la fine del 1923, fu senza dubbio informato di alcune tendenze e dibattiti all'interno del Pcus. Cfr di C. Bermani, *Gramsci, gli intellettuali e la cultura proletaria*, ed. Cooperativa Colibrì, Milano 2007; *Breve storia del Proletkul't italiano*, in "Primo maggio", 16, 1981-82; "Letteratura e vita nazionale. Le osservazioni sul folclore", in AA.VV, *Gramsci, un'eredità contrastata*, ed. Ottaviano, 1979. Bermani sostiene che nel periodo 1920-22 l'adesione gramsciana alla tesi del Proletkul't fu totale.

vere.

La cultura proletaria comincia dalla vita quotidiana in famiglia e nel partito. In entrambe queste istituzioni Bogdanov deplorava i residui di autoritarismo: dei mariti verso le mogli, dei genitori verso i figli, dei dirigenti di partito verso gli iscritti. La sua ambizione era quella di elaborare una filosofia proletaria, una scienza proletaria e un'arte proletaria in un'unica cultura. Non si sarebbe dovuto trattare di discipline separate, come nella cultura borghese, ma di una cultura unificata: si sarebbero dovuti chiarire i metodi di ricerca delle diverse discipline per scoprire gli elementi che le unificano.

La cultura è organizzazione dei rapporti di produzione tecnici (rapporto fra uomo e natura) ed economici (rapporti fra uomini). È la cultura che forma le classi sociali, in quanto è consapevolezza dei rapporti di produzione. E Bogdanov precisa che la divisione in classi non è solo un fatto economico, ma anche culturale, dal momento che ogni classe elabora una propria ideologia. Il compito di elaborare la coscienza di classe può essere svolto solo dalla stessa classe operaia, in base alla propria esperienza, e non può essere fornito al proletariato dall'*intelligencija* piccolo-borghese dei funzionari di partito, da lui definiti "corvi bianchi".

La formazione degli attivisti doveva essere affidata a circoli di propaganda locale che, con corsi di qualche mese, preparavano gli agitatori specializzati per propagandisti di fabbrica, delle campagne o redattori di giornali locali; in tali corsi si dovevano insegnare le basi dell'economia politica e del socialismo scientifico, ma anche le tecniche di organizzazione e agitazione. Coloro che erano destinati a insegnare nei circoli di propaganda dovevano a loro volta essere istruiti nei circoli per propagandisti, dove insegnavano i quadri di partito.

L'opera di educazione delle masse, stante il clima di clandestinità in cui si svolgeva, doveva avvenire soprattutto in forma scritta, in particolare attraverso un giornale clandestino locale. Il giornale doveva poi pubblicare le notizie locali raccolte attraverso gli operai delle varie fabbriche, ma anche le notizie internazionali ottenute attraverso le biblioteche. Se non era possibile organizzare il giornale locale, la propaganda doveva avvenire attraverso opuscoli e volantini.

La stesura dei programmi veniva fatta con modalità che partivano dal basso. Perciò si cominciava con questionari formulati dalle organizzazioni locali agli operai per conoscere le loro esigenze; dopodiché vi era una rielaborazione a livello di conferenze regionali e infine di Comitato Centrale. Lo scopo finale era di educare il proletariato a organizzarsi da solo in movimento rivoluzionario.

Lenin condivideva questa piattaforma e cercò di imitarla allestendo una propria scuola a Parigi con l'aiuto di Plechanov, ma le divergenze di fondo restavano. Quel che non riusciva ad accettare di Bogdanov era l'idea che la rivoluzione non dovesse essere fatta da un partito ma solo da una nuova intellighenzia proletaria, debitamente istruita. Rifiutava l'accusa d'essere considerato un leader autoritario. Senza centralizzazione della dirigenza politica, che doveva avere per forza un aspetto militarizzato, nessuna rivoluzione sarebbe stata possibile.

Nel 1913, approfittando dell'amnistia concessa dai Romanov, Bogdanov tornò con Gor'kij in Russia. Scoppiata la guerra mondiale, si arruolò nell'esercito russo come medico militare, e partecipò a varie missioni, ma si ammalò e venne ricoverato in una clinica neurologica. Poche settimane prima della rivoluzione d'Ottobre organizzò il movimento "Proletkul't" (cultura proletaria), che si proponeva di sradicare la "vecchia" cultura borghese in favore di una nuova cultura autenticamente proletaria. Alla fine del 1920 il "Proletkul't" contava quasi mezzo milione di attivisti, di poco inferiori a quelli del partito bolscevico. Durò fino al 1923, supplendo, nel campo dell'organizzazione culturale, a istituzioni di stato ancora in fase embrionale, e svolgendo un fondamentale "ruolo cuscinetto" nella conversione di massa dalla cultura borghese alle nuove forme e simbologie della cultura sovietica, per il momento anch'esse in fase di formazione.

Il Proletkul't non solo offriva alla classe operaia una struttura di formazione e autolegittimazione culturale, ma riusciva ad aggregare attorno a essa elementi declassati e marginali che, nella struttura sociale "borghese", sarebbero rimasti per sempre tagliati fuori dalla vita culturale: i teatri proletari mettevano in scena Gogol' nelle fabbriche e al fronte della guerra civile, la rivista pietrogradese "L'avvenire" pubblicava materiali su Ibsen, Čechov e Dostoevskij, a decine di migliaia di persone si impartivano lezioni di pittura, scultura, pianoforte e versificazione.

Nel 1919 il fenomeno iniziava ad assumere proporzioni imponenti, e il governo sovietico decise di porre dei limiti allo spontaneismo proletkultista. Lenin stigmatizzava l'egemonia di quegli intellettuali d'origine borghese che gabellavano molte delle loro astruserie come arte o cultura proletaria. Sotto forma di "cultura proletaria" si erano, secondo lui, rifilate agli operai concezioni filosofiche borghesi (bogdanoviane) o espressioni artistiche degenerate (futurismo e costruttivismo). Nel 1922, a bordo di due navi tedesche (la "Oberbürgermeister Haken" e la "Preussen"), il Pcus costringerà all'esilio filosofi, teologi, sociologi e molti scienziati non allineati: oltre 160 persone (contando anche i familiari). Il più famoso di loro era Pitirim Sorokin (1889-1968), uno dei padri fondatori della moderna sociologia; ma c'erano anche famosi scrittori, teologi e filosofi non marxisti, come Sergej Bulgakov, Nikolaj Berdjaev, Nikolaj Losskij, Ivan Ilijn e Semen Frank.

L'opera più originale di Bogdanov, pubblicata a sue spese tra il 1912 e il 1917, è *Tektologia* (*Scienza generale dell'organizzazione o scienza delle strutture*), in cui egli tentò una teoria generale della natura come formulazione dei princìpi organizzativi posti a fondamento della struttura di tutti i sistemi, viventi e no. La sua proposta consisteva nella fondazione di una nuova scienza universale (olistica), in cui unificare tutte le scienze sociali, biologiche e fisiche. L'opera anticipò di molti anni alcuni aspetti della cibernetica e dei sistemi generali e complessi (di Ludwig von Bertalanffy e Norbert Wiener), che poi porteranno alla teoria della rete, la madre dei computer e di Internet. Fu utilizzata anche nell'elaborazione degli schemi matematici impiegati per la pianificazione economica dell'Urss negli anni Venti.

L'idea di base è che ogni attività umana è organizzazione: della natura, delle forze umane, dell'esperienza. La "tektologia" ha il compito di concepire tutte le scienze come strumenti per l'organizzazione dell'attività lavorativa collettiva. In tale società non ci sarà nemmeno bisogno di una filosofia, poiché una volta elaborata la scienza monistica, cioè unificante, sarà questa a unificare le diverse discipline.

Nel 1917 Bogdanov rifiutò di aderire al movimento rivoluzionario e non lesinò critiche al dispotismo del gruppo dirigente bolscevico. Ciononostante nel 1918 venne nominato professore di economia all'Università di Mosca e Direttore della nuova Accademia Sovietica di Scienze Sociali (la prima Università proletaria da lui stesso fondata a Mosca, del cui Presidium rimase membro fino alla morte). A partire dal 1921 si dedicò alla medicina, specializzandosi nel campo – al tempo ancora sperimentale – delle ricerche sulle trasfusioni di sangue. A metà degli anni Venti fondò il primo Istituto di trasfusione del sangue, di cui nel 1926 divenne direttore. Nel 1923 fu arrestato dalla polizia segreta e condannato a un periodo di detenzione per la sua supposta adesione a un gruppo di dissidenti contrari ai modi autoritari del nuovo potere. Dopo essere stato liberato tentò, nel marzo del 1928, uno scambio di sangue con uno studente ammalato di malaria e affetto da una forma benigna di tubercolosi. Quindici giorni più tardi, dopo una lunga agonia ch'egli stesso osservò e descrisse con lucidità e scrupolo professionale, Bogdanov morì. Taluni interpretarono l'esperimento come una forma di suicidio, anticipando le persecuzioni di Stalin che non lo avrebbero risparmiato.

Bucharin scrisse nel necrologio che Bogdanov ebbe un'importanza straordinaria per lo sviluppo del Posdr, in quanto fu uno teorici più eminenti del partito, nonché l'uomo più colto dell'epoca della rivoluzione bolscevica: molti dovevano la loro cultura alla lettura delle sue opere.[26]

---

[26] Da notare che vengono associati al nome di Bogdanov alcuni dirigenti del-

Uno degli uomini più vicini a Bogdanov negli anni della polemica politica e filosofica con Lenin, A. Lunačarskij, fu dal 1918 al 1929 alla testa del Commissariato del popolo all'istruzione, nel quale lavorarono in posti di primo piano anche le mogli di Lenin e di Trotsky: il Commissariato ebbe per un decennio un ruolo fondamentale nella politica di protezione della natura e nel sostegno all'ecologia e al movimento conservazionista.

Negli anni Settanta Bogdanov ha conosciuto in Italia una effimera e sospetta rivalutazione, in funzione spontaneista e antileninista, per opera di studiosi vicini all'autonomia operaia. Più recentemente è stato riproposto da alcuni "ecosocialisti" come ispiratore del movimento ecologista sovietico, che fu tolto di mezzo dallo stalinismo negli anni Trenta.

Fonti

A. Bogdanov, *La scienza, l'arte e la classe operaia*, ed. Mazzotta, Milano 1978.

A. Bogdanov, *Saggi di scienza dell'organizzazione*, ed. Theoria, Roma-Napoli 1988.

A. Bogdanov, *Quattro dialoghi su scienza e filosofia*, ed. Odradek, Roma 2004.

A. Bogdanov, *Stella rossa: romanzo-utopia*, ed. Alcatraz, Milano 2019.

A. Bogdanov, *Ingegner Menni: romanzo fantastico*, ed. Alcatraz, Milano 2019.

A. Bogdanov, *La poesia proletaria*, pubblicato su "L'Ordine Nuovo", diretto da A. Gramsci, 9 e 27 ottobre 1921.

Gor'kij-Bogdanov e la scuola di Capri: una corrispondenza inedita (1908-1911), (a cura di J. Scherrer e D. Steila), ed. Carocci (Fondazione Lelio e Lisli Basso), Roma 2017.

V. Strada e altri, *L'altra rivoluzione: Gor'kij, Lunačarskij, Bogdanov: la Scuola di Capri e la costruzione di Dio*, ed. La conchiglia, Capri 1994.

Fede e scienza: la polemica su Materialismo ed empiriocriticismo di Lenin (a cura e con un saggio di V. Strada, contributi di A. Bogdanov e altri), ed. Einaudi, Torino 1982.

Il pensiero sociale russo: modelli stranieri e contesto nazionale, a cura di A. Masoero e A. Venturi, ed. F. Angeli, Milano 2000.

Autobiografia, in *Autobiografie dei bolscevichi*, vol. I, G. Haup e J.J. Marie (a cura di), La Nuova Sinistra, Roma 1970.

G. Rispoli, *Dall'empiriomonismo alla tectologia. Organizzazio-*

---

l'Opposizione operaia del periodo 1920-21.

ne, complessità e approccio sistemico nel pensiero di Aleksandr Bogdanov, ed. Aracne, Ariccia (RM) 2012.

G. V. Plechanov, *Il materialismo militante. Risposte al signor Bogdanov e altri scritti su Marx, Engels e il materialismo*, ed. PonSinMor, Torino 2010.

J. Scherrer, *Bogdanov e Lenin: il bolscevismo al bivio*, in "Storia del marxismo", vol. II, ed. Einaudi, Torino 1979.

V. Strada, *Dalla "rivoluzione culturale" al "realismo socialista"*, in *Storia del marxismo*, vol. III, ed. Einaudi, Torino 1980.

D. Steila, *Scienza e rivoluzione. La ricezione dell'empiriocriticismo nella cultura russa (1877-1910)*, ed. Le Lettere, Firenze 1996.

Wu Ming, *Proletkult*, ed. Einaudi, Torino 2018.

Presso la Fondazione Lelio e Lisli Basso vi è un fondo Bogdanov.

Sulla religione

Nel primo articolo pubblicato da Lenin, su *Novaia Gizn*, riguardo all'interpretazione marxista della religione, intitolato *Socialismo e religione* (1905)[27], sono presenti, in nuce, non solo tutte le tesi fondamentali del marxismo, ma anche tutti gli argomenti sui quali Lenin, in seguito, tornerà per approfondirli ulteriormente.

L'articolo si può dividere in cinque punti:

1) "La religione è una delle forme dell'oppressione spirituale" che nella società borghese è realizzata in virtù dell'oppressione materiale dei capitalisti e proprietari fondiari su operai e contadini. Lenin, come si può notare, si riferisce qui a una religione storicamente individuabile, quella sotto il regime capitalistico, ma i suoi giudizi, in realtà, presumono di avere un valore anche in retrospettiva.

2) Come si realizza questa oppressione è presto detto:

a) "La religione predica l'umiltà e la rassegnazione nella vita terrena a coloro che trascorrono tutta l'esistenza nel lavoro e nella miseria, consolandoli con la speranza di una ricompensa celeste". A Lenin qui non interessa dimostrare che la religione non ha sempre avuto una funzione del genere: interessa solo far capire che la funzione "reazionaria" è sempre stata prevalente nella storia della religione.

b) "Invece, a coloro che vivono del lavoro altrui la religione insegna la carità in questo mondo, offrendo così una facile giustificazione alla loro esistenza di sfruttatori". Un giudizio del genere, ovviamente, può essere applicato anche alla religione di ogni regime antagonistico.

3) Il proletariato, cosciente di questo, deve anzitutto rivendicare una precisa libertà politica: "La religione dev'essere dichiarata un affare privato" (della coscienza). Di qui la separazione completa della chiesa dallo Stato. "Ognuno dev'essere libero di professare qualsiasi religione o di non riconoscerne alcuna, cioè di essere ateo". "È inammissibile tollerare una sola differenza nei diritti dei cittadini che sia motivata da credenze religiose". Qui Lenin, nel tentativo di garantire una vera giustizia a tutti i cittadini, atei o credenti che siano, commette l'errore di voler azzerare giuridicamente le differenze quando, nei fatti concreti, esse sussistono e da esse non si può assolutamente prescindere. Lenin cioè pensò di dover ritenere la giustezza della propria consapevolezza ateistica così evidente da poterla far valere alla consapevolezza religiosa del credente. E non si accorse che una rigorosa uguaglianza sul terreno giuridico non

---

[27] Lenin, *Sulla religione*, ed. Progress, Mosca 1979, tr. it.

può che causare delle discriminazioni su quello sociale, poiché qui si ha a che fare con due atteggiamenti verso la religione del tutto opposti, che non possono essere resi equivalenti per decreto, soprattutto in considerazione del fatto che la storia della religione ha radici molto più profonde nella coscienza sociale dei cittadini.

Negli atti ufficiali non va riportata l'eventuale confessione religiosa cui si appartiene – prosegue Lenin. Nessuna sovvenzione statale va data alle chiese. Questo va inteso nel senso che le chiese non possono godere di alcun privilegio. Tuttavia qui Lenin non aggiunge che le chiese possono continuare a svolgere i loro servizi grazie al sostegno materiale dei loro fedeli, i quali sono anche cittadini che pagano le tasse, per cui nei loro confronti una qualunque discriminazione sociale, dovuta a motivi ideologici, non è legittima. Questo significa che non si può pretendere che la religione resti un fenomeno privato della coscienza, senza alcuna manifestazione pubblica o sociale.

4) Questa privatezza della religione è valida solo di fronte allo Stato, non di fronte al partito. "La nostra propaganda comprende necessariamente anche quella dell'ateismo", in forma materialistica e scientifica, non volgare e anticlericale. La quale comunque non è sufficiente, di per sé, a vincere i pregiudizi religiosi, in quanto è necessaria la trasformazione socialista dei rapporti produttivi. Lenin qui raccomanda la diffusione delle opere dei filosofi materialisti francesi (Diderot, d'Holbach, Helvetius ecc.) che in Russia non erano ancora state tradotte.

In pratica Lenin voleva un partito non solo politico (capace di combattere la religione sul terreno giuridico, mediante la separazione di Stato e chiesa), ma anche ideologico (capace di combattere la religione sul terreno culturale, mediante la propaganda scientifica dell'ateismo). Lenin però doveva prevedere che un partito del genere, una volta giunto al potere, avrebbe avuto molte più difficoltà a comportarsi in maniera democratica nei confronti della religione. In nome infatti di una superiorità ideologica il partito avrebbe potuto impedire alla religione di manifestarsi non solo sul terreno politico (cosa che qui solo i cittadini possono decidere), ma anche su quello culturale, il che avrebbe comportato un abuso di tipo giacobino.

5) Il fatto che l'oppressione economica sia più importante di quella spirituale obbliga il partito a "non dichiarare l'ateismo nel suo programma". Ciò significa che il partito accetta la militanza di proletari che conservano "residui di vecchi pregiudizi". La professione di ateismo non è quindi una condizione per diventare comunisti; e tuttavia il militante deve sapere che l'ateismo è parte integrante della filosofia marxista. Lenin distingue chiaramente, senza però separarle, le questioni ideologiche da quelle politiche.

È chiaro però che, stando le cose in questi termini, difficilmente un credente avrebbe potuto militare in un partito del genere. Avrebbe potuto farlo solo se motivato da cause oggettive di ordine sociale, ma a rivoluzione compiuta, se fosse rimasto credente, avrebbe inevitabilmente lasciato il partito. Un partito politico non può esprimersi così nettamente nei confronti dell'atteggiamento da tenere verso la religione: gli è sufficiente appoggiare il libero dibattito culturale sul problema, lasciando che sia il tempo, oltre che la coscienza dei cittadini, a decidere quale atteggiamento sia migliore.

*

L'altro articolo metodologico è quello intitolato: *L'atteggiamento del partito operaio verso la religione* (1909). La prima parte non aggiunge nulla a quanto già detto nell'articolo precedente. Lenin precisa e conferma:

1) che il materialismo dialettico, sul piano filosofico, si riallaccia alle "tradizioni storiche del materialismo del XVIII sec. in Francia e di Feuerbach (prima metà del sec. XIX) in Germania", portandole alle loro ultime conseguenze;

2) che "tutte le religioni e chiese moderne, tutte le organizzazioni religiose d'ogni tipo sono sempre considerate dal marxismo quali organi della reazione borghese";

3) che l'ateismo – come vuole Engels – non va inserito nel programma del partito (cfr. invece i blanquisti e Dühring);

4) che il programma di Erfurt (1891) della socialdemocrazia tedesca non va interpretato nel senso che la religione va considerata come un affare privato per i marxisti (cioè di fronte anche al partito).

Per Lenin l'indifferenza nei confronti della religione equivaleva a una posizione opportunistica, che avrebbe sicuramente avuto un riflesso sul terreno politico. Questo perché Lenin tendeva a subordinare la politica all'ideologia, anche se si rendeva conto che non si poteva in nome dell'ideologia rischiare di non conseguire determinati obiettivi politici.

Infatti, la novità più rilevante di questo secondo articolo sta in alcune precisazioni fatte riguardo all'atteggiamento del partito verso la religione.

1) Lenin cominciò a considerare un grave errore credere che "l'apparente 'moderazione' del marxismo verso la religione si spieghi con le cosiddette considerazioni 'tattiche', come il desiderio di 'non spaventare', ecc.". La realtà è che se il marxismo rifiuta d'inserire l'ateismo nel programma politico del partito non è per ragioni di tipo strumentale, ma perché è convinto:

a) che la propaganda atea deve restare "subordinata" allo sviluppo della lotta di classe (subordinata non vuol dire "esclusa");

b) che la presenza della religione nelle masse va spiegata "materialisticamente", cioè in rapporto ai problemi di natura economico-sociale, problemi che devono essere affrontati e risolti anzitutto in modo politico. La religione va superata non tanto o non solo in una contrapposizione frontale coll'ateismo (ciò che, in sostanza, si ridurrebbe a un'astratta, illuministica, predicazione ideologica), quanto piuttosto in collegamento con la lotta di classe che elimina le radici sociali della religione ("la forza cieca del capitale"). Di volta in volta, quindi, va deciso quale rapporto tattico tenere con la religione. Mentre infatti sul piano ideologico il contrasto è irriducibile, sul piano politico invece sono possibili alleanze fra credenti e atei sulla base di piattaforme programmatiche che nulla hanno a che vedere né con l'ateismo né con la religione.

Tuttavia, Lenin non è ancora arrivato a formulare l'idea che la religione va rispettata anche nel caso in cui, dopo aver affrontato i problemi socioeconomici attraverso la lotta di classe (e l'aiuto dei credenti), la coscienza dei credenti coinvolti in tale lotta voglia restare religiosa. Un partito operaio così caratterizzato ideologicamente avrebbe mai permesso ai credenti di poter acquisire delle posizioni di potere nei propri ranghi?

2) Un'altra questione da considerare, per Lenin, è appunto questa: visto che nel programma del partito non è richiesta un'esplicita professione di ateismo, fino a che punto è legittimo accettare la militanza di un credente? La risposta a questa domanda viene posta da Lenin a un duplice livello:

a) "la contraddizione fra lo spirito o i principi del nostro programma e i convincimenti religiosi del credente può restare una contraddizione puramente personale, che riguarda esclusivamente questo credente; e il partito non può sottoporre i suoi iscritti a un esame sull'assenza di contrasti tra le loro opinioni e il programma del partito". Ciò in pratica significa che se un credente accetta la linea politica del partito, deve poi preoccuparsi da solo di risolvere le sue incoerenze sul piano ideologico. Dal partito avrà l'assicurazione che non sarà discriminato per la sua diversa ideologia.

b) E tuttavia – aggiunge Lenin – "noi ammettiamo all'interno del partito la libertà di opinione, ma entro i limiti precisi fissati dalla libertà di associazione: non siamo tenuti ad andare d'accordo con i predicatori attivi di concezioni respinte dalla maggioranza del partito". Il partito quindi garantisce al credente la libertà di restare credente, ma a condizione che il credente rinunci alla propaganda religiosa all'interno del partito, o comunque a una propaganda ostile al socialismo (cfr. Gor'kij e Lunačarskij).

Si tratta, come si può notare, di una soluzione di compromesso: il partito operaio non può rinunciare alla propria ideologia, però farà in modo di non far pesare questa ideologia sulla coscienza del credente, a condizione naturalmente che il credente faccia altrettanto. Lenin comunque mostra d'essersi reso conto, con questo articolo, che le questioni politiche possono avere un'importanza equivalente a quelle ideologiche, per cui non si può in nome dell'ideologia sacrificare gli interessi della politica. Naturalmente questo modo di impostare il problema deve fare molto affidamento sull'atteggiamento soggettivo di tutti i militanti del partito.

3) L'ultima questione che Lenin affronta in questo articolo è quella della privatezza della religione. Lo fa non tanto per ribadire la differenza, ormai acquisita, fra la posizione dello Stato e quella del partito, quanto per sottolineare che il principio della privatezza della religione ha subìto in Occidente un'interpretazione di tipo opportunistico.

L'ossessiva indifferenza dei comunisti occidentali per la questione religiosa la si può spiegare:

a) col fatto che la lotta contro la religione è stata un compito in gran parte assolto dalla democrazia borghese nell'epoca delle sue rivoluzioni contro il feudalesimo e il Medioevo. In Russia invece questo compito è stato affrontato direttamente dalla classe operaia;

b) col fatto che la lotta borghese contro la religione ha preso in Occidente la forma dell'anarchismo anticlericale (blanquisti, Dühring, ecc.), ovvero della contrapposizione frontale, inducendo così i comunisti (che allora si chiamavano socialdemocratici) ad assumere posizioni più moderate;

c) col fatto che i governi borghesi, esaurita la loro spinta propulsiva progressista, si sono coscientemente serviti anche dell'anticlericalismo pur di poter distrarre le masse dal socialismo, cioè hanno fatto dell'anticlericalismo un terreno comune di lotta fra operai e padroni. Questo in Russia non era mai accaduto.

In pratica Lenin contesta la mancanza di coerenza ideologica del marxismo occidentale, e quindi la sua subordinazione culturale, nelle questioni religiose, alla scienza borghese, infine lascia intravedere il rischio di assumere posizioni strumentali nei confronti della religione. L'indifferenza infatti è "ambiguità" non "chiarezza", per cui il marxismo occidentale potrebbe arrivare all'opportunismo in materia di atteggiamento verso la religione appunto per avere dalla sua parte, per un obiettivo politico, il maggior numero possibile di credenti.

*

Nel *Progetto di programma del PC bolscevico* (1919) Lenin precisa che nella propaganda scientifica antireligiosa "bisogna evitare con cura di offendere i sentimenti dei credenti, il che condurrebbe soltanto al rafforzamento del fanatismo religioso". Fanatismo che non nuoce solo alla politica di classe del partito (il quale cerca di far convergere in un medesimo programma politico forze sociali diverse e ugualmente ostili al capitale), ma nuoce anche ai rapporti etico-sociali di queste stesse classi.

Lenin in pratica s'era accorto che, nel rapporto dei militanti comunisti coi credenti all'interno o all'esterno del partito, non esistevano dei criteri oggettivi che salvaguardassero il rispetto delle opinioni religiose. Ora pone quello *etico* della tutela della dignità umana, la quale non può certo essere violata per motivi di opinione. Lenin tuttavia, cercando di stabilire una ragione primaria di questa tutela, fa leva sul fatto che la violazione dei sentimenti religiosi comporterebbe un danno politico nei confronti dello stesso ateismo, e cioè il rafforzamento del fanatismo religioso. Non vi sono ragioni di carattere ontologico. Cioè Lenin non avrebbe mai accettato l'idea che una religione può essere vissuta praticamente meglio dell'ateismo, se il credente manifesta una coscienza umanistica superiore a quella dell'ateo. Lenin guardava le cose da un punto di vista prevalentemente politico.

*

Un altro documento molto importante è la seconda lettera spedita a Gor'kij nel 1913 da Cracovia. Essa contiene alcune affermazioni che ancor meglio chiariscono l'atteggiamento politico che deve tenere il militante iscritto al partito.

Lenin rimproverò a Gor'kij, che pur stimava moltissimo, d'aver espresso considerazioni "piccolo-borghesi" nell'analisi del rapporto fra socialismo e religione. Lo scrittore russo, infatti, aveva lasciato intendere, in uno dei suoi articoli, che il socialismo era stato capace di depurare o di purificare l'"idea di Dio" da tutte quelle sovrastrutture ideologiche del clericalismo cristiano.

Lenin lo ammonì scrivendo: "Questa vostra buona intenzione rimane vostro patrimonio personale, un 'pio desiderio' soggettivo. Una volta che l'avete scritto, è bell'e passato fra le *masse*, e il suo *significato* viene determinato non dalla vostra buona intenzione, ma dal *rapporto tra le forze sociali*, dal rapporto oggettivo tra le classi. In virtù di questo rapporto *ne consegue* (malgrado la vostra intenzione e indipendentemente dalla vostra coscienza), che voi avete imbellettato, inzuccherato l'idea dei clericali".

In pratica cosa significano queste parole?

1) Che il socialismo è un fenomeno integralmente laico, cioè as-

solutamente umanistico, e che quindi, come tale, esso non ha nulla da spartire con la religione (il "socialismo cristiano" – aveva precisato Lenin poche righe più sopra – è "la peggior specie di 'socialismo' e la sua peggiore deformazione");

2) che qualsiasi opinione religiosa sul socialismo, cioè sull'utilità laica del socialismo nei confronti della "purificazione" della religione, deve necessariamente restare privata, altrimenti (cioè divenendo pubblica e trasformandosi quindi in giudizio politico) essa farà immediatamente il gioco dei clericali.

Lenin vedeva le cose solo in maniera conflittuale e, per questa ragione, non voleva concedere al "nemico" (in questo caso i "clericali") alcuna opportunità. I "clericali", per Lenin, in pratica, coincidevano con tutti coloro che avevano delle opinioni religiose, o che comunque le usavano in funzione antisocialista.

Lenin fa capire a Gor'kij che il giudizio politico del socialismo sul fenomeno religioso è esplicitamente e irreversibilmente negativo, senza soluzione di continuità. Nei tempi passati – dice Lenin – "la lotta della democrazia e del proletariato assumeva la forma di lotta di un'idea religiosa contro un'altra. Ma anche questo tempo è passato da un pezzo. Oggi, tanto in Europa che in Russia, *ogni* difesa o giustificazione dell'idea di Dio, persino la più raffinata, la meglio intenzionata, è una giustificazione della reazione": una giustificazione per l'appunto "oggettiva" della reazione, a prescindere cioè dalle intenzioni soggettive di chi si fa carico di tali apologie. Lenin giustamente non faceva alcuna differenza tra idea "nuova" e "vecchia" di dio: su "dio" tutte le idee, per lui, erano "vecchie", incredibilmente superate. Tuttavia Lenin non s'è mai posto il problema se possa esistere un diverso modo, più laico e umanistico, d'interpretare la figura del "Cristo" così com'essa appare nei vangeli canonici.

In sostanza "l'idea di Dio – aggiunge Lenin – non ha mai legato l'individuo alla società, ma, al contrario, essa *ha sempre legato* le *classi* oppresse con la fede nella *divinità* degli oppressori". Ciò, in altri termini, vuol dire che *qualsiasi* giustificazione pubblica dell'idea di dio fa sempre gli interessi dell'oppressione padronale. Se c'è dunque la possibilità che un credente lotti per l'emancipazione degli oppressi, ciò è dovuto non tanto alla sua religione, quanto alle cause oggettive e concrete dello sfruttamento economico. È su questo che i marxisti devono organizzare il consenso col mondo dei credenti.

Le religioni tradizionali, in specie il cristianesimo (e soprattutto il cristianesimo *politico*, quale s'è venuto configurando da Costantino in poi), di fatto e di diritto, hanno sempre legittimato – a volte contro le loro stesse intenzioni – l'oppressione materiale dei popoli; sicché, là dove esiste l'ideologia religiosa, ovvero una religione "ideologizzata", esiste pure l'oppressione materiale ed economica; nel senso che la religione è un indice, un sintomo, di un'oppressione esistente sul piano socioeconomico.

A questa ineccepibile tesi di Lenin è forse possibile aggiungere, in positivo, che là dove invece dovrà mancare nel socialismo democratico l'oppressione materiale, dovrà pure mancare una religione 'ideologizzata', cioè il diritto della religione a porsi in modo politico all'interno della società. Nella società socialista, infatti, l'assenza della giustificazione politica dell'idea di dio non dipenderà, come vuole l'opinione pubblica borghese, dalla coercizione del potere statale, bensì dalla socializzazione dei mezzi di produzione, che renderà inutile la propaganda religiosa e che determinerà l'esigenza di tenere separata la politica dalla religione.

Ora, che in virtù di tale separazione il cristianesimo (o qualsiasi altra religione) sia destinato a morire o sappia invece rinascere, alla società socialista, in definitiva, non può interessare. La legge fondamentale di tale società, in questo campo, è infatti la seguente: la laicità è obbligatoria per tutti nei rapporti pubblici o istituzionali. Ciò in quanto essa non si oppone alla religione in sé, ma alla religione in quanto superstizione e/o clericalismo.

Essendo un 'umanismo integrale' (nei metodi e nei contenuti) il socialismo, dal punto di vista politico, non ha alcun motivo per opporsi alla religione in quanto tale: esso in pratica vive come se la religione non esistesse. Se dunque è possibile una 'rinascita' della religione, ciò potrà avvenire solo all'interno dei limiti stabiliti dal regime di separazione, solo all'interno della coscienza dei cittadini, non nel loro modo di vivere la vita civile e politica. E comunque una rinascita del genere dovrebbe far riflettere i socialisti sull'effettiva consistenza del loro stile di vita, sull'effettiva presa sociale della loro ideologia.

La laicità obbligatoria sul piano politico-istituzionale non implica l'abolizione della religione, ma la sua facoltatività e privatezza. Ciò che è facoltativo deve necessariamente avere un carattere privato. Il cittadino socialista, quindi, deve necessariamente essere laico sul piano politico, anche se nella sua vita privata o nella sua personale coscienza può essere religioso.

Se è credente egli ha diritto di esprimere pubblicamente la sua fede secondo le modalità previste dalla legge, cioè sostanzialmente nel culto, ma anche nell'uso dei mezzi di comunicazione e nell'educazione della gioventù. Tutto il resto deve viverlo in forma privata.

Ecco perché Lenin ha sempre evitato di contrapporre aprioristicamente l'ateismo alla religione. Il laicismo dello Stato socialista non è contrario, ma indifferente al contenuto in sé della religione. Ciò che esso non tollera è soltanto l'uso strumentale della religione a fini ideologici

156

e/o politici.

Naturalmente per quanto riguarda il rapporto fra partito politico e religione le cose, com'è noto, stanno diversamente. Il partito socialista non può fare differenza fra una religione in sé e una religione in quanto superstizione e/o clericalismo. Per il partito la religione è di per se stessa una superstizione, una sopravvivenza oscurantista di un passato irrimediabilmente superato.

All'interno del partito il cittadino deve educarsi a superare la religione non solo dal punto di vista politico, ma anche dal punto di vista *umano*, scegliendo in coscienza, spontaneamente, l'ateismo-scientifico. Il rispetto costituzionale della libertà religiosa all'interno della libertà di coscienza non è altro che un concessione politica che il partito fa allo Stato e alla società. Sul piano ideologico il partito sa perfettamente che la vera libertà non sta tanto nella possibilità di scegliere, esistenzialmente, fra una religione o l'altra, e neppure nell'astratta possibilità giuridica di scegliere fra ateismo e religione, quanto nella scelta compiuta a favore dell'ateismo, una scelta culturale e di coscienza.

*

Nel *Discorso* pronunciato al III Congresso dell'Unione della gioventù comunista di Russia (1920) Lenin afferma che i comunisti, pur essendo generalmente atei, non sono amorali. "Per noi la moralità dipende dagli interessi della lotta di classe del proletariato". Non quindi una morale astratta, dogmatica, da applicare alle diverse situazioni, ma piuttosto una morale che emerga dalle diverse situazioni in cui il proletariato è soggetto protagonista.

Naturalmente un discorso del genere dà per scontato che i motivi della lotta politica del proletariato siano giusti e che lo stesso proletariato, combattendo per degli ideali giusti, si comporti in maniera adeguata. Difficilmente Lenin avrebbe accettato l'idea che pur perseguendo ideali politicamente giusti, il proletariato può commettere delle azioni moralmente riprovevoli.

*

Nell'ultimo scritto sulla questione religiosa, e cioè *Sul significato del materialismo militante* (1922), Lenin mette in guardia i comunisti dall'illusione di poter edificare il socialismo senza l'aiuto dei credenti, riconosce chiaramente che esistono dei materialisti anche nel campo dei "non comunisti" e ammette la totale inutilità della mera propaganda ateistica ai fini del superamento dell'ideologia religiosa: senza un rapporto sociale di attiva collaborazione coi contadini e gli artigiani per un miglioramento delle loro condizioni di vita, i marxisti non potranno mai sperare di vincere le idee del passato.

Lenin arrivò a mitigare il duro approccio ideologico nei confronti della religione solo dopo che il partito bolscevico conquistò il potere politico. Egli infatti si rese subito conto che "conquistare il potere in un'epoca rivoluzionaria è molto più facile che sapersene servire correttamente". Arrivò a capire questa grande verità proprio nel momento in cui la sorte non gli diede il tempo di approfondirla.

Tesi agrarie

Alcuni partecipanti al II Congresso del Comintern, tenutosi dal 19 Luglio al 7 agosto 1920 presso il Palazzo Uritsky a Pietrogrado.

Lev Karakhan, secondo da sinistra; Karl Radek, terzo, sta fumando e, vicino a lui, Nikolai Bukharin; Mikhail Lashevich in uniforme; Maxim Gorky, sopra Lenin, che è con le mani in tasca; Sergei Zorin col capello, vicino alla colonna e, al suo fianco, con le mani dietro la schiena, Grigorii Zinoviev; Charles Shipman (Jesús Ramírez) in camicia bianca e cravatta nera; M. N. Roy in cravatta scura; Maria Ulianova, sorella di Lenin, in abito bianco; Abram Belenky, ultimo verso destra col cappello bianco. Accanto a Maria Ulianova, riconoscibile con la sua barba, Nicola Bombacci, che poi passerà al fascismo italiano.

Premessa

Rivolte al II Congresso dell'Internazionale comunista, le *Tesi agrarie*[28] furono scritte da Lenin nel giugno 1920, quando ormai gli re-

---

[28] Il testo cui qui si fa riferimento è incluso nelle *Opere scelte* di Lenin (ed. Progress, Mosca 1980). Ma si consiglia la lettura (non facile) del volume XL delle *Opere complete* (Editori Riuniti, Roma 1970), interamente dedicato, con dovizia

stavano pochi anni di vita. I destinatari sono quindi i delegati dei partiti comunisti del mondo intero, i quali rappresentavano, in quel momento, gli interessi del proletariato urbano e industriale. La rivoluzione socialista, contro le sue aspettative, era risultata vincente solo in Russia, il Paese più debole di tutti quelli capitalistici, anche se il più ricco di risorse naturali.

Lenin non può più considerare il proletariato urbano come una classe che *in sé* è migliore dei contadini, altrimenti sarebbe difficile spiegare il motivo per cui in Europa occidentale, dopo l'Ottobre, non sono stati compiuti analoghi rivolgimenti contro il sistema dominante (i pochi realizzati furono facilmente travolti dalla reazione borghese). Ormai è in grado di vedere anche i forti limiti di questa classe (almeno di una sua parte) e soprattutto i limiti, ancora più grandi, di chi rappresenta il peggio di questa classe, i parlamentari e i sindacalisti socialdemocratici, politicamente riformisti, ideologicamente revisionisti. Sta cominciando a capire che per realizzare il socialismo non basta appartenere alla classe degli sfruttati: ci vuole anche una forte volontà emancipativa e una chiara consapevolezza dei veri problemi della società. E queste cose possono averle anche i contadini, gli impiegati, gli intellettuali, ecc., i quali, anche se oggettivamente sono piccolo-borghesi, possono elevarsi ideologicamente al di sopra dei limiti della loro classe d'appartenenza.

Sono sfruttati tutti coloro che non dispongono di proprietà privata, ma come distinguere, tra questi nullatenenti, quelli che hanno atteggiamenti davvero rivoluzionari? È sufficiente prendere in considerazione i livelli degli stipendi e dei salari? Più sono bassi, infimi, e più uno dovrebbe maturare uno spirito eversivo? Purtroppo non c'è un nesso logico, oggettivo, tra le due cose. Non è detto che le rivoluzioni socialiste vengano fatte da chi sta peggio economicamente.

Un intellettuale può pensare che sia assurdo che quanti producono la più grande ricchezza di una nazione, e cioè gli operai industrializzati, accettino di vivere in povertà e non abbiano la volontà di ribellarsi. Tuttavia per ribellarsi occorre un ideale, un leader che guidi le masse, un partito o un movimento che le organizzi praticamente. Non ci sono mai state delle rivoluzioni politiche senza gli intellettuali. In *Che fare?* Lenin aveva addirittura detto che agli operai la consapevolezza di dover fare una rivoluzione contro il sistema andava stimolata *dall'esterno*, in quanto essi si limitano a rivendicazioni salariali. Non ci sono mai state delle rivoluzioni politiche senza gli intellettuali.

Tuttavia Lenin, pur avendo fatto, con gli elementi più diseredati del suo Paese, una rivoluzione senza precedenti storici, è costretto a riba-

---

di particolari, alla questione agraria, per il periodo che va dal 1900 al 1916.

160

dire, vedendo quanto succede in Europa occidentale, che anche tra il proletariato industriale esiste una sorta di "aristocrazia operaia" che non ha alcuna intenzione di compiere la rivoluzione socialista, in quanto si accontenta di percepire buoni salari, che permettono un'esistenza dignitosa, si accontenta cioè di riforme limitate restando nell'ambito del sistema.

Questi operai dalla mentalità piccolo-borghese sono ampiamente rappresentati nei parlamenti, nelle istituzioni, nei partiti e nei sindacati dagli intellettuali riformisti di idee socialiste, che dicono addirittura di rifarsi al socialismo scientifico. Ecco perché in queste *Tesi agrarie* Lenin è costretto a dire, dopo aver premesso che "soltanto il proletariato urbano, diretto dal partito comunista, può emancipare le masse lavoratrici delle campagne...", che questo stesso proletariato deve "evitare di chiudersi nella difesa dei propri interessi corporativi e di categoria... preoccupandosi soltanto di migliorare la propria situazione".

Che cosa era costretto a dire, nel giugno del 1920, dopo aver dovuto constatare che l'unica rivoluzione socialista era stata compiuta nell'anello debole del capitalismo mondiale? Cioè dopo aver visto che nei Paesi capitalistici più avanzati del mondo il proletariato industriale aveva maturato atteggiamenti opportunistici, non meno degli intellettuali che lo rappresentava politicamente nelle istituzioni?

Esiste una condizione sociale che "di per sé" possa favorire degli atteggiamenti rivoluzionari? No, non esiste. Esistono soltanto delle condizioni sociali che, meglio di altre, possono indicare la necessità di un ribaltamento del sistema, quando il sistema dimostra di non essere in grado di risolvere alcun vero problema sociale. Ma per compiere il ribaltamento occorrono ideali, chiarezza negli obiettivi finali, capacità organizzative, grande spirito di sacrificio, grande flessibilità nel mutare la tattica quando le circostanze lo richiedono.

Lenin infatti dice che il proletariato industriale va "guidato" dal partito comunista, cioè va guidato da "intellettuali", le cui origini possono essere operaie, contadine, piccolo-borghesi.... Si tratta comunque di intellettuali che non svolgono più un mestiere "produttivo", secondo i parametri del capitale. Sono intellettuali che vivono in maniera separata dal mondo del lavoro vero e proprio. Intellettuali del genere dovrebbero chiedersi se la loro condizione va considerata "normale" o soltanto "provvisoria".

Una cosa, infatti, è organizzare le masse proletarie per abbattere il sistema; un'altra, completamente diversa, è vivere una condizione oggettivamente "alienante", dopo aver abbattuto il sistema. Il socialismo democratico deve assolutamente superare la divisione tra lavoro manuale e lavoro intellettuale. Tutti devono essere messi nelle condizioni di svolgere entrambe le attività. La cultura è una riflessione sopra un'esperienza in atto, in cui il soggetto che pensa e che agisce è sempre lo stesso. Non possono essere due persone diverse.

Alla fine della sua vita Lenin era arrivato alla conclusione che il modo migliore per edificare il socialismo era quello di tenere strettamente uniti gli interessi degli operai con quelli dei contadini. Non arrivò mai a pensare che la separazione della città dalla campagna, dell'industria dall'agricoltura costituisse una forma di alienazione. L'alleanza doveva servire per abbattere lo sfruttamento dei capitalisti e dei grandi proprietari fondiari. Non era previsto il superamento di quegli assurdi agglomerati urbani che vivono sulle spalle del mondo rurale (che oggi coincide soprattutto col Terzo mondo); né mai il partito pensò che la crescente industrializzazione sarebbe stata l'elemento più nocivo per l'ambiente. Lenin era convinto che senza sviluppo dell'industria, la Russia sarebbe diventata una colonia dei Paesi capitalistici più avanzati, e su questo era impossibile dargli torto.

*

Perché Lenin sosteneva che "solo" il proletariato urbano industriale poteva emancipare i contadini dall'oppressione dei capitalisti e degli agrari? Le motivazioni erano più di una.

1. Fino alla rivoluzione d'Ottobre i contadini non erano riusciti a emanciparsi in maniera convincente da nulla di serio. L'abolizione del servaggio fu semplicemente un inganno (servì soltanto a favorire, in maniera irreversibile, lo sviluppo del capitalismo nelle campagne). La rivoluzione più importante, compiuta dal mondo rurale, era stata quella del 1905, che fu fallimentare. I contadini giunsero al potere solo alleandosi con gli operai delle città.

2. Gli operai si sono rivelati più capaci di compiere la rivoluzione non solo perché erano assolutamente nullatenenti (come i braccianti agricoli), ma anche perché più disciplinati, essendo concentrati nelle aziende industriali delle città (non erano sparpagliati in grandi distese di terra, dove i contadini facilmente si accontenterebbero di un lotto in proprietà).

3. Al tempo dei populisti i contadini s'illudevano di poter impedire al capitalismo di penetrare nelle campagne, grazie alla presenza della *comune agricola*; poi, quando hanno visto che ciò non era possibile, hanno cominciato ad assumere atteggiamenti borghesi, producendo prevalentemente per il mercato. I contadini imborghesiti erano rappresentati politicamente dai socialisti-rivoluzionari, che chiedevano ai contadini di

lottare soltanto per avere riforme socialiste nell'ambito del capitalismo.[29]

4. I contadini non sono mai stati capaci di rompere con le tradizioni religiose. La sudditanza nei confronti della Chiesa, ch'era un grande possidente fondiario, è sempre stata netta.

5. I contadini hanno una cultura di basso livello, in quanto si affidano di più alle tradizioni di usi e costumi trasmesse oralmente. Non hanno una visione d'insieme della società, dei suoi problemi di fondo.

6. Per migliorare il loro tenore di vita i contadini hanno bisogno di macchinari prodotti nelle industrie urbane.

7. A queste motivazioni possiamo aggiungere la seguente, senza tema d'essere smentiti: nessun leader politico dei contadini ebbe mai delle capacità minimamente paragonali, sul piano tattico e strategico, a quelle di Lenin.

Cosa c'era di sbagliato in tutto questo? Considerando che la Russia era circondata da Paesi capitalistici fortemente industrializzati e militarizzati, Lenin aveva ragione al 100%. Considerando invece che la vita urbana è una forma di "alienazione" e che l'attività industriale è causa di tutte le devastazioni ambientali del pianeta, le tesi di Lenin oggi sono superate, ma non fino a quando esisteranno Paesi industrializzati e militarizzati, intenzionati a occupare territori altrui.

Per rinunciare alle città e all'industria, bisogna prima che esista un *totale disarmo*, in maniera tale che nessun Paese abbia la capacità di occuparne un altro. La sicurezza reciproca può essere garantita solo dalla reciproca volontà di eliminare tutte le armi offensive, in primo luogo quelle di sterminio di massa, poi tutte quelle che possono essere usate a distanza, senza che permettano un confronto diretto, fisico, con l'avversario. Sia le armi di sterminio che quelle a distanza impediscono a chi le usa di assumersi delle responsabilità personali, per cui vanno considerate altamente pericolose non solo sul piano fisico, ma anche e soprattutto su quello *etico*. Sono armi *disumanizzanti*.

Bisogna concepire le armi solo come *strumento di difesa*, non di attacco. Le uniche armi di attacco che possono essere tollerate sono quelle per la caccia e la pesca. È evidente però che la rinuncia alle armi offensive può essere fatta solo se si rinuncia a praticare l'*antagonismo so-*

---

[29] Dovendo scegliere tra le concezioni agrarie dei populisti e quelle dei socialisti-rivoluzionari, Lenin non aveva dubbi nel preferire le prime, non foss'altro perché venivano espresse in un periodo storico in cui il capitalismo non aveva ancora condizionato così pesantemente tutta la vita della Russia. Tant'è che le opere da Herzen in poi le definisce "una grande pagina del pensiero sociale", mentre quelle dei socialisti-rivoluzionari sono soltanto opere piccolo-borghesi, per molti versi reazionarie, in quanto "eludevano il movimento operaio". Cfr vol. XL delle *Opere complete*, cit.

ciale. Finché esistono proprietà privata, lotte di classe, differenze di casta, discriminazioni di genere e ogni altra forma di individualismo, di sopraffazione e di sfruttamento, non è possibile pensare al disarmo.

Chi dispone di armi di sterminio di massa, che può lanciare a distanza, tenderà facilmente a pensare che, usandole per primo, il nemico non avrà il tempo per reagire. Ma è un'illusione, poiché armi del genere possono essere collocate (grazie p.es. ai sottomarini o ai satelliti) in qualunque parte del pianeta, persino nello spazio cosmico. Sarebbe meglio rinunciare preventivamente a qualunque arma di sterminio, in maniera concordata, cioè sottoponendosi a controlli reciproci. Questo sarebbe già un grande passo avanti per la sicurezza generale del pianeta. Il passo successivo sarebbe quello di rinunciare ai missili intercontinentali, soprattutto se a testata nucleare.

Solo l'idea di poter usare armi del genere, nel caso in cui scoppi una guerra, va considerata profondamente *immorale*, in quanto con esse è impossibile distinguere i civili dai militari, i possibili alleati dai nemici sicuri, i bambini "innocenti" dagli adulti "colpevoli", quelli che fomentano la guerra da quelli che la subiscono... Quali distinzioni si possono fare al buio? Quali si sono potute fare sganciando le bombe su Hiroshima e Nagasaki? Sono armi fabbricate appositamente per colpire in maniera indiscriminata, alla cieca, intere popolazioni, devastando completamente l'ambiente in cui vivono. Sono armi *genocidarie*, le più criminali che l'umanità abbia mai inventato. Sono armi prive di qualunque logica, poiché, inquinando completamente l'ambiente, cioè rendendolo del tutto invivibile a causa delle radiazioni, non permetterebbero al Paese che le ha usate di occupare i territori del nemico. Sono armi economicamente assurde anche per gli alti costi di produzione, di manutenzione e di controllo. Persino lo smantellamento risulta enormemente oneroso, poiché non si sa come eliminare le sostanze nocive che sono state usate per produrle.

Primo punto

La cosa strana – detta al primo punto dei nove di queste *Tesi agrarie* – è che, pur trattando della condizione dei contadini, Lenin sostiene ch'essi non sono in grado, da soli, di liberarsi dallo sfruttamento dei latifondisti e dei capitalisti. Hanno bisogno del proletariato urbano e industriale, che pur egli ha criticato a più riprese, nel corso della sua esistenza, a causa del fatto che, grazie all'imperialismo, poteva fruire di notevoli agevolazioni, sconosciute ai piccoli contadini e ancor meno ai braccianti agricoli.

Per di più in Russia tale proletariato industriale era, rispetto all'insieme della popolazione, un'infima minoranza, presente solo nelle città principali della Russia europea. I contadini, divisi in varie categorie sociali, rappresentavano invece l'immensa maggioranza di questo Paese tradizionalmente agricolo, che si era industrializzato solo alla fine dell'Ottocento, in concomitanza con la fine del servaggio (1861).[30] Senza l'appoggio dei contadini, intenzionati assolutamente ad avere la terra in proprietà, gli operai non sarebbero riusciti ad abbattere il potere della borghesia, e tanto meno a vincere le potenze imperialistiche che sostenevano la controrivoluzione interna, avendo esse come obiettivo quello di suddividere quell'immenso territorio in varie colonie.

Il ragionamento che fa Lenin deriva da quello di Marx: siccome gli operai sono assolutamente dei nullatenenti, i loro interessi coincidono con quelli più radicali della stragrande maggioranza dei lavoratori. Gli sfruttatori, in fondo, sono sempre una insignificante minoranza. Gli operai non devono difendere alcuna proprietà privata, ma solo il loro salario, di cui però vogliono liberarsi, poiché ogni lavoro salariato è indice di sfruttamento.

Ma perché non dice subito la stessa cosa dei braccianti agricoli? Cioè di quanti erano privi di qualunque proprietà privata? Perché non mettere sullo stesso piano l'operaio della fabbrica con l'operaio della terra? Non aspirano forse entrambi a una medesima emancipazione dalla schiavitù salariata? Non è forse umiliante per un contadino sentirsi dire, dopo che ha permesso all'operaio di realizzare la rivoluzione, che "soltanto il proletariato industriale urbano, diretto dal partito comunista, può emancipare le masse lavoratrici delle campagne..."? Quindi, queste ultime, da sole, non riuscirebbero a farlo? Dovranno sempre dipendere dalla volontà "dirigenziale" degli operai e del loro partito? Lenin stava esprimendo un giudizio di strategia politica definitiva, che avrebbe avuto una valenza anche per il futuro, oppure il suo era soltanto una considerazione storica maturata osservando i fatti del passato?

In altre parole, perché manifestare una sicurezza del genere quando, nello stesso punto, afferma che quegli operai che "pensano soltanto ai loro interessi di categoria, sono i peggiori nemici del socialismo"? Non vi è forse del "paternalismo" in questo modo di ragionare? Si ha cioè l'impressione che Lenin consideri il partito comunista

---

[30] Nell'Ottocento l'economia russa si fondava soprattutto sull'esportazione di prodotti agricoli e di materie prime. Le regioni industriali includevano Mosca, le regioni centrali della Russia europea, San Pietroburgo, le città del Baltico, la Polonia russa, alcune aree lungo il corso del basso Don e del Dnepr e le regioni a sud degli Urali. Nel 1890 gli operai erano circa 1.400.000, di cui la maggior parte impiegata nell'industria tessile. Tra il 1860 e il 1890 la produzione annuale di carbone aumentò di circa il 1200% e la produzione di ferro e acciaio fu più che raddoppiata, soprattutto per lo sviluppo delle ferrovie.

come un padre con due figli: uno fa l'operaio, l'altro il contadino. Dei due preferisce il primo, perché lavora nell'industria, che è fonte di ricchezza per il Paese, e poi perché è meglio disciplinato e non ha idee religiose. Il secondo invece vive una condizione molto arretrata sotto tutti i punti di vista, ha atteggiamenti anarchici, capisce assai poco di tecnologia e nutre idee religiose, tant'è che la sua massima aspirazione sarebbe quella di avere un lotto di terra in proprietà, per sé e per la sua famiglia.

Tuttavia, anche il primo figlio, quando ottiene salari significativi (che l'industria, peraltro, può permettersi), tende ad assumere atteggiamenti egoistici. Per evitare ciò – sembra dire Lenin –, sarà il partito comunista a indicargli la strada giusta. Cioè, guardando i tre soggetti che han compiuto la rivoluzione russa: gli operai delle fabbriche, i contadini della terra, gli intellettuali del partito, questi ultimi sembrano essere i più importanti di tutti. Son loro ad aver chiaro l'obiettivo finale, gli interessi della società in generale, le priorità assolute... È normale questa scelta di campo? Sembrano essere soltanto i politici di professione, guidati da un ideale di giustizia rivoluzionario, gli unici a poter garantire che né gli operai né i contadini si chiuderanno nei loro interessi egoistici. È sufficiente un'impostazione del genere per porre le premesse di un superamento della divisione tra lavoro manuale e lavoro intellettuale? o della divisione tra città e campagna?

Ricordiamo qui che le suddette *Tesi* si rivolgono anzitutto ai partiti comunisti della III Internazionale, che devono sentirsi in competizione radicale coi partiti socialisti e socialdemocratici della II Internazionale, i quali hanno sempre difeso gli interessi di operai e di contadini non rivoluzionari. Lenin sta dicendo che l'unico vero soggetto rivoluzionario è il *partito comunista*, il quale deve tenere a freno le tendenze opportunistiche degli operai, che, avendo salari molto più alti, si sentono dei privilegiati rispetto ai braccianti agricoli.

Questo partito ha altresì il compito di convincere i contadini che, senza l'aiuto decisivo degli operai, non sarebbero mai riusciti a ottenere in proprietà la terra. Ciò è stato dimostrato non solo dal fallimento pratico dell'abolizione del servaggio, ma anche dal fallimento della rivoluzione del 1905. I contadini hanno dimostrato di non essere capaci di emanciparsi da soli. È stata la *storia* a decidere che il loro ruolo politico era meno importante di quello degli operai.

In Russia, nei momenti decisivi, il partito che rappresentava gli interessi dei contadini (il socialista rivoluzionario, ex-populista) si è sempre messo dalla parte della borghesia rurale. Il che fa pensare che tale partito non avesse come punto di riferimento privilegiato i braccianti agricoli, cioè i contadini salariati, ma esclusivamente gli agricoltori che già disponevano di proprietà privata. Questo partito è sempre stato detestato da Lenin, non meno dei socialisti riformisti, che negli ambienti urbani si chiamavano "menscevichi": anche questi, nei momenti più drammatici della rivoluzione russa, parteggiarono sempre per gli interessi della piccola e media borghesia. Menscevichi e socialisti-rivoluzionari si misero fuori da soli dalla dialettica politica del socialismo sovietico. Tutti i problemi successivi alla loro autoliquidazione, si presenteranno all'interno del solo partito comunista, e saranno sempre attinenti ai rapporti, mai risolti, tra industria e agricoltura.

Lenin era un intellettuale colto, urbanizzato, della piccola-borghesia, che avrebbe dovuto fare l'avvocato. Invece, per motivi ideali, si mise dalla parte del proletariato industriale e divenne un politico rivoluzionario comunista, seguace del socialismo scientifico di Marx ed Engels, debitamente reinterpretato, rispetto alle versioni opportunistiche, politicamente riformistiche, dei dirigenti del socialismo europeo. Una delle differenze di sostanza tra lui e i principali dirigenti della II Internazionale stava anche nel fatto che Lenin non nutriva alcun disprezzo per i contadini, per quanto li giudicasse culturalmente arretrati. Anzi, era convinto che, senza il loro appoggio, sarebbe stato impossibile non solo fare la rivoluzione, ma anche conservare il potere politico (cosa che lui riteneva ancora più difficile, soprattutto in un Paese arretrato come la Russia). Era convinto che, in virtù di tale alleanza, non ci sarebbe stato bisogno di concedere nulla alla borghesia industriale delle città. Neppure Marx ed Engels erano stati così netti su questo punto, anche se Marx aveva speso parole favorevoli a una transizione dal feudalesimo al socialismo in Russia, sempre che ci fosse stato un aiuto sostanziale da parte di una contestuale rivoluzione operaia in Europa occidentale.

Anzi, Lenin era addirittura convinto che se anche si fosse concessa la terra in proprietà privata a tutti i piccoli contadini, nessuno escluso, togliendola ai grandi latifondisti, l'idea di socialismo, almeno nella fase iniziale della transizione, non avrebbe subìto alcun danno. In questa *flessibilità tattica* era difficile trovare qualcuno che potesse stargli alla pari. Rispetto al leninismo, lo stalinismo rappresenterà non due ma duecento passi indietro.

L'idea ch'egli aveva di "avanguardia del proletariato", che tale doveva essere nei confronti di tutti i lavoratori, era assolutamente originale. I teorici della II Internazionale non ritenevano gli operai un'avanguardia, in quanto solo gli intellettuali potevano esserlo. Gli operai non erano sufficientemente colti per svolgere il ruolo prestigioso, impegnativo, di "avanguardia". Questa sfiducia nei confronti del ruolo del proletariato si rifletteva, nei teorici suddetti, in due gravi manchevolezze, che rendevano impossibile lo svolgimento di una strategia davvero rivoluzionaria. La prima consisteva nel fatto ch'essi ritenevano il parlamento il luogo principale, anzi privilegiato, per discutere di "socialismo"; la seconda era correlata a questa: ritenevano che per realizzare una transizione socialista si dovesse prima ottenere una maggioranza parlamentare in seguito a libere elezioni politiche.

I teorici della II Internazionale non prevedevano un lavoro "illegale", clandestino, del partito; sicché per loro non aveva senso considerare il proletariato industriale un'*avanguardia politica*. Al massimo poteva essere considerato una avanguardia *economica* o *tecnologica*, in quanto era occupato nel settore che più e meglio garantiva la ricchezza di una nazione. Di sicuro tutti i partiti socialisti europei consideravano gli operai all'avanguardia rispetto agli agricoltori, anche nel caso in cui questi avessero adottato dei macchinari usciti dalle industrie urbane.

Lenin invece faceva ragionamenti molto diversi. Per lui non esisteva solo il parlamento, ma anche la *piazza*; non esistevano solo le istituzioni statali, ma anche la *società* nel suo complesso, e nella società non esistevano solo le cooperative, i sindacati e le casse di mutuo soccorso, ma anche tutta un'attività illegale, clandestina, fuori dal controllo delle istituzioni borghesi. Un partito che vuole davvero rovesciare il sistema deve essere pronto a tutto, anche a entrare nella clandestinità, se viene seriamente minacciato. La carcerazione andava considerata una disgrazia, non un titolo di merito di cui vantarsi, anche se, non per questo, bisognava cercare di evitarla assumendo comportamenti opportunistici. Entrando nella illegalità è evidente che non ha alcun senso cercare preventivamente una maggioranza parlamentare per poter realizzare la rivoluzione.

Essere un'avanguardia significa cercare il consenso popolare (quello dei lavoratori sfruttati) ovunque sia possibile, persino tra le forze armate (p.es. tra i semplici soldati). Per Lenin la maggioranza andava conquistata soprattutto fuori del parlamento, anche perché con quella maggioranza la prima istituzione che si doveva eliminare era proprio il parlamento.

Secondo punto

Il punto 2 è la testimonianza più eloquente di quanto profonde fossero in Lenin le conoscenze del mondo rurale. È infatti in grado di classificare i piccoli contadini in tre gruppi principali, coincidenti con quelli che hanno appoggiato la rivoluzione bolscevica, e che "costituiscono, nel loro insieme, la maggioranza della popolazione rurale in tutti i Paesi capitalistici".

Si faccia ora attenzione alla tipologia di questi gruppi, perché poi, nel punto successivo, ne aggiungerà altre. Qui non dobbiamo aspettarci particolari dati numerici o statistiche, poiché queste tesi sono state scritte in fretta e si presentano soltanto come una "bozza".[31] Scritte nel giugno 1920, furono approvate, con vari emendamenti, al II Congresso del Komintern il 4 agosto successivo. Noi non disponiamo della versione finale.

Si noti la singolarità con cui Lenin stila, in ordine d'importanza, l'elenco dei gruppi di contadini: non parte da quelli più ricchi ma da quelli più poveri. "**In primo luogo** il proletariato agricolo, i salariati (a giornata, a stagione e ad anno)....". Questi salariati, totalmente privi di proprietà, non costituiscono semplicemente un "gruppo" o una "categoria", ma proprio una "classe". E Lenin precisa che sono una classe "indipendente e distinta dagli altri gruppi della popolazione agricola". Oggi potremmo dire che assomigliano agli immigrati africani che nel periodo estivo vengono a lavorare la terra in Italia. Sono i più poveri in assoluto. È molto difficile incontrare questa tipologia di lavoratore agricolo non immigrato nell'odierna Unione Europea. Sicuramente oggi essa è molto più presente nei Paesi del Terzo mondo, e altrettanto sicuramente si può pensare ch'essa costituisca il nucleo principale dei flussi migratori di massa verso i Paesi avanzati.

Un secolo fa, invece, in Russia, Paese agricolo per eccellenza, i contadini appartenenti a questa classe, disposti a fare qualunque mansione agricola, in qualunque momento dell'anno e per qualunque salario, dovevano essere piuttosto numerosi. Lenin mette questa classe al primo posto, dicendo che per i partiti comunisti di tutto il mondo è "un compito *fondamentale*" (il corsivo è suo) attrarla nelle loro file. Lo dice perché sa benissimo che se a questa classe si garantisce un lotto sufficiente per poter vivere, senza essere costretta a lavorare dietro un compenso da fame, è impossibile ch'essa non approvi la rivoluzione comunista.

Quale altro partito ha mai garantito una cosa del genere a questi lavoratori? Qui forse qualcuno potrà pensare che Lenin ragionasse in questi termini secondo motivazioni di pura tattica politica. Il fatto è però che col *Decreto sulla terra* (così tanto criticato dalla rivoluzionaria Rosa Luxemburg) mantenne la promessa. Il suo obiettivo era quello di eliminare la necessità di dover sottostare a un lavoro salariato per mancanza di proprietà. Che poi tale proprietà il partito fosse stato costretto a ripartirla secondo una gestione privatistica e non ancora esclusivamente collettivistica, è un altro discorso. Lenin doveva tener conto del livello di maturità

---

[31] Sembra che Lenin, almeno dai pochi dati che riporta, abbia maggiore contezza dei contadini residenti nell'Europa occidentale (tant'è che parla di quelli tedeschi, francesi e austriaci) piuttosto che di quelli russi. Ma è probabile che ciò sia dovuto al fatto d'aver subìto un lungo periodo d'esilio. Finché poté restare in Russia, le conoscenze del mondo agricolo erano tutt'altro che limitate.

delle masse. Era convinto che, col tempo, sulla base dell'esempio, guardando i risultati raggiunti, tutti i contadini sarebbero arrivati a capire che una gestione collettiva delle terre sarebbe stata più conveniente di una di tipo familiare. L'importante era non procedere a tappe forzate, costringendoli a fare delle scelte contro la loro volontà (che è poi quello che lo stalinismo non saprà fare).

Nel **secondo gruppo** vi sono "i semiproletari o contadini parcellari, che si guadagnano la vita in parte lavorando a salario nelle aziende capitalistiche agricole e industriali e in parte coltivando un piccolo appezzamento di terra di loro proprietà o preso in affitto, che dà loro soltanto una piccola parte dei viveri necessari al sostentamento delle loro famiglie".

Anche questo gruppo non è più oggi così rilevante nell'Europa capitalistica. Chi non possiede un lotto sufficiente per campare, preferisce cambiare decisamente lavoro, diventando operaio o impiegato o commerciante. Se il piccolo lotto l'aveva in proprietà e aveva possibilità di non venderlo, l'ha trasformato, una volta cambiato lavoro, in un semplice orto per la stagione estiva.

Oggi il contadino che dispone di un lotto di terra in proprietà o in affitto e che va a lavorare saltuariamente presso terzi (p.es. come potatore o innestatore di piante), lo fa soltanto per arrotondare il proprio reddito, non perché ne ha assolutamente bisogno. Al tempo di Lenin, invece, questi lavoratori vivevano una situazione "molto pesante", per cui sarebbe stato facile convincerli ad appoggiare la rivoluzione: ne avrebbero tratto un vantaggio "immenso e immediato". Peraltro egli considerava questo gruppo molto più numeroso dell'altro, ma non così tanto da rendere irrilevante la consistenza dell'altro gruppo, come invece vorrebbero far credere – è sempre lui a dirlo – i socialisti aderenti alla II Internazionale.

Il **terzo gruppo** è inerente sempre ai "piccoli contadini, cioè i piccoli agricoltori che hanno in proprietà o in affitto piccoli appezzamenti di terra, da cui ricavano di che soddisfare i bisogni della loro famiglia e della loro azienda, senza ricorrere all'impiego di manodopera salariata".

Qui Lenin parla di "azienda", quindi si tratta di agricoltori che producono per il mercato (ovviamente le derrate più richieste, le monocolture o quelle su cui possono speculare). Difficile capire *quanto* fossero "piccoli" i loro lotti. Agricoltori del genere, le cui famiglie campano senza fare lavori extra presso terzi, oggi dovrebbero avere un bel po' di ettari a disposizione, diciamo almeno una decina. Parlando, al punto 4, dei "contadini medi", Lenin, nel fare riferimento a quelli tedeschi, afferma che possedevano nel 1907 da 5 a 10 ettari.[32]

Tuttavia Lenin li definisce ugualmente "piccoli", forse a motivo del fatto che, coi loro redditi, non erano in grado di assumere del personale, neppure avventizio. D'altra parte le famiglie, quella volta, erano numerose e non assurdamente nucleari come oggi.

Ora, per quale motivo questa terza tipologia di agricoltori diretti avrebbe dovuto appoggiare la rivoluzione? Qui Lenin indica ben quattro motivi:

1. l'esenzione sia dal pagamento del canone d'affitto (ovviamente nel caso in cui la terra non fosse in proprietà) che dalla consegna della quota-parte del raccolto ai grandi proprietari terrieri. Questo perché i latifondisti sono stati espropriati dai bolscevichi. Singolare che Lenin metta una "e" tra le due forme di "tributo" e non una "o" disgiuntiva. *Rebus sic stantibus*, questa tipologia di agricoltori era abbastanza precaria. Il proprietario poteva aver assegnato a una famiglia di fittavoli anche più di 10 ettari, ma è indubbio che una famiglia del genere, vincolata a un contratto d'affitto che somiglia a quello mezzadrile, ha sempre il timore di non poterlo onorare e di poter quindi essere sfrattata. Non dimentichiamo che le rese agricole dipendevano molto dalle condizioni climatiche: bastava poco per finire in miseria (ancora oggi, per certi versi, è così).

2. L'abolizione dei debiti ipotecari. Questa cosa, se si voleva garantire un minimo di sicurezza, non poteva che essere molto apprezzata da tutti gli agricoltori. Certo, chi vive in affitto è difficile che abbia un patrimonio sufficiente per ipotecare qualcosa, ma chi è proprietario e che, per un qualche motivo (siccità, imprevisti di mercato, epidemia...), si trova improvvisamente in serie difficoltà, può arrivare ad affidarsi a banche o usurai, ipotecando i propri beni.

3. L'abolizione delle diverse forme di oppressione economica e soggezione ai grandi proprietari terrieri (diritti di uso dei boschi, ecc.). Qui Lenin si sta riferendo ai vergognosi retaggi feudali che dai tempi dell'abolizione del servaggio non erano ancora stati eliminati. Non era questione solo di "boschi"; in quell'"eccetera" potevano essere inclusi i laghi, gli stagni, le paludi, persino certi tratti di fiumi, i campi aperti per il

---

[32] Nel testo *A proposito della cosiddetta questione dei mercati*, del 1893 (vol. I delle *Opere complete*, Editori Riuniti, Roma 1955) Lenin afferma: "nel governatorato della Tauride la famiglia contadina, per vivere esclusivamente della sua azienda agricola indipendente, senza ricorrere alla cosiddette 'occupazioni ausiliarie', deve avere 17-18 desiatine di seminativo", cioè verso la fine dell'Ottocento, dopo l'abolizione del servaggio, occorrevano circa 17-18 ettari per essere autosufficienti. "Nel gruppo agiato sono comprese le famiglie con seminativi superiori a 25 desiatine...": questa era la borghesia agraria, in grado di assumere operai salariati.

pascolo di talune mandrie, ma anche il sottosuolo, e persino i ponti e i mulini...: in una parola tutto quanto un tempo era di uso comune e nessuno poteva rivendicarlo come una "proprietà privata".

4. Un aiuto immediato da parte del potere statale proletario per la conduzione dell'azienda privata, quanto ad attrezzi agricoli, fabbricati espropriati ai capitalisti, uso delle cooperative secondo finalità incompatibili con gli interessi degli agrari capitalisti.

La terza tipologia di agricoltori era abbastanza temuta da Lenin, poiché egli pensava che se fosse stata troppo aiutata dallo Stato, avrebbe potuto sentirsi rafforzata nel proprio atteggiamento borghese, cioè potrebbe potuto approfittarne, essendo già abituata alla speculazione. Confidava però nel fatto che, una volta espropriati con decisione i grandi proprietari terrieri, questo gruppo sarebbe stato più attento al modo di comportarsi. D'altra parte, secondo Lenin, non si poteva fare diversamente: prima di realizzare il vero socialismo democratico occorre un periodo di transizione.

Terzo punto

Qui Lenin afferma che le tre suddette tipologie di classi contadine hanno dimostrato di saper sostenere energicamente il proletariato industriale soltanto *dopo* averlo visto giungere al potere nelle grandi città e soprattutto nella capitale dello Stato; soltanto *dopo* averlo visto reprimere i grandi proprietari terrieri e i capitalisti. E questo nonostante che il programma rurale dei bolscevichi fosse nettamente a favore delle tre suddette tipologie di classi contadine, anche prima della rivoluzione, e pur avendo il partito compiuto una grande opera di "agitazione, propaganda e organizzazione in seno alla popolazione povera delle campagne".

Questo per dire che la rivoluzione, per essere fatta, non ha bisogno del consenso della stragrande maggioranza dei lavoratori, ma di sicuro ha bisogno del consenso esplicito della grande maggioranza dei lavoratori più consapevoli sul piano ideologico e più importanti su quello economico (che Lenin, con un termine militare, chiama "avanguardia"), e ha altresì bisogno del consenso implicito, indiretto, della maggioranza di un'altra tipologia di lavoratori, quelli che vivono nelle campagne, che in quel momento, in Russia, erano numericamente enormi. Per ottenere tale consenso il partito ha dovuto lavorare molto, a differenza di tutti i partiti della II Internazionale, preoccupati soltanto di trovare dei compromessi con la borghesia, "compresi i contadini ricchi e medi".

Grazie a queste parole appare quindi chiaro il motivo per cui in Europa occidentale il socialismo scientifico sia fallito nella prassi: è stato per colpa del suo riformismo politico ad oltranza, conseguente al fatto ch'era corrotto sul piano economico. Lenin stava sostanzialmente dicendo che là dove il capitalismo è maturo, grazie allo sviluppo di una potente rivoluzione tecnologica, correlato a un enorme sviluppo della proprietà privata dei gruppi industriali, chi professa idee socialiste tende facilmente a corrompersi.

Dunque come sperava Lenin di evitare questo disastro morale, una volta sviluppata in Russia la medesima rivoluzione tecnico-scientifica? Secondo lui esisteva un unico modo: *socializzare tutta la proprietà*, rispettando i tempi della necessaria transizione. Cioè occorreva fare in modo che la proprietà privata dei capitalisti e dei latifondisti venisse completamente e immediatamente espropriata, e che, nel contempo, quella dei contadini medi e ricchi non potesse giocare un ruolo di rilievo, pericoloso per le sorti della rivoluzione.

Quarto punto

Qui Lenin parla dei *contadini medi*. Con questo termine egli intende una figura molto precisa: i piccoli agricoltori che hanno in proprietà o in affitto dei piccoli appezzamenti di terra (5-10 ettari), dai quali riescono a ottenere, nelle buone annate, una certa eccedenza che si trasforma in capitale. Questi contadini possono ricorrere all'impiego di manodopera salariata.

Lenin non si aspettava un appoggio alla rivoluzione da parte di questo strato di contadini, però era convinto che chi di loro possedeva la terra solo in affitto (o era comunque stato costretto a contrarre debiti di una certa entità), non avrebbe ostacolato la rivoluzione se gli si fosse garantita la soppressione del canone d'affitto e/o delle ipoteche.

Sarebbero bastate queste misure per neutralizzare la tendenza alla speculazione commerciale di questi contadini? No. Su questo però Lenin dice un'altra cosa di cui lo stalinismo si farà beffe: "Il potere proletario non deve affatto realizzare, nella maggior parte degli Stati capitalistici, l'immediata e integrale abolizione della proprietà privata". Ovviamente sta includendo in questi Stati la Russia, e sta anche dicendo che nel caso in cui vi fosse una grande maturità politica, all'interno di qualche Stato (e tra questi – secondo lui – la Russia non vi era di sicuro), si sarebbe potuta eliminare la proprietà privata molto facilmente.

Come già detto, questo discorso ha come riferimento la situazione dei "contadini medi". Infatti poi aggiunge – a dir il vero in maniera un po' paradossale – che tali contadini hanno diritto a estendere i loro possedimenti prendendo in affitto altre terre. Vien da chiedersi a cosa stesse pensando con una proposta del genere. Probabilmente alle terre confiscate ai grandi latifondisti. Infatti, qualcuno dovrà pur lavorarle! Se sono confinanti a quelle dei contadini medi, perché mai lo Stato non dovrebbe cederle in affitto (almeno in parte)?

Si faccia ora attenzione a come conclude questo punto, e si comprenderà bene come il leninismo sia stato tradito, anche in questo aspetto, dallo stalinismo: "Il potere statale proletario dovrà realizzare il passaggio alla coltivazione collettiva della terra con la massima cautela e gradualità, con la forza dell'esempio, senza violenze di nessun genere contro i contadini medi". Si noti che non è stato scritto "con una *certa* cautela e gradualità", ma si è usato l'aggettivo "massima". Sarebbe stato infatti insensato crearsi dei nemici interni alla nazione quando lo si sarebbe potuto facilmente evitare. A chi è abituato a lavorare la terra in maniera individualistica o borghese, il cui potere economico non può costituire un serio pericolo per le sorti del socialismo, bisogna dimostrare con "la forza dell'esempio" che una gestione *collettiva* della terra è più conveniente, è più efficace di una a conduzione familiare.

Quinto punto

Qui Lenin parla del destino dei "contadini ricchi", che chiama, tra parentesi, non col termine russo "kulaki" (che userà solo al punto 8 e che molti delegati internazionali al Congresso conoscevano assai poco), ma col termine tedesco "Grossbauern" (a quel tempo in Germania ci volevano più di 100 ettari per rientrare in questa categoria).[33] Costoro sono "imprenditori capitalisti nell'agricoltura, che di regola conducono le loro aziende mediante l'impiego di operai salariati".

Ora, se si esclude questo aspetto economico, sembra – scrive Lenin – che non ci sia molta differenza tra loro e gli altri contadini. Infatti anche i contadini ricchi hanno "un basso livello culturale" e fanno i medesimi lavori fisici.[34]

Subito dopo scrive una frase che va interpretata: "È questo il più numeroso degli strati borghesi [sottinteso: quelli in generale dell'intera

---

[33] La categoria sociale dei kulaki nacque nel 1906, con la riforma agraria di Pëtr Stolypin sulla distribuzione delle terre. Essa prevedeva che le terre dello Stato potessero essere assegnate ai contadini, ma solo attraverso un pagamento. In questo modo i contadini poveri peggiorarono ulteriormente le loro condizioni di vita, poiché non poterono più accedere alle terre comuni per bisogni quali il pascolo, la legna, i frutti selvatici e la caccia. Stando a I. Deutscher (*Stalin*, Longanesi, Milano 1951), nel 1928 i capi famiglia kulaki erano tra 1,5-2 milioni, quelli contadini medi da 15 a 18 milioni, e quelli dei poveri da 5 a 8 milioni: in totale esistevano circa 25 milioni di famiglie di contadini individuali.

[34] A dir il vero nel testo vien detto che anche il proletariato industriale presentava una certa "debolezza culturale".

nazione, non ancora espropriati] decisamente e apertamente ostili al proletariato rivoluzionario". L'opposizione a tale strato sociale, cui Lenin dedica molto spazio nel testo, non doveva, secondo lui, prevedere la confisca delle terre, in quanto mancavano ancora le condizioni materiali, tecniche e sociali per "socializzare queste aziende", ma: 1) l'opera di persuasione nei confronti dei braccianti, affinché la smettano di farsi sfruttare; 2) il divieto di armarsi, pena la procedura d'ufficio della confisca.

Lenin fa altresì notare che questa categoria di contadini non sono ricchi parassiti, ma lavoratori che sfruttano altri lavoratori. Possono temere il potere proletario quando vedono che questo toglie ai capitalisti urbani la proprietà delle loro fabbriche. Possono temerlo quando vedono che immense proprietà sono state confiscate ai grandi latifondisti della nobiltà laica ed ecclesiastica.[35]

Sesto punto

In questo punto Lenin parla dei grandi proprietari fondiari, le cui terre vanno confiscate "subito e senza eccezioni", proprio perché essi "non prendono parte in alcun modo al lavoro effettivo e discendono per lo più dai signori feudali... o sono nel novero dei ricchissimi magnati della finanza...".

Si tratta quindi di individui parassiti, che non lavorano, ricchissimi, e che campano sfruttando esclusivamente il lavoro altrui. Le terre confiscate non possono essere soggette ad alcun indennizzo.[36] La proposta è molto semplice: le loro terre vanno redistribuite gratuitamente tra i piccoli e medi contadini, suddividendole in maniera equa, a meno che (questa la seconda proposta) non vengano gestite come "aziende statali",

---

[35] A. Solgenitsin, in *Arcipelago Gulag* (Mondadori, Milano 1975), sostiene che i contadini sterminati dallo stalinismo furono almeno una quindicina di milioni. Wiston Churchill, in *La seconda guerra mondiale* (Mondadori, Milano 1951), afferma che Stalin gli confidò di aver dovuto eliminare una decina di milioni di contadini. Ma molti studiosi ritengono che solo nell'Ucraina l'intera perdita di popolazione nel periodo 1929-39 sia stata di circa 4,6 milioni di individui. È noto che secondo Roy Medvedev (*Lo stalinismo: origini, storia, conseguenze*, Mondadori, Milano 1972; *Stalin sconosciuto*, Editori Riuniti, Roma 1980) le vittime "globali" dello stalinismo furono circa 40 milioni, che includono quelle dovute alla carestia provocata dalla collettivizzazione forzata e quelle della prima fase della Grande Guerra, in cui milioni di soldati e di civili rimasero senza direttive adeguate alla mercé delle armate naziste, anche grazie al tenace rifiuto di Stalin di credere ai molteplici annunci dell'aggressione imminente.

[36] Strano che Lenin non dica che debbono essere espropriati anche i loro conti correnti: non si erano forse già arricchiti abbastanza?

trasformando gli ex salariati dei latifondisti in operai pagati dallo Stato.

Siccome quando scrive, Lenin ha in mente la III Internazionale, si sente in dovere di dire che nei Paesi avanzati sarebbe meglio la seconda soluzione. È strano però che dica questo. Sembra che dia per scontato che nei Paesi capitalisti europei, nel caso in cui avvenga una rivoluzione analoga a quella bolscevica, dovrebbe essere più facile realizzare il socialismo. Eppure per molti anni della sua vita non ha fatto altro che contestare l'opportunismo e il revisionismo dei partiti della II Internazionale. O forse lo dice per far vedere, a chi lo contesterà (come p.es. Rosa Luxemburg) di non essere abbastanza coerente coi princìpi del socialismo scientifico (da lui stesso peraltro professati), che in un Paese arretrato come il suo non è possibile procedere se non con la prima soluzione, che comunque giudica transitoria.

In sostanza fa capire che se indubbiamente risulta vero che una grande azienda statale sarebbe più produttiva di una piccola azienda familiare, è anche vero che la rivoluzione deve trovare nei piccoli e medi contadini degli alleati sicuri, per cui si cercherà di favorirli, anche se questo dovesse comportare una resa minore nella produzione agricola. "L'essenziale è di abbattere gli sfruttatori", permettendo al contadino di lavorare per sé. Questo vale anche per il mezzadro o per il fittavolo, che non deve più sottostare a dei rapporti semi-feudali coi propri padroni terrieri.

In particolare le grandi aziende agricoli statali non solo dovranno consegnare allo Stato gran parte delle loro scorte, previa detrazione di quelle che servono a loro stesse per riprodursi, ma dovranno anche aiutare i piccoli contadini in maniera gratuita.

Lenin era un maestro assoluto nella *flessibilità operativa*. Chi pensa di trovare in lui una coerenza teorica astratta, perde il suo tempo. Nelle parole che dice sembra che non consideri negativamente neppure la proprietà privata in sé, ma solo l'uso che se ne fa, cioè lo sfruttamento del lavoro altrui.

Questa incredibile tattica, particolarmente versatile, malleabile, multiforme, risulterà del tutto sconosciuta allo stalinismo, soprattutto nel rapporto col mondo contadino. Si legga attentamente questa frase, così carica di premonizione: "I tentativi di passare prematuramente alla gestione statale delle grandi aziende agricole possono soltanto compromettere il potere proletario; e quando si creano delle 'aziende sovietiche', sono necessarie la massima prudenza e la più seria preparazione". Qui viene detto tutto il contrario di quel che farà lo stalinismo.

Tuttavia, a distanza di un secolo da questo testo, pensiamo che la differenza tra il leninismo e lo stalinismo non riguardi soltanto la tattica, cioè la capacità d'essere flessibili. La differenza sta anche nel fatto che nell'ambito di un socialismo maturo è molto probabile che Lenin avrebbe rinunciato anche all'idea di "aziende agricole *statali*", proprio perché in *Stato e rivoluzione* aveva detto, sulla scia di Marx ed Engels, che anche lo Stato, col tempo, doveva scomparire.

Un'azienda agricola statale doveva presupporre – secondo Lenin – "un proletariato rurale molto evoluto, consapevolmente rivoluzionario, con una buona educazione organizzativa, politica e professionale". È vero, ma un proletariato del genere che bisogno ha dello Stato? Non è forse in grado di *autogestirsi*? Non è forse in grado d'impedire da solo che si ripresenti lo sfruttamento del lavoro altrui? Non è forse in grado di capire da solo che una gestione collettiva della terra è più produttiva di una di tipo familiare?

Gli ultimi tre punti

Gli ultimi tre punti delle *Tesi* (7,8,9) sono dedicati all'edificazione del socialismo in generale. L'obiettivo principale di Lenin è quello di "persuadere con l'esempio i piccoli proprietari a passare, nel loro stesso interesse, alla grande agricoltura collettiva e meccanizzata".

Egli voleva introdurre nelle campagne i mezzi tecnici del capitalismo, proprio perché il fine ultimo era quello di far diventare la Russia un Paese in grado di difendersi da qualunque attacco straniero. E, secondo lui, non ci poteva essere alcun miglioramento qualitativo e quantitativo nelle campagne se non funzionava l'industria nelle città.

Oggi una posizione del genere, alla luce dei disastri ambientali causati dall'industrializzazione, va considerata superata. Tali disastri prescindono persino dalla presenza della proprietà privata o statale.

Lenin va superato non tanto nell'obiettivo di abolire la proprietà privata e lo sfruttamento del lavoro salariato, quanto piuttosto nel *modo* in cui farlo. La proprietà infatti non va statalizzata o nazionalizzata, ma soltanto *socializzata*. E bisogna lasciare alla *comunità locale* la responsabilità di decidere come gestirla.

È improponibile l'idea che la campagna si senta in obbligo di rifornire la città di derrate alimentari, chiedendo in cambio la migliore strumentazione tecnica con cui "sfruttare" la terra. Va completamente rimessa in discussione l'idea che debba esistere una campagna profondamente industrializzata, ovvero un obbligo etico ed economico della campagna nei confronti della città. La campagna ha piuttosto l'obbligo di uscire dal circolo vizioso secondo cui essa deve produrre cibo per ottenere macchinari con cui produrre sempre più cibo. Questo circolo vizioso nasce dal presupposto moderno, completamente sbagliato, secondo cui la città deve vivere separatamente dalla campagna, proprio perché la vita urbana è migliore di quella rurale, culturalmente più avanzata e altre amenità del genere. Il socialismo non può ereditare acriticamente queste idee tipicamente borghesi.

Una volta compiuta la rivoluzione, il mondo rurale non deve essere costretto a ricavare dalla città le indicazioni su come deve regolamentare se stesso, su quale deve essere il suo ruolo nell'ambito dell'intera nazione. Il mondo contadino deve sentirsi autonomo; semmai deve trovare un'intesa con gli altri protagonisti dell'alimentazione umana: allevatori, cacciatori, pescatori, conservatori e trasformatori delle derrate alimentari.

Se non si vuole che esista un mercato, in cui ognuno è libero di speculare sui prezzi delle merci, allora si deve arrivare a pensare che la presenza delle città sia piuttosto inutile, almeno dal punto di vista della sopravvivenza del genere umano. Si badi: questo non vuol dire ritornare alle idee della fisiocrazia, cioè al capitalismo agrario, ma proprio alle idee del *comunismo primitivo*, quello della *comunità locale autogestita*, basata su *autoproduzione* e quindi *autoconsumo*, disposta a barattare solo le eccedenze.

La città è del tutto superflua, anzi, sul piano meramente produttivo, è un parassita per la campagna. I contadini possono allearsi con gli operai per compiere la rivoluzione, che deve spazzare via la dipendenza dallo Stato e dal Mercato, ma, fatta quella, gli operai (che sono sempre stati ex-contadini) devono progressivamente tornare a lavorare nelle campagne. E, come loro, devono farlo gli impiegati, i burocrati, i militari, gli insegnanti, i professionisti, i politici..., in una parola chiunque viva in città a spese della campagna, chiunque accetti, in un modo o nell'altro, la separazione dell'attività manuale da quella intellettuale. In città non ci si deve andare per vivere, ma per organizzare incontri, per scambiarsi il surplus, per celebrare feste comuni... Non sono i contadini che han bisogno degli altri ma il contrario.

Sulla cooperazione

Lenin cominciò a studiare il problema della cooperazione nel 1918. Fino alla svolta della Nuova Politica Economica, egli ha sempre considerato "utopico" il socialismo cooperativistico. Il limite dell'"utopia" risiedeva – a suo giudizio – nella pretesa di poter realizzare la transizione dal capitalismo al socialismo senza "lotta politica della classe operaia per l'abbattimento del dominio degli sfruttatori" (così nell'art. *Sulla cooperazione*, scritto per la "Pravda" nel 1923). Lenin non ha mai accettato l'idea di poter utilizzare questa forma di socialismo per spingere le contraddizioni del capitalismo verso una soluzione socialista (che implicasse ovviamente anche la rivoluzione politica). Le energie impiegate per sviluppare la cooperazione in ambito capitalistico sarebbero state inevitabilmente tolte – secondo Lenin – alla causa rivoluzionaria vera e propria. La cooperazione poteva diventare utilissima dopo la rivoluzione, non prima. In caso contrario essa avrebbe finito coll'imborghesirsi, diventando una forma "socializzata" di produzione o di consumo capitalistici.

Negli anni del "comunismo di guerra" Lenin era prevalentemente interessato alle cooperative dei consumatori, che svolgevano la funzione di assicurare la distribuzione dei prodotti alimentari. Peraltro, in quegli anni, il termine "cooperazione" designava, il più delle volte, il sistema territoriale di razionamento (relativamente alla cooperazione massiccia e forzata tipica del "comunismo di guerra"). Mentre la vera cooperazione risiede – come noto – sul principio della partecipazione volontaria.

Lenin, tuttavia, fu sempre contrario all'idea di una cooperazione di produzione forzata nelle campagne. Lo attesta la risoluzione redatta per l'VIII Congresso del partito, relativa all'atteggiamento da tenere verso i contadini medi: "Nell'incoraggiare le cooperative d'ogni tipo, così come le comuni agricole dei contadini medi, i rappresentanti del potere sovietico non devono esercitare alcuna costrizione durante la loro creazione. Soltanto le associazioni dovute alla libera iniziativa dei contadini, hanno un qualche valore".

Negli anni immediatamente seguenti alla rivoluzione, la cooperazione non veniva identificata col socialismo. Questo era anche il frutto di un condizionamento ideologico. Molti bolscevichi infatti credevano che il comunismo si dovesse costruire velocemente, rifiutando le forme sociali ereditate dal passato. In pratica essi identificavano la *statizzazione* dei mezzi produttivi e della terra con la loro diretta, immediata, *socializzazione*.

Fu però la Nep a mettere in discussione questo schematismo. Lenin rivalutò la cooperazione quando s'accorse del fallimento del "comunismo di guerra", cioè quando costatò che il socialismo non poteva essere imposto in alcun modo, neanche avvalendosi delle situazioni più critiche e drammatiche. Nel suo articolo *Sulla cooperazione*, egli affermò che "ogni nostro punto di vista sul socialismo è radicalmente mutato". La cosa – a suo stesso giudizio – dipendeva dal fatto che si era spostato il "centro di gravità" dalla lotta politica per la conquista del potere, alla costruzione pacifica, culturale, del socialismo. Le cooperative, che nella fase *politica* non erano state considerate utili dal partito, ora, nella fase *culturale*, diventavano uno strumento fondamentale per la costruzione del socialismo. Pertanto – diceva Lenin – "nelle nostre condizioni, la cooperazione coincide interamente col socialismo": il socialismo cioè non è che "un regime di cooperatori colti", ovvero la sua realizzazione in Urss doveva per forza passare per la tappa della cooperazione. Questa tesi non venne capita a sufficienza dai leader del partito.

Nella cooperazione – diceva Lenin – "abbiamo trovato il modo di combinare l'interesse commerciale privato, da una parte, con il suo controllo statale, dall'altra, cioè il modo di subordinare l'interesse privato a quello generale". Già nello scritto del 1918, *Sull'infantilismo di sinistra e lo spirito piccolo-borghese*, egli aveva sottolineato che l'economia reale del periodo di transizione doveva necessariamente contenere elementi di socialismo e di capitalismo di stato. Questi elementi potevano anche avere degli aspetti in "comune", in quanto il socialismo non è che "l'assimilazione e l'applicazione, mediante l'avanguardia del proletariato al potere, di ciò che è stato creato dai trust". Anzi, secondo Lenin, certi processi manageriali e organizzativi della produzione capitalistica avrebbero potuto dimostrare veramente il loro potenziale soltanto sotto il socialismo. In questo stesso scritto, polemizzando coi comunisti di "sinistra", Lenin era arrivato alla formidabile intuizione – rimasta però quasi suo patrimonio esclusivo – che nessuna "nazionalizzazione" avrebbe potuto portare di per sé alla "socializzazione" dei mezzi produttivi.

Le forme collettive di realizzazione della proprietà presuppongono necessariamente una diversità d'interessi e di metodi, ovvero un sistema sociale ampiamente democratico e pluralistico. Le forze sociali devono cooperare tra loro. Di questo Lenin era perfettamente consapevole. Non a caso nei suoi ultimi interventi (soprattutto nel "testamento politico") egli mise l'accento sulle questioni della democrazia. Di fatto egli rivalutò la democrazia politica dopo averla vista realizzare sul piano economico, dopo essersi accorto che il centralismo del partito-stato rischiava, concedendo troppo all'autoritarismo, di minare le basi della Nep.

Anzi, la cooperazione, per l'ultimo Lenin, doveva essere una forma di positivo superamento della stessa Nep, poiché questa era stata concepita soltanto come una "concessione al contadino in quanto mercante, al principio del commercio privato". Attraverso la cooperazione – diceva Lenin – si poteva realizzare "quel grado di coordinazione dell'interesse commerciale privato con la verifica e il controllo da parte dello Stato, quel grado di subordinazione dell'interesse privato all'interesse generale". Ciò, in sostanza, significava che mentre con la Nep il partito era stato costretto a fare delle "concessioni" al contadino privato, con la cooperazione invece si sarebbe potuti arrivare "automaticamente" al socialismo.

Dov'era il limite di questo ragionamento, che pur in quel periodo superava di gran lunga quelli dei suoi compagni di partito? Nel fatto che si considerava la cooperazione un modo per realizzare al meglio il socialismo di stato e non un modo per superarlo. Per Lenin e per gli altri dirigenti di partito, non era lo Stato a doversi porre al servizio della cooperazione ma il contrario. La cooperazione cioè veniva considerata come un *mezzo* non come un *fine*: il fine era lo Stato socialista. L'interesse "generale" per Lenin poteva essere soltanto quello deciso dallo Stato. L'interesse generale della collettività locale era considerato alla stregua di un interesse "particolare", che andava appunto mediato dalla cooperazione per poter diventare "generale".

La cooperazione, per Lenin, non era ancora, e giustamente, "la vera costruzione della società socialista", poiché questa presuppone la fine della legge del valore, del denaro, del mercato, ecc., mentre la cooperazione continua ad avvalersi di queste cose. Sennonché, il rapporto Stato/cooperazione – nell'ottica di Lenin – doveva avvenire unicamente dall'alto al basso, per ritornare poi in alto. Lo Stato finanziava ciò che poteva incrementare i suoi poteri e solo il partito-stato avrebbe potuto stabilire quando la costruzione del socialismo sarebbe stata compiuta.

Nella seconda parte dell'art. *Sulla cooperazione*, Lenin specifica che esistevano in Urss diverse forme d'imprese produttive: 1) quelle capitalistiche private (sotto controllo statale e senza proprietà terriera), 2) quelle di tipo socialista conseguente (dove tutto è statalizzato), 3) quelle cooperativistiche (che erano collettive e non private come le prime, ma socialiste come le seconde, poiché terra e mezzi produttivi erano statali). Per Lenin dunque le cooperative erano tanto più socialiste quanto più assomigliavano alle aziende statali. Il carattere del "socialismo" era dato anzitutto dal monopolio statale della terra e dei mezzi produttivi, nonché dalla gestione collettiva dell'economia. Lo Stato non lasciava alla società il compito di decidere quale fisionomia dare al futuro socialismo.

Non solo, ma come lo Stato andava considerato superiore alla società civile, così la classe operaia andava considerata superiore a quella contadina, poiché i partiti operai rivoluzionari avevano conquistato il potere, mentre quelli tradizionalmente contadini non vi erano riusciti. Era dunque il partito-stato che, in nome del proletariato industriale, deteneva il monopolio dei mezzi produttivi, mediante il quale esso avrebbe consolidato l'alleanza operaio-contadina. In questa visione delle cose non c'è mai stato un rapporto paritetico tra operai e contadini. E inevitabilmente la superiorità politico-organizzativa dimostrata dal proletariato industriale nel corso della rivoluzione (la quale pur ottenne vasti appoggi dal mondo contadino) avrebbe rischiato, in ogni momento, d'essere ipostatizzata nel periodo post-rivoluzionario.

Probabilmente la scoperta più sensazionale che fece Lenin all'inizio degli anni Venti (testimoniata non solo dall'art. *Sulla cooperazione*, ma anche da quello contro il menscevico N. Sukhanov, *Sulla nostra rivoluzione*), è l'importanza fondamentale della "cultura", una volta compiuta la rivoluzione politica. Contro Sukhanov, Lenin difende la legittimità dell'Ottobre, dicendo che non si può aspettare che le masse abbiano un'elevata cultura prima di decidersi per la rivoluzione. Le rivoluzioni, infatti, scoppiano quando ve n'è la necessità, con o senza cultura di massa. Peraltro, afferma con acume Lenin: 1) non si può stabilire a priori il grado esatto di cultura, necessario a giustificare una rivoluzione (esso peraltro varia da nazione e nazione), e 2) è certamente indice di cultura volersi liberare con decisione degli sfruttatori, permettendo così a tutti di accedere alla cultura e al benessere.

In sostanza Lenin sosteneva che né Sukhanov né alcun altro aveva il diritto di contestare la legittimità dell'Ottobre, facendo leva sul basso livello culturale dei rivoluzionari russi. La legittimità dell'Ottobre stava unicamente nel fatto che la rivoluzione fu un movimento di vaste masse popolari e non un colpo di stato di pochi estremisti. Che poi i bolscevichi abbiano dato più peso alla politica che alla cultura, ciò andava considerato – diceva Lenin – come una mera contingenza storica, non come una legge del marxismo.

Lenin era disposto ad accettare delle contestazioni sul piano del merito, non su quello della legittimità. In effetti, nel tentativo di dare un risvolto democratico al processo post-rivoluzionario, egli riconosceva che il partito aveva commesso molti errori dovuti all'ingenuità, all'infantilismo di sinistra, alla fretta del "tutto e subito". D'altra parte se l'Urss stava diventando totalitaria, ciò non dipendeva solo da cause interne, ma anche dall'ostilità dell'Occidente capitalistico, che cercò immediatamente di rovesciare il nuovo potere in modo economico e militare. Lo sviluppo privilegiato dell'industria pesante fu determinato anche dalla paura di dover soccombere a un nuovo attacco dell'imperialismo. Lenin si rendeva perfettamente conto che il socialismo avrebbe potuto sopravvivere, sul piano economico, solo a tre condizioni: 1) sostenere l'azienda agricola in-

182

dividuale-familiare, 2) sviluppare la cooperazione a tutti i livelli, 3) risparmiare le risorse per sviluppare la grande industria, parallelamente a quella leggera (al fine di poter offrire delle merci ai contadini in cambio del grano).

Sempre relativamente al tema della cultura, Lenin era dell'avviso che per formare e sviluppare la cooperazione occorreva istruire i contadini circa i suoi vantaggi, creando un "commerciante intelligente e colto" (alla maniera europea, non asiatica). "Nelle nostre condizioni" – diceva Lenin – il sistema del socialismo è quello dei "cooperatori colti". La cultura era l'unico mezzo a disposizione, poiché la cooperazione aveva senso solo in quanto fenomeno volontario. Dato il basso livello di cultura del suo Paese, Lenin prevedeva di poter realizzare gli obiettivi nell'arco di "uno o due decenni, se tutto andava per il meglio". In realtà, egli sapeva che sarebbe occorsa un'intera epoca storica, però aveva fiducia che il socialismo avrebbe potuto accelerare i tempi.

Lenin non considerava anomalo il fatto che in Russia "il rivolgimento politico e sociale avesse preceduto quello culturale". Anzi, forse con eccessiva sicurezza, sosteneva che il contrario era "teoria da pedanti", in quanto con tutti i suoi rivolgimenti "culturali", l'Europa occidentale, di fatto, non era mai giunta a porre le premesse politiche per l'edificazione del socialismo. Su questo era impossibile dargli torto. Lenin concentrò tutta la sua attenzione e tutte le sue energie verso un unico obiettivo: portare al potere un partito e una classe rivoluzionari. La scienza ch'egli doveva necessariamente privilegiare era quella della politica. Solo dopo la rivoluzione si poteva pensare al "pacifico lavoro organizzativo culturale". In questo senso il gramscismo può validamente rappresentare una variante significativa del leninismo, poiché esso ha la pretesa di partire proprio dall'esperienza socioculturale per rovesciare politicamente il sistema borghese. L'importante, naturalmente, è che a questo obiettivo ci si arrivi, altrimenti la ricerca delle mediazioni e dei compromessi rischierà di vanificare la qualità dell'opposizione. Lenin, in fondo, non ha mai avuto torto nel ritenere impossibile costruire il socialismo senza conquista politica del potere da parte delle classi oppresse.

Bisogna dunque riprendere le sue idee economiche sulla cooperazione e politiche sulla democrazia, ma a un livello superiore, tenendo conto degli sviluppi storici. Infatti, anche se per molti aspetti tragica, la storia non può essere trascorsa invano, come se nulla fosse. L'aggancio al passato non può mai avvenire *sic et simpliciter*. Ad es. l'idea che le cooperative diventano "socialiste" solo perché edificate su un terreno nazionalizzato, usando mezzi produttivi statali, è decisamente superata. D'altro canto Lenin aveva già superato l'idea che le cooperative potevano essere utilizzate dal punto di vista meramente *tattico*, ai fini della costruzione del socialismo.

A causa del fatto che nella sua concezione politica del "centralismo democratico", la democrazia si trovava spesso sacrificata al centralismo, Lenin non arrivò a comprendere adeguatamente l'idea che doveva essere lo Stato socialista a porsi al servizio della cooperazione socializzata e non il contrario. A suo parere doveva piuttosto essere lo Stato, che, guidato dal partito politico, avrebbe dovuto gestire dall'alto il processo di socializzazione progressiva della produzione e della distribuzione. Esso avrebbe cominciato a estinguersi soltanto quando tutto sarebbe stato socializzato per iniziativa del vertice.

Questa tesi in sé non sarebbe stata del tutto sbagliata, se Lenin avesse accettato l'idea che il *modo* di socializzare la società doveva essere un compito da svolgersi liberamente, lasciando cioè libera la società di capire i vantaggi del socialismo. Senza questa fondamentale libertà (ovviamente possibile quando la stragrande maggioranza dei cittadini rivendica la fine della proprietà privata dei mezzi produttivi), è destino che, nella dialettica tra centralismo e democrazia, il centralismo, in ultima istanza, abbia sempre la meglio, proprio perché non emerge mai con nettezza la convinzione che il centralismo ha senso solo in quanto è funzione della democrazia.

Lenin di fatto pensava che il centralismo fosse di per sé capace di democrazia o che la democrazia fosse un'esperienza che il centralismo del partito-Stato avrebbe dovuto consegnare alla società. Quand'egli s'accorgeva che il centralismo tendeva a prevaricare, perdendo il contatto con le masse, abusando dei mezzi coercitivi ed amministrativi, l'accortezza di promuovere subito le esigenze della democrazia gli impediva di peggiorare la situazione. Ma questa era una sua caratteristica personale, non una strategia costante del partito. Ecco perché morto Lenin, il centralismo prese subito il sopravvento. Anche Stalin e Trotsky tendevano al centralismo, anche se le antipatie personali tra i due e le tendenze ultra-autoritarie di Stalin fecero passare Trotsky per un fautore della democrazia.

Lenin aveva posto alcune basi della futura democrazia socialista, soprattutto negli ultimi anni della sua vita, anche se i suoi compagni di partito non le misero in pratica. In teoria si sarebbe potuto andare avanti anche senza di lui: lo dimostra il fatto che la *perestrojka* è nata nell'ambito del Pcus e che diversi tentativi in direzione della democrazia economica e quindi politica sono stati fatti in Urss prima del 1985. Il passaggio tuttavia dal socialismo centralizzato a quello democratico non è cosa che si possa compiere facilmente: lo hanno dimostrato i fatti dell'agosto 1991 accaduti in Urss.

Oggi una sana democrazia vorrebbe che fosse il partito a mettersi al servizio del popolo e non viceversa. Il partito "guida" il popolo finché il popolo non è in grado di "autoguidarsi", e tanto prima il popolo vi riuscirà quanto più saprà tenere sotto controllo il potere delegato e rappresentativo del partito. Il centralismo dev'essere al servizio della democrazia in qualunque momento, anche in quelli più critici, che minacciano la riuscita di una rivoluzione, la realtà del socialismo. Il centralismo, senza la democrazia, è da subito una forma di autoritarismo, e nulla può giustificare la sospensione della democrazia per poter salvare la stessa democrazia. Una democrazia può essere salvata solo da se stessa, e il centralismo che pretende di farlo al suo posto, *eo ipso* la nega. Il primato politico spetta sempre e comunque alla democrazia. Il valore del centralismo è soltanto organizzativo. Peraltro le funzioni del centralismo devono diminuire (in quantità e qualità) in maniera inversamente proporzionale alla distanza degli organi centrali dagli ambiti delle realtà locali, le quali vanno gestite con la pienezza dei poteri e non sulla base d'un mandato ricevuto dall'alto. Quanto più il "centralismo" è lontano dalle masse tanto meno potere deve disporre, semplicemente perché sarebbe molto difficile controllarlo. Centralismo, partito, Stato e istituzioni devono tutti essere al servizio della società, nel comune destino di estinguersi progressivamente in virtù del socialismo democratico.

Nell'Urss della *perestrojka* si andò affermando, in sede economica, che le cooperative non dovevano essere in funzione dello Stato, ma il contrario; che proprio lo sviluppo della cooperazione (su basi volontarie) poteva comportare l'estinzione graduale dello Stato e la piena autonomia locale; che una cooperativa è "socialista" se applica metodi socialisti e persegue finalità socialiste, volontariamente e consapevolmente, non tanto se la terra e i mezzi produttivi sono di proprietà statale. La statizzazione dev'essere in funzione della socializzazione, altrimenti il socialismo diventa autoritario e burocratico.

Non solo, ma la *perestrojka* è stata anche in grado di scoprire che un piano dall'alto non può mai essere realizzato e se lo è (quando le cifre non sono truccate), i suoi indici sono sempre inferiori a quelli che si sarebbero potuti realizzare con una serie di piani locali o decentrati. Il piano infatti ha senso solo a livello *locale*. Esso può essere impostato e realizzato solo dalle persone che conoscono adeguatamente un determinato territorio e le sue risorse, nonché le potenzialità intrinseche a una determinata attività produttiva. Esso può essere rispettato solo dalle stesse persone che lo hanno impostato e che sanno in anticipo di quali vantaggi potranno beneficiare. Gli abusi non possono essere limitati *ope legis*. La possibilità dell'abuso (speculazione, furto, aggiotaggio, ecc.) non può mai essere evitata a priori. Allorquando l'abuso si manifesta, i cittadini, se resi responsabili a livello locale, sapranno presto individuarlo e superarlo.

Politica, logica e metodi della NEP

Per la sua ricchezza di idee e di misure audaci, creative, la Nuova Politica Economica (NEP) degli anni Venti occupa un posto assai particolare nell'esperienza storica accumulata nell'URSS in materia di regolazione e gestione dell'economia. Una radicale ristrutturazione di tutto il meccanismo economico, operata in un breve periodo (1921-24), procurò allora un apprezzabile effetto socio-economico. Il settore socialista si trovò ampliato e rafforzato, e l'alleanza politica degli operai coi contadini venne dotata d'una base economica sufficientemente solida. Nel 1927-28 la produzione industriale e agricola aveva già ritrovato i suoi ritmi prebellici (non dimentichiamo che la NEP si sviluppa subito dopo la I guerra mondiale e la guerra civile). Si erano elevati anche la produttività del lavoro e gli standard di vita. La NEP aveva posto numerose e necessarie premesse all'industrializzazione del Paese e alla collettivizzazione agricola (anche se poi la prima, sotto lo stalinismo, riguardò quasi esclusivamente l'industria pesante mentre la seconda avvenne nella maniera "forzata").

Il periodo del "comunismo di guerra" (immediatamente precedente a quello della NEP) si era caratterizzato anzitutto per un'opposizione acuta fra le posizioni di classe delle masse lavoratrici da un lato, e quelle degli elementi piccolo-borghesi dall'altro. Ma soprattutto fra gli operai e i contadini il livello necessario di concertazione degli interessi non era stato ancora realizzato, a causa dell'inesistenza d'un meccanismo economico capace di formarlo e supportarlo. Il problema cioè era quello di come raccordare gli interessi di classe del proletariato industriale delle imprese nazionalizzate, con quelli di tutta l'altra popolazione (di cui i contadini costituivano l'asse portante). La strategia della NEP consisteva appunto in questo, nel cercare di rimuovere le forme contraddittorie più acute e scoperte fra le classi, attenuando le forze centrifughe della piccola produzione mercantile, per arrivare in seguito ad armonizzare gli interessi degli operai e dei contadini almeno su taluni aspetti essenziali.

Per risolvere questi problemi era necessario rispettare scrupolosamente alcune condizioni: nella sfera economica: anzitutto il carattere equivalente dello scambio dei risultati del lavoro, onde impedire la soggezione dell'agricoltura all'industria; in secondo luogo la partecipazione paritaria fra lavoratore, collettivo e Stato al reddito finale (mentre infatti il volume assoluto del reddito statale era fissato prima, l'ammontare dei redditi dei collettivi e dei lavoratori variava in funzione del valore del risultato finale della loro attività, per cui il produttore si sentiva sollecitato a fabbricare prima e meglio i beni di consumo).

Un tale meccanismo non esisteva nella Russia dei primi anni rivoluzionari. Alcuni tentativi erano stati fatti nel 1918-19, ma la guerra civile, l'intervento straniero e la fame resero necessari una misura politica estrema: la requisizione del grano, onde realizzare degli stocks minimi di derrate. La razione di pane venne fissata a 409 grammi al giorno pro-capite, ma in genere si riusciva ad assicurarne solo la metà.

Ovviamente la confisca del grano eccedente lo stretto indispensabile, ledeva gli interessi del contadino produttore: le norme che lo riguardavano consideravano solo il numero delle bocche da sfamare per ogni famiglia, nonché i bisogni di foraggio e di sementi per gli animali (queste eccedenze gli venivano pagate a prezzi calmierati e finivano negli ammassi pubblici. Il libero commercio era proibito). Ciò ovviamente dissuadeva i contadini dall'aumentare la produzione, anche perché l'inflazione era così alta che i prezzi con cui lo Stato pagava il grano eccedente, non servivano neanche a coprire le spese di produzione, per cui col tempo la fame, che pur il governo aveva cercato di combattere, divenne peggiore di prima.

Non solo, ma nelle fabbriche il livellamento remunerativo degli operai distoglieva quest'ultimi dall'idea di dover produrre meglio e prima del dovuto. Di qui il circolo vizioso: la produttività del lavoro diminuiva, questa portava a un calo dei consumi, e questo, a sua volta, inibiva gli stimoli a un lavoro più intenso e qualificato. Nel 1920-21 il livello reale di vita dei lavoratori raggiungeva appena 1/3 di quello del 1913.

All'inizio degli anni Venti il ristabilirsi di rapporti fondati su incentivi, al fine di garantire una migliore e maggiore produttività, debuttò nelle campagne, cioè in quel settore in grado di risolvere i problemi connessi all'approvvigionamento di tutta la popolazione. Durante il sistema delle requisizioni forzate il governo aveva posto l'accento sull'alleanza con gli strati più poveri dei lavoratori agricoli, che ricevevano in effetti una parte del grano stoccato. Ora invece l'intenzione era diventata quella di estendere ai contadini medi le migliori condizioni per potersi sviluppare. Nel marzo 1919 Lenin dichiarò che il partito avrebbe difeso i contadini medi dall'arbitrio delle autorità locali. Poco dopo l'VIII congresso egli chiese, in un primo momento, di diminuire le requisizioni, le esazioni fiscali, ecc.; poi chiese di fissare una quota proporzionata di prelievi, che il contadino avrebbe dovuto conoscere in anticipo, in modo da poter utilizzare liberamente la quota restante.

I punti di vista che si fronteggiavano sulla stampa erano sostanzialmente due: uno partiva dall'immutabilità del sistema dei prelievi delle derrate e prevedeva di passare a una regolazione statale diretta delle

188

aziende individuali e familiari, sino alla delineazione di compiti obbligati relativamente alle superfici seminate (era l'approccio amministrativo). L'altra opinione, del tutto opposta, puntava su misure miranti a interessare economicamente i contadini alla crescita della loro produzione. Alla fine del dicembre 1920, nel corso dell'VIII Congresso dei soviet, si giunse a un compromesso. I prelievi delle derrate secondo la vecchia modalità furono aboliti in 13 distretti.

L'8 febbraio 1921 Lenin elaborò delle tesi che prevedevano la transizione dalla politica del "comunismo di guerra" alla NEP. I punti fondamentali erano i seguenti:

– soddisfare le esigenze dei contadini, sostituendo le requisizioni (il prelievo delle eccedenze) con un'imposta in natura (cioè in grano), che poi diventerà in denaro, pagato il quale, il contadino poteva liberamente vendere i suoi prodotti sul mercato locale;

– diminuire il tasso di questa imposta in rapporto alle requisizioni dell'ultimo anno;

– approvare il principio secondo cui il tasso d'imposta dev'essere fissato secondo l'impegno dell'agricoltore, ovvero esso deve diminuire se l'impegno aumenta;

– estendere la libertà per l'agricoltore di utilizzare le eccedenze rimanenti nel circuito economico locale, a condizione che l'imposta sia versata rapidamente e completamente. Queste tesi serviranno poi da base per elaborare la risoluzione del X Congresso del partito: "Sulla sostituzione delle requisizioni con un'imposta in natura". La NEP insomma era stata suggerita dalle esigenze degli stessi contadini.

Secondo le iniziali previsioni l'imposta doveva essere percepita sotto forma di un prelievo proporzionato alla produttività dell'azienda, tenendo conto dell'importanza del raccolto, del numero di bocche da sfamare e della presenza o assenza di bestiame. Tuttavia si concedevano forti agevolazioni agli agricoltori zelanti, che aumentavano le superfici coltivate. In seguito si decise di stabilire l'imposta sulla base delle terre lavorate, cosa che aumentava l'interesse del contadino verso un loro uso intensivo.

Il rischio maggiore che il governo doveva affrontare era quello della diffusione degli accaparratori e degli speculatori. A tale scopo si propose di organizzare, con l'aiuto delle cooperative e degli organi locali di potere, una sorta di scambio diretto dei prodotti tra produttori e consumatori. Questo scambio "naturale" delle merci era troppo primitivo per potersi sviluppare, ma proprio per questo il governo lo appoggiò: un decreto del 24 maggio 1921 autorizzò "il libero scambio, la vendita e l'acquisto di derrate agricole che restano alla popolazione, dopo il pagamento dell'imposta in natura".

Il X Congresso del partito, nel marzo 1921, aveva dunque optato per la trasformazione della confisca in un'imposta in natura e per la reintroduzione della circolazione delle merci. Esso in pratica aveva costatato ch'era impossibile vincere il proprietario privato (specie quello medio-piccolo, enormemente maggioritario) con l'aiuto dei mezzi e dei metodi militari e amministrativi. La lotta per l'affermazione del socialismo si doveva spostare sul terreno dell'economia, dove i mutamenti qualitativi erano sempre molto lenti e faticosi, anche se, in ultima istanza, sicuri e irreversibili. Il governo doveva partire dal riconoscimento che le aziende individuali costituivano la forza principale dell'economia.

La valorizzazione, da parte di Lenin, del duplice carattere dell'azienda individuale ebbe un'importanza capitale per l'elaborazione d'una politica corretta nei confronti di circa 100 milioni di lavoratori. "Il proletariato – egli scrisse – deve distinguere il contadino lavoratore dal contadino proprietario, il contadino lavoratore da quello mercantile, quello laborioso da quello speculatore". Lenin ammise l'errore d'aver creduto che fosse sufficiente, tramite ordini espressi dall'alto, organizzare in modo comunista, in un Paese di piccoli agricoltori, la produzione e la divisione dei prodotti, senza tener conto dell'interesse e dei vantaggi individuali. Egli insomma capì che per costruire il socialismo si doveva, almeno in Russia, passare per il capitalismo di stato. Questa transizione al socialismo era la più accessibile e la più comprensibile ai contadini.

L'esperienza degli anni 1918-20 mostrò chiaramente il fallimento di tutti i tentativi di risolvere le contraddizioni economiche attraverso uno scambio dei prodotti imposto volontariamente. D'altro canto, gli agricoltori sapevano bene d'aver ricevuto la terra dalla rivoluzione proletaria. Tornare indietro era impossibile: solo i rapporti mercantili-monetari avrebbero potuto salvare l'economia rurale dalla rovina in cui era caduta all'inizio degli anni Venti. E in effetti sarà così: la NEP supererà il dissesto economico del Paese e l'inflazione, inoltre ristabilirà la normale formazione dei prezzi e un sistema monetario stabile, creando infine una consistente riserva finanziaria e materiale per la successiva industrializzazione. Nel 1925 molti indici produttivi uguagliarono quelli del 1913. Nel 1927 si contavano nel Paese decine di migliaia di associazioni e cooperative agricole, compresi 6.300 associazioni per il lavoro comune della terra (TOZ) e 8.500 artels e comuni.

I contadini si univano anche in società di consumo. Le cooperative di consumo divennero degli importanti intermediari commerciali fra il produttore agricolo e il cittadino consumatore. Nel 1926-27 più della metà dell'insieme del commercio al dettaglio veniva gestito dalle cooperative di consumo, che realizzavano anche una buona parte dello stoccaggio del grano, della carne, delle uova, delle fibre di lino e altre merci.

Nella seconda metà degli anni Venti si sviluppò anche il sistema dei contratti riguardanti le forniture dei mezzi produttivi e la concessione di un'assistenza agrotecnica: contratti stipulati fra le organizzazioni statali e le cooperative, da un lato, e le aziende contadine dall'altro. Ciò al fine di limitare l'anarchia del mercato.

La NEP tuttavia non rappresentò soltanto il passaggio dal prelievo delle derrate all'imposta in natura e, in seguito, a forme più o meno evolute di commercio. Oltre a ciò la NEP aveva di mira la creazione di un forte sistema monetario, finanziario e creditizio, nonché il rafforzamento e l'estensione delle cooperative di consumo e l'istituzione (come poi avvenne nel febbraio 1921) d'una commissione di Stato (Gosplan) autorizzata a elaborare un piano statale unico. Inoltre la NEP autorizzò l'affitto della terra e l'uso, in una certa misura, della manodopera salariata.

Non solo, ma gli stessi rapporti dello Stato con la classe operaia subirono delle modifiche. Gli operai infatti vennero coinvolti nell'allestimento di trusts funzionanti in gestione autonoma, dotati d'una relativa libertà d'azione e responsabili del loro fatturato, nei confronti non solo dello Stato ma anche del collettivo dei lavoratori. Si faceva cioè dipendere direttamente il finanziamento della produzione e i redditi di tutto il personale dai risultati delle attività produttive e commerciali. Il lavoro del trust doveva essere orientato verso l'acquisizione di profitti destinati a una divisione equilibrata. Infatti, almeno il 20% dei profitti andavano alla formazione d'un capitale di riserva del trust: tale somma raggiungerà ben presto la metà del totale del capitale sociale di base (di qui la decisione che in seguito si prenderà di alimentare il capitale di riserva in ragione del 10% dei profitti). Il capitale di riserva veniva utilizzato dal consiglio d'amministrazione del trust, in accordo con gli organi amministrativi superiori, per allargare la produzione e compensare le perdite connesse alle attività economiche. Il trust era soggetto a tutte le imposte, comprese quelle industriali e sul reddito, allo stesso titolo delle imprese private.

Per interessare il personale del management alla crescita di efficacia della produzione, furono istituiti premi speciali e occasionali dividendi, proporzionati al livello di profitti raggiunto. Nel contempo il personale era responsabile nei confronti del diritto civile e penale per l'integrità del bene affidatogli e per la redditività dell'impresa.

Gli operai erano remunerati a cottimo o sulla base di contratti negoziati: vi erano poi dei "bonus" relativi ai profitti. Praticamente si cercava di ostacolare il livellamento retributivo e d'incentivare materialmente i lavoratori migliori, anche se la cosa però non riusciva più di tanto. Produzione e distribuzione restavano, nonostante tutto, largamente dipendenti dalla volontà dello Stato, e in questo senso si può dire che la NEP trovò maggiori sostegni nel mondo agricolo che in quello industriale.

I prodotti del trust erano commercializzati sulla base dei prezzi di mercato. In un primo momento numerosi trust cercarono d'incrementare i profitti facendo lievitare i prezzi, ma poi gli organi statali competenti dovettero aumentare i controlli e regolamentare i prezzi (anche perché le merci rischiavano di restare invendute). Ciò comunque indusse le imprese a puntare sulla qualità dei prodotti, migliorando le prestazioni economiche e la produttività del lavoro.

Lo sviluppo dei trust si basava sul principio dell'autofinanziamento: il capitale proveniva dall'ammortamento del capitale di riserva (cioè dai profitti) e dal credito bancario. In tali condizioni le imprese incapaci di sfruttare al meglio le potenzialità esistenti, prive di vera iniziativa, finivano col trovarsi in una grave situazione finanziaria. Non poche infatti dovettero chiudere. Il tesoro pubblico, infatti, per legge, non rispondeva dei debiti contratti dai trust: le eccezioni erano assai rare. In questi casi Lenin prevedeva la confisca di tutti i beni e il perseguimento giudiziario per quei membri del management colpevoli di determinate infrazioni: per quanto possibile però si cercava di escludere la nazionalizzazione.

Nel 1922, al fine di ovviare ai guasti del sistema centralizzato di distribuzione dei prodotti (si poteva vendere solo ai clienti decisi dallo Stato), cominciarono a formarsi dei sindacati, che, quali organi del commercio all'ingrosso, poco per volta si sostituirono agli enti centrali. I primi sindacati si svilupparono nell'industria leggera (alimentare, tessile, cotonifici, pellame, saline...), il cui sviluppo aveva tratto beneficio più in fretta e più completamente dalle innovazioni della NEP. Si trattava spesso di società anonime il cui capitale si componeva di crediti bancari e di partecipazioni da parte di trust interessati ai loro servizi.

In seguito, con un certo ritardo, si formarono sindacati anche nell'industria pesante. Nel gennaio 1923 s'istituì uno speciale comitato (la Convenzione dei sindacati) incaricato di assicurare la regolazione delle vendite e dei movimenti dei prezzi relativi alla produzione delle aziende metallurgiche. Sulla base di un'analisi dei costi di produzione e della congiuntura di mercato, si poterono fissare con successo i prezzi all'ingrosso e al minuto previsti dalla Convenzione. Nel 1922-23 si formarono circa, in totale, una ventina di sindacati. Il loro finanziamento dipendeva, in genere, dalla partecipazione dei trust interessati dall'emissione di azioni e dal credito.

Le funzioni essenziali dei sindacati consistevano nell'aiutare i trust a smerciare i loro prodotti, a rifornirsi di materiali, materie prime e combustibili. In caso di necessità, il sindacato concedeva un credito commerciale ai suoi membri, oppure erano questi a concederne al sindacato. I servizi dei sindacati naturalmente venivano pagati. Gli ordinativi mensili e trimestrali per l'approvvigionamento di materiali erano la più importante relazioni d'affari, oltre ai contratti di commercializzazione dei beni e servizi prodotti, tra sindacati e imprese. Nel 1923-24, 15 sindacati federali avevano realizzato un profitto che ammontava a 21 milioni di rubli, ripartito nel modo seguente: 8,4% al Tesoro, 2,9% agli azionisti, 25,5% per l'aumento del capitale di riserva, 6,7% al "fondo-qualità" per il livello di vita degli operai, 46,8% per la creazione d'un capitale speciale per investimenti e il restante 9,8% lasciato in bilancio.

L'estensione rapida del processo di sindacalizzazione mostrò, nella pratica, che questi organismi erano la forma più adeguata di relazioni commerciali fra i trust industriali e l'utenza sociale. Se nel 1923 la percentuale dei sindacati nella circolazione degli articoli manufatti era del 20-40%, cinque anni più tardi essa s'aggirava sull'80-90%, a seconda dei settori produttivi, raggiungendo a volte il 100%. Alcuni di essi (ad es. quello tessile o petrolifero) ebbero accesso al mercato mondiale.

Lenin, che pur tuttavia si oppose a separare il lavoro dei sindacati da quello del partito, diceva che se non si sapeva lavorare con un'elevata efficienza, qualità e rendimento, anche i migliori piani e programmi erano destinati a restare sulla carta. Di qui l'esigenza di migliorare il livello culturale e professionale dei lavoratori e di realizzare un'organizzazione scientifica del lavoro. Il periodo di pace che seguì la firma del trattato di Brest-Litovsk, offrì la possibilità di creare una nuova mentalità sociale e individuale, una nuova cultura del lavoro. Non a caso quelli furono gli anni in cui s'introdusse la scolarizzazione gratuita e di massa, offrendo borse di studio ai capaci privi di mezzi per accedere all'università. L'insegnamento era diventato una professione centrale. Relativamente all'organizzazione scientifica del lavoro, fu creato all'inizio del 1920 l'Istituto di studi sperimentali del lavoro (più tardi chiamato Istituto centrale del lavoro), avente compiti molto vasti di razionalizzazione della produzione e del management. L'Istituto, coadiuvato da altre decine di istituti e laboratori, raggiunse un livello così alto che rimase ineguagliato per moltissimo tempo.

Praticamente la NEP fallì perché nella seconda metà degli anni Venti l'industria, ancora debole, non era in grado di offrire ai contadini le merci di cui avevano bisogno. Lo sviluppo dell'agricoltura era così ostacolato dalle limitate possibilità della sua base tecnico-materiale. Nel 1928 più del 70% delle superfici colturali erano state seminate a mano, circa il 45% di tutti i cereali erano stati raccolti con la falce e il falcetto, più del 40% di tutta la raccolta venne battuto col correggiato.

Invece di considerare queste difficoltà, il partito-Stato di Stalin puntò a realizzare i grandi piani d'industrializzazione, i quali naturalmente richiedevano urgenti risorse materiali, umane e finanziarie. La popolazione cittadina aumentava del 4% l'anno. Crescevano i redditi da lavoro e la domanda solvibile. Le città risentivano di una certa scarsità del pane e di altri generi alimentari, tanto che si dovettero introdurre le tessere del razionamento.

Nei confronti dei contadini, Stalin e il suo entourage misero in atto la concezione di Trotsky e Preobraženskij sull'"accumulazione socialista primitiva" (il drenaggio, praticamente gratuito, delle risorse agricole verso l'industria). Venne anche applicata l'idea di Zinoviev e Kamenev sulla tassazione straordinaria degli strati agiati della campagna. L'opposizione a queste misure coercitive venne interpretata come una forma di sabotaggio.

Si stavano insomma violando del tutto i princìpi dei fondatori del marxismo, secondo cui l'espropriazione delle piccole aziende agricole non andava assolutamente fatta. Lenin aveva formulato con precisione i princìpi fondamentali, relativi alla trasformazione socialista delle aziende agricole: il libero consenso, la gradualità, l'inammissibilità di ogni misura coercitiva durante il passaggio dei contadini alla produzione agricola collettiva, lo scambio equivalente tra città e campagna, un largo utilizzo di varie forme di cooperazione, l'assistenza tecnico- materiale da parte dello Stato.

Lo stalinismo fece esattamente il contrario. Ripristinando i metodi extraeconomici del "comunismo di guerra", considerò l'aspirazione dell'uomo ad essere padrone della propria terra come una sopravvivenza della mentalità del proprietario privato. Tutta la diversità di metodi, nel gestire l'agricoltura, venne ridotta a uno solo. Ogni autonomia economica dei colcos e sovcos venne abolita. Gli agricoltori furono trasformati in lavoratori a giornata, direttamente subordinati all'apparato burocratico. Negli anni 1932-33 la fame coinvolse milioni di contadini. Il livello di produzione agricola raggiunto nel periodo precedente alla collettivizzazione forzata, venne superato solo due volte, prima della II guerra mondiale: nel 1937 e nel 1940. Anche da questo punto di vista strettamente economico ci si rende facilmente conto di quale disastro sia stato per l'URSS l'aver introdotto, con lo stalinismo, il metodo burocratico e amministrativo di gestione dell'economia.

Su Tolstoj

Guardandomi con gli occhi socchiusi, mi domandò:
– Chi in Europa può stargli alla pari?
E si rispose:
– Nessuno.
(M. Gor'kij, Lenin – in riferimento a Tolstoj)

In quei pochi scritti che Lenin indirizzò alla figura di Tolstoj e alla sua opera è riassunto, a grandi linee, l'atteggiamento fondamentale che il leninismo tenne verso il mondo rurale russo, verso la confessione religiosa ortodossa e verso il movimento politico populista: tre realtà la cui attività sociale, culturale e politica fu strettamente intrecciata dal 1861 al 1917.

Il primo scritto è del settembre 1908; gli altri tre, del novembre-dicembre 1910, furono scritti subito dopo la morte del grande romanziere.

Lenin considerava Tolstoj superiore a qualunque altro scrittore russo, e se vogliamo europeo, soprattutto nella descrizione della Russia feudale, contadina, pre-rivoluzionaria, cioè anteriore alla rivoluzione del 1905. Un maestro peraltro che allora era poco conosciuto nell'Europa borghese e persino nella stessa Russia feudale, essendo qui analfabeta la stragrande maggioranza dei contadini.

Lenin diceva che per rendere patrimonio collettivo l'opera di Tolstoj, occorreva proprio quella rivoluzione socialista in cui il grande romanziere non aveva mai creduto.

Da un lato infatti Tolstoj (soprattutto nelle sue ultime opere) esprimeva l'esigenza del mondo contadino di eliminare le ultime vestigia di un feudalesimo obsoleto, senza per questo cadere negli egoismi della società borghese; dall'altro egli rappresentava, per così dire, l'ingenuità, sempre contadina, di ignorare il fatto che dopo la fine del servaggio non ci sarebbe stata – secondo Lenin – alcuna vera democrazia rurale, ma soltanto l'affermazione del capitalismo, e quindi la trasformazione delle comuni agricole (*obščine*) in aziende borghesi e la netta subordinazione della campagna agli interessi dell'industria.[37]

---

[37] La fine "giuridica" del servaggio si ebbe nel 1861. I feudatari (detti *pomeščik*, perché nobili "imborghesiti") non potevano più disporre della "persona" dei contadini, cioè venderli, regalarli o immischiarsi nelle loro faccende familiari. Dal canto loro i contadini avevano ottenuto il diritto di acquistare a proprio

Tolstoj insomma ebbe sì il coraggio di negare valore alla proprietà privata della terra, quella dei grandi latifondisti, senza indulgere a quella statale (detta *nadel*[38]) e senza fare concessioni di valore a quella capitalistica, e per questa sua intransigenza venne scomunicato dalla chiesa ortodossa russa nel 1901, ma non ebbe mai la chiarezza, la lungimiranza necessaria per indicare una vera, praticabile, alternativa al vecchio feudalesimo che moriva e al giovane capitalismo che voleva sostituirlo, sicché, sfruttando questa sua limitatezza politica, le istituzioni vollero far credere al popolo ch'egli, in punto di morte, si fosse pentito delle sue idee "antifeudali" e "antiborghesi" (ovviamente la stampa liberale preferiva vedere in Tolstoj soltanto un nemico del feudalesimo).

---

nome beni immobili, di esercitare attività commerciali o industriali, di agire in giudizio. Tutti diritti più teorici che effettivi. La proprietà della terra infatti restava sempre in mano agli agrari. Ai contadini veniva concessa in uso privato una determinata estensione di terra coltivabile, in cambio della quale dovevano comunque assolvere ad obbligazioni gravose (*barščina* e *obrok*, in occidente dette *corvées*). Solo dopo la stipulazione con l'agrario del contratto di riscatto della terra, i contadini potevano diventarne proprietari. Ma il contratto aveva bisogno dell'approvazione del latifondista, che poteva ritardarlo *ad libitum*. Sicché ancora 20 anni dopo la riforma del 1861 quasi 1/7 degli ex-servi della gleba erano ancora tali: cioè contadini che, pur essendo giuridicamente liberi, socialmente erano strozzati da affitti capestro. Non solo ma gli agrari tendevano a impedire ai contadini di comprarsi le terre migliori: a tale scopo era sufficiente imporre delle condizioni di riscatto molto onerose; lo erano così tanto che lo Stato dovette intervenire a più riprese nel concedere prestiti ai contadini, fatto salvo l'obbligo di restituirli con gli interessi entro 49 anni. Tali indennità di riscatto verranno cancellate solo con la rivoluzione del 1905-1907. Chi riuscì a comprarsi delle terre e a metterle a profitto (col commercio e l'usura più che con mezzi capitalistici avanzati) prese il nome di *kulak*. Negli anni Novanta 30.000 grandi proprietari possedevano 70 milioni di desjatine di terra (1 desjatine=1,0925 ha), mentre 10,5 milioni di aziende contadine ne possedevano 75 milioni. Tutte le aziende dei *pomeščik* producevano per il mercato, molto meno quelle dei contadini.

[38] Molti contadini lavoravano sui vecchi *nadel* feudali, di proprietà statale, da cui, nel 1861, anno dell'abolizione del servaggio, erano stati stralciati appezzamenti in favore dei latifondisti (gli unici in grado di acquistarli). In tal modo le terre comuni erano diventate private. I contadini vi continuavano a lavorare come prima, ma in condizioni peggiori, perché costretti a oneri più pesanti, nei cui confronti non potevano contare sui mezzi di lavoro, che restavano sempre molto arretrati. Questi contadini, di fronte alla penetrazione del capitalismo nelle campagne, si trasformarono ben presto in braccianti agricoli o operai industriali, totalmente privi di terra. Il numero degli operai di fabbrica raddoppiò tra il 1865 e il 1890. All'inizio del 1900 la consistenza del movimento operaio russo ammontava a 22 milioni di persone (ivi inclusi i nuclei familiari dei lavoratori), pari al 18% della popolazione totale.

Tutte le sconfitte del mondo rurale nei confronti del feudalesimo vecchio e nuovo e soprattutto nei confronti del capitalismo emergente vennero sfruttate anche da Lenin per sostenere che al feudalesimo non poteva subentrare che il capitalismo. "Il vecchio possesso fondiario deve inevitabilmente essere distrutto nel modo più rapido e implacabile", scriveva negli articoli citati sopra. E il soggetto di questa distruzione non era per Lenin una democrazia o un socialismo rurale, ma proprio il *capitalismo*, il cui sviluppo, in assenza di rivoluzione proletaria, era ritenuto inevitabile.

Il capitalismo – scriveva Lenin – è un nemico che il contadino non può affrontare con successo, perché "non lo capisce": "è un nemico nuovo, invisibile, che viene da qualche parte, dalla città o dall'estero, che abbatte tutti i 'pilastri' del costume delle campagne...". Lenin aveva piena consapevolezza della rovina disgregatrice del capitalismo proprio perché era vissuto a San Pietroburgo e all'estero, come esule, in molti paesi avanzati dell'Europa occidentale.

*

Tra gli anni Ottanta e Novanta in Russia avvenne la crescita del movimento operaio di massa e di quello studentesco, nonché la nascita della socialdemocrazia, il cui pioniere fu Plechanov. Tra gli scrittori che Lenin amava di più vi erano Saltykov-Ščedrin, avverso alle teorie tolstojane, e soprattutto Černyševskij.

Nelle campagne, dopo la sconfitta del populismo, all'inizio del XX sec., si sviluppò il movimento dei socialisti-rivoluzionari, che in parte ereditò le idee del populismo, in parte le sviluppò in direzione del socialismo agrario, puntando sulla valorizzazione dell'*obščina* (piccola azienda agricola). Questo partito non era alieno all'uso di metodi terroristici, tuttavia era convinto che nelle campagne si potesse realizzare il socialismo saltando la fase del capitalismo. E con questa convinzione favorì la rivoluzione del 1905.

Forse, sino ad un certo punto, Lenin aveva sperato che il populismo, pur non comprendendo la natura economica dello sfruttamento capitalistico, la sua inevitabile e progressiva diffusione in tutta la Russia, quindi anche nelle campagne, avesse forza sufficiente per indignarsi di fronte alle conseguenze di tale "marcia trionfale" verso la devastazione dei rapporti sociali, al punto di accettare l'idea della necessità di una rivoluzione politica generale.

Ma il fallimento della resistenza contadina portò Lenin a ritenere che questo settore sociale fosse troppo influenzato dall'ideologia religiosa per poter condurre con successo una battaglia politica contro l'oppressione zarista e borghese.

Nella rivoluzione del 1905 i socialisti-rivoluzionari chiedevano la liquidazione della proprietà terriera dei *pomeščik*. Fu nel corso di questa rivoluzione che cominciarono a sorgere i primi "soviet", grazie all'impegno di menscevichi, socialisti-rivoluzionari e anarco-sindacalisti. Erano un'alternativa alla Duma di Stato, un parlamento dai poteri inconsistenti.

I soviet di operai (poi di soldati e contadini) erano all'inizio organi di lotta per la contrattazione sindacale e in occasione degli scioperi di massa; in seguito si trasformarono in forme embrionali del potere popolare, in organi di direzione della lotta armata: disponevano di una milizia operaia e stampavano proprie pubblicazioni.

La rivoluzione del 1905 fallì, secondo Lenin, per mancanza di organizzazione, sia da parte contadina che da parte operaia, e soprattutto perché questi due movimenti furono incapaci di un'azione comune. "Solo una minoranza di contadini – scrive Lenin – ha realmente combattuto, organizzandosi in qualche modo per questo scopo, e una parte molto esigua ha persino impugnato le armi... Ma la maggior parte dei contadini ha pianto e pregato, ha sentenziato e sognato, ha scritto suppliche e inviato 'intercessori', operando in tutto secondo lo spirito di Tolstoj!". Una minoranza ha seguito il proletariato rivoluzionario, la maggioranza invece è rimasta abbacinata dalle promesse degli intellettuali liberal-borghesi (i *cadetti*).

La conseguenza del fallimento fu a favore del capitalismo agrario. Infatti nel 1906 la Duma emanò un decreto che permetteva ai contadini di uscire dall'*obščina* e di diventare proprietari terrieri borghesi, acquistando individualmente le stesse terre dell'*obščina*. Questo provvedimento fu accettato dai socialisti-rivoluzionari.

Così tra il 1906 e il 1910 oltre 2,5 milioni di contadini, rimasti senza terra perché impossibilitati ad acquistarla, e quindi a trasformarsi in *kulaki*, furono trasferiti in Siberia e in terre non russe (da notare che tra il 1861 e il 1905 erano già stati due milioni a subire lo stesso trattamento e sarà proprio a questo fenomeno che successivamente si farà risalire la causa dei conflitti interetnici, interregionali, nell'impero zarista e poi nello Stato sovietico).[39]

---

[39] Tra il 1907 e il 1910 dei 9,5 milioni di contadini che possedevano terre su base comunitaria, circa 2,5 milioni riuscirono ad ottenere un titolo di proprietà personale, ma di questi contadini oltre un milione fu costretto a rivenderlo, per incapacità o impossibilità a gestire in maniera borghese la propria terra. Infatti, là dove era maggiore la concentrazione di terre dei *pomeščik* e dei *kulaki*, lì i contadini meno agiati ebbero scarsissime possibilità di affermarsi. Tra il 1900 e il 1914 i contadini rovinati si trasferirono nelle città, che videro aumentare di tre

*

La teoria tolstojana della "non resistenza al male" (il perfezionamento morale individuale) fu elaborata dopo la sconfitta del movimento populista negli anni Ottanta, cioè dopo che l'assassinio dello zar Alessandro II (1818-81) non portò che a una reazione particolarmente dura delle forze governative.

Lenin capì i grandi limiti della "non violenza tolstojana" soprattutto l'indomani del fallimento della rivoluzione del 1905, quella rivoluzione cui il romanziere non aveva voluto partecipare in alcun modo. Il tolstojsmo gli appariva come una forma di "anarchismo cristiano", cioè l'indeterminatezza fatta a regola, che si rivela in tutta la sua inconsistenza e pericolosità proprio nei momenti cruciali in cui più si richiede un'azione risoluta.[40]

Lenin aveva già superato i limiti ideologici del populismo, analizzando in vari testi la natura del capitalismo in Russia, ma con gli articoli su Tolstoj si allontanò dal populismo a tutti i livelli, incluso quello etico. Dopo il 1905 fu durissimo col romanziere, poiché riteneva la sua ideologia responsabile del fallimento della rivoluzione: Tolstoj non avrebbe fatto altro che predicare "una nuova religione epurata per le masse oppresse".

Lenin naturalmente non predicava la violenza a tutti i costi, né la violenza terroristica o quella fine a se stessa. Per capire i suoi articoli su Tolstoj bisogna collocarli nel tempo. La rivoluzione del 1905 era fallita a causa di un'ideologia pacifista e riformista che non veniva predicata solo da Tolstoj, ma anche da tutta la chiesa cristiana e dai liberali: un'ideologia che apparteneva alla maggioranza della popolazione, di origine contadina, che si era decisa a compiere la rivoluzione dopo aver rinunciato a credere che lo zar fosse imparziale e che la riforma del 1861 fosse stata boicottata solo dalla resistenza degli agrari, senza il concorso delle forze governative.

Il fallimento della rivoluzione del 1905, che Lenin definì "prova generale" di una successiva rivoluzione proletaria, portò alla convinzione che l'oppressore, posto di fronte al principio della assoluta non violenza, non avrebbe mai scelto di abdicare al proprio ruolo egemonico e di rinunciare spontaneamente a quella proprietà che gli assicurava posizioni

---

volte la loro popolazione.

[40] Tolstoj diede comunque un grande contributo alla diffusione della cultura e dell'alfabetizzazione di massa, attraverso l'organizzazione delle scuole popolari, di cui però Lenin non parla.

di ingiustificato privilegio.

La "non violenza" poteva quindi avere un valore come "principio teorico", astratto, ma non poteva essere assunta come *metodo politico assoluto*, proprio perché essa trovava la sua ragion d'essere, la sua applicabilità, solo in relazione a determinate circostanze, in assenza delle quali diventava inevitabile agire di conseguenza.

Violenza e non violenza sono concetti relativi, il cui significato si può chiarire solo in rapporto a circostanze concrete. È sbagliato delineare una filosofia dell'assoluta non violenza, poiché in tal caso facilmente si rischia, in maniera oggettiva, cioè contro le migliori intenzioni soggettive, di trovarsi complici o collusi con la violenza usata dalle classi egemoni. Si può quindi essere assolutamente non violenti per motivi personali, ma ciò non può impedire di considerare che i meccanismi oggettivi dello sfruttamento sociale sono tutt'altro che "non violenti".

Non a caso i governi oppressivi, di tanto in tanto, predicano la violenza contro nemici "fasulli", tatticamente inventati per distogliere le organizzazioni più critiche e le stesse masse dal problema di come risolvere gli interni conflitti di classe. S'inventano dei nemici "esterni" perché ci si rende conto che la predicazione della non violenza (delegata a organi religiosi o da questi culturalmente influenzati) ad un certo punto non convince più nessuno. Ingiustizia e non violenza o violenza contro un nemico esterno (esterno p.es. a una nazione, o comunque estraneo ai gruppi socioculturali dominanti) coesistono in chi detiene le leve del potere oppressivo.

Se l'oppresso crede all'idea che l'uso della violenza contraddica gli scopi per cui si lotta, di questo l'oppressore non può che rallegrarsi. Questa la conseguenza dei ragionamenti di Lenin, il quale aveva chiarissima la convinzione che se da un lato è vero che la democrazia non può sussistere con la violenza in generale, dall'altro è anche vero che una rivoluzione incapace di difendersi non vale nulla, per quanto non si possa mai, in nome di una pur legittima difesa, tollerare un uso arbitrario della violenza.

Lenin maturò queste certezze proprio riflettendo su Tolstoj e sul fallimento della rivoluzione contadina del 1905. Egli inoltre si persuase che i contadini avrebbero potuto saltare la fase del capitalismo soltanto unendosi agli operai in una rivoluzione comune. Voleva che la direzione della rivoluzione proletaria spettasse agli operai, poiché temeva che i contadini, proprietari di un pezzo di terra, si trasformassero in borghesi. Solo i salariati, industriali o agricoli, gli davano sicurezza.

Il difetto principale delle sue teorie stava nel fatto di voler realizzare il socialismo adottando la stessa rivoluzione tecnico-scientifica del capitalismo. Ma questo è un altro discorso, che coinvolge gli stessi classici del marxismo.

Sul socialismo italiano

1905

"Turati è il Millerand italiano, un bernsteiniano, cui Giolitti ha offerto un portafogli nel suo ministero".[41] Con queste parole Lenin esordisce nel 1905, riprendendo le critiche che già Engels rivolgeva al dirigente socialista italiano, che, a suo dire, non riusciva a capire la differenza tra rivoluzione socialista e quella piccolo-borghese.

Turati s'illudeva di poter fare gli interessi del proletariato appoggiando i governi borghesi. Infatti nel 1901 aveva aderito al Ministero Zanardelli e quindi stabilito una sorta di tacita collaborazione con Giolitti, il quale nel 1903 gli offrirà di entrare nel suo governo, proposta che però venne rifiutata a causa dell'opposizione interna dei massimalisti.

Turati s'era orientato verso il riformismo sin dalla sconfitta dei Fasci siciliani (1894) e lo scioglimento del Partito socialista (egli aveva aderito coi socialisti milanesi alla "Lega per la difesa della libertà", creata dal radicale Felice Cavallotti, e scritto il saggio *I sobillatori*, teorizzando il passaggio al socialismo come processo realizzabile solo grazie all'azione di un'*élite* intellettuale).

Alla sfiducia nell'azione di massa si associava in lui la persuasione che i socialisti dovessero stabilire un'intesa organica con le forze borghesi disponibili a una politica di riforme democratiche. Infatti di fronte ai tumulti del 1898, a Milano, contro il carovita, il Psi aveva reagito, cercando di dissuadere i manifestanti dalle dimostrazioni di protesta e adottando la turatiana "propaganda contro l'insurrezione", anche dopo il sanguinoso intervento dell'esercito, l'arresto dei dirigenti socialisti e lo scioglimento del partito e della CGL, che torneranno alla legalità solo nel 1900.

Turati, pur essendosi adoperato per sedare i tumulti, era stato arrestato, condannato a dodici anni e liberato dopo un anno solo grazie all'indulto; egli, nel tentativo di trovare un compromesso col premier Rudinì, aveva attribuito la strage non al governo di quest'ultimo ma alle autorità di Milano. Dai fatti di Milano trasse anzi motivo per ribadire la necessità di rivoluzioni lente e pacifiche e di un'intesa coi liberali democratici facenti capo a Giolitti.

Il Congresso di Roma del settembre 1900 aveva sancito la vitto-

---

[41] Come testo di riferimento si è usata l'antologia curata da M. N. Kharlamova, Lenin e l'Italia, edito dalla Progress di Mosca (senza data).

ria di Turati e della Kuliscioff, dopo aver conquistano alle tesi riformiste la grande maggioranza del Psi, con l'appoggio di Claudio Treves, Giuseppe Modigliani e molti altri dirigenti socialisti, e quindi sconfiggendo la sinistra, da tempo rappresentata dall'amico di gioventù, Enrico Ferri, e da Costantino Lazzari, entrambi sostenuti da Lenin.

Diventò così possibile trasformare il Psi in un interlocutore privilegiato di Giolitti, che da parte sua mirava a rafforzare lo Stato liberale, integrando nel sistema di governo i socialisti riformisti e i cattolici liberali, in cambio del riconoscimento di alcuni diritti dei lavoratori e di un'attenuazione del vecchio anticlericalismo.

Secondo Turati il liberalismo giolittiano, espressione d'una moderna borghesia al passo coi tempi, poteva favorire una trasformazione democratica della società, conducendo gradualmente al socialismo.

Questa pratica collaborativa, impostasi nel Psi non senza forti resistenze della sinistra, entrò subito in crisi di fronte alla politica coloniale di Giolitti e alla guerra contro la Libia, intrapresa nel 1912. Nel Congresso di Reggio Emilia dello stesso anno Turati fu nuovamente posto in minoranza e la sua posizione s'indebolì ancor più durante la prima guerra mondiale, di fronte alla quale l'unità del partito si ricompose sulla parola d'ordine "né aderire né sabotare", condivisa anche da lui.

Ma col procedere della guerra egli si orientò sempre più verso la solidarietà con la nazione in guerra, in contrasto con quanti condividevano la tesi di Lenin, secondo cui occorreva sfruttare la guerra imperialista per innescare il processo rivoluzionario.

Anche la recisa condanna del "terrore rivoluzionario" e del leninismo espressa da Turati e dalla Kuliscioff contribuì a far declinare l'influenza del riformismo, posto seccamente in minoranza dai massimalisti nel Congresso di Roma del 1918. Turati evitò a stento una condanna e l'espulsione per i suoi discorsi "patriottici".

Nel Congresso di Bologna del 1919 egli si trovava ormai a capeggiare una minoranza piuttosto esigua, benché influente in parlamento, nel campo dell'opinione e nel movimento sindacale. Proprio questa influenza dei riformisti, che s'erano opposti nel 1920 al movimento di occupazione delle fabbriche, restando legati alla II Internazionale, d'indirizzo antibolscevico, aveva fatto sì che sembrasse necessaria a molti la loro espulsione dal partito, richiesta peraltro da Lenin come condizione per accogliere il Psi nella III Internazionale.

Da principio tuttavia questa domanda non venne accolta, anzi provocò una scissione a sinistra nel Congresso di Livorno del 1921, con la nascita del Partito comunista d'Italia, di orientamento leninista.

1908

Lenin, con la moglie Krupskaja, vide per la prima volta Roma e Napoli alla fine dell'aprile del 1908. A quell'epoca egli viveva forzatamente all'estero ed era noto solo a una ristretta cerchia di marxisti. In quell'occasione era diretto a Capri, dove Gor'kij l'attendeva con impazienza, dopo tre mesi di animata corrispondenza epistolare.

A differenza di Gor'kij, interessato a parlare con chiunque per trovare ispirazioni ai suoi romanzi, Lenin, memore dell'amara esperienza di emigrante a Parigi, era molto cauto nello stabilire contatti con gente poco conosciuta.

Gor'kij ricorda che Lenin gli poneva domande relative alle condizioni di vita dei pescatori di Capri e all'influenza che i preti avevano su di loro. Coi pescatori, pur non parlando l'italiano (anche se aveva cominciato a studiarlo), s'intratteneva volentieri. D'altra parte l'isola era solitamente frequentata da altri importanti russi. Lenin infatti poteva discutere di filosofia con Bogdanov, Bazarov e Lunačarskij.

Scopo del viaggio non era solo quello di andare a trovare Gor'kij per passare un po' di ferie, ma anche e soprattutto quello di organizzare la spedizione in Russia del settimanale "Proletarij", passando appunto per il sindacato dei marittimi e una delle trattorie italiane di Odessa. La cosa riuscì perfettamente.

Lenin si teneva molto informato sulle vicende italiane. Leggeva "L'Avanti", il "Corriere della Sera", "La stampa", una rivista di filosofia e un periodico fiorentino della "Società asiatica italiana". Più tardi leggerà anche "Il soviet", "Il comunismo" e "L'Ordine Nuovo".

*

In questo periodo ha parole di critica per Labriola, che viene da lui inserito nella corrente antiparlamentare del "sindacalismo rivoluzionario", analoga a quella di Lagardelle in Francia.[42] Si trattava di una corrente piccolo-borghese semi-anarchica del movimento operaio, che negava la necessità della lotta politica, il ruolo dirigente del partito e la dittatura del proletariato, ritenendo che i sindacati potessero rovesciare il capitalismo senza rivoluzione, semplicemente attraverso uno sciopero generale.

A Lenin non piacevano le posizioni di Labriola anche perché questi (come Bissolati) non era contrario alle conquiste coloniali, convin-

---

[42] Nel dicembre 1897 Lenin aveva letto di Labriola i *Saggi sulla concezione materialistica della storia*, ritenendo il testo "serio e interessante, meritevole di traduzione".

to che proprio in tal modo si sarebbe potuta trovare una qualche soluzione alla miseria dei contadini. Il socialismo italiano insomma si stava, secondo lui, trasformando in *nazionalismo* e Labriola veniva considerato un plechanoviano. Elogiava però il socialista Morgari per aver avuto il coraggio di accusare lo zar Nicola di istigare dei pogrom anti-ebraici, di opprimere la Persia ecc.

Sulla guerra anti-turca del 1911-12 Lenin rileva la perdita di 20.000 italiani, il costo di 800 milioni di lire, il massacro di 14.800 arabi, la necessità di proseguire la guerra (poiché le tribù lontane dalla costa libica continuano a resistere), nonché le conseguenze deleterie sul piano economico (disoccupazione e stagnazione industriale).

S'accorge anche che l'Italia, dal 1880, insieme ad Austria e Russia, genera la nuova emigrazione europea diretta verso gli Stati Uniti (p.es. nello Stato di New York gli italiani sono già nel 1900 ben 182.000).

Sempre in relazione ai fatti che precedono la prima guerra mondiale, Lenin fa notare che Italia, Germania e Russia hanno acconsentito alla politica di annessione austriaca nei confronti della Bosnia-Erzegovina.

Già al VII Congresso socialista della II Internazionale, tenutosi nel 1907 a Stoccarda, Lenin era riuscito a far includere nella risoluzione finale la tesi che, in caso di scoppio della guerra imperialistica, la classe operaia avrebbe dovuto sfruttare la crisi per far cadere i governi borghesi.

1910-12

Lenin giunse a Capri per la seconda volta il 1° luglio 1910, per incontrarsi con Gor'kij, con cui ebbe molte conversazioni a proposito dei machisti, che formavano l'*entourage* dello scrittore. Nella terrazza di Villa Blesus fu scattata la famosa fotografia che lo ritrae mentre gioca a scacchi con Bogdanov.

Dal 28 agosto al 3 settembre del 1910 Lenin partecipa al Congresso di Copenaghen della II Internazionale, la cui risoluzione conferma quella del Congresso di Stoccarda del 1907, precisando che tutti i parlamentari socialisti dovevano difendere nei parlamenti dei rispettivi paesi: 1) l'arbitrato internazionale obbligatorio per tutti i conflitti interstatali, 2) il disarmo generale, 3) l'abolizione della diplomazia segreta, 4) l'autonomia e la garanzia di tutti i popoli contro le aggressioni militari e le persecuzioni.

L'attenzione di Lenin, in questo periodo, si concentra anche sulla lotta politica e ideologica del movimento socialista italiano alla vigilia della prima guerra mondiale. Seguiva da vicino il XIII Congresso dei socialisti italiani, tenuto a Reggio Emilia nel 1912, parteggiando per i rivoluzionari, contrari ai riformisti, che sostenevano alleanze con la borghesia e, con Bonomi e Bissolati, ne difendevano persino la politica coloniale (p.es. la guerra contro la Turchia). Quest'ultimi verranno poi espulsi.

Le correnti del partito erano quattro: una rivoluzionaria, una riformista e due estremiste (di queste, una massimalista e l'altra anarcosindacalista). I sindacalisti indulgevano alla demagogia rivoluzionaria, distruggevano la disciplina della classe operaia, respingevano l'uso della lotta parlamentare, propendevano insomma per l'anarchismo. Quando furono espulsi dal partito, molti estremisti confluirono nel fascismo.

Nel periodo che va dall'inizio del conflitto mondiale all'entrata in guerra dell'Italia, il Psi aveva avanzato la parola d'ordine: "Contro la guerra, per la neutralità".

Lenin stava costatando la trasformazione dell'Italia da paese contadino a paese borghese aggressivo. La relativa debolezza della borghesia italiana non la rendeva meno avida né meno feroce contro la Turchia e l'Austria.

In particolare egli aveva analizzato il fatto che un paese con il 40% di analfabeti, con un colera che suscitava rivolte, con una miseria disperata, che aveva fatto passare il numero degli emigranti da un milione fino al 1881 a 5,5 milioni fino al 1910, non contribuiva affatto a fermare la borghesia nel suo proposito di porre le basi di un impero coloniale.

Lenin sosteneva che dopo aver occupato la Turchia, l'Italia si apprestava a occupare l'Albania, scontrandosi con gli interessi dell'Austria.

Il 24-25/11/1912 si tenne a Basilea un Congresso socialista internazionale (straordinario della II Internazionale), la cui risoluzione finale fu una protesta contro la guerra balcanica già iniziata e contro quella imperialistica in via di preparazione.

1914

Lenin visse nel periodo in cui l'Italia democratico-rivoluzionaria (quella di Garibaldi), che lottava contro la reazionaria Austria per la propria indipendenza, si stava trasformando in una nazione imperialista, intenzionata a depredare la Turchia, l'Albania e la stessa Austria.

Nel 1914 egli chiese (è l'unico a farlo) a tutti i socialisti europei di tenersi pronti a trasformare la guerra imperialistica (che scoppierà a luglio) in guerra civile nei loro paesi. Questo perché egli riteneva fosse del tutto irrilevante sapere chi avrebbe attaccato per primo: tutti gli Stati borghesi vi si sono preparati. Su questo polemizzava anche con Turati che, pur non avendo votato i crediti di guerra, si dichiara favorevole alla difesa della patria. Per lui infatti non aveva senso parlare di "guerra nazionale" in difesa della patria contro un oppressore esterno, politicamente reazionario: l'imperialismo vuole spadroneggiare ovunque, anche quello che parte dall'Italia. L'unica eccezione era, secondo Lenin, la lotta della Serbia contro l'Austria.

E ribadisce che il proletariato non ha patria. Il non aver capito la differenza tra "guerra di liberazione nazionale" (o patriottica) e "guerra imperialistica" (di conquista e ripartizione dei territori delle nazioni più deboli da parte di quelle più forti) è alla radice del tradimento della II Internazionale, chiaramente espresso dal rifiuto di applicare le risoluzioni di Stoccarda (1907) e di Basilea (1912), in cui si chiedeva o di ostacolare con tutti i mezzi la guerra o di approfittarne per fare cadere la borghesia al governo.

Lenin sosteneva che dopo il 1914 occorreva una decisa separazione dei partiti operai dai partiti opportunisti: prima si poteva tollerare, dopo no. E considerava l'Italia, col partito socialista, un'eccezione positiva rispetto agli altri paesi europei, in quanto il Psi aveva avuto il coraggio di espellere i riformisti.

In effetti la crisi riformista del Psi s'era trascinata dal 1908 al 1912, finché il Congresso di Reggio Emilia aveva affidato la direzione del partito alla sinistra. La corrente di Bissolati e soci – diceva Lenin – da opportunista era diventata socialsciovinista, in quanto a parole difendeva l'idea di "nazione" e nei fatti appoggiava la linea di conquista imperialistica della propria borghesia al potere. Questo era stato possibile perché tale corrente aveva avuto l'appoggio della cosiddetta "aristocrazia operaia", che, in virtù di taluni privilegi strappati alla borghesia, s'era staccata dal proletariato. Anche Mussolini viene considerato un socialsciovinista (era stato espulso dal Psi nel dicembre 1914).[43]

Il 27 settembre 1914 si tenne a Lugano una conferenza socialista italo-svizzera (la prima conferenza socialista dei paesi neutrali, dopo l'inizio della guerra), la cui risoluzione finale in parte accoglie le tesi leniniane sulla guerra imperialista di rapina, rinunciando però a quelle, molto importanti, sulla trasformazione di tale guerra in guerra civile e senza pronunciarsi in maniera esplicita a favore di una decisa rottura con i socialsciovinisti, e denunciare quindi il tradimento della II Internazionale.

Tale conferenza fu in un certo senso l'inizio del movimento di Zimmerwald. Era stata promossa dai socialisti svizzeri, che temevano che un ingresso dell'Italia in guerra avrebbe potuto minacciare la neutralità del loro paese. Gli obiettivi ch'essa si poneva, di fronte al totale falli-

---

[43] Da notare che né Lenin né Stalin avevano un giudizio negativo del Mussolini socialista. Lenin apprezzò persino la *Filosofia di Marx* scritto da G. Gentile.

mento della II Internazionale che non riuscì neppure a tenere il suo X Congresso, erano piuttosto limitati, in quanto i partiti socialisti avrebbero dovuto fare pressioni sui governi borghesi per accelerare la fine del conflitto.

1915

Nel 1915 Lenin scriveva che l'Italia, per densità di popolazione e intensità di emigrazione, avrebbe dovuto essere la seconda potenza coloniale, dopo l'Inghilterra. Gli studi che fa sull'Italia gli servono per stendere il libro sull'*Imperialismo*.

Egli constata il fatto che questo paese aveva ancora il 40% di analfabeti e che prima della guerra di Tripoli (1911-12) non aveva depredato altri popoli.

L'emigrazione italiana – e su questo argomento Lenin si concentra più volte – ammontava a circa 100.000 persone l'anno verso il 1870, ma nel 1915 variava da 500.000 a un milione, ed erano tutti profughi economici.

Il numero degli italiani che viveva all'estero (salito fino a 5,5 milioni nel 1910), all'incirca andava così suddiviso, secondo questa tabella relativa ai luoghi di destinazione:

	1881	1910
Francia	240.000	400.000
Svizzera	41.000	135.000
Austria	40.000	80.000
Germania	7.000	180.000
Usa	170.000	1.779.000
Brasile	82.000	1.500.000
Argentina	254.000	1.000.000

Lenin sottolinea anche il fatto che a Tunisi vivono 105.000 italiani, accanto a 35.000 francesi; dei primi, solo 1.167 sono proprietari terrieri, con 83.000 ettari, mentre dei secondi, ben 2.395 sono proprietari con 700.000 ettari. Da questi dati – egli osserva – Labriola aveva tratto la conclusione che l'Italia avesse diritto alla sua colonia a Tripoli, cui ovviamente dovevasi aggiungere il diritto a opprimere gli slavi nella Dalmazia e a partecipare alla spartizione dell'impero ottomano in Asia Minore.

Lenin cita R. Michels (*L'imperialismo italiano*) e T. Barboni (*Internazionalismo o nazionalismo di classe?*), sostenendo che in Italia esiste uno stretto legame tra imperialismo e suffragio universale, in quanto il governo Giolitti s'era deciso a concedere il suffragio (facendo passare gli elettori da 3.219.000 a 8.562.000) solo dopo aver visto che gli operai industriali avevano accettato di combattere contro i turchi con molta disciplina e sottomissione. Il suffragio cioè era stato una sorta di "premio" per il comportamento "patriottico" manifestato in Libia.

In particolare Lenin critica Barboni perché questi preferiva l'imperialismo inglese a quello austro-tedesco, invece d'essere contrario a qualunque imperialismo, incluso quello italiano, che lo stesso Barboni giustificava.

*

A titolo di riconoscimento per la decisione d'aver espulso i riformisti di destra al Congresso di Reggio Emilia del 1912, Lenin, nel giugno 1915, invitò Serrati a collaborare alla rivista "Comunista", che i bolscevichi volevano pubblicare in Svizzera. A dir il vero spera che siano gli stessi italiani ivi residenti a pubblicare un loro giornale politico, ma è convinto che la Balabanoff non sia in grado di aiutarli.

Durante la fase preparatoria della conferenza internazionale socialista di Zimmerwald (5-8/09/1915) Lenin, Radek e Zinoviev si scontrano col socialista O. Morgari sul fatto che gli inviti secondo loro andavano spediti solo ai partiti chiaramente ostili alla guerra.

E nel corso della conferenza Lenin polemizza apertamente con Serrati quando questi aveva detto che la tattica dei bolscevichi di trasformare la guerra imperialistica in guerra civile era arrivata o *troppo tardi* (perché la guerra era già cominciata) o *troppo presto* (perché la guerra non aveva ancora generato le condizioni di una rivoluzione). Lenin gli obietta che di guerre (soprattutto coloniali) ve ne sarebbero state altre e che senza propaganda rivoluzionaria, dimostrazioni di massa, scioperi..., da farsi continuamente, non ci sarebbe mai stata alcuna rivoluzione.

Serrati insomma non aveva capito la differenza tra l'*inizio di una rivoluzione* e la sua *preparazione* (propaganda e agitazione aperte e dirette). Inoltre egli era contrario non solo allo scioglimento della II Internazionale, ma anche all'uso della violenza e in ciò non si rendeva conto che nessuno all'interno della II Internazionale – gli faceva notare Lenin – aveva mai messo in discussione l'intreccio tra lotta legale, parlamentarismo e insurrezione armata.

La posizione centrista del Psi diventerà nel maggio 1915, dopo l'entrata in guerra dell'Italia a fianco dell'Intesa, una posizione rinunciataria, basata sulla formula di compromesso, "né sabotare né aderire", che in pratica era stata un appoggio alla guerra.

Da notare che a Zimmerwald ci fu il primo vero incontro tra socialisti italiani e bolscevichi, poiché dopo la rivoluzione russa del 1905 il movimento socialista italiano s'era interessato relativamente poco dei fatti della Russia, anche perché l'internazionalismo del Psi ruotava quasi esclusivamente attorno alla Francia e alla Germania e ci si aspettava lo scoppio della rivoluzione non in Russia, ma in Germania.

La prima volta che appare il nome di Lenin sull'*Avanti!* fu proprio in occasione della conferenza di Zimmerwald, e la prima notizia riportata dall'*Avanti!* sul movimento operaio russo porta la data dell'8 febbraio 1915! La stessa pagina del giornale che doveva riassumere le tesi di Zimmerwald uscì quasi completamente imbiancata dalla censura. L'*Avanti!* riuscì semplicemente a dire che per Lenin la cosa più importante era soltanto quella di abbattere lo zarismo. Il primo socialista che prese sul serio Lenin a Zimmerwald fu Terracini, che con Gramsci nel 1921 creerà il partito comunista.

Senonché l'inizio della guerra mondiale aveva di nuovo bloccato le informazioni dalla Russia. Quando nel 1916 l'*Avanti!* pubblicò le foto dei protagonisti dell'Internazionale Comunista, nessun russo era presente.

Dopo la conferenza di Zimmerwald il peso internazionale del Psi andò scemando progressivamente, in quanto non fu più capace di portare l'analisi politica sulle posizioni risolute del bolscevismo. Peraltro i socialisti italiani in quell'occasione mostrarono d'essere più capaci sul piano parlamentare che di conoscere le tendenze del socialismo internazionale.

1916

L'opportunismo, per Lenin, durante la prima guerra mondiale non era più soltanto un fenomeno interno ai partiti socialisti, ma si era trasformato in *sciovinismo*, cioè in un tradimento vero e proprio di tutti gli ideali del socialismo. A suo giudizio si poteva transigere, relativamente, con gli opportunisti durante la fase pacifica del capitalismo, ma non lo si poteva fare nella fase bellica, poiché questi opportunisti si erano esplicitamente schierati dalla parte di una borghesia guerrafondaia, che in nome dei propri profitti mandava a morire il proprio proletariato.

Gli opportunisti, trasformatisi in sciovinisti, rifiutavano soprattutto di scendere nella clandestinità, al fine di organizzare l'insurrezione armata contro la borghesia al potere nei loro paesi. Altra loro caratteristica era quella di contestare soltanto le annessioni fatte dagli Stati "nemici", ma non quelle fatte dal proprio paese o dai suoi alleati.

Agli inizi del 1916 Lenin paragona il tradimento di Kautsky a quello del socialista italiano Treves (giudicato "riformista possibilista" dal giornale *Avanti!*). I primi "possibilisti" erano stati i francesi broussisti (da P. Brousse) che proponevano di limitare la lotta degli operai a quanto era "possibile". E difende invece O. Morgari, il quale aveva intenzione di appoggiare l'idea di costituire una III Internazionale.

Il 13/05/1916 l'*Avanti!* pubblica le foto dei bolscevichi che alla Duma si sono rifiutati di approvare i crediti di guerra e che per questo sono stati deportati in Siberia.

Nell'ottobre 1916 Lenin invia un saluto al Congresso del Psi che si teneva a Zurigo, complimentandosi del fatto d'aver scelto una città estera, per sottrarsi alle influenze borghesi e ai condizionamenti governativi del proprio paese. Il Psi era stato il primo a comportarsi così. Nel saluto si congratula anche che il socialismo italiano abbia difeso la posizione rivoluzionaria di Liebknecht e precisa che l'unico disaccordo serio tra i socialisti italiani e i bolscevichi (emerso nelle conferenze di Zimmerwald del 1915 e di Kienthal del 1916) verteva sul fatto che secondo i bolscevichi andavano espulsi dal partito tutti i socialisti a parole e sciovinisti nei fatti.

La conferenza di Kienthal (24-29/04/1916) aveva praticamente segnato il passaggio del movimento di Zimmerwald dalla fase dell'enunciazione dei princìpi a quella dei metodi di lotta per realizzarli, al fine di affrettare la conclusione della guerra.

I socialisti italiani, rappresentati da Modigliani, si distaccarono completamente dal bolscevismo di Kienthal, mentre Serrati e la Balabanoff accettarono le tesi di Lenin, per quanto fossero convinti che si poteva fare la rivoluzione proletaria anche senza rompere definitivamente i rapporti coi socialsciovinisti. Modigliani infatti, essendo una delle principali menti politiche del partito, era in grado di condizionare Serrati.

Lenin, alla fine del 1916, scrive che in Italia, dopo Kienthal, il Psi si era adattato alla fraseologia pacifista del gruppo parlamentare guidato da Turati.

*

Nel libro sull'*Imperialismo* Lenin cita un Bollettino dell'Istituto Statistico Internazionale del 1912, in cui risulta che l'Italia è al settimo posto, dietro Inghilterra, Usa, Francia, Germania, Russia, Austria-Ungheria, come quota di titoli creditizi di ogni specie, emessi a livello mondiale: ciò, secondo lui, dimostrava che anche in Italia si stava verificando la supremazia del capitale finanziario su quello industriale. I primi suddetti quattro paesi possedevano l'80% del capitale finanziario mondiale.

1917

Nel gennaio 1917 Lenin prende a criticare Turati, che in un discorso parlamentare tenuto il 17/12/1916 aveva paventato la possibilità di un accordo tra le potenze belligeranti per porre fine alla guerra, tramite la mediazione degli Usa e dei paesi neutrali, invece di limitarsi a condannare la guerra imperialista come una guerra di rapina.

Il suo discorso, difeso peraltro da tutto il Psi, era stato immediatamente strumentalizzato dalla stampa borghese e Turati fu costretto a riprecisare ciò che aveva detto, tanto più ch'egli aveva addirittura ammesso che nei confronti dell'Austria era giusto che l'Italia rivendicasse "una rettifica del confine italico per ciò che è indiscutibilmente italiano e risponde a garanzie di carattere strategico". Col che in pratica Turati riportava la questione della guerra imperialistica (ch'era di rapina) alla questione della guerra nazionale, patriottica, a difesa del diritto all'unità nazionale.

Contro le sue stesse migliori intenzioni, Turati – osservava Lenin – era finito su posizioni guerrafondaie, in quanto la cosiddetta "liberazione" delle terre italiane appartenenti all'Austria sarebbe stata di fatto una ricompensa concessa alla borghesia italiana per aver partecipato alla guerra imperialistica, a fianco dell'Intesa (e questo senza considerare che l'Italia aveva già occupato la Libia e nel giugno 1917 l'Albania, imponendole il proprio protettorato, dopo averla resa indipendente dai turchi).

Lenin se la prende con Turati perché, invece di dire quelle cose in parlamento, sarebbe stato meglio, secondo lui, che avesse creato un'organizzazione illegale e una stampa clandestina, libera dal controllo degli enti governativi. E se la prende anche con l'*Avanti!*, poiché lo vede del tutto contrario alla costituzione di una nuova Internazionale.

L'alternativa per Lenin non era quella *pacifista* secondo cui o si fa una campagna politica riformista o si deve rinunciare alle riforme, ovvero o si rinuncia alla rivoluzione e allora si hanno le riforme, oppure niente riforme; ma era piuttosto quella *radicale*, secondo cui o si fa una lotta rivoluzionaria per abbattere la borghesia al governo (e nel caso di un parziale successo si sarebbero comunque ottenute delle riforme), oppure si fa una vuota fraseologia. La rivoluzione russa del 1905, seppur fallita, indicava chiaramente la via da seguire.

Lenin insomma era convinto che i socialpacifisti aspirassero a concludere al più presto la guerra proprio perché avevano paura di dover fronteggiare l'esigenza di una rivoluzione proletaria. Gli era facile pertanto paragonare i socialpacifisti ai preti cristiani, che parlavano di pace e di amore e intanto giustificavano lo schiavismo, mirando a conciliare gli oppressi con gli oppressori. E per questa ragione egli non nascondeva il proprio scetticismo nei confronti delle capacità rivoluzionarie del Psi, che praticamente ora (con Turati, Treves e Modigliani) faceva parte della destra di Zimmerwald, opponendosi alla creazione della III Internazionale.

Uniche eccezioni erano, a suo parere, il segretario del partito, Lazzari, e il direttore Serrati dell'*Avanti!*. Quest'ultimo, in particolare, accusava i sindacati italiani d'aver demoralizzato il partito, in quanto si dichiaravano contro ogni azione antimilitarista, e si lamentava del fatto che il Psi avesse seguito per troppo tempo i metodi legali-parlamentari, trascurando del tutto quelli rivoluzionari. L'unità interna, tanto decantata, aveva portato i socialisti su posizioni mensceviche. È vero che i deputati socialisti si erano rifiutati di votare i crediti di guerra, le leggi eccezionali e i pieni poteri, ma è anche vero che si rifiutavano di compiere azioni extra-parlamentari.

La stessa formula adottata dal Psi ("non aderire né sabotare") s'era rivelata troppo ambigua e non ispirava intuizioni politiche particolari: aveva tenuto unite le masse prima che l'Italia entrasse in guerra, ma a livello internazionale non aveva prodotto alcunché di positivo contro la guerra. Anzi essa allontanò progressivamente le masse dal partito proprio durante lo svolgimento della guerra.

In realtà Lenin avvertiva che tutto il socialismo euro-occidentale, ad eccezione della corrente del leader Liebknecht (Spartachisti)[44], era ancora lontano dal voler preparare un'insurrezione armata. Quando vede che Turati e Kautsky vorrebbero sapere in anticipo il momento in cui scoppierà la rivoluzione e quali saranno le probabilità di successo, si chiede come faccia questa gente a militare nel socialismo senza sapere che rivoluzioni del genere non sono mai esistite nella storia.

*

Nel corso della guerra Lenin aveva potuto costatare una progressiva concentrazione del capitale e la trasformazione del capitale monopolistico da privato a statale. Aveva inoltre capito che i veri vincitori del conflitto sarebbero stati gli Usa, modernamente armati e arricchitisi a spese dell'Europa.

Si preoccupava anche di sottolineare che l'Italia, come Olanda, Portogallo, Svezia e Norvegia, aveva il 99% della popolazione appartenente a una medesima nazionalità. In Francia l'1,3% della popolazione è

---

[44] Con Rosa Luxemburg, Leo Jogiches e Clara Zetkin, Liebknecht fu tra i protagonisti della sollevazione spartachista di Berlino del gennaio 1919, brutalmente repressa dal nuovo governo socialdemocratico tedesco guidato da Friedrich Ebert, con l'aiuto dell'esercito e dei Freikorps. Liebknecht fu portato all'Hotel Eden di Berlino, dove venne torturato e interrogato per diverse ore prima di venire ucciso il 15 gennaio 1919. Il corpo della Luxemburg venne invece gettato in un canale, da dove fu poi recuperato il 31 maggio.

italiana, in forza della politica annessionista di Napoleone III, mentre in Svizzera gli italiani solo l'1,8% del totale.

*

Nel marzo 1917 dichiara che intende rivelare, appena possibile, tutti i trattati segreti firmati dallo zar Nicola II con le nazioni belligeranti per la spartizione consensuale dei territori oggetto di controversia.

Il trattato segreto stipulato all'inizio del 1915 con l'Italia viene alla luce nel maggio 1917 (e fino a questa data sarà l'unico che si conoscerà: gli altri trattati verranno pubblicati nel dicembre 1917, a rivoluzione compiuta). In esso viene detto che gli alleati avrebbero garantito all'Italia il Tirolo meridionale con Trento, tutto il litorale adriatico, la zona settentrionale della Dalmazia con le città di Zara e Spalato, la zona centrale dell'Albania con la città di Valona, le isole dell'Egeo presso le coste dell'Asia Minore, una concessione ferroviaria nella Turchia asiatica.

Oltre alle regioni con una popolazione italiana (Tirolo meridionale e Trieste) di circa 600.000 unità, l'Italia avrebbe ricevuto territori con una popolazione di oltre un milione di abitanti, del tutto estranei etnograficamente e anche sul piano religioso (relativamente p.es. alla Dalmazia si può parlare di un 97% di origine serba, solo poco più del 2% è di origine italiana).

*

Dopo aver registrato i moti scoppiati a Torino nell'agosto 1917, caratterizzati da scioperi economici contro la fame e politici contro la guerra, e da barricate (23 sobborghi erano in mano agli insorti), e dopo aver visto che il governo aveva fatto ricorso alle truppe dichiarando lo stato d'assedio, Lenin, all'inizio di settembre, chiede esplicitamente a tutti i rivoluzionari internazionalisti (soprattutto a Liebknecht in Germania, Adler in Austria e MacLean in Inghilterra) di uscire da Zimmerwald e di fondare una volta per tutte la III Internazionale.

Nell'ottobre successivo registra l'arresto di numerosi capi socialisti in Italia. Ha la netta impressione che la rivoluzione sia più facile nei paesi non appartenenti alla cerchia di quelli che, in forza dello sfruttamento coloniale, sono in grado di corrompere la loro propria classe operaia.

1918

Nel luglio 1918 Lenin fa notare che il vecchio segretario del Psi,

Lazzari, che pur a Zimmerwald aveva guardato i bolscevichi con diffidenza, era stato messo in prigione per aver simpatizzato per la rivoluzione d'Ottobre. E ritiene che una rivoluzione analoga sia prossima anche in Italia e in Austria.

Il mese successivo Lenin deve constatare che la guerra ha già causato 10 milioni di morti, tra contadini e operai, e 20 milioni di invalidi, mentre milioni di lavoratori sono impiegati nella produzione di strumenti di morte.

In ottobre spiega agli estremisti di sinistra che i bolscevichi erano stati costretti alla pace di Brest-Litovsk, in quanto la borghesia dell'Intesa aveva respinto la proposta della pace generale, sostenuta dalla pubblicazione dei trattati segreti dello zarismo.

La pace coi tedeschi era stato firmata nel marzo dello stesso anno e prevedeva che la Polonia, quasi tutta la zona del Baltico e una parte della Bielorussia passassero sotto il controllo di Germania e Austria-Ungheria, mentre l'Ucraina doveva essere separata dalla Russia e posta sotto protettorato tedesco; quanto alla Turchia, dovevano essere date le città di Kars, Batumi e Ardagan. Nell'agosto successivo altre clausole vessatorie erano state imposte dai tedeschi. Come noto, in virtù di quel trattato i bolscevichi poterono più facilmente lottare contro la reazione dei bianchi e l'interventismo straniero.

Turati, Kautsky e altri revisionisti volevano una pace senza annessioni e senza riparazioni, ma finché questo obiettivo non fosse stato raggiunto, i russi avrebbero dovuto restare in guerra, il che voleva dire rinunciare a togliere il potere alla borghesia che governava in Russia.

I bolscevichi invece volevano la pace ad ogni costo, immediata, anche separata (cioè con trattati bilaterali) e facevano di tutto per costringere il governo provvisorio a chiederla. E Lenin biasimava l'operato di S. Gompers che incitava gli operai italiani a continuare la guerra imperialistica, benché ovunque venisse fischiato.

Dopo il crollo della monarchia tedesca, nel novembre 1918, il trattato di Brest-Litovsk fu annullato.

1919

Nel marzo 1919 Lenin si lamenta che dall'Italia arrivano pochissimi numeri dell'*Avanti!*, sottoposto a censura, la quale soprattutto sequestrava le lettere provenienti dalla Russia.

E cita l'esempio di una lettera del socialista Morgari, giuntagli su pezzettini di carta, come in Russia si faceva all'epoca dello zarismo. Alla conferenza di Zimmerwald Morgari era stato assai moderato, ora invece si complimenta con Lenin per la riuscita della rivoluzione d'Ottobre.

In un numero dell'*Avanti!*, capitato per caso, Lenin sottolinea con piacere che a Cavriago (provincia di Reggio Emilia) gli operai hanno operato una risoluzione in cui si esprime simpatia al quotidiano per la sua intransigenza e dichiarano di approvare gli spartachisti tedeschi e i "soviettisti russi".[45]

Nell'aprile 1919 i dieci paesi imperialisti che discutevano sulla pace mondiale, erano diventati quattro: Usa, Regno Unito, Francia e Italia, e Lenin ironizza dicendo che, pur essendo di meno, non riescono lo stesso a mettersi d'accordo sulla spartizione del bottino. Sicché la pace di Versailles è peggiore di quella di Brest-Litovsk; infatti, appena fatta la pace i vincitori si spartiscono la Persia, la Siria, la Turchia ecc.

Nell'agosto successivo Lenin continua a lamentarsi di sapere assai poco del movimento socialista italiano, guidato da Serrati e Lazzari, ad eccezione del fatto che i socialisti hanno rifiutato di aderire all'Internazionale gialla di Berna, i cui dirigenti sono, a suo parere, una sorta di stato maggiore senza alcun esercito (la sua funzione doveva essere quella di ripristinare la II Internazionale, ma era fallita miseramente). Le notizie dall'Italia arrivano in Russia solo attraverso giornali stranieri non comunisti.

Nell'ottobre Lenin sa con certezza che il Psi ha votato a stragrande maggioranza, al Congresso di Bologna, l'adesione alla III Internazionale, accettando il programma della dittatura del proletariato. Nello stesso mese però segnala che tra i sostenitori del controrivoluzionario A. Kolčak vi sono alcuni italiani.

Lenin plaude al fatto che il Psi abbia deciso di continuare a partecipare all'attività parlamentare. Critica infatti i revisionisti quando affer-

---

[45] Nel 1970 un busto di Lenin verrà inaugurato proprio a Cavriago. La storia di questo monumento è abbastanza singolare. Fu eseguito nel 1922 in Ucraina, nella città di di Lugansk: una delle poche immagini realizzate durante la vita di Lenin. E fu eretto davanti all'ingresso di una fabbrica di locomotive. Durante l'occupazione nazista venne trafugato e spedito in Italia come «bottino di guerra», ma venne intercettato dai partigiani italiani, che consegnarono la scultura all'ambasciata sovietica di Roma. In occasione delle celebrazioni per il centenario della nascita di Lenin il governo sovietico donò il monumento al municipio di quella località, con la motivazione che i suoi operai erano stati positivamente citati da Lenin nel discorso «Sulla fondazione dell'Internazionale comunista», del 6 marzo 1919, in quanto avevano riconosciuto subito la grandezza della rivoluzione d'Ottobre, volendola prendere come esempio per l'Italia. Il busto è stato collocato nella piazza; poi, dopo una bomba negli anni Settanta, s'è deciso di lasciare solo una copia nella piazza, mentre l'originale è stato spostato nel vecchio municipio, poi sede del Centro Culturale, dove si trova attualmente. Sempre nel 1970 l'isola di Capri gli dedicherà un bassorilievo, realizzato dallo scultore Giacomo Manzù, premio internazionale Lenin «Per la promozione della pace tra i popoli».

mano che, prima di fare la rivoluzione, occorre avere la maggioranza parlamentare, ma dichiara anche che non è meno stupida l'idea di rifiutare per principio di partecipare al parlamentarismo o al sindacalismo, come hanno fatto – dice – sia Liebknecht che la Luxemburg.

Alla fine dell'anno Lenin scrive che la fame e il freddo che patiscono in Russia vengono sopportati meglio a motivo del fatto che in Italia, grazie ai socialisti, s'è deciso che il governo chieda agli alleati la fine totale del blocco economico e di ogni ingerenza negli affari russi.

1920

Nella primavera del 1920 Lenin pubblica *L'estremismo, malattia infantile del comunismo*, in cui, fra le altre cose, critica Bordiga e la sua frazione di comunisti astensionisti (rappresentata dal giornale "Il Soviet"), che boicotta la partecipazione al parlamento, senza rendersi conto che attività legale e illegale si compenetrano. Tuttavia approva le critiche di Bordiga a Turati e proprio non riesce a digerire il fatto che il Psi tolleri ancora al proprio interno dei parlamentari opportunisti come Turati, Treves, Modigliani, Dugoni...

Quando cominciò a scrivere *L'estremismo* Lenin s'era già reso conto, in maniera molto chiara, che la conquista del potere politico era solo il primo passo nell'edificazione del socialismo e che ne restavano da fare ancora molti altri, in quanto la cultura borghese tendeva continuamente a riemergere nei comportamenti dei rivoluzionari e nei confronti di questi rigurgiti occorreva un paziente lavoro di rieducazione, in tutti i settori della vita sociale.

Nel mese di luglio del 1920 si tiene il II Congresso della III Internazionale, ove si valutano positivamente le critiche della sezione torinese del Psi, guidata da Gramsci, Terracini e Togliatti, espresse sulla rivista "L'Ordine Nuovo"[46], che vengono rivolte alla direzione del partito, accusato di non aver fornito una giusta analisi della situazione rivoluzionaria italiana, di non aver saputo unificare e coordinare le lotte delle masse e di non aver espulso dal partito i riformisti. La sezione torinese voleva la creazione dei consigli di fabbrica per il controllo della produzione industriale e agricola.

---

[46] Il rapporto "Per il rinnovamento del partito socialista", presentato dal gruppo "Ordine Nuovo" al consiglio del partito, a Napoli nel maggio 1920, ricevette un particolare apprezzamento al II Congresso del Komintern. Il settimanale, pubblicato a Torino nel 1919 come organo dell'ala sinistra del Psi, divenne quotidiano nel 1921 come organo del Pci. Nell'ottobre 1922 fu soppresso dal fascismo, ma continuò a uscire clandestinamente fino al dicembre 1922. Nel 1924 riprese le pubblicazioni a Roma, ma poco dopo venne soppresso di nuovo.

Nel corso del Congresso furono approvate le condizione di ammissione alla III Internazionale (vedi Appendice). Lenin chiedeva a più riprese che i riformisti venissero espulsi dal Psi, poiché riteneva intollerabile che si fregiassero del titolo di "terzinternazionalisti" (il Psi era entrato nella III Internazionale al Congresso di Bologna del 1920).

La situazione italiana viene giudicata grave da Lenin, in quanto i debiti di guerra ammontano al 60-70% del Pil e il denaro s'è svalutato di 2/3. In ottobre egli approva l'occupazione delle fabbriche e delle case degli industriali da parte degli operai italiani.

Tuttavia nello stesso periodo, elaborando *La storia della questione della dittatura*, Lenin sostiene che i socialisti (inclusi quelli italiani) accettano sì l'idea di rivoluzione ma non quella di dittatura del proletariato, mostrando così il loro sterile riformismo. Alla domanda sul perché questi socialisti, nonostante la situazione esplosiva del dopoguerra, non siano capaci di compiere alcuna rivoluzione, Lenin risponde dicendo ch'essi s'illudono che col parlamentarismo e la costituzione si possa evitare l'uso della violenza, e così si consegnano nelle mani della borghesia, che, partendo da posizioni vantaggiose, ha facilmente la meglio. È l'illusione di poter instaurare il socialismo pacificamente, col consenso della borghesia.

Negli ultimi due mesi del 1920 Lenin pubblica una dura polemica contro Serrati, in *A proposito della lotta in seno al partito socialista italiano*. L'articolo prende le mosse dal fatto che l'*Avanti!* aveva pubblicato il 5 ottobre la lettera di Lenin agli operai tedeschi e francesi in cui veniva detto che quando si giunge a una vera rivoluzione vi sono sempre dei socialisti riformisti che la ostacolano, ed egli aveva citato i nomi di Turati, Prampolini e D'Aragona.

Il direttore del giornale, Serrati, aveva commentato quella lettera dicendo tre cose:

1. Lenin non era in grado di valutare perfettamente uomini e condizioni così lontani da lui e in un ambiente così diverso dalla Russia;

2. Lenin aveva omesso di citare Modigliani, come invece prima faceva;

3. non si capiva se Lenin, quando ammetteva delle eccezioni alle condizioni "draconiane" per aderire all'Internazionale, parlasse a nome proprio o a nome del comitato esecutivo della stessa Internazionale.

Le eccezioni in effetti riguardavano il caso di taluni esponenti riformisti all'interno dell'Internazionale, ma Turati, Prampolini e D'Aragona non costituivano per Lenin delle eccezioni, ed egli risponde a Serrati dicendo d'aver omesso Modigliani per puro caso, e di aver riportato altri nomi a titolo esemplificativo. Infatti non era questione di "nomi" ma di "tendenze", cioè di linea politica. Spiegò inoltre che la lettera era stata

218

scritta a titolo personale, e che anche questa era una questione di secondaria importanza, usata da Serrati per non dover affrontare l'altra, quella della espulsione dei riformisti.

Lenin in realtà aveva parlato di due tendenze opposte in seno al Psi, facendo riferimento al fatto che all'interno del partito vi erano due correnti: una favorevole all'espulsione dei riformisti, dopo che il partito aveva accettato i 21 punti della III Internazionale, ed era capeggiata da Terracini, Gennari, Regent, Tuntar, Casucci, Marziale e Bellone; l'altra invece contraria, quella di Serrati, Baratono, Zannerini, Bacci e Giacomini.

L'ala sinistra del Psi voleva maggiore compattezza e unità all'interno del partito, vista la situazione rivoluzionaria e riteneva intollerabile il fatto che l'ala riformista non si attenesse alle indicazioni del partito (cioè in sostanza il fatto che, mentre a parole i riformisti dicevano di accettare le condizioni per l'ingresso nella nuova Internazionale, nei fatti tendevano ad aggiungere ulteriori distinguo relativi alla specifica situazione del paese). Secondo Lenin i riformisti stavano sabotando la rivoluzione operaia, come d'altra parte avevano già fatto durante l'occupazione delle fabbriche.

Serrati, in una lettera all'*Humanité*, si era difeso dicendo che al massimo si poteva espellere Turati, ma non si poteva volere una scissione netta da tutti i riformisti. Lenin invece gli ribatte che i riformisti stanno agendo in maniera autonoma rispetto all'ala sinistra e lo dimostra la convocazione a Reggio Emilia di un loro convegno (11/10/1920), ove hanno rifiutato l'accettazione incondizionata dei 21 punti, la conquista rivoluzionaria del potere e l'instaurazione della dittatura del proletariato (le sezioni rappresentate al convegno erano 200).

Serrati era preoccupato del fatto che la scissione avrebbe indebolito il partito, i sindacati, le cooperative e le amministrazioni comunali, poiché riteneva di non avere sufficienti uomini con cui sostituire gli espulsi. Lenin gli ribatte che se non espelle i riformisti, il Psi non potrà mai fare alcuna rivoluzione, né tanto meno difenderla, per cui le sue preoccupazioni non hanno alcun senso. L'esperienza in Russia e in Ungheria[47] l'aveva già dimostrato. Non si potevano mettere sullo stesso piano i

---

[47] La rivoluzione socialista ungherese del marzo 1919 ebbe un carattere pacifico, in quanto la borghesia s'era rivelata incapace di opporsi alle masse popolari. Tuttavia gli elementi socialisti riformisti non furono mai allontanati né dal partito né dal governo, sicché quando fu posto l'embargo economico e organizzato l'intervento armato da parte delle nazioni imperialiste, questi elementi tradirono, agendo in modo controrivoluzionario. La Russia in quel momento non poté far nulla perché anch'essa gravemente assediata dalle forze straniere e minacciata dalla reazione bianca.

due problemi: gli errori amministrativi sarebbero stati inevitabili, ma almeno sarebbero stati risolti quelli relativi alla conquista del potere politico.

Lenin inoltre gli fa capire che anche in Russia, al momento della rivoluzione, vi furono forti defezioni, ma poi, fatta la rivoluzione, vi fu l'ammissione degli errori e la reintegrazione dei riformisti nel partito. Egli infatti sapeva bene che nel momento dello scoppio della rivoluzione non ci possono essere esitazioni nei quadri dirigenti. Con le epurazioni il partito si fortifica. Non si può rischiare di perdere la partita a causa delle incertezze e perplessità di alcuni dirigenti. D'altra parte Serrati – prosegue Lenin – non può nascondersi il fatto che il proletariato industriale e rurale s'è già spontaneamente sollevato in Italia. Si tratta soltanto di organizzarlo per l'insurrezione finale.

Serrati inoltre aveva espresso il timore di un blocco economico da parte delle maggiori potenze imperialiste. Lenin gli risponde ch'era assurdo, in nome di questo timore, rinunciare alla rivoluzione, anche perché l'Italia sarebbe stata sicuramente assistita dalla stessa Russia, e con la propaganda si sarebbe potuto convincere il proletariato di tutto il mondo a protestare contro l'embargo.

1921

La rottura definitiva tra socialisti e comunisti italiani avviene al XVII Congresso di Livorno (gennaio 1921), allorché i centristi, che avevano la maggioranza, si rifiutarono di rompere coi riformisti. I delegati di sinistra abbandonarono il Congresso e fondarono il Pci.

Nel marzo 1921 Lenin plaude alla scissione di Livorno, ma si rammarica che ciò non sia avvenuto prima dello scoppio della guerra. I bolscevichi avevano rotto coi menscevichi sin dal 1903 e il dirigente socialista Lazzari – osserva Lenin – non fa che arrampicarsi sugli specchi quando invoca il fatto che l'Italia è diversa dalla Russia e che i socialisti italiani conoscono la "psicologia" dei loro concittadini.

In aprile Lenin dichiara che l'Italia ha firmato un accordo con la Georgia per sfruttare le miniere di carbone del Caucaso, non avendo proprie fonti energetiche. E, considerando un altro accordo con la Germania, Lenin comincia a pensare che l'embargo contro la Russia, imposto da Usa, Gran Bretagna e Francia, stia per finire.

A maggio sostiene che chi in Italia vuole opporsi al "terrore proletario", deve subire quello "fascista": non c'è "terza via". A giugno dichiara d'essere pronto a chiedere l'espulsione dei socialisti italiani dall'Internazionale, visto e considerato che non si sono epurati dagli elementi riformisti che boicottano la presa del potere. Mette anche in guardia i comunisti dal non "giocare" a fare i "sinistri", finché non sono riusciti ad avere dalla loro parte la maggioranza degli operai serratiani.

La questione italiana viene discussa al III Congresso dell'Internazionale (22/06-12/07/1921), in seguito alla protesta del Psi di essere stato espulso e di considerare solo il Pci una sezione dell'Internazionale in Italia.

Lenin esordisce ricordando a Lazzari che Turati è un "traditore" della II Internazionale non meno di Bernstein: hanno praticamente iniziato insieme, e Turati ha potuto "disorganizzare" il Psi e il movimento operaio per vent'anni, senza che nessuno abbia mai avuto il coraggio d'impedirglielo. Eppure dopo il II Congresso dell'Internazionale s'era detto a Serrati che il Psi non poteva dirsi "comunista" se accettava gente come Turati tra le proprie file.

Lenin dice anche esplicitamente che all'Internazionale non è piaciuto né il convegno dei socialisti riformisti di Reggio Emilia, né quello della frazione centrista di Serrati, Baratono e altri, tenuto a Firenze nel novembre 1920, con cui si era negata l'esigenza di rompere coi riformisti e che aveva subordinato l'adesione ai 21 punti al fatto che coi riformisti non si voleva rompere. Tutti coloro che avevano preso parte al convegno di Reggio Emilia andavano espulsi, secondo Lenin.

D'altra parte Lenin rifiuta l'accusa di voler esportare la propria rivoluzione, sia perché i delegati russi nel comitato esecutivo dell'Internazionale sono solo cinque su venti, sia perché il problema è proprio quello di non rimasticare parole d'ordine rivoluzionarie, ma di adattare i principi rivoluzionari alle particolarità dei diversi paesi. Cosa che non è stata fatta, p.es., durante l'occupazione operaia delle fabbriche italiane. In quel periodo più che di comunismo marxista si poteva parlare al massimo di anarchia.

L'occupazione delle fabbriche era partita nel settembre 1920 su iniziativa del sindacato, a Torino e a Milano, poi si era estesa a tutto il Piemonte e nel nord Italia, coinvolgendo infine quasi tutto il paese (al sud infatti i contadini avevano cominciato ad occupare le terre). Ma i capi riformisti del Psi e dei sindacati ebbero paura del carattere politico assunto dal movimento e preferirono trattare con gli industriali.

Questa volta Lenin cita anche Modigliani tra i riformisti da espellere. E continua a chiedersi il motivo della titubanza dei socialisti marxisti, visto che hanno già la maggioranza, a differenza dei bolscevichi, che sino al febbraio 1917 erano ancora minoritari rispetto ai menscevichi.

A Livorno i centristi ebbero 98.000 voti e, nonostante fossero maggioritari, preferirono restare coi riformisti dichiarati, che ne avevano 14.000, piuttosto che espellerli creando un nuovo partito con i comunisti, che ne avevano 58.000. Tale errata decisione fu il frutto della politica di Serrati.

A Lazzari, che chiedeva a Lenin di non espellere i socialisti dalla III Internazionale, altrimenti gli operai si sarebbero disorientati, Lenin rispose che gli operai, grazie all'operato di Serrati, erano già disorientati.

All'inizio di luglio Lenin tiene un discorso in *Difesa della tattica dell'Internazionale Comunista*, il cui oggetto sono gli emendamenti che tre delegazioni comuniste (tedesca, austriaca e italiana) hanno posto alle tesi sulla tattica dell'Internazionale, proposte dalla delegazione russa.

Secondo Terracini era necessario cancellare la parola "maggioranza" dalla seguente espressione: "la situazione, in parecchi paesi, si è inasprita in senso rivoluzionario e si sono organizzati parecchi partiti comunisti di massa, nessuno dei quali però ha preso nelle sue mani l'effettiva direzione della maggioranza della classe operaia nella sua lotta veramente rivoluzionaria".

L'altro emendamento è correlato a questo: mettere la parola "fini" al posto di "princìpi". Lenin su questo è contrario perché con la parola "fini" si può procrastinare *ad libitum* l'avvento della rivoluzione, mentre i "princìpi" vanno rispettati subito.

Lenin risponde che neppure il Pc tedesco è seguito dalla "maggioranza" della classe operaia. Terracini, secondo lui, voleva togliere quella parola, facendo vedere che la direzione della classe operaia già esiste in Italia da parte del Pc.

In realtà, secondo Lenin, Terracini sopravvaluta l'importanza del Pci e lo fa perché è viziato da un certo estremismo (tant'è che Terracini avrebbe criticato l'Internazionale di non essere abbastanza "dura" coi centristi del Psi). Infatti un altro suo emendamento vuole la rimozione dei riferimenti alla "Lettera aperta" con cui il Pc tedesco aveva chiesto ai partiti socialista e socialdemocratico e ai sindacati, nel gennaio 1921, di creare un fronte unico contro la crescente reazione antioperaia (proposta che poi venne respinta dai partiti non comunisti).

Terracini era convinto che quella "Lettera" fosse un vergognoso compromesso, un atto di opportunismo. Lenin invece sostiene che proprio in virtù di quella "Lettera" si poteva raggiungere il controllo della maggioranza degli operai, già tutti organizzati in vari partiti e sindacati.

Lenin spiega a Terracini che i bolscevichi, pur essendo, come militanti, un piccolo partito, avevano la maggioranza dei soviet di tutto il paese russo e quasi la metà dell'esercito, che allora contava 10 milioni di uomini. Nessun paese europeo poteva vantare una situazione analoga.

Terracini insomma appare come un estremista. Egli infatti condivise anche la "teoria dell'offensiva" proclamata nel dicembre 1920 dal Pc tedesco, dopo che gli altri partiti di sinistra avevano rifiutato il fronte unico. Ma quella teoria estremista fu concausa – dice Lenin – della scon-fitta dell'insurrezione del proletariato tedesco nel marzo 1921. Con essa non si riuscì a conquistare la maggioranza della classe operaia.

Terracini non riusciva a capire che, dopo aver rotto coi centristi, occorreva cercare con loro un compromesso per preparare la rivoluzione, che sarebbe stata impossibile senza avere dalla parte dei comunisti la maggioranza degli operai e dei contadini. Rompere coi riformisti serviva per muoversi più agevolmente, senza perdere tempo in sterili discussioni, ma poi bisognava passare all'azione congiunta, dimostrando che i comu-nisti erano in grado di realizzare il programma dei socialisti.

Invece Terracini voleva continuare a lottare contro i centristi e i riformisti, senza rendersi conto che in Russia i 9/10 dei contadini passa-rono in poche settimane, dopo la rivoluzione, dalla parte dei bolscevichi, proprio perché questi erano in grado di realizzare il programma dei men-scevichi (espresso nel *Decreto sulla terra*).

Dunque la parola "maggioranza" bisognava tenerla e la richiesta di toglierla poteva essere espressa solo da un compagno che non com-prendeva il concetto di "masse popolari" né la differenza tra "tattica" e "strategia". Quando una rivoluzione è nella fase iniziale – diceva Lenin –, alcune migliaia di operai in agitazione, in una città, rappresentano già una massa; successivamente però il concetto di massa si deve per forza estendere a milioni di persone.

Per fare la rivoluzione il partito comunista, in sé, può essere an-che piccolo, ma deve comunque avere il consenso di grandi masse, ope-raie e contadine, nonché quello delle persone sfruttate in generale. Senza l'appoggio dei contadini, che garantiscono gli approvvigionamenti ali-mentari, gli operai da soli non possono farcela.

Sempre a luglio Lenin ancora si chiede perché Serrati non si de-cida a espellere i riformisti (*in primis* Turati) e gli fa chiaramente capire che i militanti dell'"Ordine Nuovo" sono molto più vicini alla III Interna-zionale di quanto non lo siano i dirigenti del Psi. Serrati però non prende decisioni conseguenti in merito.

L'8 luglio 1921 un comizio operaio a Roma (50.000 persone), rappresentanti dei partiti comunista, socialista e repubblicano, con 5.000 ex-combattenti in uniforme militare, trova pieno consenso da parte di Le-nin, il quale pensa che in Europa la situazione sia più esplosiva di quanto si fosse pensato all'ultimo Congresso dell'Internazionale.

In agosto continua a criticare Bordiga e il suo astensionismo par-lamentare. Gli pare assurdo sostenere che i sindacati siano meglio del parlamento, poiché anche nei sindacati si nascondono elementi opportu-nisti e arretrati. Considera Bordiga un ingenuo quando sostiene di voler distruggere il parlamentarismo. Infatti per realizzare un obiettivo del genere – spiega Lenin – ci vuole molto tempo, una preparazione molto lunga; per mostrare che il parlamento è falso bisogna parteciparvi, anche in considerazione del fatto che masse ignoranti continuano a credervi. Dopo il II Congresso dell'Internazionale Bordiga dichiarerà di rinunciare all'anarchismo e all'antiparlamentarismo.

Lazzari, dal canto suo, accetterà la risoluzione sulla tattica al III Congresso dell'Internazionale. (Lazzari era stato segretario generale del Psi, su posizioni centriste, negli anni 1912-19, ma dopo la rivoluzione d'Ottobre aveva appoggiato lo Stato sovietico).

1922

Agli inizi del 1922 Lenin considera assurda la concezione di Serrati e di Turati, secondo cui occorre aspettare che tutti i contadini vengano espropriati della terra, a vantaggio degli operai e del capitalismo industriale, prima che si possa pensare di compiere la rivoluzione.

Alla fine di febbraio è durissimo con Serrati, il quale considera la Nep una sconfitta del bolscevismo e non s'avvede del pericolo del fascismo in casa propria. Considera vergognoso l'atteggiamento di Serrati che, dopo aver detto di approvare le decisioni del III Congresso dell'Internazionale (21/02-04/03/1922), ha deciso di inviarvi come rappresentante il vecchio Lazzari. In tal modo ha ingannato gli operai.

La delegazione del Pci a quel Congresso (Terracini e Ambrogi) fu contraria alla tattica del fronte unico coi socialisti, finendo così con l'indebolire tutto il movimento operaio nazionale.

Nella primavera del 1922 Francesco Misiano, a nome degli operai italiani, consegnò agli operai delle industrie statali di Tsaritsyn, 27 vagoni di viveri che i lavoratori italiani avevano raccolto rispondendo a una richiesta d'aiuto di Lenin.

Nel novembre 1922 Lenin ha l'impressione che i socialisti e i comunisti euro-occidentali non abbiano capito nulla della rivoluzione bolscevica, cioè del modo come si deve condurre una rivoluzione proletaria, per cui comincia a pensare che sarà il fascismo, indirettamente, ad aiutare la sinistra italiana a capire la propria immaturità politico-organizzativa.

Nella primavera del 1923 si formerà all'interno del Psi una corrente di sinistra, guidata da Serrati, Maffi e altri, che nell'agosto del 1924 si fonderà col Pci.

Le Tesi di Aprile

I

Il millenario impero zarista era giunto al capolinea già nel 1905, quando perse il confronto militare col Giappone e quando, subito dopo, dovette affrontare la prima rivoluzione russa, che vide protagonisti milioni di operai e di contadini.

Un anticipo significativo della debolezza dell'impero si era già visto quando Napoleone, nel 1812, era riuscito col suo esercito a entrare indisturbato a Mosca e a incendiarla. È vero che la sua ritirata fu disastrosa e segnò la fine del suo impero europeo, ma è anche vero che la Russia poté avere la meglio perché dotata di immense risorse umane e materiali; le quali, tuttavia, non furono sufficienti nella guerra di Crimea del 1856 a farla vincere contro Francia e Inghilterra, che poterono far vedere chi comandava davvero in Europa.

La Russia degli zar stava pagando molto cara la sua arretratezza sul piano industriale, anche se la situazione socioeconomica, alla vigilia della guerra, stava migliorando. L'industria aveva un alto grado di concentrazione: il 3,3% delle maggiori aziende raggruppavano il 51% degli operai. Erano cresciute aziende con oltre mille operai: cosa impensabile in occidente. La Russia era già al quinto posto nella produzione industriale mondiale (in quella pesante era anche in grado di superare i paesi capitalisti più avanzati). I monopoli dominavano più di 80 tipi di produzione di beni fondamentali. In campo finanziario sette banche possedevano il 55% del capitale commerciale, ed erano strettamente connesse all'industria. Tuttavia era forte la dipendenza dal capitale estero.

La classe operaia industriale, molto sfruttata, era 1/5 di tutti i proletari (due abitanti su tre erano proletari, urbani e rurali), e semiproletari. I contadini erano 97 milioni, di cui il 12% senza terra, il 16% senza seminati, il 23% senza bestiame e il 30% senza cavalli. Quindi vi era un'enorme differenza tra contadini e proprietari fondiari. Le minoranze nazionali erano particolarmente oppresse.

Francia e Regno Unito, anche se erano molto più piccole dell'immenso impero zarista, mostravano di non avere rivali di sorta a livello mondiale e quindi di poter gestire un impero coloniale non meno vasto dell'impero zarista, ricco di risorse naturali, non condizionato da un rigido clima invernale, tant'è che i russi inizieranno a sfruttare sistematicamente le risorse energetiche del sottosuolo della Siberia solo in epoca staliniana.

La Russia zarista aveva mostrato tutta la propria debolezza non solo nella guerra di Crimea, ma anche e soprattutto nella guerra contro il Giappone, prima potenza asiatica a diventare capitalistica e a battere una potenza europea. Anche quella volta fu una fortuna per la Russia che il Giappone fosse una piccola nazione, non in grado di occupare l'intera Siberia, e più che altro interessato a occupare la Cina e altri territori della costa asiatica del Pacifico. Se al posto del Giappone ci fosse stata una Cina industrializzata, la Siberia sarebbe stata perduta.

La sconfitta col Giappone fu comunque la goccia che fece traboccare il vaso. La popolazione interna all'impero feudale russo non ne poteva più dello zarismo. L'ingresso del capitalismo in Russia, finanziato da inglesi e francesi, non aveva fatto che acuire le contraddizioni sociali. La Russia contadina non era in grado di costituire un'alternativa al capitalismo d'importazione.

Dopo la rivoluzione del 1905, repressa nel sangue, lo zarismo si vide costretto a usare la politica estera per cercare di risolvere i problemi interni, e fu così che entrò nella prima guerra mondiale, a fianco di Regno Unito e Francia, contro altri due imperi feudali, quello austro-ungarico e quello ottomano, che pensava di vincere facilmente; e contro una nuova potenza capitalistica europea, che voleva mettere in discussione la ripartizione mondiale delle colonie: la Prussia, pomposamente autoproclamatasi "impero".

L'autocrazia zarista era convinta di poter conquistare Costantinopoli, di penetrare in Persia, di strappare all'Austria vasti territori e di poter contrattare con la Germania, a guerra finita, la spartizione della Polonia e di altri territori baltici.

Tuttavia la guerra fu così disastrosa che la borghesia preferì compiere una propria rivoluzione nel febbraio del 1917, nella convinzione di poter continuare la guerra in maniera più intelligente, rimandando la soluzione dei problemi economici interni al momento dei trattati di pace.

I bolscevichi però non le diedero il tempo. Per loro i problemi economici andavano risolti subito e, per poterlo fare, bisognava uscire immediatamente dalla guerra. Ecco perché nel giro di pochi mesi fecero la terza rivoluzione russa, destinata a durare per una settantina d'anni.

II

Il testo che segna l'inizio della rivoluzione d'Ottobre sono le cosiddette *Lettere da lontano,*[48] che Lenin spedì da Zurigo ai suoi compagni

---

[48] In lingua italiana le *Lettere da lontano* (Editori Riuniti, Roma 1975) includono

di partito agli inizi dell'aprile 1917, alla vigilia del suo rientro in Russia (che fu organizzato dai socialisti svizzeri in modo tale da convincere il governo tedesco a garantire l'extraterritorialità del vagone del treno dei 32 esuli russi, di cui 19 bolscevichi; in cambio il governo chiedeva la scarcerazione di 32 prigionieri tedeschi e austriaci internati in Russia).[49] Il testo principale aveva per titolo *Sui compiti del proletariato nella rivoluzione attuale*. Il suo partito era appena uscito dall'illegalità, dopo che per anni bastava esserne iscritti per subire arresti e deportazioni. A Pietrogrado esso aveva circa 16.000 militanti e simpatizzanti. A Mosca invece erano 7.000.

Le *Tesi* furono esposte non solo ai bolscevichi ma anche ai menscevichi (espressione della piccola-borghesia urbana) e ai socialisti rivoluzionari (espressione della piccola-borghesia rurale) e anche al gruppo attorno a Plechanov (vicino ai menscevichi): tutti le giudicarono un'assurdità, poiché Lenin invocava la guerra civile contro il governo borghese ch'era appena entrato in carica.

Le tre tesi principali erano le seguenti (ma le vedremo meglio più avanti):

1. il governo provvisorio rappresenta i capitalisti industriali e gli agrari, e non sta affrontando minimamente la questione agraria, né si preoccupa di por fine alla guerra imperialistica, avendo intenzione di annettersi vari territori della Cina, della Turchia, della Persia e della Polonia, così come stabilito dai patti stipulati dallo zar prima di entrare in guerra;
2. è impossibile por fine alla guerra in maniera democratica, senza abbattere il capitalismo e quindi il governo che lo rappresenta[50];
3. il cosiddetto "difensismo rivoluzionario", secondo cui la guerra viene fatta esclusivamente per difendere la patria, senza ambizio-

---

anche le *Tesi di Aprile*.

[49] Lenin rientrò a Pietrogrado il 3 aprile ed espose le *Tesi* ai compagni il giorno dopo.

[50] Una tesi, questa, non condivisa da Stalin e Kamenev, più propensi a una linea collaborazionistica col governo, tant'è che i bolscevichi si stavano riconciliando coi menscevichi, soprattutto sulle posizioni del difensismo e delle funzioni complementari tra soviet e governo. Kamenev aveva addirittura censurato le lettere che Lenin aveva inviato alla "Pravda" dalla Svizzera: sostituire in tempi brevi polizia, esercito e burocrazia gli pareva una follia. Praticamente Lenin aveva capito, dall'esilio, che la classe operaia bolscevica era più rivoluzionaria dei propri dirigenti, a partire dal Comitato di Vyborg (uno dei bastioni proletari di Pietrogrado), dai marinai di Kronstadt e dalle cellule interne all'esercito. Quando pubblicò le *Tesi* il 7 aprile sulla "Pravda", in calce Stalin e Kamenev avevano posto una nota con cui si dissociavano dalle sue posizioni.

ni di conquiste territoriali, fa il gioco dei capitalisti, i quali, di fatto, non possono rinunciare alle colonie. Una pace democratica, senza rivoluzione, è impossibile.

Era soprattutto l'opposizione socialista ai bolscevichi a temere che una pace unilaterale e la rottura dei trattati segreti con gli anglo-francesi avrebbe comportato due inevitabili conseguente: l'invasione della Russia da parte degli austro-prussiani e il disprezzo in Europa per le idee del socialismo, a motivo del fatto ch'esso sarebbe apparso avverso al patriottismo, cioè alla difesa del territorio nazionale.

Quanto alla questione agraria, la borghesia fruiva di molte ipoteche sulle terre signorili. Confiscarle ai latifondisti, per redistribuirle gratuitamente ai contadini poveri, avrebbe comportato un danno agli interessi della stessa borghesia. In ogni caso di fronte a ogni confisca delle terre, la borghesia agraria o i latifondisti avrebbero preteso una indennità: cosa che i contadini, già rovinati dalla guerra, non avrebbero sicuramente potuto permettersi.

Menscevichi e socialisti-rivoluzionari gestivano i soviet più importanti e appoggiavano il governo provvisorio, ritenuto sufficientemente democratico, in quanto, essendoci la guerra, non poteva usare la violenza contro gli sviluppi della rivoluzione borghese appena compiuta. Tutti davano per assodato che prima di affrontare le questioni sociali ed economiche, si dovesse ottenere la pace da una posizione vincente, anche se i contadini e gli operai si limitavano a dire che la guerra aveva senso sul piano meramente difensivo, non per occupare nuovi territori.

I bolscevichi cominciarono a interessarsi dei soviet dopo la rivoluzione di febbraio. Il ritardo si spiega col fatto che la gran parte di loro era in esilio o in carcere. Essi si rendevano perfettamente conto che sarebbe stato impossibile rovesciare il governo senza prima aver ottenuto la maggioranza nei soviet delle grandi città. Ecco perché Lenin sosteneva la parola d'ordine "tutto il potere ai soviet": non si accontentava della sostituzione dei ministri borghesi nella compagine governativa con ministri socialisti, ma voleva proprio la sostituzione dell'apparato statale con quello dei soviet. I soviet dovevano essere "complementari" al partito non al governo. In un certo senso non era tanto il partito a prendere il potere, quanto piuttosto il partito *insieme* ai soviet.

Non credeva neppure possibile controllare gli atti del governo provvisorio attraverso i soviet, poiché a quest'ultimi il governo non voleva riconoscere alcun potere istituzionale. Inoltre Lenin chiedeva che attraverso i soviet si controllassero tutte le banche, che dovevano essere unificate in un'unica banca centrale, nonché tutte le compagnie assicurative e i maggiori sindacati capitalistici.

I soviet dei deputati degli operai, dei contadini e dei soldati inizialmente erano nati in maniera spontanea durante l'autunno del 1905, nel corso dei grandi scioperi rivoluzionari. La maggior parte dei deputati non apparteneva ad alcun partito. Non esistevano negli altri paesi europei. Era stati soppressi dallo zarismo, ma poi si ricostituirono nel 1917, grazie anche all'ingresso dei soldati.

Col tempo si erano trasformati in forme embrionali di potere statale-popolare (una sorta di governo-ombra). Quando scoppiò la guerra mondiale ripristinarono le istituzioni democratiche distrutte dallo zarismo; organizzavano i sindacati e i comitati di fabbrica; risolvevano i problemi dell'approvvigionamento alimentare per i lavoratori; introducevano d'autorità nelle fabbriche la giornata lavorativa di otto ore e combattevano i capitalisti che sostenevano la serrata; tendevano a pretendere un certo controllo operaio sulle fabbriche; istituivano la milizia operaia e i reparti operai di combattimento; democratizzavano gli zemstvo (organi amministrativi locali), le dume urbane (organi di potere locale), gli organi di giustizia; annullavano le disposizioni anti-democratiche delle autorità municipali e dei supremi capi militari; perquisivano i commissariati di polizia, arrestando chi aveva represso il movimento rivoluzionario; stampavano documenti in proprio. Quando scoppiò la rivoluzione borghese, miravano a tenere il governo provvisorio sotto controllo, in attesa dell'Assemblea Costituente.

Il soviet di Mosca era guidato dai bolscevichi, usciti per la prima volta dalla clandestinità, ed era diventato un organismo di direzione della lotta armata. Invece a Pietroburgo era gestito dai menscevichi e sino alla fine del maggio 1917 era questo l'unico soviet che poteva pretendere di far valere le proprie disposizioni su tutto il territorio russo, anche perché fu proprio grazie a questo soviet che si poté formare il governo provvisorio borghese. Nello stesso maggio fu eletto il primo congresso dei deputati contadini di tutta la Russia e il Comitato esecutivo centrale dei soviet dei contadini. Nel giugno si fece la stessa cosa per i soviet di operai e di soldati. I soldati si erano uniti agli operai a Pietrogrado nel marzo 1917. Praticamente in quel periodo in 393 città e centri minori vi erano 513 soviet, di cui 242 di deputati operai e 116 di deputati soldati.

III

A Pietrogrado si erano legalizzati i comitati dei soldati formatisi spontaneamente, i quali mettevano a disposizione del soviet le armi della circoscrizione militare della città. La cosa venne ben presto imitata da altre città. Di conseguenza il potere del governo provvisorio era sì legale ma non "reale", in quanto dipendeva dal consenso dei soviet, i quali, in cambio, avevano chiesto l'amnistia per tutti i detenuti politici, la convocazione dell'Assemblea Costituente, la soppressione delle restrizioni nazionali e la realizzazione delle libertà civiche. Tuttavia nessun soviet gestito dai menscevichi chiese la confisca delle terre degli agrari, la pace, la giornata lavorativa di otto ore.

Il governo provvisorio tergiversava alquanto nel concedere tutto quanto gli si chiedeva, preferendo attendere la fine della guerra e la convocazione della Costituente. Peraltro era esplicitamente contrario alla nazionalizzazione dei grandi latifondi, in quanto riteneva che, al massimo, le terre potevano essere concesse in affitto ai contadini nullatenenti.

La tattica del governo provvisorio fu quella di promettere tutto quello che non disturbava troppo gli interessi dei capitalisti e dei grandi proprietari fondiari. Per questa ragione non poteva avere sugli operai la stessa influenza che avevano i soviet, e di questo "dualismo di potere" aveva timore.

Quando Lenin parlò di "repubblica dei soviet operai e contadini", disse di volersi rifare alla Comune di Parigi del 1871. Disse che voleva escludere il blanquismo e di accettare solo il potere della maggioranza dei lavoratori, pienamente consapevoli dell'esigenza di una transizione socialista. Non voleva fare un colpo di stato, ma ottenere il consenso democratico all'interno dei soviet con un lavoro di spiegazione ragionata, paziente, tenace, che rispondesse ai bisogni concreti delle masse popolari.

Il dualismo di potere andava liquidato in maniera pacifica, dando tutto il potere ai soviet. Nulla obbligava a organizzare una guerra civile, almeno finché il governo non avesse fatto ricorso alla violenza: d'altronde le armi erano già in mano ai soldati e agli operai dei soviet. Il governo provvisorio non poteva fare granché contro i soviet, benché alcuni leader menscevichi e socialisti-rivoluzionari vi facessero parte attivamente. Il governo non riusciva neppure a convincere i capitalisti a comprare le obbligazioni statali; essi infatti, prima di farlo, pretendevano una politica più autoritaria.

I leader dei due partiti suddetti cercarono di rafforzare il governo escludendo che tutti i poteri dovessero passare ai soviet. Al I Congresso dei soviet operai-soldati di tutta la Russia (dal 16 giugno al 7 luglio 1917) la loro maggioranza era schiacciante: 285 i delegati socialisti-rivoluzionari e 248 i menscevichi. Tuttavia durante il Congresso i 105 bolscevichi aumentarono il loro consenso, anche perché lo sciopero generale di mezzo milione di operai a Pietrogrado il 18 giugno, organizzato da loro, ebbe un enorme successo e fu subito imitato in altre città.

Dopo il disastro militare del governo provvisorio, che si vide soffiare la Galizia e la Dobrugia dalle truppe austro-prussiane, i bolscevichi organizzarono il 4 luglio una nuova imponente manifestazione di operai,

230

soldati e marinai a Pietrogrado. Questa volta il governo decise di sparare su di loro, accusando i bolscevichi di disfattismo e di favorire il nemico. I menscevichi e i socialisti rivoluzionari vollero dare tutti i poteri al governo provvisorio, fatto passare come "salvatore" della rivoluzione di febbraio. Il 7 luglio fu spiccato un mandato di cattura contro Lenin. Convinto che al processo l'avrebbero sicuramente condannato, il partito decise di trovargli un rifugio in Finlandia, ove egli scrisse quel capolavoro chiamato *Stato e rivoluzione*. I distaccamenti operai furono disarmati e alcuni reparti militari spediti al fronte.[51]

Il generale Kornilov (supremo comandante in capo delle forze armate del governo provvisorio) voleva imporre una dittatura militare, ma il premier Kerenskij, che temeva la reazione delle folle, vi si oppose (accettando soltanto la reintroduzione della pena di morte), sicché Kornilov lo accusò d'essere un nemico del popolo. Tuttavia furono proprio i bolscevichi a fermare definitivamente il generale e a smascherare le ambiguità del governo. La conseguenza fu che gli iscritti al partito bolscevico aumentarono di tre volte, arrivando a 240 mila militanti.

IV

Il VI Congresso del partito bolscevico del 26 luglio (assente Lenin) votò a favore dell'insurrezione armata, ritenendo impossibile il passaggio pacifico del potere ai soviet.

Intanto il 1° settembre la Russia era diventata una repubblica. Il Direttorio era guidato da Kerenskij. I menscevichi e i socialisti rivoluzionari non volevano fare un governo col partito liberista dei cadetti. Lenin dichiarò di essere disposto ad appoggiare un governo composto solo da menscevichi e socialisti rivoluzionari, ma in cambio chiedeva piena libertà di parola e la convocazione immediata dell'Assemblea Costituente. Tuttavia il governo tergiversava: d'altra parte il debito pubblico era enorme, il rublo del tutto svalutato, l'inflazione galoppante, le tasse in continuo aumento, preoccupante la carestia, calante la produzione industriale, disorganizzati i trasporti, l'esercito si univa alle rivendicazioni dei contadini, crescenti le proteste delle nazionalità oppresse dell'ex impero zarista.

---

[51] Il motivo per cui il governo provvisorio ci mise alcuni mesi prima di capire che Lenin era molto pericoloso fu dovuto a una serie di motivazioni: con la guerra in corso, che aveva già comportato 1,5 milioni di morti, 2 milioni di feriti o mutilati e 3 milioni di prigionieri di guerra, non era possibile essere troppo autoritari; i bolscevichi inoltre erano una minoranza nei soviet e nel paese; infine le idee di Lenin apparivano come una forma di propaganda elettorale, non applicabili alla realtà.

Lenin si convinse che quello era il momento buono per agire in maniera eversiva. Se non l'avessero fatto, i bolscevichi sarebbero stati sterminati dal governo in carica; inoltre le folle sarebbero rimaste profondamente deluse, in quanto si aspettavano che lo slogan "tutto il potere ai soviet" trovasse concreta applicazione. Le condizioni oggettive, per lui, c'erano: si trattava soltanto di mostrare il grado di affidabilità di quelle soggettive. Gli unici due contrari all'insurrezione furono Zinoviev e Kamenev, che volevano aspettare la convocazione della Costituente (19 erano a favore e 4 si astennero).

I due suddetti bolscevichi tradirono la decisione dell'insurrezione, scrivendo il 18 ottobre su un giornale menscevico che il partito si stava preparando a un intervento immediato. A quel punto però era impossibile tornare indietro. Kamenev fu dimesso dal CC e ad entrambi fu impedito di esprimersi contro la linea del partito. Lo stesso Trotsky voleva compiere l'insurrezione soltanto dopo la convocazione del II Congresso dei soviet.

Il comitato militare rivoluzionario stabilito presso il soviet di Pietrogrado poteva contare su 12.000 guardie rosse e su alcune navi da guerra. Nel giro di due settimane i bolscevichi organizzarono un esercito operaio che arrivava sino a 40.000 uomini. Il governo provvisorio, che disponeva in quel momento di soli 300 cosacchi e di 700 allievi della Scuola ufficiali e un battaglione di amazzoni contadine, prese delle misure per scongiurare il pericolo. L'insurrezione avvenne il 25 ottobre (secondo il calendario giuliano). I bolscevichi occuparono, senza incontrare resistenza, le poste, le stazioni, le centrali elettriche e telefoniche... Il governo fu totalmente isolato. Occuparono anche la Banca di Stato e le redazioni dei giornali. In una sola giornata quasi tutta Pietrogrado era nelle loro mani. Restava solo il Palazzo d'Inverno.

Al II Congresso dei soviet di tutta la Russia (25-27 ottobre) vi erano 390 delegati bolscevichi, 160 socialisti rivoluzionari, 72 menscevichi, 14 menscevichi internazionalisti. Siccome i menscevichi, i socialisti rivoluzionari di destra e i bundisti non volevano che la maggioranza fosse su posizioni bolsceviche, abbandonarono la seduta. Nel momento in cui il Congresso stava svolgendo i suoi lavori, avvenne l'occupazione del Palazzo d'Inverno. Kerenskij era già fuggito la mattina del 25 su un'auto con bandiera americana. In seguito tutti i suoi tentativi di riprendere il potere fallirono miseramente.

Il 26 ottobre il Congresso discusse le questioni della pace e della terra. Si approvò il *Decreto sulla pace*, con cui il potere operaio-contadino si dichiarava deciso a firmare subito una pace senza annessioni né riparazioni. Fu approvato all'unanimità. Il 27 fu approvato il *Decreto sulla terra*, che liquidava la proprietà privata e proclamava la terra patrimonio nazionale, proibendo il lavoro salariato in agricoltura. Ognuno aveva il diritto alla terra, fosse anche una singola famiglia di agricoltori: 150 milioni di ettari passarono in proprietà ai contadini, senza alcun riscatto o indennizzo (la ripartizione sarebbe avvenuta tramite i soviet di villaggio). Il *Decreto* era stato fatto sulla base del programma dei socialisti rivoluzionari. Ci fu un solo voto contrario e 8 astenuti. Il II Congresso dei contadini russi (26 novembre 1917), gestito da 81 socialisti rivoluzionari di sinistra e da 20 bolscevichi, diede fiducia al governo sovietico.

Venne poi il momento di convocare la Costituente, nel cui valore i bolscevichi credevano poco, in quanto il massimo possibile, in quel momento, era già stato ottenuto. Su questo però bisogna spendere qualche parola in più, anche perché non c'è manuale scolastico di storia che non giudichi negativamente la decisione di Lenin di chiudere l'Assemblea Costituente. Nessuno storico borghese o socialista riformista vuol tener conto delle motivazioni, pubblicate sulla "Pravda" del 26 dicembre 1917, con cui si spiegò quella decisione. Eppure esse sono molto puntuali e condivisibili, e non è possibile certo sostenere che, così facendo, Lenin aveva posto le basi per il futuro successo dello stalinismo. Altre giustificazioni si trovano nel libro *La rivoluzione proletaria e il rinnegato Kautsky*.

La preparazione alle elezioni per questa Assemblea, ivi inclusa la legge elettorale per convocarla, erano state decise mentre era ancora in vita il governo provvisorio di Kerenskij, primo ministro ad interim. Ma quando si decise di convocarla, l'insurrezione bolscevica era già stata fatta (25 ottobre 1917).

Pur sapendo bene che i cadetti, i socialisti rivoluzionari, i menscevichi e tutti i controrivoluzionari speravano di potersene servire per abbattere il potere sovietico, il governo rivoluzionario decise ugualmente di convocarla, ritenendo che il popolo, sulla base della propria esperienza, si sarebbe convinto da solo dell'inconciliabilità dell'Assemblea col potere sovietico.

Le elezioni ebbero luogo sulla base delle liste dei candidati già compilate sotto il governo provvisorio. In quel periodo nelle campagne una parte considerevole di contadini credeva ancora ai socialisti rivoluzionari, e questi non si erano ancora scissi in una destra conservatrice e in una sinistra favorevole alla rivoluzione. Alle elezioni si presentarono quattro liste prevalenti: bolscevichi, menscevichi, cadetti e socialisti rivoluzionari, più altre componenti.

Le elezioni si svolsero a suffragio universale, ma ciò non evitò un forte astensionismo e non mancarono brogli e falsificazioni: i voti risultarono inferiori al 50% degli aventi diritto. Nell'esito prevalsero i socialisti rivoluzionari col 58%, seguirono i bolscevichi col 25%, i cadetti a quota 14% e infine i menscevichi col 4%. Dei 715 deputati eletti 370 erano socialisti rivoluzionari, 175 bolscevichi, 40 socialisti rivoluzionari di sinistra (corrente fuoriuscita dai socialisti rivoluzionari), 16 menscevichi, 17 cadetti, 86 rappresentanti di gruppi nazionali.

La rilevanza politica dei socialisti rivoluzionari va ricercata nel loro controllo dei soviet dei contadini nelle campagne. I bolscevichi raggiungevano invece nelle grandi città e al fronte (in comitati militari rivoluzionari) risultati fino al 40%, mentre si consolidava la loro fiducia nel soviet di Pietroburgo (di cui presidente era Trockij, menscevico, poi bolscevico dal luglio 1917), raggiungendo picchi di consenso fino al 60%.

I risultati non corrispondevano più ai radicali mutamenti avvenuti nell'ottobre-novembre 1917. Lenin infatti aveva detto non solo che una Repubblica dei soviet dei deputati degli operai, dei soldati e dei contadini era una forma di istituzione democratica di tipo più elevato di quella della Repubblica borghese avente una propria Assemblea Costituente, dovendo i soviet garantire una democrazia diretta, al fine di superare lo Stato borghese tradizionale, ma aveva anche detto che un'Assemblea del genere non poteva più corrispondere alla volontà popolare, e questo per almeno tre ragioni: la *prima* era che la rivoluzione, nei mesi di novembre e dicembre, aveva già rinnovato tutti i vecchi organi politici e militari superiori, per cui lo schieramento delle forze di classe non era più lo stesso; la *seconda* la offrivano gli stessi socialisti rivoluzionari, i quali si erano scissi dopo le elezioni dei candidati e prima della convocazione dell'Assemblea; la *terza* la offrivano i reazionari che volevano, con l'uso delle armi, riportare la Russia al capitalismo, contro i quali l'Assemblea Costituente non avrebbe potuto far nulla.

Il 5 gennaio 1918 si era ufficializzata in via definitiva l'apertura dell'Assemblea (da notare che il 1° gennaio Lenin aveva subìto un attentato mentre era in macchina con la sorella M. Uljanova e il rivoluzionario svizzero F. Platten, rimanendo illeso fortunosamente).

Il giorno stesso dell'apertura dell'Assemblea vi fu un'insurrezione armata dei socialisti rivoluzionari di destra e del sindaco della città di Pietrogrado, Schreider. La rivolta era stata organizzata dal partito cadetto, il quale svolgeva la funzione di stato maggiore politico di tutte le organizzazioni controrivoluzionarie di Kaledin, di Dutov e dei nazionalisti ucraini. Non a caso perorava la parola d'ordine "Tutto il potere all'Assemblea Costituente". Esso era forte della potenza economica della borghesia, si era politicamente addestrato nell'ambito della monarchia zarista ed era legato ai quadri dell'apparato statale. Per tutta la guerra civile il soprannome di "cadetto" verrà dato ai partigiani di Krasnov, Denikin, Kolčak e Wrangel.

L'atteggiamento controrivoluzionario della maggioranza si manifestò sin dalla prima seduta, quando essa si rifiutò di discutere la *Dichiarazione dei diritti del popolo lavoratore e sfruttato*, cioè dell'atto costituzionale più importante dello Stato sovietico, già promulgato il 3 gennaio dal Cec panrusso dei soviet, che esplicitava gli scopi principali del potere sovietico: l'eliminazione dello sfruttamento dell'uomo sull'uomo; la rimozione delle cause della divisione in classi della società; l'edificazione di una società socialista. Anzi, l'Assemblea volle addirittura proclamare se stessa quale unica autorità suprema di tutta Russia, non riconoscendo il potere dei soviet dei lavoratori (operai, contadini e soldati).

I bolscevichi e i socialisti rivoluzionari di sinistra[52] chiesero all'Assemblea di ratificare tutti gli atti e i decreti emessi dai Commissari del popolo (bolscevichi) riguardo al *Decreto sulla terra* per la distribuzione delle terre ai contadini, l'apertura immediata di trattative per una pace con i paesi belligeranti, la completa separazione tra Stato e chiesa, l'introduzione del matrimonio civile con uguali diritti per entrambi i coniugi, il libero divorzio, totale parità di diritti della donna rispetto all'uomo, l'introduzione della giornata lavorativa di otto ore, l'abbattimento delle differenze di trattamento fra soldati e ufficiali nell'esercito, le nazionalizzazioni dell'economia e della finanza.

L'area di destra dell'Assemblea (partito cadetto e parte dei menscevichi) e i socialisti rivoluzionari di destra rifiutarono la richiesta, sicché in segno di protesta i bolscevichi abbandonarono l'aula. Era quindi evidente che la stessa esistenza dell'Assemblea era in contraddizione con gli obiettivi e i compiti della rivoluzione socialista.

Fu in quel momento che i socialisti rivoluzionari di sinistra proposero di discutere la risoluzione del governo sovietico riguardante la politica di pace con gli altri paesi europei (Lenin infatti aveva pubblicato i trattati segreti del governo zarista e aveva intenzione di concludere immediatamente la pace con la Germania, oltre che con gli altri paesi europei, senza annessioni né indennità). Quando la destra rifiutò di discutere anche questa proposta, perché intenzionata a proseguire la guerra, i socialisti di sinistra decisero di comportarsi come i bolscevichi e abbandonare la sala. L'Assemblea non era neppure disposta ad accettare nuove elezioni per i propri candidati né il diritto del popolo ad eleggere nuovi deputati in qualsiasi momento.

Nella notte tra il 6 e il 7 gennaio il Comitato Esecutivo centrale

---

[52] La corrente politica dei socialisti rivoluzionari di sinistra, proprio nei giorni della convocazione dell'Assemblea, aveva deciso di unirsi ai bolscevichi: scelta che portò all'unione tra il Comitato esecutivo dei Soviet contadini (socialista rivoluzionario di sinistra) e il Comitato esecutivo dei Soviet degli operai e dei soldati (bolscevico), dando vita a quello che viene conosciuto come Comitato esecutivo centrale panrusso (VCIK).

panrusso (VCIK), il cui presidente era Sverdlov, decretò a maggioranza lo scioglimento dell'Assemblea Costituente, e come alternativa ad essa convocò, il 10 gennaio, a Pietrogrado, il III Congresso panrusso dei deputati operai e soldati (delegati di 370 soviet e di 116 comitati militari) e, il 13 gennaio, il III Congresso panrusso dei deputati contadini (delegati di 340 soviet provinciali, distrettuali e di 129 comitati militari). Questi due Congressi, unificati, approvarono il pieno scioglimento dell'Assemblea costituente e la *Dichiarazione dei diritti dei lavoratori* (che costituì il fondamento della prima Costituzione sovietica), nonché la relazione di Lenin sull'attività del governo sovietico e la relazione del presidente Sverdlov, e anche la risoluzione di Stalin sulle istituzioni federative della Repubblica russa.

Già al II Congresso panrusso dei soviet (tenuto a Pietrogrado proprio mentre scoppiava la rivoluzione d'ottobre) si era garantita a tutte le nazionalità piena parità di diritti tra loro, libero consenso alla federazione e diritto all'autodeterminazione, fino alla possibilità di creare uno Stato indipendente (cosa che fecero la Finlandia e altre nazionalità)[53]. Si erano aboliti tutti i privilegi nazionali e religiosi. Insomma si era posta fine alla politica imperialistica di oppressione dei popoli condotta dallo zarismo. A capo del Commissariato del popolo per le questioni delle nazionalità fu posto Stalin, che però, dopo la morte di Lenin, si rimangiò tutte le concessioni fatte.[54]

Si denunciarono anche tutti i trattati segreti stipulati dal governo zarista prima dell'entrata in guerra e accettati dal governo borghese provvisorio.

V

Le *Tesi di Aprile* (racchiuse nel suddetto opuscolo *Lettere da lontano*) sono documenti fondamentali per capire la notevole perspicacia e lungimiranza tattica e strategica di un grande rivoluzionario. Non solo tra lui e i politici della borghesia vi era un abisso, ma spesso la distanza era forte anche tra lui e i suoi stessi compagni di partito, i quali pensavano che il lungo esilio avesse fatto perdere a Lenin il polso della situazio-

---

[53] In particolare fu riconosciuta l'indipendenza, oltre alla Finlandia, all'Ucraina, alla Polonia, all'emirato di Bukharà e al canato di Khivà, nonché l'Autodeterminazione dei popoli dell'Armenia turca. Gli oggetti antichi e le opere d'arte sottratti dallo zarismo alla Polonia furono ad essa restituiti.

[54] Non dimentichiamo che Stalin non solo eliminò centinaia di migliaia di oppositori politici, ma anche il 50% dei quadri dell'Armata Rossa (35.000 ufficiali) e 600.000 iscritti al partito, determinando in Hitler la convinzione che il momento migliore per attaccare l'Urss era proprio dopo la fine delle "grandi purghe".

ne.

L'opuscolo è suddiviso nella seguente maniera: Cinque lettere (di cui l'ultima solo abbozzata); una bozza delle *Tesi di Aprile*, suddivise in 7 punti; l'articolo pubblicato sulla "Pravda il 20 aprile 197, contenente le suddette *Tesi* (divise questa volta in 10 punti): *Sui compiti del proletariato nella rivoluzione attuale*; un lungo articolo sulla tattica, scritto per far comprendere meglio il significato delle *Tesi*.

Ora prendiamo in esame il "decalogo" delle suddette *Tesi*.

1) La Russia, alleata con gli anglo-francesi, era in guerra contro gli austro-tedeschi. Lenin era contrario alla guerra in quanto la riteneva frutto di esigenze imperialistiche (spartirsi le colonie, smembrare l'impero ottomano ecc.), in cui Francia, Inghilterra e Germania (le nazioni europee più avanzate) avrebbero fatto la parte del leone. Egli avrebbe voluto che la guerra mondiale si trasformasse in ogni paese belligerante, e quindi anche in Russia, in tante guerre civili, mediante cui il proletariato agricolo e industriale abbattesse tutti i rispettivi governi.

Senonché la cosa era più facile a dirsi che a farsi. I russi non volevano darla vinta ai tedeschi e temevano che con una guerra civile interna avrebbero permesso alla Germania di occupare facilmente il loro immenso territorio. Ecco dunque la prima proposta di Lenin: si può accettare il "difensismo rivoluzionario", cioè una difesa patriottica dei propri confini statali soltanto sulla base di tre condizioni: a) il potere politico-governativo va gestito dal proletariato rurale e industriale, senza compromessi con la borghesia e coi latifondisti, proprio perché la guerra, al momento, serve unicamente ai loro interessi; b) si deve rinunciare a qualunque annessione da parte della Russia (p.es. nei confronti della Polonia o dell'impero ottomano), nel senso che la continuazione della guerra al massimo può servire per difendere i confini, ma non senza prima aver reso pubblici i trattati segreti firmati dallo zar Nicola II insieme alle principali potenze europee; c) occorre rompere con tutti gli interessi materiali dei capitalisti, in quanto il vero nemico non è più l'autocrazia zarista, sostenuta dai latifondisti e dalla Chiesa, bensì la grande borghesia, industriale, commerciale e finanziaria, sostenuta da inglesi e francesi, intenzionati a fare affari con la Russia capitalistica.

Lenin era consapevole che il passaggio dal feudalesimo agrario al capitalismo industriale era da tempo avvenuto, in maniera irreversibile, nelle grandi città della Russia, la prima delle quali era San Pietroburgo. Voleva semplicemente impedire che tale evoluzione si diffondesse in tutto il paese, per cui proponeva una transizione immediata al socialismo, il quale, nell'utilizzare l'industrializzazione occidentale, non avrebbe avuto bisogno di ripercorrere tutte le dolorose tappe sociali.

Secondo lui era fondamentale far capire queste cose ai militari impegnati sul fronte, tramite una propaganda "curata, ostinata, paziente". Ciò in quanto non sarebbe stata possibile alcuna pace democratica senza prima aver abbattuto il capitalismo russo: il legame tra capitale e guerra imperialistica non era incidentale ma strutturale. Una tesi, questa, che faceva saltare tutte le idee astratte relative al patriottismo.

2) Secondo Lenin la rivoluzione borghese compiuta contro lo zarismo andava considerata come un primo passo, destinato a essere superato da un secondo, ben più importante: quello della rivoluzione proletaria. Detto altrimenti: la rivoluzione antizarista era stata gestita dalla borghesia solo per "l'insufficiente grado di coscienza e di organizzazione del proletariato", non tanto per meriti propri.

Questo suo modo di ragionare spiazzava gli stessi marxisti, i quali, generalmente, erano convinti che prima di passare al socialismo fosse necessario un certo tempo, quello necessario a sviluppare materialmente la società borghese. Come si poteva creare il socialismo senza una adeguata base tecnico-materiale estesa a tutta la nazione? Senza tale presupposto si rischiava di edificare soltanto un "socialismo della miseria", che sicuramente non sarebbe stato accettato da una popolazione già povera ed affamata. I marxisti erano convinti di questo anche perché la classe sociale cui facevano riferimento era priva di cultura, era incapace di gestire dei processi industriali avanzati, nonché uno Stato efficiente.

Lenin invece la pensava diversamente. Riteneva più semplice il passaggio al socialismo partendo da un capitalismo embrionale che non da uno molto sviluppato. Avendo vissuto buona parte della sua vita come esule in Europa, sapeva bene quanta capacità avesse la cultura borghese a condizionare la coscienza proletaria. Non a caso tutti i maggiori partiti socialisti avevano tradito il proletariato votando a favore dei crediti di guerra, che sarebbero serviti a far scoppiare il conflitto mondiale. Ecco perché diceva che se in Europa occidentale poteva essere più facile gestire economicamente il socialismo, dato il livello molto alto di capacità manageriale, era però quasi impossibile realizzare la transizione, in quanto la stragrande maggioranza dei dirigenti di sinistra aveva una mentalità più riformistica che rivoluzionaria.

In effetti, una volta compiuta la rivoluzione d'Ottobre, Lenin sperò sino all'ultimo che, per spirito di emulazione, la cosa si ripetesse anche in occidente, almeno in Germania. Questo perché temeva che le potenze europee avrebbero potuto coalizzarsi contro i bolscevichi al potere, come poi appunto faranno nel periodo dell'interventismo straniero, appena finita la guerra. Sperava che una eventualità del genere venisse scongiurata dal proletariato occidentale, il quale, vedendo che in un paese arretrato come la Russia gli operai agricoli e industriali erano andati al potere, si sarebbe chiesto perché non farlo anche nei paesi europei più sviluppati.

Oltre a ciò Lenin era convinto che la transizione in Russia sarebbe stata facilitata dal fatto che la borghesia, per imporsi con più facilità e per continuare la guerra, aveva concesso ampia libertà alla popolazione. Bisognava approfittare non solo di questo, ma anche del risveglio, politicamente forte, delle masse, conseguente al fatto che sin dal 1905 (cioè dalla prima rivoluzione russa, contemporanea alla inaspettata sconfitta militare nella guerra navale contro il Giappone) si stava lottando contro l'iniquità, l'inefficienza e le vessazioni delle istituzioni di potere.

3) Questo terzo punto è abbastanza sconcertante e Lenin sarà costretto a riprenderlo in quello successivo. I bolscevichi dovevano rifiutare qualunque rapporto col governo provvisorio della borghesia, quello che aveva definitivamente abbattuto lo zarismo.

In quel frangente, considerando che i bolscevichi erano ancora – come dice lui stesso – "un'esigua minoranza", sarebbe stato naturale aspettarsi la disponibilità a un'intesa, a un compromesso coi partiti di governo. Invece Lenin lo esclude a priori, e sostanzialmente per due ragioni: a) è convinto che la borghesia voglia continuare al guerra per annettersi territori altrui, per cui non vede alcuna differenza rispetto allo zarismo, e quindi non crede alle promesse del governo provvisorio relative a una pace equa e democratica; b) ritiene del tutto illusorio pensare che un governo borghese come quello provvisorio, del tutto favorevole al capitalismo, possa essere contrario all'imperialismo. Riteneva cioè molto ingenuo credere che in Russia il governo borghese potesse essere più democratico dei governi euroccidentali che avevano fatto scoppiare la guerra. Se la Russia appariva più democratica, era solo per un fatto contingente: era appena stato abbattuto lo zarismo e la borghesia aveva bisogno del consenso delle masse per continuare la guerra.

4) Come già detto, Lenin non si nascondeva il fatto che nella maggioranza dei soviet dei deputati operai chi deteneva il potere non erano certo i bolscevichi, quanto piuttosto "gli elementi opportunisti piccolo-borghesi" (menscevichi e socialisti rivoluzionari), soggetti all'influenza della borghesia e in grado di condizionare il proletariato agrario e industriale.

Tuttavia, se col governo provvisorio era intransigente, non voleva affatto esserlo anche con questi soviet, proprio perché li riteneva "*l'unica* forma possibile di governo rivoluzionario". Su questo era esplicito. Lenin era a favore della *democrazia diretta, autogestita* delle masse popolari anticapitalistiche. Si trattava soltanto di far capire a tali masse, "in modo paziente, sistematico, perseverante" (cioè non terroristico), che la tattica scelta a favore della piccola borghesia era sbagliata. Le masse, infatti, dovevano arrivare a capire che non era il caso di trattare col governo provvisorio, bensì di espropriarlo di tutti i poteri. I bolscevichi propagandavano "la necessità del passaggio di tutto il potere statale ai soviet dei deputati operai".

"Democrazia diretta", in sostanza, voleva dire che le masse dovevano essere in grado di "liberarsi dei loro errori sulla base dell'esperienza". Non dovevano aspettarsi un leader carismatico. In pratica – se non interpretiamo male queste importanti parole – Lenin stava attribuendo al popolo il *diritto ad autogovernarsi*, cioè il diritto-dovere di uscire dalla tutela dei politici di professione, quelli che gestiscono il potere non in nome del popolo, ma in nome proprio, e che trasformano la *sovranità popolare* in una democrazia meramente delegata, parlamentare, del tutto indiretta.

5) L'idea di *democrazia diretta* (che dopo la rivoluzione verrà completamente dimenticata, a causa dello stalinismo imperante) viene chiarita, in questo punto, in maniera esplicita. "Niente repubblica parlamentare, ma repubblica dei soviet di deputati degli operai, dei salariati agricoli e dei contadini di tutto il paese, dal basso in alto".

Idee di questo genere non si sentivano dai tempi di Rousseau, il teorico della piccola borghesia e dei giacobini. Nessun partito socialista europeo aveva mai messo in dubbio la legittimità e persino la necessità del parlamento del proprio paese e quindi la imprescindibilità di una democrazia rappresentativa. Nessun partito credeva che, nell'ambito di uno Stato nazionale, fosse possibile una *democrazia diretta*, da gestirsi a livello *locale-regionale*. Gli stessi partiti di sinistra della Russia, quelli che gestivano i soviet, erano convinti che questi organismi, una volta conclusa la guerra e consolidato il potere democratico-borghese, avrebbero dovuto sciogliersi, in quanto tutto il rapporto con le istituzioni sarebbe stato gestito a livello parlamentare-nazionale mediante organi statali.

Lenin, invece, stava dicendo delle cose a dir poco sconvolgenti. Non solo voleva eliminare il parlamento, ma anche la polizia, l'esercito e i funzionari amministrativi dei Ministeri statali. Voleva che tutte queste strutture, funzioni, cariche venissero gestite direttamente dai soviet. Egli stava già pensando non solo a come sostituire il governo, ma anche a come sostituire tutte le principali funzioni dello Stato con quelle dei soviet. Era un discorso assolutamente inedito. Lo slogan "Tutto il potere dei soviet" tutti pensavano che dovesse essere inteso in maniera provocatoria, per far capire che il governo era inutile e che la popolazione poteva tranquillamente sostituirlo, ma nessuno avrebbe mai tratto la conseguenza che la democrazia diretta, localmente autogestita, avrebbe dovuto rimpiazzare quella statale centralizzata. Il superamento definitivo dello Stato veniva rimandato a data da destinarsi: prima del *comunismo* bisognava pensare a realizzare il *socialismo*.

Qualunque partito socialista europeo avrebbe obiettato che i tempi, per una transizione del genere, non erano assolutamente maturi. A nessuno sarebbe mai venuto in mente di abbattere le istituzioni statali per sostituirle con quelle *popolari*. Sarebbe stata una teoria folle. Tutti erano convinti che lo Stato andasse sì occupato, ma solo per gestire meglio, in senso democratico, la società. Soltanto quando tutta la società si fosse davvero democratizzata (in senso socioeconomico), sarebbe giunto il momento di prevedere una progressiva (non subitanea) "estinzione dello Stato".

Purtroppo Lenin non poté procedere a una effettiva realizzazione della democrazia diretta per almeno due ragioni: a) dal momento della rivoluzione sin quasi al primo attacco cerebrale fu enormemente impegnato a combattere la controrivoluzione interna e l'interventismo straniero; b) dal 1922 al 1924 venne tenuto emarginato (se non addirittura tradito) da molti compagni di partito, i quali non avevano il senso della democrazia diretta.

D'altra parte gli stessi fondatori del socialismo scientifico non avevano mai parlato di "democrazia diretta", meno che mai di abolizione dello Stato subito dopo aver compiuto la rivoluzione politica. Lenin era così convinto dell'importanza di tale democrazia che arrivò a dire un'altra cosa senza precedenti (l'unico precedente era costituito dalla Comune di Parigi, che però durò un mese): tutti i funzionari dovevano essere "eleggibili e revocabili in qualsiasi momento" (erano da vietarsi quindi le nomine dall'alto), e nessun funzionario poteva pretendere uno stipendio "superiore al salario medio di un buon operaio".

Ogni rappresentante democratico doveva quindi rendicontare periodicamente al soviet che l'aveva eletto. Il concetto borghese di essere presente in parlamento "senza vincolo di mandato" diventava assurdo. Anzi, il potere legislativo ed esecutivo finivano col coincidere.

Qui Lenin – bisogna ammetterlo – non era chiarissimo quando affermava di non volere una "repubblica parlamentare". Sicuramente non voleva uno Stato centralizzato, se non per esigenze contingenti, di tipo soprattutto difensivo. In ogni caso uno Stato centralista non avrebbe dovuto essere come quello zarista né come quello borghese. E neppure ha mai sostenuto che uno Stato federale fosse di per sé migliore di uno centralizzato. Il federalismo lo vedeva bene nel rapporto paritetico tra le varie etnie e nazionalità dell'ex impero zarista. Anche il fatto che non volesse un parlamento nazionale non si trova nei suoi scritti. Per lui era sufficiente che i votanti e quindi gli eletti svolgessero un lavoro produttivo e che appartenessero a un organismo politicamente qualificato a livello locale.

Semmai ci si può chiedere: Lenin voleva che le realtà locali-regionali si gestissero da sole, senza un parlamento nazionale che dettasse delle direttive valide per tutte le realtà locali, oppure riteneva imprescindibile un parlamento del genere, ovviamente sempre che fosse espressione sintetica di tutti i soviet locali-regionali? In ogni caso che poteri poteva avere un parlamento del genere? Doveva essere una struttura quotidianamente presente o da convocarsi solo in caso di necessità? Doveva avere una semplice funzione di indirizzo generale e di coordinamento o proprio di gestione e di organizzazione dell'intera società? In ultima istanza, erano i poteri dei soviet a gestire autonomamente i bisogni locali-regionali, oppure, per poterlo fare, dovevano prima sottostare a direttive piovute dall'alto, o comunque dovevano prima confrontarsi tra di loro in un parlamento nazionale?

Lenin stava indubbiamente pensando a una riedizione, riveduta e corretta, della Comune di Parigi, poiché altri esempi rivoluzionari a disposizione non ne aveva (a parte, quello, molto meno significativo sul piano politico-amministrativo, della rivoluzione russa del 1905). Quando scrive *Stato e rivoluzione* nel 1917 ha in mente soltanto quella Comune, che aveva studiato in maniera dettagliata e a cui rimproverava di essere stata "troppo lenta nell'instaurare il socialismo".

Voleva rifarsi alla Comune non per negare la necessità di uno Stato, come facevano gli anarchici, ma per affermare un tipo di Stato in cui gli organi di potere, la polizia, l'esercito, la burocrazia non fossero dei corpi separati e quindi contrapposti al popolo. Non voleva uno "Stato" in senso proprio, ma una sorta di involucro politico provvisorio, che favorisse *l'autogoverno dei produttori associati*, i quali, col tempo, non avrebbero più avuto bisogno di alcuno Stato. D'altra parte senza uno Stato democratico il socialismo avrebbe rischiato di soccombere alla controrivoluzione borghese, che poteva sempre ricevere ogni forma di aiuto dai grandi capitalisti europei.

Ma quando sarebbe giunto il momento di pensare a una progressiva eliminazione dello Stato? Non era forse sufficiente la fine della guerra, della guerra civile, della controrivoluzione...? Cos'altro si doveva aspettare? La fine del capitalismo mondiale? Si doveva forse sostenere, come fece lo stalinismo, che fino a quando esiste il capitalismo è impossibile costruire il socialismo senza la presenza dello Stato? Dunque le premesse politiche del socialismo democratico erano strettamente dipendenti da quanto accadeva fuori della Russia? Ma i comunisti non avevano forse il dovere di dimostrare da subito, al mondo intero, come si può costruire una alternativa radicale anche a uno Stato centralizzato? Non sarebbero forse stati più credibili?

In altri scritti Lenin aveva parlato di "dittatura del proletariato", ma solo in riferimento alla possibile resistenza della borghesia alla espropriazione dei mezzi produttivi. Vinta la reazione, non avrebbe avuto più senso continuare a parlare di "dittatura". Socialismo e democrazia avrebbero dovuto marciare di pari passo, per il bene di entrambi: l'uno doveva presupporre l'altra.

Lenin però non sembrava sufficientemente convinto che i vari soviet locali-regionali avessero in sé la forza per vincere la reazione borghese; anzi, temeva che proprio dalle campagne gli agricoltori proprietari avrebbero potuto far rinascere il capitalismo. Forse per questo voleva tenere in piedi uno Stato centralizzato, limitandosi a dire che la democraticità di tale Stato sarebbe stata garantita dagli stessi soviet, i quali, a questo punto, andavano considerati come organi permanenti.

In effetti, finché un parlamentare o un funzionario statale viene eletto dal popolo, ed è costretto a rendicontare a quest'ultimo il proprio operato, rischiando d'essere immediatamente rimosso e sostituito nel caso in cui non si sia dimostrato all'altezza del compito ricevuto, la democrazia è salva. Più la democrazia si consolida, più facile sarà la realizzazione del socialismo, una volta posta la socializzazione dei mezzi produttivi. E viceversa, ovviamente.

Lenin non si era mai nascosto il problema di come eliminare progressivamente lo Stato, senza permettere alla borghesia di riprendersi il potere. Non riuscì però a dare una soluzione definitiva a questo problema, proprio perché non ne ebbe il tempo sufficiente, e i suoi compagni di partito erano ben lungi dall'essere capaci di proseguire le sue riflessioni teoriche. Ecco perché continuò a temere seriamente che senza una guida politica centralizzata, la rivoluzione sarebbe durata molto poco.

6) Il programma agrario viene delineato in questo punto, ed è piuttosto categorico, anche perché doveva servire come base economica per realizzare il socialismo. Infatti, quando parla di economia, sembra che egli abbia in mente solo due settori: l'agricoltura e le banche. Forse al punto 8 ha in mente anche l'industria, visto che parla di "produzione sociale". Oppure qui non ha parlato esplicitamente di industria in quanto riteneva che i bolscevichi, anzi l'intera nazionale, conoscessero già la sua posizione in merito. Non è da escludere che in queste *Tesi* egli abbia voluto proporre al suo partito soltanto ciò che sarebbe apparso di inedito. Non a caso, in campo economico, la maggior parte delle parole le spende per l'agricoltura, l'ambito privilegiato per l'ideologia politica dei socialisti rivoluzionari, eredi del populismo ottocentesco.

Anzitutto egli chiede di "confiscare tutte le grandi proprietà fondiarie", e senza aggiungere le parole (tipiche dello zarismo e dei governi borghesi) "previo indennizzo". Semplicemente vuole che le grandi proprietà rurali non siano più in mani di singoli individui o famiglie o comunità ecclesiastiche. Non vuole "eliminare" una classe sociale (come farà Stalin coi kulaki), ma vuole "espropriarla" dei beni che le permettono di sfruttare il lavoro altrui. Quando, subito dopo, scrive che tutte le terre del paese vanno "nazionalizzate", non ha in mente solo la semplice confisca materiale dei grandi latifondi, laici e religiosi, ma anche la gestione economica vera e propria di tutte le terre. Si noti che parla di "nazionalizzazione", non di "statalizzazione". La differenza è dovuta al fatto che tutti i contadini devono possedere la terra, non che devono lavorarla come se fossero alle dipendenze dello Stato.

Poi aggiunge – come se in quel momento parlasse di una cosa del tutto inesistente – che occorre "costituire i soviet di deputati dei contadini poveri". Lenin ha in mente varie categorie di lavoratori agricoli, diverse tipologie di proprietari, fino ai mezzadri, i braccianti, i nullatenenti. I soviet, infatti, erano una realtà prevalentemente urbana, gestita anzitutto dagli operai industrializzati e dai militari, anche se ad essi facevano riferimento gli agricoltori. Tuttavia, per quanto riguarda quest'ultimi, sembra ch'egli proponga la costituzione di soviet differenti: gli uni per i contadini proprietari; gli altri per quelli salariati o poveri. Si ha addirittura l'impressione che stia chiedendo una gestione della terra del tutto separata da quella dell'industria; tant'è che nei soviet agrari non è prevista la presenza degli operai urbani: sono soviet da istituire esclusivamente nelle campagne, nei villaggi rurali...

Lenin rifiuta anche l'idea di "municipalizzare" la terra, cioè di gestirla attraverso un ente locale, come p.es. poteva essere il Comune o il Distretto. Vuole che siano gli stessi lavoratori agricoli a farlo. E, concretamente, l'unica indicazione che dà è quella di costituire delle comunità che gestiscono da 100 a 300 ettari circa di terra comune.

Il punto fondamentale è proprio questo: Lenin non vuole redistribuire la terra alle singole famiglie contadine, per farle diventare dei piccoli proprietari agrari; ma vuole che si formino delle comunità in grado di gestire centinaia di ettari sotto il controllo dei soviet dei loro delegati, opportunamente costituiti. Sta pensando a qualcosa che in quel momento, dai tempi dell'abolizione del servaggio, non è mai esistito o comunque non esisteva più, anche se, a dir il vero, sembra fare riferimento a un progetto di legge agraria presentato dai trudoviki (socialisti agrari capeggiati da Kerenskij) alla prima Duma nel giugno del 1906 e mai realizzato.[55] Di sicuro Lenin riteneva impossibile la conquista (o almeno la conservazione) del potere politico da parte della classe operaia senza l'appoggio dei contadini poveri, quelli privi di proprietà, come appunto i salariati e i ma-

---

[55] Dopo la rivoluzione del febbraio 1917 il partito laburista dei trudoviki si alleò coi socialisti-rivoluzionari e sostenne il governo provvisorio di Kerenskij, ma dopo la rivoluzione d'ottobre prese una posizione anti-bolscevica e presto si disintegrò.

novali stagionali.

D'altra parte la stessa realtà dei soviet urbani era piuttosto recente: i primi erano nati durante la rivoluzione del 1905. Erano delle realtà politiche del tutto diverse dai Consigli comunali. Il primo Congresso di tutti i soviet urbani è del giugno 1917.

7) Lenin voleva la "fusione immediata di tutte le banche del paese in un'unica banca nazionale". Con una banca del genere, controllata dallo Stato operaio, il capitalismo industriale avrebbe ricevuto un colpo mortale, in quanto le aziende private non avrebbero potuto vivere senza il credito bancario. Il sistema veniva completamente rovesciato: le aziende non erano più libere di agire in autonomia, rivaleggiando tra loro e sfruttando gli operai a piacimento, fatta salva la contrattazione sindacale. Il potere politico non era più tenuto a rispettare i desiderata dei capitalisti. Ovviamente la fusione di tutte le banche andava considerata come un primo "passo" verso il socialismo, in quanto il comunismo vero e proprio non avrebbe dovuto avere alcuna "banca".

Ci si può chiedere perché questo "sistema capovolto" sia fallito, cioè perché il socialismo statale, amministrato dall'alto, non costituisca una realtà alternativa al capitalismo privato, ma solo l'altra faccia della stessa medaglia. Quale medaglia? Quella del dominio *sulle* masse lavoratrici. In occidente ciò avviene in nome del profitto economico. In Russia avvenne per mezzo dell'ideologia politica di un partito facente le funzioni dello Stato.

Sotto lo stalinismo lo Stato sovietico si era sostituito agli imprenditori privati, ma il popolo continuava a restare sottomesso. Il plusvalore veniva estorto dai politici e dai funzionari amministrativi, che lo destinavano in parte ai servizi sociali, in parte agli armamenti, in parte ai servizi segreti, in parte a sostenere i partiti comunisti esteri... I lavoratori del cosiddetto "socialismo reale" non avevano gli standard vitali dei loro colleghi occidentali, e si chiedevano che senso avesse un "socialismo della miseria". Non volevano credere che il benessere occidentale dipende, in prevalenza, dallo sfruttamento delle colonie (il cosiddetto "Terzo mondo"). Pensavano che dipendesse anche dal maggior livello di autonomia economica, di iniziativa privata, di libertà d'impresa, e così, all'inizio degli anni Novanta distrussero non solo gli aspetti negativi del socialismo da caserma, ma persino l'idea di *socialismo democratico*. Trasformarono il socialismo statale in un capitalismo monopolistico di stato (dopo la parentesi scriteriata del capitalismo selvaggio al tempo di Boris El'cin, che portò la nazione alla bancarotta). La Russia confidò nel fatto ch'era un paese dalle enormi riserve energetiche. Si convinse di potersi arricchire grazie a queste riserve; altro non aveva da esportare, se non le armi. La Russia non è mai stata in grado di competere con gli standard dell'industria leggera del mondo occidentale.

Riuscirà mai questo immenso paese a riprendersi dopo 70 anni di stalinismo, che ha comportato decine di milioni di morti, la fine di ogni creatività intellettuale, artistica, di ogni ricerca scientifica a scopi civili, la coartazione del pensiero e della libertà di coscienza? Tornerà mai questo paese a credere di nuovo in un'idea di socialismo, decisamente più democratica di quello del passato?

8) Forse sarebbe stato meglio limitarsi a un obiettivo minimo (ancorché inaccettabile per qualunque sistema capitalistico), lasciando che solo le circostanze, col tempo, decidessero gli ulteriori sviluppi dell'idea di socialismo. Lo stesso Lenin l'aveva fatto capire: "Il nostro compito *immediato* non è l'"instaurazione' del socialismo, ma, per ora, soltanto il passaggio al *controllo* della produzione sociale e della ripartizione dei prodotti da parte dei soviet dei deputati operai".

Si noti che qui Lenin sta parlando di "controllo", da parte degli operai, della produzione industriale. Non ritiene che tale "controllo" sia sufficiente per definire il carattere del socialismo. Eppure lo Stato socialista, fino al crollo del 1991, fece proprio questo. La differenza tra il programma di queste *Tesi di Aprile* e quello del socialismo statale stava unicamente nel fatto che nel programma leniniano il controllo doveva essere gestito dai "soviet dei deputati operai", quindi sostanzialmente a livello territoriale (locale-regionale). In tal senso è assai dubbio che Lenin avrebbe ritenuto più avanzato di tale controllo quello centralizzato e pianificato dall'alto da parte dei Ministeri statali del lavoro. Infatti la storia ha dimostrato che questo tipo di "controllo" era ancora più lontano dall'idea di socialismo democratico. Quindi che cosa aveva in mente Lenin quando diceva che un controllo della produzione da parte di un soviet operaio locale-regionale non era ancora una forma vera e propria di socialismo, ma solo la sua premessa?

Sul piano del controllo della produzione sociale che cosa avrebbe potuto dare una maggiore caratterizzazione socialistica a quella esercitata dal soviet dei deputati operai? Su questo aspetto le circostanze storiche non diedero tempo a Lenin di formulare delle idee "chiare e distinte". Egli infatti fu costretto a teorizzare il "comunismo di guerra" per fronteggiare la controrivoluzione interna e l'interventismo straniero, cui seguì la Nuova Politica Economica, per dare respiro alla classe contadina, prostrata dalla guerra civile e dalle esigenze dello Stato.

Con la NEP si introdussero elementi di capitalismo privato nell'ambito del socialismo agrario: un provvedimento che molti bolscevichi videro come un passo indietro, e che infatti col sorgere dello stalinismo, schematico e unilaterale per definizione, fu revocato, a tutto vantaggio della collettivizzazione forzata e della eliminazione dei kulaki.

246

Dunque che tipo di socialismo democratico aveva in mente Lenin sul piano economico? Di sicuro non uno che fosse un ritorno al capitalismo, né una concessione alle esigenze borghesi dei contadini proprietari terrieri. La NEP era stata scelta soltanto come soluzione di ripiego, per non avere i contadini contrari alla rivoluzione?

9) In questo punto Lenin chiede di modificare il programma del partito relativamente alla questione dell'imperialismo e della guerra mondiale. In che senso? Al partito era già chiaro che l'imperialismo era la fase suprema del capitalismo e che la I guerra mondiale era una guerra di rapina per la spartizione delle colonie.

Qui tuttavia non sta parlando di "ideologia politica", bensì di "programma del partito". Sta cioè chiedendo – e lo farà al Congresso – di fare anzitutto la rivoluzione interna contro il capitalismo sostenuto dal governo provvisorio. Senza questa rivoluzione sarebbe stato impossibile – secondo lui – por fine alla guerra mondiale; e questo perché, nonostante il governo affermi di volerla continuare solo per difendere il paese e non per conquistare territori altrui, non ci si può fidare delle dichiarazione dei politici borghesi. L'imperialismo è un'esigenza del capitalismo e la guerra serve appunto a soddisfarla. Quindi non era possibile fare alcuna concessione al governo provvisorio.

In definitiva il partito bolscevico doveva cambiare atteggiamento anche nei confronti dello Stato. All'ordine del giorno ci sarebbe stata soltanto la trasformazione dello Stato borghese in un qualcosa di analogo alla Comune di Parigi, dove la modalità principale della politica doveva essere la "democrazia diretta", quella che impone un controllo costante sull'operato dei delegati, l'obbligo della loro rendicontazione agli elettori e il riconoscimento a quest'ultimi del potere di revoca immediata dei propri rappresentanti in caso di abuso di potere o di inefficienza amministrativa.

Lo Stato-Comune, per Lenin, si doveva fondare sui soviet operai, contadini e militari. In tal senso egli vuole emendare il "programma minimo" del partito, che considera superato. Stava già pensando all'insurrezione armata, anche se non è così ingenuo da rivelare al nemico le proprie intenzioni. Che ci stia pensando l'attesta però anche il fatto che vuole cambiare il nome al partito, da socialdemocratico a comunista, in quanto la socialdemocrazia europea ha dimostrato di non essere in grado di compiere alcuna rivoluzione, almeno non in virtù dei dirigenti opportunisti che la dirigono. Ha capito che per compiere la rivoluzione non può utilizzare alcun esempio dall'Europa occidentale, salvo quello della Comune di Parigi.

10) Ecco perché all'ultimo punto chiede di istituire una III Internazionale, con cui sostituire la seconda, irrimediabilmente compromessa

coi governi borghesi delle rispettive nazioni, avendo votato i crediti di guerra ed essendosi rifiutata di trasformare la guerra imperialistica in guerra civile contro il capitalismo interno ai propri paesi.

Lenin accusava soprattutto i dirigenti della II Internazionale di aver tradito il concetto di "internazionalismo proletario", quello per cui il proletariato di una nazione dovrebbe rifiutarsi di far la guerra al proletariato di un'altra nazione. Chiama questi traditori col termine "socialsciovinisti", cioè socialisti a parole e nazionalisti borghesi nei fatti (altrimenti detti "difensisti"), in quanto, dietro le astratte parole della difesa della patria dal nemico esterno, mandano a morire milioni di operai e di contadini.

Perché Lenin considerava già superata la rivoluzione democratico-borghese, che pur era avvenuta nel febbraio-marzo 1917, cioè solo un mese prima che scrivesse queste lettere? Una valutazione del genere non poteva non apparire sconcertante ai marxisti di qualunque partito europeo.

Il fatto è che Lenin era convinto che la borghesia fosse andata al potere solo per l'immaturità politica delle masse, raggirate dai menscevichi e dai socialisti rivoluzionari, due partiti della piccola borghesia, urbana il primo, rurale il secondo. E che la borghesia al potere avesse instaurato un potere del tutto incapace di vera democrazia, era dimostrato proprio dal fatto che essa voleva continuare la guerra e rimandare la riforma agraria alla convocazione dell'Assemblea Costituente, cioè dopo la fine della guerra. La borghesia s'era decisa a rovesciare lo zarismo perché alla fine di febbraio i lavoratori di Pietrogrado avevano organizzato uno sciopero imponente servendosi proprio dei soviet operai, cui si erano uniti i soldati e i contadini, per cui la borghesia ebbe letteralmente paura di questa nuova forza eversiva.

Non solo, ma Lenin non voleva neppure un "governo operaio", composto di soli operai (come chiedevano Parvus e Trotsky[56]), ma proprio un governo dei soviet dei deputati degli operai, dei salariati agricoli, dei soldati e dei contadini piccolo-borghesi, ch'erano la stragrande maggioranza del paese, e che costituivano la forza più rappresentativa nei soviet.

Nella lettera intitolata "Valutazione del momento attuale" Lenin afferma espressamente che pretendere un "governo operaio", escludendo il movimento contadino e piccolo-borghese, sarebbe una forma di avventurismo blanquista: cosa, peraltro, che si rifiutò di fare anche nell'esperienza della Comune di Parigi, dove si preferì il governo della maggio-

---

[56] Da notare che il gruppo di Trotsky si unì al partito bolscevico solo nel luglio 1917.

ranza. Un governo puramente "operaio" sarebbe una forma di idealismo infantile e inevitabilmente autoritario, in quanto privo di vero consenso popolare.

Lenin invece preferiva servirsi degli strumenti della *persuasione ragionata* all'interno dei soviet, in rapporto ai bisogni pratici delle masse. Non voleva il governo di una minoranza, poiché sapeva bene che, una volta ottenuto il potere, sarebbe stato molto difficile conservarlo; né voleva una soluzione di tipo anarchico, quella che esclude una transizione al socialismo attraverso lo strumento dello Stato. Certo, una transizione statalistica non avrebbe dovuto avere un esercito permanente separato dal popolo o una polizia opposta al popolo o una burocrazia al di sopra del popolo. Anche l'anarchia, per lui, era una forma di ingenuo idealismo, poiché essa sacrificava, sull'altare dell'obiettivo finale, l'esigenza di trovare degli strumenti idonei e fattibili, per poterlo realizzare.

Lenin aveva questo di peculiare, che raramente s'incontra nei leader di partito: era convinto che i veri comunisti avrebbero potuto essere solo quelli privi di tutto, cioè appunto i "proletari", gli operai padroni solo della propria forza lavorativa. Non disdegnava un'intesa con gli elementi piccolo-borghesi, ma li riteneva una classe incerta, influenzabile dall'ideologia della grande e media borghesia (così come lo era la cosiddetta "aristocrazia operaia", cioè gli operai più qualificati, che ricevevano salari maggiori). Preferiva i nullatenenti, proprio perché sapeva che non avevano nulla da perdere il giorno in cui avesse chiesto loro di compiere l'insurrezione armata contro i capitalisti e i grandi latifondisti. E anche se gli operai possono essere analfabeti, lui non ne faceva un problema insormontabile: lo si poteva risolvere con l'istruzione popolare di partito, coi dibattiti politici e sindacali, con la propaganda, con l'affronto dei problemi concreti... Lenin chiedeva ai bolscevichi di partecipare al parlamento borghese portando avanti idee comuniste, ma lui preferiva lottare in maniera extraparlamentare, accettando tutti i rischi, i pericoli, le difficoltà della clandestinità o dell'esilio. Nella storia non s'incontrano tanto facilmente personaggi del genere.

L'ultimo Lenin

Alla fine della sua vita, Lenin fece chiaramente intendere di avere serie preoccupazioni riguardo sia allo *stalinismo* emergente (inteso come atteggiamento autoritario che i vertici del partito andavano assumendo), sia alla progressiva *burocratizzazione dello Stato*.

In particolare si rammaricava della scarsa attenzione che si prestava nei confronti della *cooperazione agricola* e, più in generale, nei confronti del rapporto con le *masse contadine*.

Chiedeva inoltre di approfondire sul piano *culturale* la rivoluzione d'Ottobre, per farla uscire dagli angusti limiti della politica.

Per quali ragioni queste sue preoccupazioni passarono inosservate e finirono ben presto coll'essere addirittura rimosse dalla coscienza politica del partito? Solo perché lo stalinismo finì coll'imporsi su ogni altra corrente ideologica?

Probabilmente la ragione fondamentale dipese dal fatto che Lenin, nel corso della sua vita, aveva concesso al "centralismo" un primato ingiustificato rispetto alle esigenze della "democrazia". Spesso la democraticità delle sue azioni politiche dipendeva più da motivazioni di ordine soggettivo (il carattere benevolo e tollerante di Lenin), che non dall'obiettività dei fatti.

Non a caso nell'ultimo periodo della sua vita i nodi rimasti a lungo tempo irrisolti vennero tutti al pettine: Lenin prese chiaramente coscienza che i fattori che maggiormente avrebbero dovuto garantire il valore democratico della rivoluzione, si erano rivelati non sufficientemente sviluppati.

Privilegiando nettamente il rapporto coll'industrializzazione, col proletariato, con lo sviluppo urbano, coi rivoluzionari di professione, con gli apparati e le istituzioni statali e partitiche, il leninismo aveva finito inevitabilmente col trascurare altri aspetti non meno significativi, più sociali e meno politici, più culturali e meno ideologici.

Probabilmente se il leninismo non avesse trascurato la cooperazione, la questione contadina e la rivoluzione culturale, il socialismo non si sarebbe trasformato in maniera "amministrata", né sarebbe sorto lo stalinismo... Sono drammatici gli ultimi scritti di Lenin, anche perché sembrano preannunciare la catastrofe in cui il socialismo autoritario sarebbe precipitato...

Naturalmente si ha tale impressione leggendoli col senno del poi. In realtà Lenin, dominato com'era dal suo forte senso dell'ottimismo storico, non avrebbe certo potuto immaginare un crollo così rovinoso.

Egli in sostanza era convinto che il fatto di non aver tenuto in debito conto la cooperazione, l'appoggio delle masse contadine, lo sviluppo culturale della rivoluzione e la democrazia in seno al partito, non avrebbe comportato (ai fini della riuscita della rivoluzione) un blocco definitivo del processo verso l'edificazione del socialismo democratico. Quando Lenin parla di conseguenze "nocive", "dannose" e anche "nefaste" per il socialismo, non pensa mai che siano "irrimediabili".

Invece la storia l'ha smentito. L'indebolimento della democrazia è diventato così tanto progressivo da rendere del tutto impossibile la realizzazione del socialismo.

Lenin in sostanza si era illuso che la pratica costante del "centralismo" non avrebbe potuto impedire, al momento cruciale, la realizzazione della "democrazia popolare". Egli non riusciva ad accettare l'idea che la democrazia potesse essere costruita solo con le armi della democrazia e che, in tale processo, il centralismo poteva al massimo essere considerato come un mezzo ausiliario, temporaneo, finalizzato a compiti specifici.

Lenin temeva che, in assenza di democrazia popolare, l'unico modo di promuoverla fosse quello di assicurare il centralismo dei soggetti più consapevolmente orientati verso la rivoluzione.

*

Nelle *Paginette di diario* Lenin parla "dell'atteggiamento della città nei confronti della campagna" come di una "questione politica fondamentale". Egli cioè si rendeva conto che in un Paese sostanzialmente agricolo il socialismo, senza l'appoggio dei contadini, avrebbe avuto vita breve. Tuttavia il suo atteggiamento restava paternalistico, se non addirittura viziato da un pregiudizio di fondo: quello di credere che i contadini non avessero nulla da "dare", culturalmente parlando, alla coscienza operaia. Solo la città poteva dare qualcosa alla campagna (in termini di istruzione, coscienza politica, ecc.).

Nelle campagne – egli afferma – non si può parlare esplicitamente di comunismo, in quanto i contadini non sono in grado di capirlo. È cioè prematuro introdurre il comunismo nelle campagne se prima non si è formata una "base materiale".

Lenin, in altre parole, non riusciva a intravedere nella comune agricola la possibilità di una trasformazione collettiva dell'organizzazione della vita rurale (da feudale a socialista). Anzi egli pensava che la comune fosse un ostacolo insormontabile alla realizzazione del socialismo nelle campagne. Questo perché la sua idea di socialismo era strettamente legata allo sviluppo dell'industria, della città e dello Stato.

"Socializzazione della terra" per Lenin significava anzitutto progressiva abolizione non solo della proprietà privata feudale, ma anche di qualunque forma di proprietà, inclusa quella che permetteva la sussistenza di singole famiglie contadine, inclusa persino quella collettiva della comune.

Lenin in sostanza intendeva per "socializzazione della terra" nient'altro che la sua "statalizzazione": la gestione della terra doveva dipendere da istanze amministrative e statali centralizzate. Questo suo errore avrà conseguenze di portata incalcolabile.

Bisogna tuttavia riconoscergli ch'egli chiedeva di realizzare tale progetto senza forzature amministrative, cioè in maniera "spontanea", secondo tempi e modi rispettosi dell'arretratezza culturale e politica delle masse rurali. Scrupoli, questi, che lo stalinismo non avrà, non tanto perché Stalin, come persona, era meno tollerante di Lenin, quanto perché, oggettivamente, una volta impostato in tali termini il rapporto con le campagne, la conseguenza inevitabile, ad un certo punto, non può essere che quella stalinista. Non a caso sulle modalità di sfruttamento delle campagne non esistevano grandi dissidi fra Stalin, Trotsky, Bucharin e gli altri leader del partito.

*

Lo stesso atteggiamento paternalistico Lenin lo rivela nei confronti della cooperazione, ch'egli considerava non come un obiettivo finale del socialismo, ma come un pilastro fondamentale dello Stato.

Lenin era convinto che la cooperazione avrebbe potuto funzionare democraticamente proprio perché lo Stato deteneva la proprietà di tutti i mezzi produttivi. In altre parole, la possibilità che la cooperazione finisse col diventare un'occasione di pratica capitalistica, poteva essere scongiurata – secondo Lenin – solo dalla statalizzazione di tutta la proprietà dei principali mezzi produttivi.

In realtà bisognava fare esattamente il contrario: una volta espropriati i grandi feudatari e i grandi capitalisti, la proprietà dei mezzi produttivi andava progressivamente distribuita ai cittadini, associati in cooperative (di produzione, di consumo, agricole ecc.), le quali si sarebbero assunte l'intera responsabilità della gestione di ogni risorsa.

Lo Stato avrebbe dovuto essere progressivamente smantellato, al fine di sviluppare la società civile. I rischi di un ritorno al capitalismo sarebbero stati direttamente affrontati dagli stessi contadini e artigiani, dagli stessi cittadini e lavoratori, e non dallo Stato o dal partito.

*

Anche la questione dell'arretratezza culturale della Russia è mal posta da Lenin, che pur dimostrava di avere più ragioni di N. Sukhanov, fortemente scettico sulla possibilità di realizzare il socialismo in un Paese culturalmente arretrato. La risposta di Lenin era scontata: "se per creare il socialismo occorre la civiltà, non si vede la ragione per cui, con una rivoluzione politica, non si debbano creare le premesse di questa civiltà".

Lenin insomma era consapevole di aver realizzato una rivoluzione politica senza una parallela rivoluzione culturale fra le masse; ed era altresì convinto che quest'ultima fosse uno dei compiti prioritari che il socialismo statale si doveva prefiggere: tuttavia era proprio su questo aspetto che la sua proposta era limitata. Egli infatti pensava, col termine di "rivoluzione culturale", a una progressiva alfabetizzazione delle masse contadine, che costituivano il 90% della popolazione, sulla base dei princìpi del marxismo (e ovviamente del "leninismo").

Cioè per "rivoluzione culturale" egli non intendeva la valorizzazione degli elementi di democrazia e di socialismo già presenti nella cultura pre-marxista, mettendo così i contadini in una situazione paritetica nei confronti degli operai.

La sua "rivoluzione culturale" era una sorta di progressivo indottrinamento degli strati sociali più arretrati del Paese. Lenin in sostanza non riuscì mai a scorgere nella vita e nelle tradizioni dei contadini, e neppure nella religione ortodossa, degli elementi *culturali* autentici.

Il grande sforzo politico e intellettuale di Lenin fu quello di adattare il marxismo occidentale alle esigenze di liberazione del suo Paese. Nel fare questo egli cercò di rendere il marxismo il più creativo e innovativo possibile, facendolo uscire dalle secche deterministiche, evoluzionistiche ed economicistiche in cui s'era cacciato in Europa occidentale, dopo la fase spontaneistica degli inizi.

Lenin seppe dare al marxismo una forte organizzazione partitica, valorizzando al massimo il momento politico della necessità rivoluzionaria, ma il socialismo veramente democratico resta ancora da costruire.

Il testamento politico

Le note che Lenin dettò tra la fine del 1922 e l'inizio del 1923, un anno prima di morire, sono conosciute sotto il nome di "Lettera al Congresso" (del partito bolscevico-russo). La famiglia di Lenin e i suoi più intimi collaboratori diedero ad esse il nome di "Testamento". Come noto, ancora oggi l'interpretazione di questo documento da parte della storiografia sovietica e occidentale è piuttosto controversa. Avvolto da ogni sorta di miti e leggende, esso venne rivelato solo al XX Congresso del Pcus, da Chruščëv, e pubblicato integralmente nel 1956. Questa è la breve cronistoria della formazione di tale documento: ad essa faranno seguito alcune riflessioni di merito.

Agli inizi del 1921 cominciano ad apparire i primi sintomi dell'arteriosclerosi di Lenin, che i medici attribuivano all'eccessivo lavoro. Aveva subìto anche un attentato da parte della socialista-rivoluzionaria Fanny Kaplan.[57] Verso la fine dell'anno egli era già gravemente debilitato e costretto a lasciare l'attività pubblica per molte settimane. Nell'aprile 1922 gli viene estratta una delle due pallottole con cui era stato colpito dalla Kaplan. Il 25 maggio la mano e la gamba destre si erano paralizzate e aveva difficoltà a parlare. Cedendo malvolentieri alle sollecitazioni dei medici, si era trasferito a Gor'kij. Nel giugno il suo stato di salute era migliorato, sicché all'inizio di ottobre può tornare a Mosca per riprendere il lavoro. Ma il 13 dicembre viene colpito da nuovi attacchi cerebrali.

Decide finalmente di curarsi. Nei tre giorni seguenti, pur immobilizzato nel letto, ha diverse conversazioni telefoniche, riceve i suoi più stretti collaboratori, prepara l'intervento per il X Congresso dei soviet, scrive diverse lettere e alcune note relative al monopolio del commercio estero, alla distribuzione dei compiti fra i sostituti del presidente del consiglio dei commissari del popolo, del consiglio del lavoro e della difesa, chiede d'indagare sul modo come s'effettuava lo stoccaggio della raccolta

---

[57] Il 30 agosto 1918, Lenin, dopo aver parlato presso una fabbrica di Mosca e prima di entrare nella sua auto, venne chiamato dalla Kaplan, che, appena lui si girò, gli sparò tre colpi di pistola: un proiettile gli attraversò il cappotto, un altro gli attraversò il collo, bucando parte del polmone sinistro e fermandosi vicino alla clavicola destra; l'ultimo si ficcò nella spalla sinistra. La Kaplan, che si dichiarava socialista-rivoluzionaria di destra, disse d'aver agito da sola, in quanto considerava Lenin un traditore della rivoluzione e non gli perdonava d'aver sciolto l'Assemblea Costituente. Aveva già trascorso 11 anni di lavori forzati per aver tentato di uccidere un ufficiale zarista a Kiev. Era stata liberata dopo la rivoluzione. Fu giustiziata il 3 settembre 1918.

del grano, s'informa di ciò che viene fatto in materia di sicurezza sociale, del censimento della popolazione e di altre questioni.

Sulla questione del commercio estero, Lenin, che pur aveva contribuito alla nomina di Stalin alla carica di segretario generale del partito, si scontra duramente con quest'ultimo, che patrocinava le tesi di Bucharin, Sokolnikov, Frumkin... relative alla attenuazione, se non abolizione, del regime di monopolio. Trotsky invece parteggiava per Lenin.

Nella notte dal 15 al 16 dicembre il suo stato di salute s'aggrava seriamente. Il mattino del 16 Lenin detta una lettera alla moglie, Nadežda K. Krupskaja. I medici gli propongono di trasferirsi di nuovo a Gor'kij, ma lui decide di restare a Mosca. Chiede a Nadežda di far sapere a Stalin che la malattia gli impediva d'intervenire al X Congresso.

Il 18 dicembre si riunisce il plenum del C.C. Viene deciso di comunicare a Lenin, con l'assenso dei medici, il testo delle risoluzioni adottate al plenum. Per decisione speciale dello stesso, Stalin viene investito della responsabilità personale relativa al controllo della terapia prescritta dai medici. A partire da questo momento le visite gli vengono vietate. Soprattutto Stalin non vuole che Lenin interagisca con Trotsky. Alle persone che assistono: la moglie, la sorella, alcune segretarie e il personale medico, viene proibito di trasmettergli qualsiasi lettera o di informarlo dei correnti affari di Stato, al fine – questa la giustificazione – di "non preoccuparlo". Non dimentichiamo che Stalin aveva iniziato a tenere Lenin sotto controllo anche attraverso la propria (seconda) moglie, Nadežda Allilueva, che fungerà da segretaria fino al 18 dicembre 1922 (morirà suicida nel 1932, poco più che trentenne).

Il 21 dicembre Lenin detta a Nadežda una lettera indirizzata a Trotsky, in cui si dichiara soddisfatto della decisione del plenum circa la conferma dell'intangibilità del monopolio del commercio estero e suggerisce che venga posta al Congresso del partito la questione del consolidamento di tale commercio e delle misure da prendere per migliorarne l'efficienza.

Avendo saputo di questa lettera, Stalin, al telefono, rimprovera duramente Nadežda d'aver trasgredito l'ordine di riposo assoluto impartito dai medici. Nadežda reagisce inviando il 23 dicembre una lettera a Kamenev, allora vice-presidente del consiglio dei ministri: "Stalin s'è permesso ieri un attacco assai rozzo nei miei riguardi, sotto il pretesto che avevo autorizzato Ilich a dettarmi una breve lettera – ciò che io ho fatto col consenso dei medici. Non è da oggi che sono membra del partito, ma in 30 anni non avevo mai sentito nulla di simile. Gli interessi del partito e dello stesso Ilich mi stanno a cuore tanto quanto a Stalin. So bene ciò di cui si può o non si può parlare con Ilich, poiché so che cosa lo preoccupa, lo so meglio di qualunque medico, in tutti i casi meglio di Stalin...

Non sono di marmo e i miei nervi sono al limite".

La Krupskaja non disse niente a Lenin dell'incidente, per cui è da escludere ch'essa l'abbia influenzato nel ritratto che di Stalin egli fece in una nota del 4 gennaio 1923. Solo il 5 marzo egli viene a conoscenza dell'incidente, per il quale dettò subito una lettera indirizzata a Stalin: "Compagno Stalin, voi avete avuto l'impudenza di chiamare mia moglie al telefono per insultarla. Benché essa vi abbia promesso di dimenticare l'incidente, il fatto tuttavia, per mezzo di lei, è venuto a conoscenza di Zinoviev e Kamenev. Io non ho intenzione di dimenticare così facilmente ciò che è stato fatto contro di me: va da sé infatti che quanto viene fatto contro mia moglie è come se fosse fatto contro di me. Ecco perché vi chiedo di farmi sapere se siete disposto a ritirare ciò che avete detto e a scusarvi, o se invece preferite interrompere le relazioni tra noi. Con i miei rispetti, Lenin". Stando a una lettera della sorella di Lenin, Maria Ulianova, Stalin presentò le sue scuse.

Ma torniamo al 22 dicembre 1922. Il braccio e la gamba destri si erano paralizzati. Lenin non poteva più scrivere. Il giorno dopo chiede ai medici il permesso di dettare alla stenografa per cinque minuti, poiché una questione assai importante gli impediva di dormire. Fu così che Lenin cominciò a dettare la prima parte della sua cosiddetta "Lettera al Congresso". In questa parte, mostrando d'aver intuito che il partito, nelle mani di Stalin, si stava trasformando in un organo burocratico e autoritario, egli avanzava la necessità di aumentare l'effettivo del CC facendovi entrare degli operai e dei contadini (50-100 membri).

Poi, sempre per evitare le ingerenze amministrative del partito in tutti i settori statali, chiede di assegnare "un carattere legislativo alle decisioni del Gosplan", la commissione preposta alla pianificazione economica. Su questo specifico aspetto avviene la prima manipolazione operata dagli agenti di Stalin. Il testo infatti diceva che Lenin voleva andare incontro alle esigenze di Trotsky, ma nella versione ufficiale dattiloscritta furono aggiunte le parole "fino a un certo punto e a certe condizioni".[58] Di questa interpolazione Trotsky non saprà mai nulla, come non sospetterà mai che l'appunto di Lenin del 27 dicembre 1922, in cui veniva detto che Trotsky non doveva essere presidente del Gosplan, era un altro falso.

Il 24 dicembre, davanti alle insistenze dei medici che imponevano di cessare ogni incontro con la stenografa, Lenin pone un ultimatum: o lo si autorizza a dettare il suo "diario" per qualche minuto al giorno,

---

[58] Da notare che Stalin ricevette il testo della prima parte della lettera al congresso il giorno stesso in cui fu dettata e poté modificarla grazie alla complicità della stenografa Volodičeva e del responsabile degli archivi segreti del partito, Kamenev.

oppure rifiuterà categoricamente ogni cura. Lenin in pratica supponeva che la parola innocente "diario" gli avrebbe permesso più facilmente d'ottenere l'assenso dei medici.

Lo stesso giorno, dopo essersi consigliati coi medici, Stalin, Kamenev e Bucharin, prendono la seguente decisione: "1) Lenin è autorizzato a dettare per 5-10 minuti al giorno, ma non deve dettare delle lettere e non deve aspettarsi una replica alle sue note. Le visite sono proibite. 2) Né i suoi amici, né le persone del suo più vicino entourage debbono dargli informazioni sulla vita politica, per non dargli modo di inquietarsi". Neppure la lettura dei giornali gli viene consentita.

Lenin può comunque dettare la seconda parte della "Lettera" in cui delinea i ritratti dei maggiori leader del partito. La stenografa, Maria Volodicheva, annota nel suo diario che Lenin le ha più volte ribadito il carattere assolutamente confidenziale di quanto le aveva dettato i giorni 23 e 24 dicembre e che le note dovevano essere preparate in cinque esemplari: uno per gli archivi segreti, uno per lui e tre per la Krupskaja, e poste in buste sigillate. La stenografa racconterà, nel 1929, d'aver bruciato la minuta e che sulla busta sigillata con la cera avrebbe dovuto scrivere che solo Lenin poteva aprirla e, dopo la sua morte, solo N. Krupskaja, ma che le parole "dopo la sua morte" le aveva tralasciate.

Il segreto dunque verteva esclusivamente sulla seconda parte della "Lettera", poiché la prima (riguardante l'ampliamento del CC) era già stata consegnata il 23 dicembre al CC. Nel marzo 1923, a causa del secondo ictus, Lenin non era neanche più in grado di parlare.

Il 2 giugno 1923 la Krupskaja consegnò tutte le carte di Lenin a Zinov'ev. I membri dell'ufficio politico e una parte dei membri del CC erano già al corrente dei giudizi che Lenin aveva di taluni responsabili di partito, per cui ritennero opportuno non rendere pubblico il documento. Le volontà di Lenin non vennero rispettate. Infatti, se si esclude l'ampliamento dei membri del CC, si trascurarono completamente le proposte di rimuovere Stalin dalla carica di segretario del partito; di rivedere completamente il rapporto con le nazionalità dell'ex impero russo; di far assumere a Trotsky la difesa della questione georgiana (in quanto Lenin non si fidava dell'imparzialità di Stalin e di Dzeržinskij); di rivedere completamente la gestione dell'Ispezione operaia e contadina; di assegnare poteri legislativi al Gosplan.

La Krupskaja dichiarò che gli appunti di Lenin dovevano essere letti al XIII Congresso del partito, ma la trojka Stalin, Kamenev e Zinov'ev si oppose. Di fronte alle sue insistenze, si decise di leggerli in una riunione del Consiglio degli anziani (i capi delle delegazioni provinciali) il 24 maggio 1924.

La malattia aveva colto Lenin in un momento cruciale della storia del partito comunista e dello Stato sovietico. La guerra civile (1918-20) non si era ancora conclusa, le truppe d'intervento straniere continuavano ad occupare l'Estremo Oriente della nazione, la controrivoluzione interna non s'era ancora rassegnata a deporre le armi, i kulaki manifestavano nella Russia centrale, in Ucraina e in Siberia, il movimento dei Basmaci manifestava in Asia centrale, vi erano sollevazioni in diverse città. La fame e il disastro dell'economia venivano a peggiorare la situazione. E, ciononostante, le norme e le regole del "comunismo di guerra" (tutte le forze e le risorse messe al servizio della difesa, grazie alla nazionalizzazione della grossa e media industria, alla centralizzazione della produzione e della distribuzione, al divieto del commercio privato, al lavoro obbligatorio, all'uguaglianza dei salari, ecc.) facevano sempre più posto alla Nuova Politica Economica elaborata da Lenin.[59]

Lenin prevedeva che se il CC del partito non fosse stato ben saldo e compatto, l'accerchiamento della Russia sovietica da parte degli Stati imperialisti avrebbe potuto determinare il fallimento della rivoluzione. Temeva infatti che i conflitti interni al partito, fino a quel momento insignificanti, avrebbero potuto, di fronte alle pressioni del nemico esterno, diventare molto gravi. Di qui la richiesta di aumentare il CC fino a 50-100 unità, reclutando "operai e contadini medi" che non avessero un "lungo funzionariato sovietico" e che non appartenessero, né direttamente né indirettamente, alla casta degli sfruttatori. Probabilmente Lenin s'era accorto che in sua assenza, a causa della malattia, lo stato maggiore del partito non riusciva a superare le divergenze di opinioni per organizzare un lavoro intelligente, proficuo. Egli temeva soprattutto la minaccia d'una scissione nel momento più critico del Paese.

Lenin, in sostanza, auspicava la creazione di uno staff in grado di garantire il partito contro l'influenza dei tratti negativi di certi suoi dirigenti, in grado cioè di diminuire l'impatto sia dei fattori puramente soggettivi, che delle circostanze accidentali nella soluzione delle questioni più importanti, ma anche in grado di creare le condizioni in cui il contenuto del lavoro di gruppo, rigorosamente centralizzato, del CC, non superasse il quadro, non meno rigorosamente definito, delle sue competenze.

Sintomatico è il fatto che la frase di Lenin: "né il segretario generale, né alcun altro membro del CC" dovevano essere in grado d'impedire

---

[59] La NEP prevedeva un certo sviluppo del capitalismo e la sostituzione della requisizione dei prodotti agricoli con un'imposta in natura. Misure, queste, che neppure alcuni membri dell'ufficio politico e del CC riuscivano ad accettare. Ecco perché Lenin, nella sua prima parte della "Lettera", raccomandava di procedere a una serie di importanti cambiamenti politici e organizzativi.

un controllo sulla loro attività, fu soppressa dalla "Pravda" del 25 gennaio 1923 e mai pubblicata in nessuna delle successive raccolte di scritti di Lenin, fino a quando è stata ripristinata, secondo il manoscritto originale, nel 45° volume della V edizione delle sue opere, apparso a Mosca nel 1970.

Relativamente ai tratti soggettivi dei leader del partito, Lenin, nell'ultima nota del 4 gennaio, rilevava che il difetto principale di Stalin: la "grossolanità" ("tollerabile" nei rapporti fra comunisti) era "inammissibile" per un segretario generale, per cui proponeva la sua sostituzione, anche per evitare che il dissidio fra Stalin e Trotsky, il più grave tra i dirigenti comunisti, rischiasse di danneggiare l'intero partito.

Quanto, su questa decisione, avesse influito il pericoloso atteggiamento assunto da Stalin (ma anche da Ordžonikidze e Dzeržinskij) nella questione delle nazionalità, era facile intuirlo. Le note del 30-31 dicembre su tale questione e sul progetto di autonomizzazione sono tra le più importanti del *Testamento*. Lenin temeva che il regime sovietico si sarebbe comportato in maniera imperialistica nei confronti delle nazioni più piccole o più arretrate. Stalin, in tal senso, s'era mostrato "fatalmente precipitoso", "nefastamente collerico" verso il preteso "social-nazionalismo"; Dzeržinskij aveva dato prova di preconcetti imperdonabili; per Ordžonikidze, che aveva addirittura malmenato pubblicamente un compagno di partito, Lenin chiedeva una "punizione esemplare".

Stalin, come noto, era stato eletto segretario generale del CC del partito nella primavera del 1922. Prima d'accedere a questo posto, egli dirigeva, quale membro dell'ufficio politico a partire dal marzo 1919, il commissariato per gli affari delle nazionalità e l'Ispezione operaia e contadina. Durante la guerra civile e fino a qualche anno dopo, Stalin si era mostrato un leader energico, volitivo, un grande organizzatore. A motivo di queste qualità, l'ufficio politico, nella seconda metà del 1921, gli aveva affidato il lavoro organizzativo in seno al CC. Lo si era incaricato di preparare i plenum del CC, le sessioni del comitato esecutivo centrale e di fare altre cose ancora: sicché, in pratica, egli veniva ad assumere le funzioni del segretario del CC.

Lenin, dal canto suo, era il capo del governo sovietico. Non occupava ufficialmente alcun ruolo nel partito, nel CC, ma dirigeva le sedute dei plenum del CC e dell'ufficio politico. Di fatto egli era a capo non soltanto del consiglio dei commissari del popolo, ma anche del CC del partito. In queste attività egli aveva come assistente il segretario del CC. Questa funzione non era ufficiale (non esisteva prima di Stalin un segretario "generale" del partito), ma, in pratica, uno dei segretari era stato scelto per dirigere il lavoro della segreteria.

Quando la salute di Lenin peggiorò in modo irreversibile, si prese la decisione di rafforzare la segreteria del partito. Il plenum del CC nominò Stalin, perché sembrava fosse il più idoneo a proseguire i lavori del partito in assenza di Lenin. Fu allora che si decise di dare il nome di "segretario generale" al titolare del nuovo posto, per accrescerne il prestigio e per distinguerlo dagli altri segretari. Col passare del tempo Lenin s'accorse che Stalin aveva concentrato nelle sue mani "un potere illimitato", sia nell'ambito del partito che dello Stato. Per questo propose, senza fare nomi, di sostituirlo.

Difficilmente però avrebbero potuto sostituirlo Zinoviev o Kamenev, che nel *Testamento* vengono ricordati da Lenin per il loro comportamento tenuto nel 1917, allorché si opposero alla sollevazione armata, divulgando presso un giornale non comunista la decisione segreta del partito. Tuttavia, nonostante questa defezione, sia l'uno che l'altro erano rimasti membri del CC e dell'ufficio politico. Kamenev era addirittura vicepresidente del consiglio dei commissari del popolo, del consiglio del lavoro e della difesa, mentre Zinoviev era presidente del comitato esecutivo del Komintern. Era stato proprio Lenin ad appoggiare la candidatura di Kamenev, in seno al CC, nell'aprile del 1917, a motivo dell'ascendente ch'egli aveva su certi strati sociali popolari. Lenin non ha mai accettato di considerare il tradimento dei due come un "crimine personale". Peraltro nel *Testamento* egli dice a chiare lettere che non si poteva rimproverare loro tale comportamento "più di quanto si possa rimproverare a Trotsky il suo non-bolscevismo" (Zinoviev e Kamenev furono fatti fucilare da Stalin nel 1936).

Quanto a Trotsky, Lenin conosceva bene la lunga, complessa e tortuosa lotta ch'egli aveva condotto contro il bolscevismo, ma sapeva anche che ciò non dipendeva tanto dai tratti negativi della personalità egocentrica di Trotsky, quanto dal fatto ch'egli rifletteva l'umore di certi militanti del partito e di vasti strati sociali. Grazie al suo talento d'oratore, egli conosceva i modi di galvanizzare quelle masse (specie i più giovani) sensibili alla fraseologia di sinistra. Trotsky era senza dubbio una personalità di rilievo: era stato, nel 1922, membro dell'ufficio politico, commissario del popolo alla difesa e alla marina militare, presidente del consiglio militare rivoluzionario della Repubblica. Il partito lo aveva anche incaricato di svolgere diverse funzioni nell'ambito dell'economia nazionale, anche se – come dice Lenin nel *Testamento* – "la sua eccessiva sicurezza e infatuazione per l'aspetto puramente amministrativo degli affari" rischiava di condurlo "troppo lontano". Lenin sapeva bene che a Trotsky mancavano alcune qualità politiche fondamentali, quali p.es. la duttilità con gli uomini, il gusto della tattica, la capacità di manovra ecc.[60]

Trotsky non riuscirà mai ad agire con risolutezza contro Stalin anche perché fino al 1917 s'era posto contro Lenin. Quando questi aveva scritto, nei suoi ultimi appunti, che non si poteva rimproverare a Trotsky il suo "non bolscevismo", voleva appunto dire che solo a partire dall'Ottobre era diventato "bolscevico"; ma voleva anche dire che, nonostante questo, egli, a differenza di Stalin, sapeva riconoscergli delle qualità di dirigente all'interno del nuovo Stato sovietico.

Probabilmente Lenin si rendeva conto che nessun leader, da solo, era in grado di sostituirlo e, forse proprio per questo, sperava che, allargando la partecipazione agli organi di direzione politica, l'esigenza di avere un leader con altissime capacità sarebbe venuta meno. Sottoponendo tutti i leader a un maggiore controllo e facendo ruotare le cariche, il problema della successione sarebbe stato meno gravoso.

Non a caso nelle note del 27-28-29 dicembre, riferendosi alla lettera del 28 dicembre sul carattere legislativo delle decisioni del Gosplan, Lenin disse ch'era difficile trovare in una sola persona la combinazione di queste qualità: solida preparazione scientifica in uno dei rami dell'economia e della tecnologia, visione d'insieme della realtà, forte ascendente sulle persone, capacità organizzative e amministrative. Ma forse – diceva ancora Lenin – se si fossero rispettate le sue condizioni, non ci sarebbe stato bisogno di cercare una persona del genere. D'altra parte egli si rifiutò di designare un proprio successore alla guida del partito.

Nel *Testamento* Lenin cita altri due leader: Bucharin e Pjatakov. Del primo esprime due giudizi apparentemente contraddittori. Da un lato infatti afferma che "non è soltanto il maggiore e il più prezioso teorico del partito, è anche, a ragione, il compagno più benvoluto"; dall'altro però sostiene ch'egli non ha mai ben compreso la "dialettica" e che le sue concezioni del marxismo sono un po' "scolastiche". In effetti, la posizione assunta da Bucharin durante la conclusione della pace di Brest-Litovsk con la Germania (egli, insistendo sul rifiuto delle condizioni di pace tedesche, rischiò di portare la repubblica allo sfascio), era una testimonianza esplicita della sua carente dialettica: ciò che riconobbe, d'altra parte, lo stesso Bucharin. Non solo, ma Lenin aveva giudicato "scolastica ed eclettica" l'analisi dei fenomeni sociali che Bucharin aveva condotto in alcuni capitoli del suo libro *L'economia del periodo di transizione* (Bucharin morirà sotto la repressione staliniana del 1938).

Quanto a Pjatakov, Lenin gli riconosceva "volontà e capacità notevoli", ma anche la stessa tendenza di Trotsky ad accentuare l'aspetto

---

[60] Trotsky morirà assassinato in Messico nel 1940, da un sicario di Stalin, Ramon Mercader.

amministrativo (autoritario) delle cose, per cui non si poteva "contare su di lui su una seria questione politica". Tuttavia, sia per questo caso che per quello precedente, Lenin sperava che i difetti avrebbero potuto, col tempo, essere superati: in fondo Bucharin aveva solo 34 anni e Pjatakov 32; si può quindi pensare che i due, col tempo, avrebbero potuto costituire un tandem vincente, benché al momento i leader più importanti fossero Trotsky e Stalin.[61]

Il 23 gennaio 1923 egli detta un lungo articolo sull'Ispezione operaia e contadina, destinato alla "Pravda", da discutere in congresso. Bucharin non aveva intenzione di pubblicarlo. Quando lo si fece, il 25 gennaio, fu omesso l'attacco esplicito contro Stalin. La stessa Krupskaja s'era accorta che quando Lenin criticava esplicitamente Stalin, quest'ultimo veniva sempre difeso, negli anni della malattia di Lenin, da Kamenev, Zinov'ev, Bucharin, Dzeržinskij, Kujbyšev, Ordžonikidze... Tutti meno che da Trotsky. In una sua lettera a Zinov'ev del 31 ottobre 1923 lei si chiedeva: "che senso avrebbe la sua guarigione se i suoi amici più intimi hanno un simile atteggiamento nei suoi confronti e prendono a malapena in considerazione il suo punto di vista, e lo distorcono?".[62]

La sorte del testamento

Che cosa accadde dopo che la Krupskaja presentò alla commissione del CC il *Testamento* di Lenin? La commissione era composta da Stalin, Kamenev, Zinoviev e altri ancora. Il plenum del CC del 21 maggio 1924 adottò la risoluzione, dopo aver ascoltato il rapporto di Kame-

---

[61] Pjatakov venne condannato a morte nel cosiddetto "processo dei diciassette", voluto da Stalin, e fucilato nel gennaio 1937. Pochi giorni dopo anche Ordžonikidze, oppostosi al processo e alla condanna del suo collaboratore, fu trovato morto, ufficialmente suicida. Solo nel 1988, sotto il governo di M. Gorbačev, venne riabilitato, insieme a Bucharin, Rykov e Rakovskij, imputati nel cosiddetto "processo dei ventuno" di Mosca nel marzo 1938,

[62] Si noti che nella sua biografia di Lenin, pubblicati in volume nel 1926, mancano proprio le pagine inerenti agli ultimi sette anni di vita del marito, quelli decisivi per capire il suo rapporto con Stalin. Che il libro sia stato oggetto di censura o di interpolazione da parte dei revisori appare evidente in più parti. A titolo dimostrativo basta riportare questa frase, riferita a Trotsky: "Il'ič stesso non pensava in quel momento che Trotsky avrebbe tradito in avvenire" (*La mia vita con Lenin*, ed. Red Star Press, Milano 2019, p. 85). In occasione del II Congresso del Posdr Trotsky non era affatto un bolscevico, ma un menscevico, per cui non poteva certo tradire Lenin. Trotsky divenne davvero un bolscevico solo nell'imminenza dell'Ottobre, e Lenin, finché rimase in vita, non fu mai tradito da lui; anzi, Trotsky divenne un suo stretto collaboratore, persino in antitesi a Stalin.

nev, di divulgare il contenuto della "Lettera" non alla seduta dello stesso Congresso, ma separatamente, alle riunioni delle varie delegazioni. Si precisò anche che i documenti di Lenin non sarebbero stati riprodotti, e per questa ragione non vennero pubblicati.

I rapporti sulla "Lettera" vennero fatti alle delegazioni da Kamenev, Zinoviev e Stalin. Stando alla loro interpretazione, Lenin, riferendosi alla rimozione di Stalin dalla funzione di segretario generale, la considerava come un'*ipotesi* di cui tener conto, non come una *necessità*. In fondo Lenin non aveva trovato niente di preciso, di oggettivo, da rimproverare a Stalin: la sua riserva verteva su questioni di carattere soggettivo (anche se, ma questo non fu mai sottolineato, egli le riteneva particolarmente gravi, avendo intuito che si stavano trasformando in un problema politico).

Kamenev comunque espose il contenuto della "Lettera" in modo da far credere che soltanto i tratti personali del carattere di Stalin erano stati messi in discussione e non anche il fatto ch'egli aveva concentrato su di sé un enorme potere e che aveva gestito malissimo la questione delle nazionalità. Dal canto suo, Stalin giurò di tener conto delle osservazioni critiche mossegli da Lenin.

Alcuni storici hanno sostenuto che non si provvide a sostituire Stalin perché si temeva che il suo posto l'avrebbe preso Trotsky, il quale, non meno di Stalin, aspirava a una leadership maggiore in seno al partito e in più era di tendenza "menscevica". Ma questa versione dei fatti contrasta proprio con l'affermazione di Lenin secondo cui Trotsky era caratterizzato dal suo "non-bolscevismo": il che doveva escludere a priori la proposta di una sua candidatura a un posto così importante.

Il *Testamento* avrebbe sicuramente meritato una più attenta discussione, ma non essendo stato riprodotto, nessun delegato ebbe mai modo di leggerlo personalmente. In sostanza, il dibattito venne indirizzato unicamente sulle proposte di Lenin riguardanti la struttura organizzativa degli organi dirigenti del partito. Trotsky s'era allora risolutamente opposto all'idea di ampliare il CC agli operai. Formalmente però la proposta di Lenin venne accettata. Il XII Congresso del partito (1923) fece passare il numero dei membri del CC da 27 a 40; il XIII Congresso (1924) li portò a 53. Tuttavia, il progetto di Lenin di associare gli operai e i contadini alla direzione del partito non si realizzò, in quanto a quelle classi sociali si preferirono gli appartenenti alla piccola borghesia, più facilmente manovrabili.

Nel 1927 il XV Congresso adottò la risoluzione di pubblicare la "Lettera" di Lenin in una *Raccolta* delle sue opere, ma poi il testo venne pubblicato solo in un "bollettino segreto". Nell'ottobre dello stesso anno, al plenum del CC, Stalin parzialmente citò e commentò nel suo discorso la "Lettera" di Lenin. Il discorso venne poi inserito nelle *Opere* di Stalin in maniera sintetica: totalmente esclusi furono i passaggi relativi alla proposta della sua rimozione. Durante il periodo della dittatura staliniana il *Testamento* fu addirittura considerato inesistente, benché nel 1927 fosse apparso all'estero per opera di alcuni simpatizzanti trotzchisti. Sarà solo nel 1956 che la rivista *Kommunist* pubblicherà integralmente questo testamento politico, che ora si trova anche nella V edizione delle *Opere complete* di Lenin (in lingua russa). Nel 1957 e nel 1963 apparvero altre due importanti testimonianze a favore dell'autenticità del documento, di una delle segretarie di Lenin, L. A. Fotieva: *Dai ricordi su Lenin* e *Diario delle segretarie di turno di Lenin.*[63]

Dal leninismo allo stalinismo

In astratto ci si può anche chiedere se la burocrazia montante nell'apparato del partito avrebbe subìto una battuta d'arresto rimuovendo Stalin dal suo incarico di segretario generale, ma in concreto è difficile rispondere a una domanda del genere. Probabilmente il rischio si sarebbe riproposto anche con un altro dirigente. Era infatti la struttura centralizzata del partito, sicuramente indispensabile per compiere la rivoluzione e vincere la controrivoluzione, a ostacolare la realizzazione di un socialismo veramente democratico: essa, prima o poi, avrebbe creato un nuovo "Stalin". Lo dimostrano due fatti: 1) i compagni di partito che sostennero Stalin contro Trotzky non si resero conto, se non quando era troppo tardi, che Stalin non aveva alcun senso né della democrazia né dell'etica; 2) lo "stalinismo" andò avanti per altri 30 anni dopo la morte del dittatore (come "stagnazione"), anche a dispetto della destalinizzazione avviata da Chruščëv.

Con quella struttura centralizzata (sicuramente indispensabile per compiere la rivoluzione e per difenderla) si volle imporre a tutta la società una pianificazione statale dell'economia del tutto favorevole alla grande industria, che il mondo contadino avrebbe dovuto pagare in prima persona, o con le buone o con le cattive. Probabilmente con altri dirigenti, meno rozzi e brutali di Stalin, le cose sarebbero procedute più lentamente: forse non ci sarebbe stata una collettivizzazione forzata dell'agricoltura, né lo sterminio dei kulaki, né il periodo del terrore; sicuramente la questione delle etnie e delle nazionalità sarebbe stata affrontata diversa-

---

[63] Su questo argomento si possono consultare M. Lewin, *L'ultima battaglia di Lenin*, ed. Laterza 1969; E. H. Carr, *La morte di Lenin. L'interregno 1923-24*, ed. Einaudi 1965 e J. A. Buranov, *Il "testamento" di Lenin: falsificato e proibito*, ed. Prospettiva Marxista, Milano 2019.

mente e altrettanto certamente la Russia avrebbe vinto con più facilità la II guerra mondiale. Ma prima o poi i nodi fondamentali (come p.es. le ricadute dell'industrializzazione sull'ambiente naturale o l'insufficiente democrazia diretta) sarebbero venuti al pettine.

L'ideologia staliniana era decisionista proprio nel senso che, nel costruire un socialismo meramente "statale", non voleva perdere tempo in inutili discussioni. Stalin creò un partito le cui funzioni coincidevano sostanzialmente con quelle dello Stato: quest'ultimo era lo strumento principale con cui il partito realizzava la propria volontà. E il partito, nelle mani di Stalin, eliminava "fisicamente" non solo gli oppositori politici, ma anche tutti quelli che davano fastidio alla personalità meschina e rancorosa del suo leader.

Lenin era circondato da compagni di partito che, quanto a senso della democrazia e dell'etica, erano piuttosto scarsi. Probabilmente la più ferrata in materia era sua moglie. Purtroppo egli non ebbe il tempo per impostare in maniera concreta la *democrazia diretta*, che è quella forma di gestione politica delle risorse e dei problemi che non ha bisogno di leader specifici.

Il socialismo scientifico era l'ideologia degli operai, che nutriva un certo culto per il progresso tecnico-scientifico, così ben visibile nella forma dell'industrializzazione e nello sviluppo dell'urbanizzazione. La differenza tra socialismo e capitalismo stava soltanto nella gestione della proprietà dei mezzi produttivi. Qualunque altra idea contraria al socialismo statale sarebbe stata considerata favorevole al "socialismo della miseria" o a una restaurazione del capitalismo, eventualmente con un parziale controllo da parte dello Stato.

Non solo, ma si pensava anche che qualunque altra idea contraria allo statalismo non avrebbe fatto altro che destinare l'Urss a perdere il confronto economico e militare col capitalismo occidentale, semplicemente perché l'occidente disponeva di un immenso impero coloniale da sfruttare, con cui peraltro aveva saputo imborghesire il proprio proletariato industriale e i dirigenti dei partiti di sinistra. Il proletariato industriale dell'occidente è sempre stato complice (in maniera diretta o indiretta) dell'imperialismo borghese nello sfruttamento delle colonie del Terzo mondo.

Lo stalinismo non fu una creazione del leninismo, ma sicuramente il leninismo non fu in grado d'impedire (non ne ebbe il tempo) la formazione di un socialismo meramente statale, benché Lenin avesse pienamente accettato l'idea di Marx ed Engels secondo cui lo Stato doveva progressivamente "estinguersi". La storia però ha dimostrato che a "estinguersi" è stato proprio il "socialismo statale", che inevitabilmente, a prescindere dalle intenzioni soggettive di chi lo edifica, presenta caratteristiche dittatoriali, totalmente incapaci di democrazia.[64]

L'insegnamento che si può trarre dagli avvenimenti degli anni 1922-24 è che il socialismo democratico non può essere affidato alle caratteristiche soggettive dei leader politici. Occorre saper porre delle condizioni *oggettive*, di tipo eminentemente *sociale*, che prescindano totalmente da tali caratteristiche. Non ci si può affidare alla casualità dei temperamenti, delle inclinazioni, delle qualità psicologiche o morali di questo o quel leader carismatico. Occorre creare delle comunità in cui la gestione delle risorse venga affidata alla comunità stessa, in cui le decisioni vengano prese da un *collettivo locale*, che è responsabile del proprio destino, essendo situato in un determinato e circoscritto luogo fisico. La proprietà collettiva dei mezzi produttivi va gestita dalla società civile in autonomia, senza alcuna presenza statale. Qualunque decisione collegiale che vada al di là delle singole comunità, non può implicare l'istituzione di organismi permanenti.

Non solo lo Stato deve scomparire e, con esso, qualunque istituzione burocratica e amministrativa, ma deve scomparire anche il partito, la cui presenza indica, in maniera inequivocabile, la separazione tra lavoro intellettuale e manuale, originata dallo sviluppo dei sistemi sociali antagonistici.

Se non esiste proprietà privata, non esistono classi sociali contrapposte. Di conseguenza la politica intesa come scontro di potere tra classi del genere perde la sua ragion d'essere. La politica deve diventare il momento e il luogo delle *decisioni comuni*, mentre la realtà quotidiana deve riguardare la gestione delle *risorse comuni*. Soltanto quando tale gestione incontra dei problemi, che non possono essere risolti individualmente o da una realtà locale, la politica riacquista il proprio senso. Tuttavia essa deve limitarsi a porre le *condizioni esteriori* che permettono alle persone di risolvere i loro problemi comuni. Deve porre le condizioni che permettono alla *libertà di coscienza* di esprimersi adeguatamente. Non può indicare alla coscienza come "deve" esprimersi, poiché la coscienza viene definita "umana" solo se può esprimersi *liberamente*.

La coscienza umana può esprimersi liberamente solo se sa quali sono le condizioni formali, esteriori, in cui può farlo, che sono poi le condizioni in cui si deve tener conto delle esigenze di ogni componente della comunità. Non c'è libertà senza necessità. Le condizioni formali sono una necessità oggettiva di cui si deve tener conto per essere liberi. Le condizioni ovviamente possono variare, ma una comunità, se vuole

---

[64] "Stalinista" era anche il maoismo in Cina, benché la collettivizzazione forzata dell'agricoltura non fosse capace, a causa dell'arretratezza culturale del Paese, di uno sviluppo industriale paragonabile a quello sovietico.

restare libera, deve farlo con una decisione collettiva. La politica serve appunto per prendere decisioni collettive, vincolanti quel tanto che basta per continuare a sentirsi liberi.

Leninismo e neoleninismo

Chiavi di lettura da approfondire

Lenin aveva capito che per realizzare il socialismo non occorreva studiare nei dettagli il funzionamento del capitalismo (come fece Marx), ma occorreva organizzare un partito rivoluzionario. Egli studiò l'economia capitalistica solo per dimostrare ai populisti che in Russia il capitalismo stava diventando una realtà inevitabile, che avrebbe spazzato via la comune rurale e che in ogni caso tale evidenza non si sarebbe potuta evitare con una diversa gestione dell'agricoltura, più democratica. E i suoi studi sull'imperialismo volevano appunto dimostrare che tale processo si stava svolgendo sul piano internazionale.

Fatto questo, egli si concentrò unicamente sul compito politico-organizzativo: il problema fondamentale, per lui e per tutti quelli del suo partito, era quello di conquistare il potere, facendo in modo che le due classi principali, operaia e contadina, si sostituissero alle altre due dominanti, borghese e latifondistica, nella guida del paese.

Il difetto maggiore di Lenin è stato quello di aver concesso alla politica un primato ingiustificato rispetto a quello che deve avere l'*essere umano*.

Lenin superò il primato che Marx concesse all'economia, ma non riuscì a porre l'*essere umano* al di sopra della politica, anche se di questo problema egli era consapevole (e in maniera drammatica nell'ultimo periodo della sua vita). Se l'avesse fatto in maniera organica, coerente, non avrebbe avuto paura di evidenziare i pregiudizi di Marx nei confronti della classe contadina o le sue ingenuità nei confronti della prassi rivoluzionaria (che considerava come esito inevitabile dello scoppio delle contraddizioni economiche).

L'*essere umano* non può essere sottomesso ad alcuna legge né ad alcuna scienza. E quando si parla di "essere umano" bisogna intendere l'uomo in generale e non soltanto l'appartenente a una classe particolare. I conflitti di classe che si sperimentano nella vita borghese non possono essere affrontati solo in maniera politica.

*

Il più grande torto che si possa fare al leninismo, che fu essenzialmente un'esperienza politico-rivoluzionaria, è quello di servirsi delle sue acquisizioni teorico-politiche per interpretare schematicamente il presente: il che porterebbe a sovrapporre l'ideologia alla realtà.

Come non rendersi conto che il leninismo fu un'applicazione assolutamente creativa e originale del tradizionale marxismo? Il leninismo non era implicito nel marxismo, o comunque, se lo era, occorreva una cultura non occidentale, o meglio, non imborghesita per farlo emergere in maniera così esaltante. E come non rendersi conto che se veramente si desidera una società democratica e socialista bisogna applicare le acquisizioni del leninismo in una maniera non meno creativa?

Al marxismo occidentale è sempre mancata la fondamentale determinazione della prassi rivoluzionaria. Esso oscilla continuamente fra la teoria astratta di Scilla e l'estremismo settario di Cariddi. Tutto l'opportunismo della socialdemocrazia riformista appartiene al primo gruppo. Il resto appartiene sostanzialmente ai terroristi oppure a formazioni numericamente molto esigue.

Ciò che i gruppi, che si rifanno al marx-leninismo, non riescono assolutamente a capire, è che l'originalità di un "neoleninismo" non può scaturire che da un costante rapporto con la realtà concreta: un rapporto "pratico", di affronto sistematico del bisogno e di denuncia delle ingiustizie sociali. Cercare di applicare alla realtà propri schemi precostituiti è quanto di più assurdo si possa compiere in nome del leninismo.

Fare la fatica di misurarsi con le contraddizioni del presente e proporre nuovi criteri risolutivi: questo è il compito del moderno leninismo. Forse la *perestrojka* di Gorbačëv avrebbe potuto riuscire nell'impresa, ma l'immaturità delle masse, conseguente a un forzato centralismo, durato 70 anni, non le ha permesso di svilupparsi.

*

Era straordinaria la capacità di Lenin di dire che gli errori sono inevitabili e l'importante è non negarli. Esattamente l'opposto di Stalin, e anche Trotsky non è che avesse grandi capacità di rivedere le proprie tesi.

Lenin era un pedagogista nato. La sua Nep fu in fondo l'ammissione che un socialismo statale avrebbe potuto portare la rivoluzione al fallimento, e i contadini non l'avrebbero certo difeso contro un attacco alla Russia da parte dei paesi capitalisti.

Lenin polemizzò per molti anni coi populisti, ma alla fine si convinse che la terra andava data direttamente ai contadini, da distribuirsi attraverso i soviet locali.

Dopo aver polemizzato tantissimo anche coi socialisti italiani, durante e subito dopo la fine della prima guerra mondiale, disse che l'esperienza di una dittatura di destra forse ci avrebbe fatto capire meglio l'idea della "violenza rivoluzionaria", cioè il fatto che non si può pensare neanche minimamente di cambiare sistema di vita limitandosi a una semplice opposizione parlamentare.

Prima di morire scrisse un testo favorevole allo sviluppo delle *cooperative*, quelle piccole realtà di produzione e/o di consumo che i marxisti avevano sempre considerato un'espressione della piccola borghesia.

Tutta la sua opera fu una reinterpretazione dialettica del socialismo scientifico, mostrando che una lettura economicistica, cioè fatalistica, non avrebbe mai fatto uscire la Russia né dal feudalesimo né dal capitalismo. Prese da Marx e da Engels tutto quanto avrebbe potuto inserire in una visione rivoluzionaria della politica, la quale, ancora oggi, resta insuperata, e lo sarà almeno fino a quando non si arriverà a realizzare un *socialismo autogestito a livello locale*, basato sulla *democrazia diretta*.

*

Il fatto che Lenin si dichiarasse contro la borghesia e contro il governo del proprio stesso paese, in piena guerra mondiale, era praticamente un fatto inedito rispetto agli atteggiamenti assunti da tutte le forze socialiste della II Internazionale (1889-1914). Ma sin dagli inizi del Novecento egli aveva fatto capire che il socialismo euroccidentale non era all'altezza del suo compito rivoluzionario: la socialdemocrazia tedesca la vedeva alle prese con una contraddizione insanabile fra la teoria marxista e la prassi borghese. Le sue critiche iniziano col dibattito intorno a Bernstein e si accentuano al Congresso di Stoccarda del 1907, a causa dell'opportunismo sulla questione della pace. Le critiche finiscono con l'investire anche il centrismo kautskyano.

Degli scritti di Kautsky Lenin aveva apprezzato molto la *Questione agraria* (1897), l'*Antibernstein* e la *Via al potere* (1909) e anche il testo *Sul cristianesimo*, ma aveva iniziato a criticare quello studioso e soprattutto quel leader politico tedesco sin dal 1904, ritenendolo molto vicino alle idee mensceviche. I dissensi erano sulla guerra imperialistica e sull'organizzazione del proletariato, e poi diventeranno sulla rivoluzione d'ottobre e sulla dittatura del proletariato. Kaustky infatti tendeva a minimizzare il pericolo dell'opportunismo in seno alla socialdemocrazia e non voleva più sentir parlare di sciopero generale contro l'eventualità di un conflitto mondiale e tanto meno in presenza di tale conflitto.

Indubbiamente ciò che sorprese Lenin fu il tradimento delle socialdemocrazie di tutti i paesi europei, le quali, al momento della guerra imperialistica, si schierarono dalla parte delle rispettive borghesie nazionali. Egli elaborò dei temi del tutto inediti nell'ambito del socialismo, come quello della trasformazione della guerra imperialistica in guerra civile; quello della corruzione dell'aristocrazia operaia e dei dirigenti sindacali e politici, dovuta al colonialismo praticato dai paesi capitalisti (un'aristocrazia formatasi negli anni 1871-1914, che furono relativamente "pacifici" nello sviluppo capitalistico europeo); quello della stessa dittatura del proletariato, cui Marx ed Engels avevano appena accennato; quello della rottura decisa coi socialisti riformisti, che tutti ritenevano controproducente nella lotta contro la borghesia; quello della fondazione di una nuova Internazionale (decisamente pretesa nelle *Tesi* dell'aprile 1917); quello di usare il termine "ideologia" non in maniera negativa, come avevano fatto Marx ed Engels, ma in maniera positiva, come forma di coscienza teorica e politica delle masse proletarie.

Al II Congresso della III Internazionale Lenin chiese che i partiti si chiamassero "comunisti" (in luogo di "socialisti" o di "socialdemocratici"), ponendo 21 punti come condizione per aderire alla nuova Internazionale. Tuttavia, appena sorge questo nuovo strumento politico, Lenin deve lottare contro un'altra tendenza, questa volta appartenente proprio ai partiti comunisti: l'*estremismo*. Questi partiti non si rendevano conto che una cosa è la coerenza teorica, un'altra la flessibilità politica. La critica dell'estremismo divenne inevitabile già alla fine del 1919.

Verso il 1920 aveva già iniziato a escludere categoricamente che ci potesse essere un movimento rivoluzionario mondiale senza l'unità tra il proletariato dei paesi colonialisti e il proletariato dei paesi colonizzati. Al III Congresso dell'Internazionale propose la tattica del "fronte unico", volto a conquistare la maggioranza della classe operaia e a superare i limiti dell'estremismo settario. È costretto a negare che debba esistere un partito-modello da imitare e che anzi è necessario adeguarsi alle particolarità storiche di ciascun paese. Questo era già ben visibile nel preambolo della risoluzione relativa alla struttura organizzativa dei partiti comunisti, ma il resto del testo fissava criteri troppo rigidi per potersi definire "comunisti", sicché Lenin lo sconfessò, ritenendolo troppo "russo" e correggendo il tiro al IV Congresso.

*

Per la *perestrojka* gorbacioviana erano soprattutto le ultime opere di Lenin che bisognava rileggere, al fine di capire il senso del socialismo democratico. All'occidente progressista invece dovrebbero interessare di più le opere del giovane Lenin, quello dell'"Iskra", l'organizzatore di un nuovo partito rivoluzionario, il Lenin di *Che fare?*. Ciò anche in considerazione del fatto che in occidente non ha alcun senso parlare di *autogestione sociale* o di *autofinanziamento*, poiché tutto il mondo produttivo trainante è nelle mani di pochi imprenditori. Sono loro (e i loro manager) che si autogestiscono, finanziando le loro imprese coi soldi dei lavoratori.

La *perestrojka* non avrebbe mai potuto portare l'occidente al socialismo, in modo pacifico, progressivo, senza una rivoluzione politica. È impossibile che gli imprenditori rinuncino spontaneamente ai loro monopoli. Anzi, la *perestrojka*, indirettamente, ha favorito la conservazione dello *status quo* in occidente, in quanto, dal punto di vista economico-commerciale, essa promosse una cooperazione reciprocamente vantaggiosa anche al capitalismo.

Al massimo la *perestrojka* avrebbe potuto dimostrare che le crisi del capitalismo dipendono dal capitalismo stesso (e non p.es. dalla "guerra fredda"), oppure che il socialismo, volendo, può anche diventare una società democratica. Più di questo la *perestrojka* non avrebbe potuto fare per l'occidente.

Il fatto ch'essa avesse rinunciato a riaffermare il valore della lotta di classe, dipese dalla convinzione che tale prassi non può essere teorizzata secondo i crismi della ineluttabilità o della indispensabilità. Alla lotta di classe il socialismo si piega per necessità, dopo aver maturato la certezza che tutti gli altri mezzi per sanare le contraddizioni si sono rivelati inefficaci. Anzi la *perestrojka* fece di tutto perché i conflitti ideologici non impedissero la collaborazione sul terreno socioeconomico (in politica interna, fra le diverse categorie sociali, ed estera, fra i diversi Stati).

Questo modo "umanistico" di fare politica non era in contraddizione con quello leninista, anzi gli era necessario come complemento, poiché una politica leninista che non tenga conto dell'umanesimo e della democrazia di una *perestrojka* (cioè di una ristrutturazione generale dell'economia e della società) si trasforma facilmente in una politica estremista, settaria, neo-stalinista.

La *perestrojka* russa ha senza dubbio aiutato il capitalismo a superare temporaneamente certe sue difficoltà economiche, ma la contraddizione tra capitale e lavoro tenderà inevitabilmente a riprodursi, specie se il Terzo mondo si opporrà con efficacia al rapporto neocoloniale. Ecco, in questo senso la *perestrojka* ha voluto togliere al capitalismo l'occasione di affermare che il socialismo è causa ultima delle crisi del capitalismo stesso.

*

Lenin, per poter superare Marx, dovette assimilare il netto disincanto nei confronti del capitalismo. Ancor prima di *Che fare?* (che segna l'inizio di tale superamento), egli aveva capito che il capitalismo era la formazione sociale più forte, cioè ch'esso si sarebbe inevitabilmente imposto sulla società agricola in via di dissoluzione, contro le teorie dei populisti. E aveva capito che il capitalismo non era assolutamente riformabile in senso democratico, essendo una formazione sociale fortemente divisa in classi (contro l'opinione dei marxisti legali, degli economisti ecc.). Lenin non riconobbe mai alla borghesia alcuna funzione positiva, neppure quella d'aver accelerato la fine del servaggio, poiché in Russia l'introduzione del capitalismo comportò un netto peggioramento delle condizioni di vita dei lavoratori.

Quando Lenin si mise a cercare la strada per superare i limiti di Marx, non la trovò tanto sul campo della teoria economica del capitalismo (sebbene il testo dell'*Imperialismo* sia un necessario complemento del *Capitale*), quanto piuttosto su quello del *metodo politico* per rovesciare il regime capitalistico.

Lenin comprese una cosa d'importanza fondamentale (che Marx aveva trascurato): il *primato della politica sull'economia*, ovvero l'esigenza di darsi una forte organizzazione partitica, in grado di mobilitare un vasto movimento popolare, col quale abbattere il potere costituito. Fu così che Lenin riuscì a conseguire sul terreno pratico ciò che Marx aveva acquisito solo sul terreno teorico.

Tuttavia, il leninismo venne ben presto tradito dallo stalinismo, come il marxismo era già stato tradito dai revisionisti della II Internazionale. In tal senso la *perestrojka* andava interpretata come un tentativo di recuperare il leninismo all'interno di una nuova consapevolezza politica (che è anche sociale e culturale): quella del *primato dell'uomo sulla politica*.

*

Perché dunque la *perestrojka* non è riuscita a realizzarsi restando nell'ambito del socialismo?

1. Perché, per poterla capire adeguatamente, occorreva assimilare tutto Lenin, non solo a livello intellettuale (come un manuale da studiare), ma anche e soprattutto a livello operativo, mediante un impegno politico personale (cosa che sotto lo stalinismo e la stagnazione era impossibile);

2. perché la scoperta del primato dell'*uomo* implica uno sforzo maggiore di comprensione, di adeguamento personale delle proprie convinzioni e della propria vita alla nuova scoperta: uno sforzo assai superiore a quello che fece Marx di scoprire la vera natura del capitalismo, o a quello che fece Lenin di scoprire il

valore della politica rivoluzionaria.

Finché gli uomini, dal basso, a partire dalla vita quotidiana, non vivono l'esperienza dell'*umanesimo integrale*, nessuna *perestrojka*, dall'alto, potrà mai realizzarsi.

Lenin aveva perfettamente ragione quando diceva che la politica è la sintesi dell'economia. Senza la politica rivoluzionaria, le cose non si trasformano a vantaggio delle masse se il sistema in cui vivono è dominato dall'antagonismo. La vera politica – diceva Lenin – è quella fatta dalle masse guidate da un partito: se la politica si limita alla mera competenza di pochi professionisti, fatalmente essa si trasforma in uno strumento per la dittatura di qualche ceto o classe.

Marx, in un primo tempo, rifiutò la politica perché non aveva saputo scorgere un'alternativa reale al modello para-feudale del sistema prussiano; poi capì che tale alternativa andava cercata nelle masse, soprattutto nel proletariato. Sarà però Lenin a intuire che tale politica spontanea delle masse va guidata da un partito di intellettuali consapevoli, disciplinati e organizzati.

Le masse devono quindi riappropriarsi della politica, e gli intellettuali devono mettere al servizio delle masse la loro competenza. Se manca questa responsabilità, si tenderà sempre a scaricare sul governo o sul sistema le cause di tutti i mali sociali, si arriverà a pretendere cose impossibili, si assumeranno atteggiamenti irrazionali... Ma così la politica inevitabilmente si trasforma in un gioco competitivo (spesso dagli esiti drammatici) tra opposte fazioni che ambiscono solo a spartirsi il potere.

Il leninismo e la *perestrojka* di Gorbačëv hanno avuto questo di utile da insegnarci:

1. che senza una politica consapevole delle masse, non avviene alcuna significativa trasformazione della società;
2. che nessun'altra "scienza" è in grado di compiere tale trasformazione;
3. che la trasformazione è veramente significativa solo se la politica si unisce alle esigenze più democratiche delle masse, espresse a tutti i livelli;
4. che nessuna democratizzazione della vita sociale è possibile, in profondità, se le masse non vi si sentono attivamente coinvolte;
5. che l'importanza della politica non si esaurisce con la trasformazione rivoluzionaria del sistema, poiché questa non può avvenire una volta per tutte;
6. che il vero scopo della politica è quello di *umanizzare* la società, poiché solo così l'esigenza di ricorrere continuamente a una politica rivoluzionaria perderà il suo senso.

*

Una qualunque rivoluzione politica, senza una parallela rivoluzione sociale e culturale, porta inevitabilmente a realizzare ideali opposti a quelli originari. Questo perché mentre all'inizio della lotta politica occorre essere democratici per ottenere un certo consenso, in seguito, conseguito l'obiettivo politico-rivoluzionario, l'ideale rischia sempre d'essere tradito se si vuole conservare il potere a tutti i costi.

Tale processo avviene anche involontariamente, inconsapevolmente (almeno fino a un certo punto), in quanto il tradimento è proprio una conseguenza della mancata rivoluzione sociale. Lenin si accorse di questo pericolo alla fine della sua vita e cercò con tutti i mezzi di porvi rimedio, ma il partito, dopo la sua morte, preferì accentuare l'autoritarismo della politica.

Ogni decisione di non voler riporre nel popolo piena fiducia, rischiando anche che lo stesso popolo si serva di questa fiducia in maniera irrazionale, porta inevitabilmente all'affermarsi di quelle correnti autoritarie che non credono nelle capacità democratiche delle masse e che sanno però sfruttare molto abilmente le debolezze di chi vuole la democrazia ma non è capace di volerla sino in fondo.

Le migliori idee non sono quelle più democratiche di altre, ma quelle che intendono il concetto di democrazia in maniera pratica. In tal senso, a un filosofo progressista ma isolato, è sempre preferibile un filosofo che rinuncia, in parte, a esprimere tutte le sue concezioni progressiste, al fine di poter avvicinare meglio le masse ad alcune sue concezioni progressiste, pensando poi di elevare quelle masse, con pazienza, al suo livello di consapevolezza.

Un filosofo che non conosce la pedagogia o la psicologia sociale o la tattica politica, è un cattivo filosofo, poiché il valore delle sue teorie non riscatterà il disvalore della sua pratica.

La pratica – si è sempre detto – è in ultima istanza il criterio della verità: in realtà lo è anche in prima istanza, nel senso che lo scontro fra verità opposte si decide sempre sul terreno della prassi. Dire "in ultima istanza" significa presumere che dal momento in cui inizia lo scontro al momento in cui si conclude, sia passato un certo tempo. Dire invece "in prima istanza" significa che già in questo tempo ci si deve misurare sul terreno della prassi.

Se proprio si vuole continuare ad usare la definizione engelsiana di "in ultima istanza", la s'intenda solo in questo senso, che, dovendo scegliere fra una verità teorica e una pratica, è preferibile scegliere, "in ultima istanza", quella pratica. Cioè è sempre meglio garantire una verità operativa, anche se non piena, piuttosto che una piena verità senza i mezzi per sostenerne gli effetti.

La rivoluzione politica, senza rivoluzione *sociale*, non fa che rinviare nel tempo la liberazione dell'uomo. E siccome ad ogni rivoluzione politica le masse s'illudono ch'essa sia l'ultima, spesso accade che proprio a causa del fallimento degli ideali rivoluzionari, le condizioni sociali delle masse invece di migliorare peggiorino.

In Europa, a partire dalla civiltà greca, ma anche prima, da quella etrusca o da quella fenicia, è sempre accaduto che ogni volta che le classi meno abbienti di un determinato territorio (città, regione, ecc.), hanno rivendicato e ottenuto taluni diritti, soltanto dei diritti, senza cioè mettere in discussione, alla radice, il problema dello sfruttamento dell'uomo da parte dell'uomo, è sempre accaduto che le classi più agiate hanno cercato di recuperare i privilegi perduti, cominciando a sfruttare quelle stesse classi lavoratrici con mezzi e metodi più sofisticati, oppure sfruttando altre popolazioni di altri territori.

Questa legge della storia delle società antagonistiche la si può vedere in atto non solo nell'Europa occidentale ma anche in quella orientale del socialismo amministrato, ove l'antagonismo aveva assunto la forma di una lotta tra Stato e società civile, tra partito e cittadini.

Il fatto che il socialismo scientifico non abbia saputo fare in occidente neppure una rivoluzione politica ha comportato, come conseguenza, che il capitalismo acquisisse, desumendoli proprio dal marxismo, quegli accorgimenti tecnici e organizzativi che gli hanno permesso di riprodursi *ad libitum*. E così, il capitalismo monopolistico è stato il tentativo di risolvere, con mezzi para-socialisti, una crisi interna al capitalismo concorrenziale, e quello monopolistico di Stato ha svolto lo stesso ruolo nei confronti del precedente capitalismo. In entrambi i casi il capitalismo ha saputo adattare delle idee socialiste ai propri interessi, rafforzandosi ulteriormente.

Con questo naturalmente non si vuole sostenere che le rivoluzioni *politiche* non devono essere fatte, né che non devono essere fatte senza rivoluzione *sociale*: semplicemente che, facendole, bisogna portarle alle loro conseguenze più logiche sul piano *sociale*, altrimenti esse si trasformeranno, inevitabilmente, in una situazione di privilegio per pochi e di condanna per molti.

Ciò inoltre comporta che oggi, per abbattere il capitalismo o il socialismo di stato, gli sforzi della democrazia dovranno essere molto più grandi di quelli che si dovevano sostenere nel passato. Anche perché le reazioni del capitale o della burocrazia saranno sicuramente più forti. Le contraddizioni irrisolte tendono col tempo ad acutizzarsi, ad approfondirsi e anche a estendersi. La loro soluzione richiede praticamente l'impegno di tutti i singoli cittadini.

La rivendicazione del "benessere" (socioeconomico) dovrebbe essere fatta sulla base della convinzione che un benessere "assoluto", "totale", garantito al 100%, è profondamente nocivo: non solo perché esso viene "pagato", di regola, dalle innumerevoli sofferenze della maggioranza di una determinata popolazione, ma anche perché esso porta con sé, inevitabilmente, la decadenza dei costumi, la corruzione morale, il degrado ambientale, il disfacimento della civiltà.

Più che di "benessere", gli uomini dovrebbero occuparsi di "giustizia", di "uguaglianza" (nella diversità e nella libertà), di "equità sociale". Non dovrebbe però trattarsi di una "giustizia verso il privilegio" (cioè verso l'alto), bensì di una "giustizia verso l'uguaglianza" (cioè verso il basso).

Bisogna rifiutare l'idea di dover rivendicare gli stessi privilegi di chi sta al potere (politico ed economico): questa forma di "giustizia" comporta sempre un'ingiustizia nei confronti di chi non è in grado di fare le stesse rivendicazioni. E non si dica che anche costui trarrebbe un vantaggio personale dalle richieste di "giustizia verso l'alto" fatte dai gruppi sociali di medio benessere. I fatti hanno sempre dimostrato che nella realtà del privilegio allargato, gli egoismi corporativi, se soddisfatti, difendono ancor più tenacemente i loro interessi, proprio perché sanno quanto fatica costi farli valere nell'ambito della competizione antagonistica.

Viceversa, la democrazia verso il basso significa obbligare chi dispone di potere politico e/o economico, ad accontentarsi del minimo indispensabile. Il problema che a questo punto si pone è però il seguente: chi può obbligare a questa sobrietà senza rischiare di trasformarsi, egli stesso, in un dittatore? La risposta a tale domanda contiene anche la spiegazione del motivo per cui sono crollati i regimi est-europei.

Una democrazia verso il basso non può essere imposta con la forza dello Stato o di un partito, altrimenti si trasforma in una dittatura. Qui è il popolo che deve agire in maniera sovrana. E nessun popolo, ovviamente, può essere disposto ad accettare un tenore di vita essenziale, sobrio, moderato, senza avere in cambio la piena libertà di pensare e di agire, nel rispetto dell'altrui pensiero e azione. Ci si può sacrificare sul piano materiale in nome di un ideale, non ci si può sacrificare quando i primi a tradire l'ideale sono proprio coloro che dovrebbero meglio rispettarlo.

Il politico dovrebbe unicamente avere come scopo della sua vita quello di realizzare, con l'aiuto delle masse, determinate idee di giustizia e di equità sociale. Soldi e potere dovrebbero essere finalizzati a questo obiettivo, e per essere sicuri che il loro uso sia equo, bisognerebbe ridurli al minimo. Ciò significa che un politico, dotato di pieni poteri, non dovrebbe governare che su un territorio molto ristretto. Quanto più il territorio s'allarga, tanto più "simbolico" (non reale) dovrebbe essere il potere del politico.

Il politico "nazionale" o addirittura "sovranazionale" dovrebbe avere un potere esclusivamente *morale*, che è quello basato sul suo esempio personale. L'unico vantaggio che un politico merita di godere è, in pratica, il consenso delle masse. Un politico nazionale potrebbe dirsi "nazionale" solo nella misura in cui vaste masse popolari (attraverso i mass-media, gestiti direttamente dalle stesse masse) si riconoscono nella sua personale posizione (etica e politica). Chi non ha un grande ideale non può diventare un grande politico. Nessun politico legato al potere o al denaro ha mai avuto idee veramente originali sul piano della democrazia e del socialismo.

La cosa che desta maggiore interesse nella storia dell'Europa occidentale è che i protagonisti principali nella formazione della realtà dell'imperialismo (romano, feudale, borghese), sono stati non i partiti conservatori o aristocratici, bensì quelli democratici, che pretendevano d'essere progressisti.

Il fatto è semplice da spiegare. Lottando contro i ceti privilegiati, le masse democratiche non hanno mai saputo condurre la loro battaglia sino alle conseguenze più radicali sul piano sociale, ma si sono fermate sulla soglia della rivendicazione gius-politica. Una volta giunto al potere, il partito che le rappresentava ha avvertito subito l'esigenza – restando inalterato il conflitto fondamentale delle classi – di risolvere tale conflitto allargando i confini geografici dello sfruttamento (colonialismo), mentre, in politica interna, il partito (democratico) avvertiva l'esigenza di affermare una durissima dittatura, in virtù della quale s'impedissero nuove sommosse.

Ciò sta a significare che il fallimento dell'idea di democrazia (o di socialismo), va imputata anche alla scarsa determinazione delle masse, che spesso preferiscono accontentarsi di ottenere qualche diritto, senza preoccuparsi di risolvere alla radice il problema della disuguaglianza, dell'alienazione sociale, dello sfruttamento economico ecc.

Ogniqualvolta le masse di un Paese avanzato rivendicano maggiori diritti, senza riuscire a realizzare un'effettiva *uguaglianza sociale*, si ha, presto o tardi, come minimo, un peggioramento (dovuto al colonialismo) delle condizioni di vita di qualche Paese più arretrato.

Nell'Europa occidentale la politica è sempre stata concepita in modo separato dall'etica. Tale separazione probabilmente è dipesa dal fatto che, vivendo in una società divisa in classi, l'uomo occidentale non può servirsi della politica per realizzare determinati ideali. Non è che "non voglia", è che proprio "non può": è il sistema stesso che glielo impedisce. Un politico che persegue un fine ideale è, per il popolo, un uomo da mettere alla prova, mentre per il potere conservatore è un cattivo politico, un ingenuo destinato ad essere sconfitto dal politico opportunista, cioè dal politico che divide la politica dalla morale e che lotta esclusivamente per il potere, per la salvaguardia di quel sistema che si preoccuperà di definire la strategia di tale politico con termini come "realistica", "concreta", "fondata" ecc.

Gli "ideali" che può perseguire il politico occidentale sono quanto di più astratto e generico si possa pensare, e il popolo che s'illude di vederlo agire con coerenza nella prassi, non s'accorge che con questo attendismo favorisce la progressiva corruzione del politico, che sa di poter agire senza essere veramente controllato. La politica, in questo senso, smetterà di essere divisa dalla morale quando il politico smetterà di essere diviso dalle masse.

Questo discorso vale per tutti i politici di professione, siano essi di opposizione o di governo. Le astrattezze e le incoerenze si riscontrano infatti in tutti i partiti, parlamentari e non: spesso anzi quelli che agiscono fuori delle istituzioni, invece di essere più vicini alle masse, sono ancora più settari e vittime delle loro ideologie.

Non che i discorsi dei parlamentari siano più comprensibili o più efficaci dei discorsi estremisti, ma essi per lo meno garantiscono ai ceti più benestanti una relativa partecipazione al potere, mentre certi partiti o movimenti extraparlamentari non riescono a garantire neppure un minimo di coinvolgimento alla lotta per il potere. Oggi è l'istituzione stessa del partito, a prescindere dal ruolo che ricopre, ad essere alienata e alienante, proprio perché priva di un movimento di base cui fare riferimento. Ma molti partiti (o movimenti) extraparlamentari, facendo un discorso meramente ideologico, non costituiscono alcuna alternativa (si vedano soprattutto quelli trotskisti, maoisti, bordighiani ecc.).

In Occidente ciò che più conta non sono le idee ma il profitto economico: è questo che, in ultima istanza, determina ogni scelta politica. Se una forza politica rifiutasse questo principio, dovrebbe anche rifiutare di fare una politica meramente parlamentare, poiché il parlamento è un'istituzione borghese che permette un elevato tenore di vita; mentre se rifiutasse il profitto svolgendo una politica settaria, resterebbe un'esperienza isolata, per pochi "eletti".

C'è dunque solo un modo per cercare di anteporre al profitto il valore della persona, che è l'interesse a vivere nella giustizia: quello di fare la politica in stretto contatto con le masse, misurandosi di continuo con le loro necessità, con i *bisogni locali*, prima di tutto. Se manca questo rapporto, qualunque partito, anche il più idealistico, è inesorabilmente destinato a corrompersi.

In tal senso, quanto più i partiti parlano di "questione morale", senza però voler mettere in discussione i meccanismi che portano la politica a separarsi dalla morale e il politico dai cittadini, tanto più si deve pensare ch'essi vivano nella corruzione e che facciano di tale "questione" un'arma meramente propagandistica.

Il dilemma quindi non è quello se stare dalla parte di Guicciardini o di Machiavelli, ma quello di come superare il falso principio secondo cui per fare una buona politica non bisogna tener conto della morale. Si può affermare un valore in politica e un disvalore nell'etica? Si può sostenere che un valore affermato in sede morale possa avere conseguenze nefaste in sede politica? Si può sostenere che siccome il sistema è completamente corrotto, è impossibile praticare in maniera coerente i princìpi della morale? O, al contrario, è possibile sostenere che se si è nel giusto sul piano politico, lo si è anche automaticamente a livello etico? Normalmente lo si fa, ma questo è un limite delle società basate sull'antagonismo sociale. Non a caso le forze conservatrici vincono sempre nel loro duello con quelle progressiste, tant'è che quest'ultime, se riescono a giungere al governo, inevitabilmente si comportano come i loro avversari. Di qui il grande assenteismo dei cittadini durante le campagne elettorali. I grandi partiti di governo affermano la loro democrazia con poco più di un quarto dei voti complessivi che si sarebbero potuti dare se tutti gli elettori fossero andati a votare.

Quando l'*establishment* s'accorge che l'opposizione "progressista" di qualche partito assume posizioni giudicate "immorali" (ad es. è favorevole alla violenza di classe, oppure copre un militante, colpevole di qualche reato, solo per non ledere gli interessi del partito), diventa relativamente facile, al governo in carica, dimostrare che anche la posizione politica di quel partito è antidemocratica.

Le forze progressiste devono dunque arrivare ad adottare il seguente ragionamento, per essere vincenti: politica e morale si condizionano a vicenda; ciò che è vero (o legittimo) per l'una lo è anche per l'altra; le ragioni dell'una sono in relazione a quelle dell'altra. Un qualunque dualismo porta a danneggiare gli interessi sia della morale che della politica, poiché trasforma l'uomo in un mero strumento da utilizzare per l'acquisizione (o la conservazione) di un potere.

Paradossalmente oggi siamo arrivati alla conclusione che non è il perseguimento di un fine politicamente giusto, che può di per sé garantire la legittimità di quel fine. Occorre la conformità del fine politico ai *valori umani universali*, e una conformità non solo teorica ma anche pratica. È sempre preferibile una "piccola" pratica a una "grande" teoria.

Non c'è insomma alcuna tesi politica giusta che non possa essere condivisa moralmente, e nessuna posizione morale che non possa trovare una giustificazione politica. Senza questa unità di morale e politica, nessuna vera rivoluzione sarà veramente efficace, cioè destinata a durare nel tempo.

Gli illusi giudicano politicamente pessimista colui che non crede che il carisma democratico di singoli uomini politici possa trasformare qualitativamente il sistema parlamentare borghese, mentre il vero pessimista, in realtà, è colui che non crede nelle capacità organizzative delle masse, nella volontà politica della gente comune. Il vero pessimista è colui che non vuole impegnarsi in una politica che non sia quella tradizionale, cioè quella dei partiti di sempre, o quella delle obsolete istituzioni politiche. Questo individuo maschera il proprio pessimismo nei confronti delle masse con l'illusione nei confronti di qualche partito che si proclama anti-sistema (ad es. le Leghe). Nel senso cioè che questo individuo s'illude che un partito, solo perché sta all'opposizione, possa essere migliore di un partito di governo, o possa comunque, una volta giunto al potere, governare meglio. L'illusione sta appunto nel fatto che non si comprende la natura borghese di questo sistema, che tutto fagocita, strumentalizza e impoverisce. Questa democrazia è fatta su misura per gli ingenui.

La lungimiranza di Lenin

Perché Lenin vedeva più in là di tutti? Perché si metteva dalla parte degli ultimi, che per lui erano i nullatenenti, quelli che non possedevano un briciolo di proprietà, per cui non avevano nulla da perdere a sacrificare la loro vita per fare una rivoluzione contro il sistema.

Tra queste categorie di persone lui privilegiava gli operai industriali, che dovevano essere rappresentati da intellettuali privi di proprietà. I collaboratori più fidati degli operai non potevano essere che i braccianti agricoli o i salariati che nel mondo dell'agricoltura non erano proprietari di nulla.

Tra il proletariato industriale e quello agricolo Lenin preferiva il primo, anche se non negava la presenza di un'aristocrazia operaia corrotta dagli alti salari della borghesia imprenditrice. I motivi della sua preferenza erano tre: 1) l'industria era più importante dell'agricoltura perché garantiva la ricchezza d'un paese (la stessa agricoltura andava meccanizzata); 2) era molto più facile organizzare dei lavoratori concentrati in poche imprese che non quelli sparpagliati in terre di enorme estensione; 3) gli operai erano molto meno condizionati dalle idee religiose.

Lenin era convinto che il capitalismo, una volta entrato in Russia, avrebbe spazzato via tutte le tradizioni feudali del mondo agricolo, come già era avvenuto in Europa occidentale e nelle colonie anglo-francesi. Le comuni rurali, le comunità di villeggio, i feudi avevano già dimostrato di non possedere la forza sufficiente per opporsi a tale destino. L'unica soluzione era quella di compiere una rivoluzione socialista di tipo industriale, cioè un ribaltamento del sistema politico e, insieme, un utilizzo dell'industria del capitalismo per rendere più efficiente anche la produzione agricola. Senza sviluppo industriale, Lenin riteneva che la Russia sarebbe diventata una colonia dei Paesi capitalistici più avanzati del mondo.

Prima di fare la rivoluzione dell'Ottobre egli aveva di fronte a sé tre tipi di rivoluzioni, i cui errori non voleva ripetere: la Comune di Parigi del 1871; la rivoluzione contadina in Russia del 1905 e quella borghese, sempre in Russia, nel febbraio 1917, preceduta da altre importanti rivoluzioni borghesi (in Inghilterra, in America, in Francia...). Non aveva altri esempi cui attingere idee per compiere la sua rivoluzione proletaria.

In estrema sintesi l'insurrezione bolscevica ebbe queste caratteristiche:

1. doveva partire occupando la capitale dell'impero: San Pietroburgo;

2. doveva avere un carattere nazionale, per cui il consenso non poteva essere cercato solo nella capitale;

3. doveva utilizzare organi di governo locali, chiamati "soviet", composti da operai, contadini e soldati, oltre ovviamente agli intellettuali;

4. doveva essere guidata da un partito fortemente centralizzato, la cui attività era pubblica e clandestina, a seconda delle esigenze e delle circostante;

5. non doveva essere un colpo di stato, ma un'insurrezione del popolo armato (nella fattispecie si doveva trasformare la guerra mondiale, cui la Russia zarista aveva voluto partecipare, in guerra civile);

6. appena fatta la rivoluzione, la dittatura contro gli sfruttatori, i sabotatori delle nuove istituzioni, i controrivoluzionari che cercavano qualunque aiuto esterno, i traditori delle idee del socialismo... sarebbe stata durissima.

Lenin si rendeva conto che i tanti secoli medievali dello zarismo e lo stile di vita borghese penetrato in Russia nelle grandi città (ma anche nelle campagne, soprattutto dopo la fine del servaggio) avrebbero posto dei limiti enormi alla realizzazione del socialismo, ma sapeva anche, avendo vissuto per molti anni all'estero, che sarebbe stato più facile compiere la rivoluzione nel momento in cui la Russia era considerata da tutti l'*anello debole* del capitalismo europeo.

Oltre il leninismo

Nel libro scritto contro Kautsky[65] Lenin afferma che, una volta conquistato il potere, il proletariato deve esercitare una violenza rivoluzionaria contro la borghesia che glielo vuole togliere, e in questa forma di dittatura esso non può legarsi le mani rispettando le leggi.

Ora, quali sono le condizioni per cui una dittatura del genere non oltrepassi i limiti dei *valori umani*? La condizione può essere soltanto una, quella della *democrazia diretta*, che implica quella dell'*autogestione locale dei bisogni di una determinata collettività*. Infatti quanto più la democrazia viene delegata, tanto più vi sarà, da parte del delegato, la tentazione ad usare il potere ricevuto in forme e modi che con la democrazia non c'entrano nulla.

Questo perché non basta sostenere che il proletariato è *in sé* migliore della borghesia, per cui qualunque tipo di governo sarà sempre migliore di quelli borghesi, e che in qualunque tipo di dittatura la sua violenza troverà maggiori giustificazioni che non nell'ambito borghese. Non si può *ipostatizzare* il ruolo o la funzione di una classe sociale, neanche all'interno di una concezione politica che vede, come obiettivo finale, il superamento di tutte le classi e degli antagonismi sociali. Peraltro lo stesso Lenin, in *Che fare?*, aveva detto che al proletariato la consapevolezza di una rivoluzione globale andava data *dall'esterno*, in quanto, lasciato a se stesso, l'operaio si limita a fare delle semplici rivendicazioni salariali.

È certamente possibile che in un regime di democrazia diretta e di autoconsumo la funzione delle leggi venga meno. Tuttavia fino a quando sussiste la necessità di esercitare una violenza rivoluzionaria, l'uso delle leggi non serve solo per impedire le controrivoluzioni, ma anche per impedire che le rivoluzioni si trasformino in spietate dittature, cioè in un esercizio del potere politico che vada al di là di ogni valore umano.

Per Lenin la democrazia diretta era quella dei *soviet* (consigli locali di operai, contadini e militari). Questa forma di democrazia lo stalinismo è stato in grado di rimuoverla in maniera relativamente semplice. C'è stato quindi qualcosa che non ha funzionato nella rivoluzione d'Ottobre. Che cosa è presto detto.

Lenin era convinto che per vincere la guerra civile, la controrivoluzione e l'interventismo straniero occorresse uno Stato forte, un governo centralizzato, un "comunismo di guerra". Ed ebbe ragione. Poi si accorse che se il governo non permetteva ai contadini di gestire autonomamente le loro terre, ricevute dalla rivoluzione, questa sarebbe fallita, e così decise di passare alla Nuova Politica Economica. Poi purtroppo morì, e i suoi

---

[65] *La rivoluzione proletaria e il rinnegato Kautsky*, Editori Riuniti, Roma 1969.

seguaci non compresero che lo Stato non andava rafforzato ma progressivamente indebolito a favore della *democrazia locale*, politica ed economica. Si ebbe paura di un ritorno al capitalismo e si fece coincidere "socializzazione" con "statalizzazione". Non si lasciò la società libera di *autogestirsi*. Si fece dello Stato il padrone assoluto di tutti i mezzi produttivi e, col tempo, lo si trasformò in una sorta di "capo mafioso", che privilegiava la nomenklatura politica e amministrativa ed estorceva plusvalore a tutti i lavoratori.

Ora, com'è possibile sostenere che l'idea di estinguere progressivamente lo Stato non è stata portata avanti perché si temeva che, così facendo, la Russia, nel caso fosse stata di nuovo attaccata dalle potenze capitalistiche, sicuramente avrebbe perso il confronto? I fatti cos'hanno dimostrato? Che il confronto l'ha perso lo stesso, non sul terreno militare, bensì su quello economico.

Allora che cos'è che non ha funzionato? Non hanno funzionato una serie di scelte strategiche: 1) si è voluta fare della città e non della campagna l'asse portante del socialismo; 2) si è voluto creare un socialismo di tipo industriale, seguendo i criteri tecnologici dello sviluppo capitalistico; 3) si è fatto del proletariato industriale un soggetto più significativo della libera comune agricola; 4) non si è avuto alcun riguardo per lo sfruttamento della natura; 5) si sono voluti mantenere separati i lavori intellettuali da quelli manuali, ecc. In una parola si è fatto tutto quello che non si doveva fare per costruire un socialismo davvero *democratico*, che fosse lontano dal capitalismo non solo nei rapporti antagonistici tra capitale e lavoro, ma anche negli strumenti tecnici da usare.

Se le cose fossero andate diversamente, la Russia avrebbe perso lo stesso il confronto sul piano economico? O l'avrebbe perso su quello militare? Rispondere a queste domande ovviamente è impossibile. Tuttavia siamo proprio sicuri che un popolo unito, con una tecnologia molto meno sviluppata di una potenza straniera aggressiva, perde sempre il confronto? La Cina, il sud-est asiatio, la Corea del nord, Cuba... e tutti i paesi che si sono decolonizzati da soli a partire dal secondo dopoguerra non hanno forse dimostrato che ci si può liberare efficacemente dei propri nemici esterni anche con un livello di sviluppo di molto inferiore?

Semmai il vero problema è un altro. Ci si sarebbe dovuti chiedere se, puntando di più sull'agricoltura, è possibile liberarsi con successo dei condizionamenti che provengono dallo sviluppo dell'industria e quindi da quello della scienza e della tecnica. Qui le difficoltà sono davvero grandi, poiché, di primo acchito, a tutti piacciono le comodità, il benessere assicurato e anzi crescente, un lavoro poco faticoso e molto remunerativo e addirittura i lussi.

Per ottenere tutte queste cose l'occidente si è servito dello sfruttamento delle proprie colonie e ha saccheggiato, senza alcun ritegno, la natura. La Russia invece s'è dovuta accontentare delle proprie risorse interne. Se l'occidente non avesse avuto le colonie sudamericane, asiatiche e africane, sarebbe stato sicuramente molto più aggressivo nei confronti della Russia e di tutto l'est-europeo. Tuttavia, se si fosse comportato così, i comunisti russi avrebbero associato molto più facilmente la nozione di "benessere" con quella di "violenza". Cioè avrebbero capito più facilmente che dietro le comodità garantite dallo sviluppo industriale vi è la tendenza a sottomettere le popolazioni tecnologicamente più deboli, proprio perché, una volta assaporato il gusto del benessere (quel benessere che supera le proprie esigenze quotidiane), non ci si vuole più rinunciare.

I comunisti russi si erano enormemente impauriti dei successi tecnologici dell'Occidente, che si riflettevano in una notevole superiorità economica, e temevano che, alla lunga, avrebbero perso il confronto anche sul piano militare. Di qui la fortissima esigenza di emulare il capitalismo anche laddove, in realtà, non ve ne sarebbe stato alcun bisogno. Non hanno avuto fiducia in loro stessi, cioè nella possibilità di poter vivere un'esistenza democratica, pacifica, sicura in condizioni di *autoconsumo*, di *tutela ambientale*, di *autogestione locale dei bisogni collettivi*. Hanno voluto fare della guerra civile, della controrivoluzione, dell'interventismo straniero una minaccia continuamente incombente, e la paura, alla fine, li ha sconfitti.

La rivoluzione e il problema del suo tradimento

La storia ha dimostrato che il tradimento è parte costitutiva di qualunque tentativo insurrezionale o di qualunque esperienza rivoluzionaria, riuscita o fallita che sia. Cioè la domanda non è sul "se" avverrà, ma sul "quando". La II Internazionale arrivò a tradire gli operai, clamorosamente, non solo in tempo di pace, votando in parlamento a favore dell'imperialismo delle rispettive nazioni borghesi, e a favore dei crediti di natura militare con cui far scoppiare la I guerra mondiale, ma anche nel corso della guerra stessa, evitando accuratamente di trasformare la guerra imperialistica in guerra civile, anzi, accusando i comunisti russi d'averlo fatto e d'aver imposto la dittatura contro la reazione dei capitalisti e dell'aristocrazia terriera. Un atteggiamento, questo dei socialisti riformisti, assolutamente vergognoso, senza precedenti storici.

Forse per questa ragione si può sostenere che se non è possibile costringere nessuno a fare la rivoluzione, non si può neppure impedire a nessuno di tradirla. La rivoluzione va fatta nella *libertà di coscienza*, e sulla base della medesima libertà può essere tradita. Naturalmente quando si parla di "tradimento", ci si riferisce a persone che sino all'ultimo momento non stavano dalla parte del nemico.

Il tradimento è, in realtà, un atteggiamento molto complesso, proprio perché è anzitutto nei confronti di se stessi, cioè nei confronti delle idee in cui fino a un momento prima si era creduto con convinzione. Naturalmente chi lo compie, difficilmente sarebbe disposto ad ammettere che, mentre tradiva, stava tradendo se stesso. In genere ci si rende conto d'essere stati dei traditori solo *dopo un certo tempo*, quando si può constatare che in seguito al proprio gesto gli eventi han preso una direzione inaspettata, che non si era prevista. Il pentimento avviene sempre troppo tardi, benché sia indispensabile per mettere a posto la propria coscienza, a prescindere dal perdono che si può ricevere, che comunque risulterà sempre molto gradito.

Ovviamente qui non si sta parlando di agenti infiltrati da parte del nemico, o di spie, doppiogiochisti di cui il nemico, dietro forti compensi, si serve per sabotare qualcosa d'importante dell'avversario. Queste mezze misure di bassa lega, favorite da governi senza scrupoli, inducono chi le compie a non avere una vera *identità umana*, ma una semplice identità mercenaria, che si prostituisce per denaro o che, in nome di un ideale, pensa di non avere alcun problema di coscienza ad assumere una doppia personalità. Peraltro non è mai con queste misure che si può vincere o perdere una guerra, realizzare o abbattere una rivoluzione. Al massimo si può accettare una rivelazione fatta spontaneamente da qualcuno collocato dalla parte del nemico. Poi sarà cura, da parte di chi la riceve, verificarne l'attendibilità.

Qui si sta parlando di militanti di un partito ufficialmente costituitosi tramite un'apposita riunione (congresso, conferenza...), si sta parlando di attivisti che giocano un ruolo significativo, di propagatori di idee rivoluzionarie, con cui si vorrebbe rovesciare un governo in carica o addirittura creare un'alternativa al sistema dominante, per costruire una società migliore, più giusta e democratica.

È difficile individuare con certezza le motivazioni che fanno scattare la decisione di tradire. Non esistono condizioni specifiche che possano impedire con sicurezza il formarsi di un'intenzione del genere. I motivi per cui si tradisce possono essere molto diversi. Qui se ne possono elencare soltanto alcuni:

1. Se non si è abituati a soffrire, a resistere alle privazioni, a vivere nelle ristrettezze, se la soglia del dolore è molto bassa si può aver paura di ciò che il nemico può farci nel caso in cui ci catturi.

2. Se si è vissuto molto tempo in povertà e non si ha una ferma volontà nel realizzare un determinato ideale, può allettarci un'offerta generosa, in termini economici, da parte del nemico.

3. Se durante la preparazione di una rivoluzione non si è riusciti a ricoprire un ruolo significativo, apicale, basato sulle proprie aspettative, ci si può illudere di esercitarlo compiendo un tradimento in un qualche momento cruciale per le sorti della rivoluzione.

In genere, chi tradisce perché convinto d'essere nel giusto, difficilmente si rende conto di tutte le possibili conseguenze del suo gesto, proprio perché tende a circoscriverle a qualcosa di specifico, che può avere ricadute solo nell'immediato. Il problema è che il peso delle nostre decisioni sfugge sempre al nostro controllo. Le relazioni umane non assomigliano a quelle tra animali e neppure a quelle tra umani e animali.

Chi tradisce in buona fede, pensando di compiere un gesto di responsabilità, un'azione di buon senso, è convinto che prima o poi la sua decisione gli verrà riconosciuta come giusta, avveduta. Un traditore sa benissimo di apparire tale nei confronti dei capi di un movimento rivoluzionario; però è anche convinto che un giorno il movimento saprà capirlo, ovvero si convincerà che aveva ragione, che aveva saputo vedere le cose più in là di tutti, con maggiore acume, e anzi aveva avuto il coraggio di assumersi una precisa responsabilità, a dispetto delle opinioni dominanti.

Il traditore ci tiene a passare per una persona accorta, prudente. Non aspira certamente a starsene nascosto per il resto dei suoi giorni, anche se in un primo momento, se teme per la propria vita, dovrà farlo. Se egli è onesto, in buona fede, è assolutamente convinto che il proprio tradimento abbia impedito di compiere azioni giudicate scriteriate, che avrebbero comportato conseguenze nefaste su tutto il movimento. Non si rende conto che tradire i leader di un movimento significa tradire il movimento stesso, che si troverà in balìa dell'odio del nemico.

Tuttavia la cosa più paradossale del tradimento è che, in realtà, non serve a niente. La storia non si può fermare, meno che mai con dei tradimenti individuali. Al massimo i tradimenti, quelli collettivi, possono rallentare il suo percorso, possono prolungare le sofferenze degli oppressi, ma non possono impedire le rivoluzioni democratiche, la realizzazione del socialismo. Nella storia, di tanto in tanto, il livello di sopportazione delle masse oppresse raggiunge il limite oltre il quale scoppia il finimondo, che lo si voglia o no.

I tradimenti non servono a niente neanche se fossero compiuti da persone assennate nei confronti di chi volesse imporre la propria dittatura, o la esercitasse nella maniera più vergognosa sul piano umano. Il tradimento può servire per eliminare la persona fisica del dittatore, ma non serve per eliminare le sue idee o il processo politico che le sue azioni hanno voluto rappresentare. Quando Bruto e Cassio hanno ucciso Cesare, non hanno potuto impedire che la repubblica si trasformasse in impero; anzi, hanno decisamente favorito tale transizione. I processi storici sono infinitamente più importanti di qualunque azione individuale.

La storia viene fatta dalle *masse popolari*, consapevoli di se stesse o raggirate da qualche leader senza scrupoli. Le masse possono sentirsi vittime di circostanze sfavorevoli, che ritengono superiori alle loro forze; oppure possono illudersi di cambiare le cose a prescindere dalla forza oggettiva di tali circostanze. In ogni caso sono sempre loro che cambiano la storia. E l'unico modo per farlo in maniera intelligente è quello di dimostrare che si sta rispondendo a bisogni reali che appartengono a grandi collettività.

Se vogliamo, i tradimenti più tragici sono quelli non eclatanti, quelli prosaici, perché quotidiani, quelli che non si vedono, che neppure lo storico riesce a percepire. Sono i tradimenti che il popolo compie nei confronti di se stesso. Sono quelle piccole ma costanti concessioni che si fanno alle azioni sbagliate. Sono i tradimenti fatti per pigrizia, per noncuranza, per un certo senso di fatalismo o di quietismo, oppure quelli dovuti al fatto che si è sottovalutata la gravità di una certa azione, nella convinzione ch'essa non avrebbe inciso più di tanto sulle abitudini da tempo consolidate, appartenenti alla collettività. Sono queste piccole cose che, sommate tra loro, mandano in rovina la democrazia. Ognuna di loro non appare così grave, ma tutte insieme costituiscono una vera tragedia.

Questo spiega il motivo per cui all'interno di un collettivo bisogna tenersi reciprocamente sotto controllo. La *comunità locale, autogestita*, deve avere la piena responsabilità della propria esistenza.

Appendice

Krupskaja, braccio destro di Lenin

Nadežda Krupskaja (1869-1939), consorte di Lenin e una dei maggiori teorici della nuova pedagogia socialista e del sistema d'istruzione sovietico, nasce a Leningrado, in una famiglia d'elevata cultura che seppe educarla alle migliori tradizioni dell'umanesimo e dell'internazionalismo.

Conclusi brillantemente gli studi ginnasiali, si dedica all'insegnamento. Poco dopo si iscrive alla sezione di matematica dei corsi femminili superiori di Pietroburgo, partecipando, nel contempo, all'attività di un circolo marxista studentesco.

Ben presto abbandona i corsi Bestužev e comincia a svolgere, rischiando la galera o l'esilio, propaganda rivoluzionaria presso gli operai della città: gli stessi che seguivano le sue lezioni di matematica e geografia, assolutamente gratuite, in una scuola serale.

Improvvisamente le muore il padre e, per motivi economici, è costretta a dare lezioni private e a lavorare come copista in un ufficio. Alla fine del febbraio 1894 conosce Lenin in un incontro clandestino di compagni marxisti, ma l'amicizia fra i due sorge un po' più tardi, fra le mura della biblioteca pubblica e in casa della stessa Nadja.

Lenin però finisce in carcere e i contatti fra i due si limitano a molte lettere scritte in codice, usando come inchiostro il latte, finché lei stessa viene arrestata, benché rilasciata in seguito su cauzione. Lenin intanto, spedito in Siberia, scontava la sua pena. È appunto dal villaggio di Shushenskoe che le chiede di sposarlo e Nadja gli risponde cercando ostinatamente di ottenere, riuscendovi, la Siberia come meta del suo esilio triennale. È qui ch'essa compone, su consiglio di Lenin, il suo primo libro, *La donna lavoratrice,* edito all'estero nel 1901, inviato poi segretamente in Russia e diffuso tra le fabbriche. È la prima opera marxista sulla condizione della donna russa.

Finito l'esilio e durante i lunghi anni dell'emigrazione (dal 1901 al 1905 in Germania, Inghilterra e Svizzera, e dal 1907 al 1917 in Svizzera, Francia, Polonia e di nuovo in Svizzera), la Krupskaja svolge a fianco di Lenin il lavoro di segretaria del CC del partito.

Lei era la prima a cui Lenin leggeva i suoi scritti, confidava i suoi pensieri, esponeva i suoi progetti. Dal 1901 al 1905 è segretaria della redazione del giornale bolscevico *Iskra,* e, come tale, era a capo di tutta la corrispondenza con gli organi di partito e con i compagni isolati della Russia: era lei che organizzava le spedizioni della letteratura clandestina e i passaggi illegali di frontiera. Oltre a ciò curava i rapporti con le donne dell'emigrazione russa e ha partecipato, come capo delegazione, alla Conferenza internazionale della donna a Berna (1915).

Nel 1917 pubblica uno studio di ampio respiro, molto apprezzato da Lenin, dal titolo *Istruzione popolare e democrazia,* in cui mette in luce l'inconsistenza della scuola borghese. Si può anzi dire che tutto il suo sistema pedagogico sia attraversato da una costante denuncia della pretesa "neutralità" del sistema borghese d'educazione e d'istruzione, nonché da un forte richiamo a servirsi delle migliori conquiste scientifiche di pedagogisti come Pestalozzi, Montessori, Fröbel e altri ancora.

Rientrati in Russia, nell'aprile 1917, la Krupskaja prende a difendere il marito dalle molte calunnie degli antibolscevichi, pubblicando nella "Pravda dei soldati" il famoso articolo *Pagine di storia del partito operaio socialdemocratico di Russia*, nel quale, fra l'altro, viene fatta la prima biografia di Lenin, l'unica descrizione della sua vita politica ch'egli abbia mai approvato.[66] Organizzazione di scuole, biblioteche, sviluppo d'una rete di istituzioni d'insegnamento e culturali, attività di alfabetizzazione negli ambiti della gioventù operaia: ecco alcune delle iniziative promosse dalla Krupskaja nel corso dei mesi antecedenti alla rivoluzione d'Ottobre. La sua maggiore preoccupazione riguardava le vicende e i destini delle donne e della gioventù.

I suoi articoli sulla "Pravda", i suoi interventi ai meeting della gioventù, il progetto (da lei stessa elaborato) degli statuti dell'Unione della gioventù operaia giocarono un ruolo fondamentale nella creazione del Komsomol.

Quando Lenin dovette defilarsi per sfuggire al mandato di cattura del governo provvisorio di Kerenskij, fu lei che lo tenne in contatto con il CC del partito. E più tardi racconterà con ironia che, andandolo a trovare a Helsingfors (Helsinki) in Finlandia, munita d'una carta d'identità intestata ad Agafia Atamanova, domestica, fu costretta a recitare la parte, lei che parlava quattro lingue, di una povera ignorante incapace persino di decifrare i nomi delle strade.

Dopo l'Ottobre, il partito la invia a lavorare al Commissariato del popolo per l'istruzione pubblica, la cui competenza era vastissima: alfa-

---

[66] Stranamente però il suo libro *La mia vita con Lenin* (ed. Red Star Press, Milano 2019) s'interrompe al 1917, tralasciando i giudizi negativi che Lenin e lei stessa rivolgevano ai vari compagni di partito con funzioni pubbliche o istituzionali. Evidentemente il testo, pubblicato nel 1926, cioè due anni dopo che Stalin era al potere, venne sottoposto a una censura.

betizzazione, università operaie, biblioteche, librerie, cinema, teatro, editoria, musei... Nadja è tutta intenta alla creazione della scuola politecnica per i lavoratori. Redige le riviste "La comunista" e "L'operaia", tiene discorsi e conferenze soprattutto nelle assemblee delle donne e dei giovani. Assai popolare, negli anni Venti, fu il suo saggio *Il diritto matrimoniale e familiare nella Repubblica sovietica.* Preoccupata della formazione intellettuale della generazione più giovane, indirizzò nel 1922 una lettera al CC del Komsomol, sottolineando la necessità di fondare un'organizzazione per adolescenti: fu così che nacque l'Organizzazione dei pionieri.

L'attentato a Lenin della terrorista Kaplan cadde come un fulmine a ciel sereno. Nadja cercò coraggiosamente d'aiutare il marito a superare il difficile momento, invogliandolo a scrivere con la sinistra. Il mattino lo dedicavano ai giornali e alle riviste, talvolta Nadja gli leggeva dei racconti o delle poesie. Dopo la morte di Lenin, avvenuta il 21 gennaio 1924, essa ebbe la forza di recarsi alla seduta funebre del II Congresso dei Soviet, pronunciandovi un discorso.

A chi le chiedeva come avrebbe voluto un monumento per il marito, rispose di non permettere alla loro tristezza di trasformarsi in "venerazione esteriore" della personalità di Lenin. "Se voi volete onorare la sua memoria – disse testualmente – costruite degli asili nido, dei giardini d'infanzia, edificate case, biblioteche, policlinici, ospedali, ricoveri per invalidi e così via, e soprattutto mettete in pratica i suoi insegnamenti".

Si può facilmente immaginare, alla luce di queste parole, quanto dovette essere difficile, in seguito, il suo rapporto con Stalin. Non a caso il libro ch'essa pubblicò nel 1925, *L'educazione della gioventù nello spirito di Lenin,* fu tolto dalla circolazione. Difficilmente Stalin avrebbe potuto sopportare un'opera che relativizza il ruolo della personalità nell'ambito del processo storico e che indica nella formazione d'un soggetto liberamente pensante il fine dell'educazione.

Per quanto attivo membro *honoris causa* dell'Accademia delle scienze dell'Urss, la Krupskaja trovava il tempo di leggere tutte le lettere che le spedivano (fino a 400-450 al giorno) e di rispondere personalmente alla maggior parte di esse. Soprattutto amava rispondere ai bambini, inviando loro piccoli souvenir e regali. Le capacità di lavoro di Nadja erano assolutamente eccezionali: nel gennaio 1939 rispose a 240 lettere, intervenne 16 volte in 12 assemblee e scrisse 20 articoli. Questo un mese prima della sua morte...

Conclusione

Il ritratto di Lenin che qui s'è voluto dare è sostanzialmente quello del politico, pur non mancando aspetti teorici là dove si è parlato dei suoi rapporti con la religione e con l'empiriocriticismo dei vari machisti russi.

Tuttavia il Lenin più controverso è quello filosofico, quello dei *Quaderni* inediti e soprattutto del testo che più è stato criticato dalla sinistra europea: *Materialismo ed empiriocriticismo*, l'unico ch'egli abbia voluto pubblicare.

Lenin non si considerava un filosofo, ma non era a digiuno di filosofia. Semplicemente non riteneva la filosofia uno strumento utile per compiere la rivoluzione politica, anche perché vedeva che pochissimi filosofi erano disposti a parteggiare per il socialismo, men che meno per quello rivoluzionario.

In questo aveva ereditato la linea di condotta di Marx, secondo cui la filosofia, per poter realizzare i propri ideali, doveva trasformarsi in politica, abbracciando la causa del proletariato industriale.

La differenza tra lui e Marx è che questi, dopo il fallimento delle rivoluzioni del 1848, iniziò a dedicarsi assiduamente allo studio dell'economia politica borghese. Lenin invece voleva a tutti i costi compiere un rivolgimento radicale del sistema politico vigente in Russia, prima sotto lo zarismo, poi sotto il governo borghese di Kerenskij.

Paradossalmente fu più il Lenin maturo, impegnato sul piano tattico e strategico, a interessarsi di filosofia che non il Marx economista, lontanissimo dagli argomenti filosofici affrontati al tempo della battaglia contro la Sinistra hegeliana.

Semmai fu Engels a riprendere i temi filosofici coi suoi testi su Dühring, su Feuerbach e sulla *Dialettica della natura*. Quando deve precisare le caratteristiche del materialismo dialettico, Lenin si sente debitore nei confronti soprattutto di Engels. Aveva infatti capito che un qualunque revisionismo in politica trova sempre una correlazione in campo filosofico, laddove p.es. si preferisce "ritornare a Kant" piuttosto che sviluppare la dialettica hegeliana, o si preferisce fare delle concessioni arbitrarie a quel relativismo che nega la necessità di una verità oggettiva o addirittura assoluta.

Il rapporto di Lenin con la filosofia non è un argomento che possa essere tralasciato, anche perché la filosofia marxista-leninista o il materialismo storico-dialettico non hanno caratterizzato la sola esperienza del cosiddetto "socialismo reale", ma continuano a costituire un punto di riferimento ideologico per l'attuale socialismo cinese.

Bibliografia minima

Lenin. Coscienza e volontà rivoluzionaria, ed. Lotta comunista, Milano 2010.

Victor Sebestyen, *Lenin*, ed. Rizzoli, Milano 2017.

Fresu Gianni, *Lenin lettore di Marx: dialettica e determinismo nella storia del movimento operaio*, ed. La Città del Sole, Napoli 2008.

Jampolskaja Anna; Dinelli Marco, *Lenin. Dalla Pravda a Prada: storie da una rivoluzione*, ed. TEA, Milano 2008.

Nicola Simoni, *Tra Marx e Lenin. La discussione sul concetto di formazione economico-sociale*, ed. La Città del Sole, Napoli 2006.

Antonio Negri, *Trentatré lezioni su Lenin*, ed. Manifestolibri, Roma 2004.

Hélène Carrère d'Encausse, *Lenin: l'uomo che ha cambiato la storia del '900*, ed. Corbaccio, Milano 2000.

Meldolesi Luca, *La teoria economica di Lenin. Imperialismo e Socialismo nel dibattito classico (1914-1916)*, ed. Laterza, Roma-Bari 1981.

Alfred G. Meyer, *Il leninismo*, Edizioni di comunità, Milano 1965.

Leninismo e rivoluzione socialista (a cura di Centro studi marxisti), ed. De Donato, Bari 1970.

Georges Labica, *Dopo il marxismo-leninismo*, Edizioni Associate, 1988.

Andrea Graziosi, *L'Urss di Lenin e Stalin. Storia dell'Unione Sovietica, 1914-1945*, ed. Il Mulino, Bologna 2010.

Gianfranco La Grassa, *Gli strateghi del capitale. Una teoria del conflitto oltre Marx e Lenin*, ed. Manifestolibri, Roma 2005.

Pietro D'Amico, *Breve saggio sul Leninismo*, ed. Ibiskos Ulivieri, Empoli 2012.

Gigi Roggero, *La misteriosa curva della retta di Lenin. Per una critica dello sviluppo del capitalismo oltre i "beni comuni"*, ed. La Casa Usher, Firenze 2011.

Luigi Vinci, *Il problema di Lenin*, Edizioni Punto Rosso, Milano 2014.

Giulia Bausano; Emilio Quadrelli, *Per Lenin. Materialismo storico e politica rivoluzionaria. Una guida per l'azione ad uso di una nuova generazione di militanti*, ed. Gwynplaine, Camerano (AN) 2012.

Jean Salem, *Lenin e la rivoluzione*, ed. Nemesis Edizioni, 2010.

Gennaro Sangiuliano, *Scacco allo Zar. 1908-1910: Lenin a Capri, genesi della Rivoluzione*, ed. Mondadori, Milano 2012.

Vittorio Strada, *Lenin, Stalin, Putin. Studi su comunismo e post-comunismo*, ed. Rubbettino, Soveria Mannelli (CZ) 2011.

Da Lenin a Putin e oltre. La Russia tra passato e presente (a cura di Strada Vittorio), ed. Jaca Book, Milano 2011.

Andrea Graziosi, *L'Urss di Lenin e Stalin. Storia dell'Unione Sovietica, 1914-1945*, ed. Il Mulino, Bologna 2010.

AA.VV., *Lenin. Coscienza e volontà rivoluzionaria*, ed. Lotta Comunista, Milano 2010.

Lenin 2.0. La verità è di parte (a cura di Budgen S.; Kouvelakis S.; Zizek S.), ed. Transeuropa, Massa 2008.

Arrigo Cervetto, *Lenin e la Rivoluzione cinese*, ed. Lotta Comunista, Milano 2005.

Zizek Slavoj, *Tredici volte Lenin. Per sovvertire il fallimento del presente*, ed. Feltrinelli, Milano 2003.

Lenin e il Novecento (a cura di Giacomini R.; Losurdo D.), ed. La Città del Sole, Napoli 1997.

Giorgio M. Nicolai, *Viaggio lessicale nel paese dei soviet. Da Lenin a Gorbacëv*, ed. Bulzoni, Roma 1994.

Massimo Baistrocchi, *Ex URSS. La questione delle nazionalità in Unione Sovietica da Lenin alla CSI*, Ugo Mursia Editore, Milano 1992.

Rita Di Leo, *Vecchi quadri e nuovi politici: chi comanda davvero nell'ex Urss*, ed. Il Mulino, Bologna 1992.

Luca Meldolesi, *La teoria economica di Lenin. Imperialismo e Socialismo nel dibattito classico (1914-1916)*, ed. Laterza, Roma-Bari 1981.

Georges Haupt, *L'internazionale socialista dalla Comune a Lenin*, ed. Einaudi, Torino 1978.

Alain Besancon, *Le origini intellettuali del leninismo*, ed. Sansoni, Firenze 1978.

Alberto Tovaglieri, *Il problema dello Stato in Lenin prima del 1917*, ed. Loescher, Torino 1973.

G. Stalin, *Questioni del leninismo*, Mosca, Edizioni in lingue estere,1971; *Principi del leninismo*, ed. Savelli, Roma 1977.

Roger Garaudy, *Lenin e il leninismo*, ed. Tindalo, Roma 1970.

Lev Trotskij, *Il giovane Lenin: la giovinezza di Lenin raccontata da un compagno di lotta*, ed. A. Mondadori, Milano 1971.

V. I. Lenin: biografia politica (a cura di F. Pizzini e M. G. Caldirola), ed. Mazzotta, Milano 1972.

Bibliografia su Amazon

Memorie:
Sopravvissuto. Memorie di un ex
Grido ad Manghinot. Politica e Turismo a Riccione (1859-1967)
Storia:
Homo primitivus. Le ultime tracce di socialismo
Cristianesimo medievale
Dal feudalesimo all'umanesimo. Quadro storico-culturale di una transizione
Protagonisti dell'Umanesimo e del Rinascimento
Storia dell'Inghilterra. Dai Normanni alla rivoluzione inglese
Scoperta e conquista dell'America
Il potere dei senzadio. Rivoluzione francese e questione religiosa
Cenni di storiografia
Herbis non verbis. Introduzione alla fitoterapia
Arte:
Arte da amare
La svolta di Giotto. La nascita borghese dell'arte moderna
Letteratura-Linguaggi:
Letterati italiani
Letterati stranieri
Pagine di letteratura
Pazìnzia e distèin in Walter Galli
Dante laico e cattolico
Grammatica e Scrittura. Dalle astrazioni dei manuali scolastici alla scrittura creativa
Poesie:
Nato vecchio; La fine; Prof e Stud; Natura; Poesie in strada; Esistenza in vita; Un amore sognato
Filosofia:
Laicismo medievale
Ideologia della chiesa latina
L'impossibile Nietzsche
Da Cartesio a Rousseau
Rousseau e l'arcantropia
Il Trattato di Wittgenstein
Preve disincantato
Critica laica
Le ragioni della laicità
Che cos'è la coscienza? Pagine di diario
Che cos'è la verità? Pagine di diario
Scienza e Natura. Per un'apologia della materia
Spazio e Tempo: nei filosofi e nella vita quotidiana
Linguaggio e comunicazione

Interviste e Dialoghi
Antropologia:
La scienza del colonialismo. Critica dell'antropologia culturale
Ribaltare i miti: miti e fiabe destrutturati
Economia:
Esegeti di Marx
Maledetto capitale
Marx economista
Il meglio di Marx
Etica ed economia. Per una teoria dell'umanesimo laico
Le teorie economiche di Giuseppe Mazzini
Politica:
Lenin e la guerra imperialista
Io, Gorbaciov e la Cina (pubblicato dalla Diderotiana)
L'idealista Gorbaciov. Le forme del socialismo democratico
Il grande Lenin
Cinico Engels
L'aquila Rosa
Società ecologica e democrazia diretta
Stato di diritto e ideologia della violenza
Democrazia socialista e terzomondiale
La dittatura della democrazia. Come uscire dal sistema
Dialogo a distanza sui massimi sistemi
Diritto:
Siae contro Homolaicus
Diritto laico
Psicologia:
Psicologia generale
La colpa originaria. Analisi della caduta
In principio era il due
Sesso e amore
Didattica:
Per una riforma della scuola
Zetesis. Dalle conoscenze e abilità alle competenze nella didattica della storia
Ateismo:
L'Apocalisse di Giovanni
Amo Giovanni. Il vangelo ritrovato (ed. Bibliotheka)
Pescatori di uomini. Le mistificazioni nel vangelo di Marco
Contro Luca. Moralismo e opportunismo nel terzo vangelo
Metodologia dell'esegesi laica. Per una quarta ricerca
Protagonisti dell'esegesi laica. Per una quarta ricerca
Ombra delle cose future. Esegesi laica delle lettere paoline
Umano e Politico. Biografia demistificata del Cristo
Le diatribe del Cristo. Veri e falsi problemi nei vangeli
Ateo e sovversivo. I lati oscuri della mistificazione cristologica
Risorto o Scomparso? Dal giudizio di fatto a quello di valore

Cristianesimo primitivo. Dalle origini alla svolta costantiniana
Guarigioni e Parabole: fatti improbabili e parole ambigue
Gli apostoli traditori. Sviluppi del Cristo impolitico

Indice